Maldito trabajo

Eduardo Vara

Maldito trabajo

Sobrevivir a la cultura del sacrificio y repensar la vocación

Ariel

Primera edición: marzo de 2024

Derechos exclusivos de edición en español:
© Editorial Planeta, S. A., 2024
Avda. Diagonal, 662-664, 08034 Barcelona
Editorial Ariel es un sello editorial de Planeta, S. A.
www.ariel.es
www.planetadelibros.com

ISBN: 978-84-344-3750-0
Depósito legal: B. 3.231-2024

Impreso en España

Para quienes han enfermado o podrían enfermar por culpa de su trabajo, con vocación o sin ella.

Índice

El lado oscuro de la vocación

Siempre quise ser luz, aportar un destello positivo a mi alrededor, por pequeño que fuera; pero mi vocación me condujo al lugar más oscuro que he conocido en mi vida. Todo yo me convertí en negrura. Solo quería que me dejaran en paz, desaparecer, librarme de la angustia y la impotencia que sentía a todas horas, incluso en mis sueños mientras dormía. Pero no perdí mi brillo de repente. Mi entorno laboral lo consumió poco a poco, sin misericordia, absorbiendo mi energía física y mental hasta agotarla y justificando toda clase de situaciones irregulares y abusivas porque se suponía que esa era mi vocación y estábamos ante una situación excepcional. Mi sufrimiento, como el de otros muchos, fue evidente. La frustración y la desesperanza lo hacían brotar en forma de chispazos de irritabilidad que fueron haciéndose más habituales; sobre todo, en las reuniones donde nos exigían cada vez más sin dotarnos de recursos humanos ni espacios ni materiales suficientes y donde las dudas legales y éticas sobre muchas de las decisiones tomadas eran constantes. Pero los responsables de hacerlo no interpretaron mis cambios de humor como síntomas del daño que esa sobrecarga continua de trabajo me causaba. Era más fácil atribuirlos a mi «gestión de las emociones» y culpabilizarme a mí por no esforzarme lo suficiente en controlarlas. El mensaje que recibí fue que el problema era yo, no la situación desbordante que debía enfrentar un día tras otro. Así que me resigné, seguí las órdenes, por contradictorias que fueran, y cumplí con lo que me decían que era mi vocación. Encendí al máximo mi entrega y antepuse mis obligaciones a mis necesidades, brillé tan fuerte como pude para alumbrar a otros en medio de una noche de sufrimientos e incertidumbres que nunca acababan y, cuando quise darme cuenta, no quedaba el más mínimo destello de luz dentro de mí. Me había convertido en cenizas.

No soy el único trabajador que ha enfermado por habérsele impuesto esa interpretación de la palabra «compromiso». Millones de personas en todo el planeta han sufrido y continúan sufriendo diversos tipos de trastornos mentales y físicos por culpa de mentalidades laborales que las llevan al límite o las obligan a trabajar en condiciones insanas. Se trata de un problema global de tal dimensión que, en 2019, la Organización Mundial de la Salud añadió el *burnout* a su Clasificación Internacional de Enfermedades y, en 2022, junto a la Organización Internacional del Trabajo, advirtió a los gobiernos que el trabajo era ya una de las principales causas del desarrollo de diversos trastornos mentales y del agravamiento de otros previos.[1] No importa con cuánto entusiasmo se desgañiten algunos gurús del progreso al predicar los presuntos beneficios personales y sociales de entregarse a una profesión en cuerpo y alma. Hace tiempo que ese futuro de bienestar que nos habían prometido a cambio de esforzarnos al máximo nos ha llevado a una sociedad más angustiada, enferma y medicada. Y lo más desconcertante del asunto es que lo ha hecho pese a la existencia de unidades de salud laboral y de prevención de riesgos cuya principal razón de ser era evitar que eso sucediera.

Ese daño ha resultado mayor en los sectores profesionales que son considerados más altruistas porque garantizan los derechos básicos de los demás (seguridad, salud, educación, justicia...) y en quienes sustentan el funcionamiento global de nuestro sistema económico: los «trabajadores esenciales». Un término este último que puede prestarse a interpretaciones más que discutibles, como la de cierta responsable de un centro de atención telefónica que, presuntamente, mandó a sus empleados seguir trabajando junto al cadáver de una compañera que falleció de forma súbita porque consideró que la actividad de *telemarketing* de su empresa era «un servicio esencial».[2] Pero la forma en que los auténticos trabajadores esenciales son exprimidos acostumbra a ser más sibilina, una mezcla de sobrecarga progresiva, chantaje emocional y cinismo que intentaré ilustrar con mi propia experiencia como pediatra que tuvo que vivir seis olas de covid-19 en un centro público de Atención Primaria de Barcelona.

Llegué a mi puesto actual hace más de una década, después de aprobar unas oposiciones y huyendo de la mala experiencia que había tenido en otras dos empresas privadas que gestionaban dos ambulatorios públicos. Al principio, fue un cambio a mejor. Al menos, disponía de un tiempo razonable para ofrecer a mis pacientes el trato que se merecían; pero, a medida que los años transcurrieron, la precarización de la Atención Primaria fue agudizándose y acabó alcanzando a mi centro también. En contra de lo que algunos gestores argumentan, no es que cada vez hubiera menos pediatras. Solo en la ciudad de Barcelona, se especializan más de veinte cada año. El principal problema radicaba y sigue radicando en las condiciones laborales que se les ofrecen en Primaria y que obligan a muchos profesionales a atender en una jornada asistencial de seis horas una cantidad de pacientes que puede ser la misma que atenderían en una guardia de 24 horas en un hospital, con menos recursos diagnósticos a su alcance, con muchas más exigencias respecto al cuidado global que deben ofrecer y, por supuesto, cobrando mucho menos en proporción. Pocos pediatras, por mucha vocación que tengan, se sienten atraídos por semejante oferta.

Para compensar la escasez de trabajadores, algunos gestores sanitarios tuvieron una gran idea: fusionar equipos pediátricos de la misma zona para que, sin necesidad de nuevos contratos ni tener que recurrir a sustitutos ante vacaciones, bajas o permisos, la carga de trabajo se distribuyera entre quienes siguieran en activo. Antes de la pandemia, mi centro ya vivió esa situación con la fusión con otro equipo de pediatría de la misma área. Una fusión que, por cierto, se hizo durante el verano y sin notificarse a las asociaciones vecinales. Cabría preguntarse si a sabiendas, para que el cambio fuera un hecho consumado cuando todos regresaran de vacaciones. Por supuesto, hubo quejas cuando los afectados vieron que tendrían que desplazarse mucho más para ser atendidos; pero no se dio marcha atrás.

El estallido de la pandemia allanó el camino a más de esas fusiones rentabilistas. En el caso de mi centro, incorporamos a los profesionales de un tercer equipo de pediatría, como una medida temporal a la espera de la evolución de la covid-19. No importó que no hubiera espacio físico para que pediatras y enfermeras dispusieran de consultas suficientes en las que atender a su población asignada. Como siempre había algún profesional de baja o con reducción de jornada, la decisión fue no cubrirlos al cien por cien y colocar sus visitas a los demás con el argumento de que eran «urgencias» o «visitas inaplazables» en el contexto de una «situación excepcional». Esa misma falta de espacio motivó que tampoco se respetara el derecho a la intimidad y la confidencialidad de muchas personas. Algunas tuvieron que dar explicaciones sobre sus circunstancias personales y dolencias en espacios comunes donde cualquiera que pasara por allí podía escucharlas y, en el caso de mi consulta —donde decidieron colocar un armario con las mascarillas y el resto de material de protección y una nevera con vacunas—, otras muchas contemplaron un desfile constante de desconocidos que interrumpían la atención que ellas estaban recibiendo. Llegaron a interrumpirme cinco veces mientras atendía a una adolescente, deshecha en lágrimas, con problemas psicológicos muy graves.

De nada sirvieron nuestras quejas y reivindicaciones para poder ofrecer una atención digna. Todo se justificaba con el argumento comodín de la «situación excepcional»; más todavía, se normalizó que el trabajo invadiera nuestro tiempo de descanso. Los mensajes del grupo de WhatsApp en cualquier momento fueron la norma, incluso a altas horas de la noche o en sábado y domingo. A menudo, con algún nuevo protocolo sobre cómo abordar los casos sospechosos de covid-19 que implicaba tener que revisarse decenas de páginas a la búsqueda de cambios que, por sutiles que fueran, marcaban la diferencia. En una ocasión, llegamos a recibir tres modificaciones del mismo documento el mismo día. Sacar tiempo para revisar esas variaciones si te llegaban mientras atendías pacientes resultaba imposible y hacerlo durante los ratos de descanso, la única opción viable; un tiempo extra al que había que añadir las subsiguientes dudas e intervenciones acaloradas en el grupo de WhatsApp o en reuniones improvisadas por los pasillos para encontrar el modo de aplicar la teoría de esos nuevos protocolos a la práctica de un centro con evidentes problemas de espacio. No importaba cuánto tiempo lleváramos de pandemia ni cuánto descanso hubiéramos perdido. El mensaje fue claro. Éramos sanitarios. Nos debíamos a nuestra vocación.

Veintiún meses después de declararse la pandemia, el trabajo en mi equipo continuaba siendo desbordante, las coberturas de turnos, insuficientes y muchas decisiones organizativas, como poco, cuestionables. Varios compañeros ya habían tenido que pedir la baja por diferentes motivos y, al no cubrírselos, la salud de los que tuvimos que asumir su trabajo comenzó a resentirse. Para la mayoría de nosotros, con formación médica, era evidente que necesitábamos ayuda con urgencia; pero, por más que la pidiéramos en forma de alguna clase de apoyo que nos permitiera trabajar más desahogados, el argumento de la «situación excepcional» y la falta estructural de pediatras acababa traduciéndose en una retahíla de «intentad descansar y nos vemos mañana».

Como les ocurrió a otros muchos, la sobrecarga de trabajo colapsó mi mente. Hasta dormido, soñaba que estaba trabajando bajo la misma presión que sufría durante el día y me despertaba, agitado, varias veces cada noche. Comencé a tener síntomas de depresión y ansiedad pese a los cuidados que me proporcionaba mi familia y, la víspera de decidirme a pedir la baja yo también, soñé que iba a mi centro de salud y que, en vez de dármela, me obligaban a quedarme a trabajar con ellos por lo desbordados que estaban. Por suerte, no ocurrió así en la realidad. Me atendieron de una forma profesional y empática y me aconsejaron acudir a la Fundación Galatea, vinculada al colegio de médicos, ya que, ante la discutible implicación de muchas unidades de prevención de riesgos durante la pandemia, había asumido el cuidado de la salud mental de los profesionales sanitarios de Barcelona. Nunca estaré lo suficientemente agradecido al doctor Miquel Casas, que me ayudó a recobrar el descanso por la noche y a salir del negro pozo de sinsentido al que me habían lanzado. No solo recuperé mi salud mental. Recuperé las ganas de vivir, de seguir ayudando a otros y de luchar por lo que es justo.

Consciente de que mi ausencia perjudicaba a mis compañeros, quise reincorporarme al trabajo dos meses después. Mi psiquiatra había diagnosticado de forma contundente que una sobrecarga laboral había causado el trastorno grave que había sufrido y, en mi inocencia, creí que eso bastaría para que la dirección de mi centro y la unidad de prevención de riesgos tomaran nota de lo sucedido e implantaran algún tipo de medida para evitar que otros sufrieran el mismo daño que yo había recibido. Pero ni se inmutaron ante ese dictamen. La baja que me habían concedido, como ocurre cuando la emite cualquier médico de Atención Primaria, era por enfermedad común y, si no lograba que el Instituto Nacional de la Seguridad Social la cambiara a laboral, no se daban por aludidos. Ni tan siquiera tomaron medidas especiales en mi caso para que mi reincorporación fuera progresiva. Poco les importó que estuviera tomando tres medicaciones y aún en seguimiento psiquiátrico. En vez de realizarme una valoración psicosocial personalizada para investigar la posibilidad de que hubiera ocurrido un accidente laboral (que es lo que dictan sus protocolos), parecieron querer diluir lo sucedido y, como había más compañeros de mi equipo que habían acudido a Salud Laboral en busca de ayuda, decidieron realizar test psicosociales más genéricos a todos los estamentos del equipo, también al administrativo y a las propias coordinadoras, para extraer una estadística global.

Aun así, los resultados fueron demoledores; sobre todo, entre los pediatras. Pero la interpretación fue que «un poco de estrés es bueno para rendir más» y, como única solución, se creó un grupo de trabajo del que, meses después, salió un informe con diversas recomendaciones. La primera de ellas fue que se respetara el límite de visitas diarias (28) que figura en un acuerdo vinculante de salida de huelga de 2018. Nunca se había respetado ese límite, ni antes ni durante ni después de la pandemia. A decir verdad, tampoco parece que haya voluntad de cumplimiento estricto, ya que no existe un protocolo que especifique qué debería hacerse en caso de alcanzarse esa cifra o cualquier otra que pudiera indicar que un médico ha llegado al límite de su capacidad de trabajo. Por el contrario, en diversas reuniones con los empleados, varios responsables de la Atención Primaria de Barcelona han defendido con fervor que no existe un límite de visitas y que cualquier paciente que insista en ser visto debe ser atendido. Eso sí, cuando se han hecho actas de dichas reuniones, esa afirmación tan categórica ha preferido obviarse, por lo que no parece que estén demasiado seguros de su legalidad. Tampoco la defendieron en público los representantes de mi empresa que acudieron a la reunión con Inspección de Trabajo que evaluó si mi baja había sido laboral o no. En vez de eso, intentaron relativizar la sobrecarga que sufrí con estadísticas mensuales y, de paso, insinuaron la posibilidad de que hubiera pedido la baja para tener más días de vacaciones. Pero las evidencias hablaron mucho mejor que sus argumentos y, meses después, el cambio se realizó: mi baja fue considerada por el Instituto Nacional de la Seguridad Social como resultado de un accidente de trabajo.

Para los responsables de mi empresa y de la unidad de prevención de riesgos nada cambió. Pese a los informes de mi psiquiatra que advertían de que seguía bajo tratamiento farmacológico y psicoterapéutico por una enfermedad diagnosticada como grave y con posibilidad de empeoramiento y recaída, continuaron defendiendo que se había tratado de un episodio puntual por un pico de trabajo y no creyeron necesario tomar ningún tipo de medida especial para protegerme ni para evitar que cualquier otro trabajador pudiera verse expuesto a mi misma situación; hasta se mostraron dolidos porque no entendían qué podían haberme hecho para que yo «me lo tomara así» cuando muchos otros, según ellos, lo habían pasado peor aún. Seguían sin asumir ningún tipo de responsabilidad sobre lo ocurrido y, en contra del dictamen de distintos profesionales externos de imparcialidad incuestionable, empeñados en que el problema era yo. No sé si abducidos por la dinámica de un sistema perverso o si incapaces de ver lo evidente.

No es que fuera un discurso muy original. Con algunas variantes, es el mismo que escuchan numerosos empleados cuando van a quejarse a sus superiores de los abusos laborales que sufren, la posición institucional de muchas empresas y administraciones. A falta de justificaciones reales, solo les queda una opción: victimizarse a su vez ante la víctima para convertir cualquier hecho comprobado y punible en una cuestión emocional opinable e intentar que un daño concreto causado por personas concretas sea percibido como una fatalidad abstracta y relativa entre un maremágnum de muchas otras fatalidades abstractas. Con esa estrategia de difuminación y enroque dialéctico no solo defienden las decisiones tomadas pese a lo ocurrido, sino la repetición de esas mismas decisiones en el futuro en caso de darse el mismo contexto.

Para alguien que ha sido oscuridad y que no quiere volver a serlo, semejante respuesta, y más aún si procede de profesionales del mundo de la salud, solo puede interpretarse como un tremendo alarde de cinismo o una ceguera cuyas causas habría que investigar. Pero no hace falta llegar al extremo que a mí me tocó vivir para que alguien se dé cuenta de las condiciones reales en que trabaja y se pregunte si merece la pena o no aceptarlas. La incertidumbre generalizada sobre el futuro que desató la pandemia hizo que miles de millones de personas a lo largo y ancho del planeta se preguntaran por el sentido (también laboral) de sus vidas. Muchos concluyeron que era preferible aprovechar el presente con la máxima coherencia con uno mismo que hipotecar su tiempo en trabajos precarios o insatisfactorios en aras de un mañana hipotético demasiado lejano y al que, según las tasas de mortalidad iniciales, parecía que no todos iban a llegar. Ese fue uno de los principales motivos por los que, a partir de abril de 2021, millones de estadounidenses de distintos sectores decidieron dejar sus trabajos *motu proprio*, ¡y a un ritmo de cuatro millones por mes! «La gran renuncia»,[3] que así fue bautizada por muchos, fue, por supuesto, multifactorial, como suele ocurrir con todas las grandes crisis; pero, sin duda, dejó en evidencia que demasiada gente había estado invirtiendo sus esfuerzos y su energía mental en trabajos que no los hacían sentirse realizados.

No hubo «gran renuncia» en el caso de España.[4] Aunque también hubo quienes cambiaron de trabajo, las altas tasas de desempleo[5] y la dificultad de encontrar alternativas dignas al ejercido hicieron que la mayoría se lo pensara mucho antes de dar ese salto al vacío y prefiriera seguir donde estaba mientras cruzaba los dedos a ver si le salía algo mejor. Fue la actitud incluso de muchos sanitarios que sufrieron el síndrome de desgaste profesional. Según un estudio del Observatorio de la Medicina Familiar y Comunitaria de la región del Maresme, en la provincia de Barcelona, de 2016 a 2020, el porcentaje de médicos con *burnout* pasó del 6 al

58 %, más de la mitad de la profesión. Un 62 % quería buscar trabajo en un centro con menos carga laboral que el suyo y un 36,9 %, es decir, más de uno de cada tres, dejar su oficio.[6] Actualmente, la mayoría de esos médicos «calcinados» siguen en sus puestos porque no encontraron un entorno más tranquilo ni otras opciones laborales. De haberlo hecho, el sistema sanitario —al menos el del Maresme— habría colapsado. ¿Pero de verdad queremos a esos sanitarios o a profesionales de otros ámbitos en sus mismas condiciones en los puestos que los han enfermado? ¿Hasta qué punto afecta su estado mental o las medicaciones que toman a la calidad de su trabajo? ¿Y a ellos? ¿Cómo les afecta seguir atrapados en la misma dinámica que mermó y sigue mermando su salud mental?

En el momento en que escribo estas líneas han pasado casi dos años tras mi accidente laboral y aún sigo en tratamiento. También sigo perplejo por el extraño camino que me ha tocado recorrer. No tanto en la vertiente psiquiátrica, en la que he tenido la suerte de contar con el respaldo de grandes profesionales y he podido investigar por mi cuenta como médico, sino en la laboral e, incluso, la social. Después de todo, que mi empresa no quisiera asumir responsabilidades por lo ocurrido no me resulta tan sorprendente; pero, con demasiada frecuencia, al intentar explicar el daño que he sufrido a otros, me he encontrado con algunas respuestas desconcertantes. Desde algún «bueno, te tocaba por tu trabajo» a numerosos «todos lo hemos pasado muy mal durante la pandemia». Seguro que no había maldad en esas frases, pero sí una idea fatalista y un tanto cruel sobre qué significa la vocación y los sacrificios que deberían estar dispuestos a asumir los profesionales a quienes se les exigen. Durante estos dos mismos años que llevo en tratamiento, he estado preguntándome por qué. ¿Por qué, como sociedad, aceptamos que haya personas que deben asumir un mayor sufrimiento que otras por su trabajo? Y no solo aquellas que realizan tareas consideradas vocacionales, se trate de profesores, artistas o bomberos; también quienes se dedican a tareas que muchos no quieren realizar porque no tienen suficiente prestigio, como los trabajos más extenuantes o las labores de limpieza. ¿Por qué, en aras de un presunto bien común, hemos decidido que hay personas «sacrificables»? ¿Quién ha decidido que deben pagar ese precio? ¿No deberían existir límites?

Hasta ahora, para muchos, la palabra «vocación» había estado envuelta en connotaciones únicamente positivas, casi místicas. Con solo invocarla, muchos profesionales entraban en un estado anímico cercano al trance. El célebre médico Gregorio Marañón llegó a definirla como «encanto o encantamiento, que hace luz de la oscuridad y ligereza del esfuerzo»,[7] una fuente de energía inagotable que ríete tú del móvil perpetuo que persiguió la ingeniería hasta chocar contra las inapelables leyes de la termodinámica, la solución para cualquier trabajo por grande que sea: un filón de entusiasmo sin fin. Da igual que los más laicos usen el término «propósito vital» para evitar las connotaciones religiosas de una *vocatio* o «llamada» que obliga a preguntarse sobre quién pone voz a ese susurro mental que nos dirige hacia una profesión concreta. El mensaje colectivo ha sido y sigue siendo que debemos encontrar esa motivación y embriagarnos con sus propiedades euforizantes para sentirnos realizados. Pero la vocación también tiene un lado oscuro. Su fuego, llevado al máximo, ciega el sentido común y carboniza la salud mental. Puede que nos haga brillar de forma resplandeciente por unos instantes, pero también a costa de consumirnos por completo y dejarnos con grandes dudas sobre si ese sacrificio era de verdad necesario.

En lo que a mí respecta, puedo afirmar que no soy la misma persona que era antes del accidente laboral que sufrí. Quizá nunca vuelva a serlo. Lo que sí sé es que el trauma sufrido y el tratamiento que he tenido que tomar han cambiado el funcionamiento de mi cerebro. Aún hoy, sigo aprendiendo a calibrar mis nuevos mecanismos mentales con el mismo asombro e incertidumbre con el que veo que los bebés van aprendiendo a coordinar el funcionamiento de un cuerpo que aún no conocen del todo. No ha sido lo único que he tenido que redescubrir. Para entender mejor lo que me ha pasado y reencontrar algo parecido a mi vocación, he necesitado lanzarme a una búsqueda personal que he querido compartir en este libro.

Por una parte, me he preguntado por qué hemos desarrollado un «culto al trabajo»; es decir, sobre las razones biológicas y culturales que hacen que acabemos identificándonos con una ocupación laboral en concreto y busquemos cierta trascendencia entregándonos a ella. Y, por otra parte, sobre los costes que supone asumir esa identificación hasta sus últimas consecuencias, tanto para algunos individuos concretos como para la sociedad en conjunto. Mi formación pediátrica me ha ayudado a aportar una perspectiva médica y neurocientífica rigurosa, pero también he querido enriquecerla con numerosas aportaciones de la filosofía, la psicología, la arqueología, la antropología, la sociología, la historia y, por supuesto, las lúcidas reflexiones de grandes pensadores de distintos países y épocas sobre la vocación, los empleos y la economía. Aquí tienes el resultado: una visión amplia y multidisciplinar con la que podrás forjarte tu propia opinión sobre los complejos mecanismos que han elevado una necesidad de supervivencia básica como el trabajo a la categoría de culto colectivo y con la que, quizá, hasta llegues a replantearte qué estás dispuesto a sacrificar y qué no por eso que muchos denominan su «futuro profesional».

1

Los orígenes del espíritu de sacrificio

De esforzarse por sobrevivir en el presente a sacrificarse por un hipotético futuro

Desde sus primeras etapas, la humanidad tuvo claro aquello de que «quien algo quiere algo le cuesta», pero no debemos confundir el esfuerzo con el sacrificio. Esforzarse es una estrategia biológica natural, un médico diría que un proceso fisiológico, una inversión de energía necesaria para que ciertos resultados se produzcan y que, una vez realizada y tras el oportuno descanso, nos permite recuperar nuestro estado anterior; a veces, añadiéndole alguna mejora incluso. Véase el beneficio que producen los esfuerzos de los agricultores en sus tierras de cultivo o el del entrenamiento de muchos deportistas en sus campos de competición. El sacrificio, por el contrario, implica un pago que nunca podremos recuperar, se trate de una renuncia elegida por uno mismo, impuesta contra nuestra voluntad o inculcada por nuestro entorno con más o menos sutileza y más o menos deliberación. De modo que podemos encontrar desde el sacrificio de un progenitor en situación de escasez que prefiere saltarse una comida para que sus hijos no tengan que hacerlo, pasando por el de quienes aceptan empleos abusivos o precarios para que sus familias no vivan esa situación, hasta el que se espera de determinados colectivos (mujeres, profesorado, servicios sociales y sanitarios...) porque existe alguna narrativa cultural que dice que, solo por pertenecer a ellos, deben anteponer un presunto bien superior a sus propias necesidades.

Por supuesto, esfuerzo y sacrificio pueden darse a la vez. El tiempo que diversos sectores sociales y laborales dedican a sus deberes ya implica suprimir el que podrían destinar a ocupaciones menos arduas. Pero, por muy relacionados que estén y por más que muchos sacrificios pasen factura, precisamente, por los esfuerzos desmesurados que exigen, se trata de dos fenómenos que ocurren en planos distintos. Así, mientras el esfuerzo es una experiencia psicomotora física sustentada por la biología de músculos, glándulas hormonales y neurotransmisores cerebrales que consume nuestros recursos corporales y psicológicos y que necesita un descanso posterior para estar en condiciones de volver a repetirse, el sacrificio es una decisión metafísica (o sea, «más allá de la física») justificada por la defensa de alguna abstracción mental que se considera más valiosa que otras y que, por tanto, debe priorizarse. Es decir, mientras el esfuerzo busca ganancias, el sacrificio asume pérdidas por una cuestión de principios. Lo cual no quiere decir que esos principios no puedan ser loables. Buena parte de ellos lo son, y mucho. Pero hasta las convicciones mejor intencionadas pueden resultar catastróficas al aplicarse sin límites en el mundo real, como pasaría, por ejemplo, con un progenitor en situación de escasez que, de tanto saltarse comidas para que sus vástagos tengan sustento, acabe enfermando de forma fatídica y los deje sin nadie para protegerlos ni alimentarlos. Entonces, ¿cuándo merece la pena sacrificarse y cuándo no?

Hace unos trescientos mil años,[1] durante la Edad de Piedra, los primeros *Homo sapiens* empezaron a hacerse la misma pregunta gracias a la evolución de sus mentes. Una simple mutación en la «transcetolasa» (una enzima implicada en la producción de los hidratos de carbono que alimentan nuestro cerebro) permitió el desarrollo de su «glía basal radial»,[2] el andamiaje celular que usan las neuronas de nuestro córtex para acomodarse, desarrollarse y organizarse; y, de esa ampliación arquitectónica de un espacio físico, surgió la ampliación de nuestro espacio mental. En él, aumentamos nuestra capacidad para percibir y comprender el entorno y nuestro propio cuerpo junto a otras habilidades igual de interesantes, como las de reflexionar, escoger objetivos y enfocarnos en ellos, compartirlos a través del lenguaje y ser capaces de imaginar planes colectivos para lograrlos. Así nos convertimos, como dicen algunos paleoneurobiólogos, en «maestros de la flexibilidad» que desarrollaron armas y herramientas con las que facilitar nuestro día a día, pero también ornamentos y expresiones artísticas con los que deleitarnos y organizar nuestros pensamientos alrededor de esas primeras convicciones abstractas a las que decidimos consagrar nuestros esfuerzos.[3]

Antes de ese desarrollo cultural, había resultado obvio hacia dónde dirigirlos: aumentar nuestra probabilidad de supervivencia y, a ser posible, evitar cualquier trance que la amenazara. Fue fácil identificar esas situaciones de la mano del placer y el sufrimiento. Respecto al primero, gracias a la información enviada por nuestros sentidos al núcleo *accumbens*, que es transformada en una sensación agradable gracias a una descarga de dopamina; respecto al segundo, gracias a la amígdala cerebral, donde otra descarga, esta vez de noradrenalina, transforma la información en desasosiego; y, en ambos casos, gracias también a la acción de la neurotensina, que modula la interacción entre sensaciones placenteras y desagradables y asigna a cada experiencia concreta una «valencia» positiva o negativa[4] que nuestra memoria, sobre todo la emocional, registra mejor que si la grabáramos en piedra.[5] Tanto que, a nuestro cerebro, le cuesta volver a asignar valores positivos, por muy merecidos que sean, después de haber sufrido algún suceso traumático y, en el sentido opuesto, a asignar valores negativos después de haber experimentado algún goce. Lo cual explica, por ejemplo, por qué es más fácil que alguien te haga un favor si, antes de pedírselo, le ofreces un halago. Como eres muy inteligente, seguro que opinas como yo.

Pero, más allá de la regla primaria «evita el dolor, busca el placer» que compartimos con otros animales, desconocemos la fecha en que alguien se rascó la cabeza, valoró su existencia en conjunto y le preguntó a los demás: «¿De verdad que esto es todo? ¿Vamos a pasarnos el resto de la vida buscando comida, fornicando y protegiéndonos de las inclemencias y los depredadores? Algo más habrá, ¿no?». Seguro que no existió ese día. Las aspiraciones vitales de nuestros ancestros se ampliaron de forma progresiva a la vez que fueron moldeándose sus creencias sobre el mundo que los rodeaba y, con ellas, sus valores y expectativas existenciales. Y, como esas abstracciones fueron diferentes en función de cada grupo humano y de su entorno, a falta de evidencias concluyentes sobre esas primeras comunidades que fueron dispersándose por el planeta, debemos asumir que fueron tan diversas como las culturas que, siglos después, sí comenzaron a dejar registros históricos más fiables.

En cualquier caso, la aparición de valores culturales no alteró los mecanismos mentales con los que tomamos decisiones tan delicadas como por qué esforzarnos o sacrificarnos. Solo añadió una nueva categoría de razones que sopesar por nuestros cerebros. Esos órganos que el filósofo Daniel Dennett definió como «máquinas de anticipación»[6] que nos empujan a rastrear los elementos más relevantes de nuestro entorno para intentar que nuestras decisiones nos conduzcan al futuro donde haya mayores ventajas y menos inconvenientes. Dentro de esas ventajas, el placer siguió ocupando un puesto destacado. Pero no solo el más hedonista e inmediato mediado por la dopamina. También el de las endorfinas y endocannabinoides que produce nuestro cerebro durante cualquier esfuerzo físico y que, además de reducir el dolor y el estrés mientras lo realizamos, aumenta nuestra sensación de satisfacción al completarlo.[7] A lo que deberíamos añadir, en un plano social, el placer recibido de la oxitocina que libera el cerebro al sentir que nos esforzamos en sintonía con un colectivo que reconoce nuestra aportación[8] y, en un nivel existencial, el que recibimos por nosotros mismos al encontrar un patrón de sentido más elevado para nuestras vidas[9] y, de paso, una serenidad que se transforma en benéficas oleadas de serotonina que apaciguan las preocupaciones.[10] En definitiva, un cóctel de neurotransmisores perfecto para una especie social como la nuestra porque, en conjunto, nos anima a mantenernos activos para sobrevivir y a buscar aliados en nuestros propósitos.

Incluso cuando nos rodean desconocidos, nuestro instinto social está muy atento a cómo se comportan y, muy en especial, a en qué deciden invertir sus esfuerzos. Tanto que, si un hipotético *sapiens* primitivo viera a todos los miembros de la tribu vecina subiéndose a los árboles de un bosque cercano y rebuscando entre sus ramas, es más que probable que sintiera el impulso de trepar también para ver qué encontraba allí o, como poco, de avisar a los suyos de lo que estaba ocurriendo. Ese fenómeno se denomina «contagio de objetivos»[11] y explica por qué muchos animales tienden a buscar alimento allí donde ven que otros, incluso de especies distintas, ya lo están haciendo. Pero, además de objetivos, pueden contagiarse emociones,[12] como ocurriría con el pánico si, en el mismo contexto de trepadores arbóreos, un número suficiente comenzara a gritar y a salir huyendo. Hasta pueden producirse contagios mixtos, como ocurrió con tantísimas personas que vieron la desesperación de otras por hacerse con el papel higiénico de los estantes de los supermercados durante la primera oleada de covid-19 y acabaron en un tiempo récord con todas las existencias.

Esos atajos mentales tienen un lado bueno. Sobre todo, cuando nos colocan en sintonía solidaria con el resto de nuestra comunidad para concentrar el poder de múltiples esfuerzos individuales contra un desafío común difícil de superar de otra manera, como el de reducir el número de contagios y evitar el colapso de los centros médicos al inicio de la pandemia coronavírica confinándonos tres meses en casa. Pero también nos llevan a dar por supuesto que los esfuerzos y sacrificios que asume la mayoría son legítimos y a no cuestionarlos demasiado. Por lo que, como resultado de todo lo anterior y una vez que entraron en juego interpretaciones culturales de abstracciones «superiores» como «el bien común» o «lo sobrenatural», las primeras comunidades humanas empezaron a desarrollar comportamientos cada vez más alejados de su biología común y más sesgados por esas convicciones prioritarias que, en su mayor parte, derivaron de una inteligencia precientífica que, por muy fabuladora que fuera en algunos casos, tuvo muy en cuenta los recursos de subsistencia a su alcance y las relaciones de causas y consecuencias que los alteraban.

Para algunas tribus, ciertos bosques acabaron considerándose tan sagrados o valiosos que se les otorgaron derechos que debían anteponerse a los de los seres humanos. Así, por más frío que pasaran algunas tribus en invierno porque, pese a conocer el fuego, se les habían acabado las ramas muertas que caían de los árboles de forma natural, prefirieron sacrificarse y seguir tiritando o buscar más pieles con las que abrigarse porque cortar cualquier rama viva de las que meses después darían frutos suponía un sacrilegio. Más aún, algunos de los que ya habían percibido la secuencia por la que las flores acababan convirtiéndose en frutos tampoco vieron con buenos ojos a quienes las arrancaban para convertirlas en adornos fugaces que les restarían recursos más adelante. Y quienes llegaron a intuir el papel de las abejas en aquel ciclo anual del que dependían censuraron por igual a quienes molestaban a esos laboriosos insectos que, además, producían la deliciosa miel. Incluso hubo pueblos, como los mayas en siglos posteriores, que consideraron sagradas a las abejas, pero solo a aquellas que no tenían aguijón y que, por tanto, convertían la recolección de miel en un trabajo sin riesgo de picaduras.[13] Que, por más dispuestos que estuvieran a esforzarse y sacrificarse, a igualdad de resultados, preferían la táctica menos costosa, siempre y cuando respetara sus convicciones. Lo cual dio pie al desarrollo de las primeras tecnologías bajo una premisa muy simple que resumió, siglos más tarde, el filósofo José Ortega y Gasset: «La técnica es, por lo pronto, el esfuerzo para ahorrar el esfuerzo».[14]

Quienes mejor supieron definir en sus narrativas y leyes esos recursos que debían priorizarse y aquellos por los que merecía la pena asumir ciertos sacrificios tuvieron más probabilidades de sobrevivir. La diversidad de contextos que encontraron los primeros *sapiens* en su diáspora sobre el planeta dio lugar a distintas estrategias culturales de adaptación que, por supuesto, fueron cambiantes. De modo que, una vez desarrollada la ganadería, mientras unas civilizaciones decidieron incluirla en su dieta, otras, como la india del período védico, adoptaron una visión más compasiva hacia la vida animal y prefirieron declarar las vacas sagradas en el momento en que la reducción relativa de su número hizo más sensato alimentarse de todos los productos que podían lograrse con su leche, usar el estiércol que producían como abono para la agricultura y aprovechar su fuerza bruta para labores que implicaban demasiado esfuerzo para un humano.[15] Al margen de connotaciones religiosas, el mensaje práctico de esa decisión resulta evidente: si sacrificas demasiadas vacas, te quedas sin todo lo bueno que pueden darte.

Además, desde un enfoque neurocientífico, existe una poderosa razón por la que estamos dispuestos a contenernos o negarnos disfrutes presentes a favor de la promesa de mayores ventajas más adelante: a la hora de tomar decisiones, nuestro cerebro anticipador tiene en cuenta, sobre todo, el resultado final que obtendremos en el futuro y, para convencernos de que lo persigamos, a falta del placer que nos proporcionaría la opción más inmediata, nos consuela con la descarga de dopamina que genera nuestro núcleo *accumbens* solo con imaginar ese porvenir tan prometedor.[16] Y podemos imaginarlo tantas veces como queramos. Así, igual que un jinete puede convencer a un burro para que camine con solo colgar de un palo una zanahoria y mostrársela ante sus ojos, nuestro cerebro puede activar nuestra voluntad poniéndole delante alguna expectativa lo suficientemente apetecible. Por supuesto, esa promesa tiene que ser mejor que lo que ya tengamos a nuestro alcance. De otra forma, la «gratificación inmediata» sería mayor que la «gratificación aplazada» y no habría ningún motivo para contenerse a la espera de un mayor beneficio. Y, por otro lado, también influye el grado de autocontrol personal de quien deba tomar esa decisión y cómo de apremiante sea el contexto en que lo haga. Que no es lo mismo renunciar a comerse una gallina a la espera de que ponga huevos si tenemos la barriga llena que si uno lleva tres días sin comer. Y no digamos ya si esa gallina o sus futuros huevos son los que deben alimentar a una tribu entera y no parece que vaya a haber suficientes para todos.

A fin de cuentas, cuando a una comunidad le toca sacrificarse, es habitual que algunos de sus integrantes estén menos dispuestos que otros a asumir lo que eso significará para ellos e, incluso en situaciones de bonanza, siempre habrá quienes tengan una idea diferente de cuánto están dispuestos a esforzarse. Según la psicóloga Nichola J. Raihani, profesora de Evolución y Comportamiento de la University College de Londres, «en las especies sociales, la carga de trabajo es compartida a menudo entre los miembros del grupo de forma similar». Pero eso sí, «en cada grupo, hay algunos ayudantes que son más diligentes y otros que son más perezosos».[17] Vamos, que, como trabajadores, los primeros *sapiens* debían de ser, en efecto, «maestros de la flexibilidad», algunos aprovechando la menor excusa para esquivar las tareas que menos les gustaban.

Esas decisiones personales influyeron también en cómo fue forjándose la cultura laboral de los primeros grupos humanos; porque las dinámicas entre sus miembros respondieron a lo que el antropólogo, sociólogo y cibernetista

Gregory Bateson denominó «cismogénesis»:[18] «un proceso de diferenciación en las normas de comportamiento individual resultante de la interacción acumulativa entre individuos».[19] Mediante ese tira y afloja, cuando en una comunidad existen personas más altruistas dispuestas a trabajar por el bien común sin pedir nada a cambio, las menos altruistas tienden a mantenerse al margen a la espera de que sean otros quienes asuman las tareas con menos beneficios respecto al esfuerzo o riesgo que hay que invertir. El profesor Bateson denominó ese fenómeno «cismogénesis complementaria» y podríamos sintetizar su mecánica en una advertencia popular: «Cuidado con lo que toleras, estás enseñando a la gente cómo tratarte». Y, desde el otro extremo, también puede darse la «cismogénesis simétrica» y si, en una comunidad, la mayoría empezara a mentir para evitar los trabajos más fatigosos, la hipocresía iría creciendo de forma exponencial y acabaría instalándose como estilo habitual de relación entre las personas que la componen. Por lo que deberíamos concluir, igual que el antropólogo Richard Thurnwald, que «entre los pueblos primitivos se dan las mismas clases y variedades de tipos temperamentales que entre nosotros. Actúan también los unos sobre los otros, se limitan mutuamente o chocan entre sí. En el juego de las personalidades, las particulares consiguen influencia o prestigio como cazadores, hábiles danzadores, cantores dotados de inventiva, hechiceros afortunados, astutos homicidas o impresionantes oradores».[20]

Esa influencia y ese prestigio pronto se convirtieron en objetivos que perseguir y en los que invertir esfuerzo, tanto para los individuos más remolones como para los más altruistas. Para los primeros, por la simple razón de que, una vez logrados, a menudo permitían tomarse las cosas con más calma o concentrarse en las labores que más les gustaban o que, por habilidad innata, les costaban menos. Para los más sacrificados, porque eso les hacía sentirse bien al ver su esfuerzo reconocido o por la simple convicción de que estaban haciendo lo correcto. En ambos casos, se trató de una búsqueda de placer a través del reconocimiento social a las habilidades que cada cual podía aportar al grupo; pero, para que esas habilidades fueran reconocidas como valiosas, también hicieron falta escenarios idóneos que ofrecieran ocasiones para demostrar su utilidad.

Por ejemplo, resulta fácil imaginar que las tribus instaladas alrededor de ríos, lagos o mares apreciaran a los buenos nadadores, buceadores o pescadores; mientras que las asentadas en zonas desérticas valorarían mucho más a los capaces de encontrar agua potable y de almacenarla. Bajo el mismo enfoque, otra tribu instalada en un entorno boscoso que recurriera a las bayas de los arbustos, los frutos de los árboles y los animales que se alimentan de ellos hasta podría desarrollar ritos oficiales o pruebas más o menos informales para seleccionar a los individuos más capacitados para cazar presas escurridizas o diferenciar las bayas comestibles de las venenosas por sus formas y colores. Una prueba esta última que, además de medir la destreza de cada cual, serviría para evitar otros peligros, como el de colocar, sin saberlo, en el grupo de recolectores de frutos y bayas a algún daltónico. La justicia social no tuvo nada que ver en esa decisión. Fue una cuestión de supervivencia para optimizar recursos, vidas humanas en este caso.

Por otra parte, a medida que los primeros *sapiens* fueron desarrollando diferentes tecnologías primitivas en función de sus necesidades para ahorrarse esfuerzos, resultó más importante aún el asignar las tareas más complicadas a los individuos con más destreza en ellas. Quizá hizo falta que alguna cazadora (sí, para los más despistados, las mujeres también cazaban en la prehistoria)[21] acabara con una cicatriz en la mejilla por darse cuenta demasiado tarde de que había que elegir mejor a los encargados de buscar madera flexible para los arcos; pero seguro que, cuantas más variables entraron en juego a la hora de fabricar determinadas herramientas o realizar determinados procedimientos, más importante fue escoger bien a los encargados de dichas tareas para que su trabajo tuviera la suficiente calidad; más aún cuando apareció la primera forma de comercio: el trueque.

El trueque prehistórico incluyó mucho más que el simple intercambio de objetos. También podían intercambiarse servicios y, de ese modo, las actividades más requeridas tuvieron más probabilidades de evolucionar y perfeccionarse al permitir a quienes las realizaban concentrarse en su labor mientras el resto les ofrecía toda clase de servicios o productos que mantenían sus necesidades cubiertas. Así fueron esbozándose los primeros «protooficios», que, como resulta lógico, tuvieron demandas y reputaciones distintas en entornos y circunstancias diferentes. Se trató de un «mercado» rudimentario, muy lejos de la economía actual, pero ya existían necesidades y deseos y personas dispuestas a satisfacerlos por simple reciprocidad o a cambio de alguna compensación extra, aunque fuera una promesa de pago futuro.

Aceptar esas promesas de gratificaciones aplazadas nunca estuvo exento de riesgos. Ya en la prehistoria hubo listillos dispuestos a dar largas o a hacerse los olvidadizos para no cumplir su parte de lo pactado y más aún en la época en que aún no se había inventado la escritura y en la que podía haber grandes diferencias en lo recordado por las diversas partes implicadas en un acuerdo previo. Todavía no existía el argumento de la vocación ni el del progreso social para hacer chantaje psicológico a los más reticentes a negociar con los individuos menos fiables o que ya habían abusado de su confianza, pero seguro que sí numerosos equivalentes de los actuales «¡pero si a ti no te cuesta nada!», «¡pero si tú disfrutas con lo que haces!», «cuando mi situación mejore, te lo compensaré», «si no lo haces por mí, hazlo por mis hijos» o «que Dios te lo pague». Ante la duda de si el suplicante en cuestión estaba tan apurado como pretendía, seguro que más de un altruista acabó cediendo por mera compasión o espíritu de comunidad.

Pero el verdadero peligro de esa dinámica no fue que el esfuerzo de algunos trabajadores pudiera ser parasitado por hábiles oportunistas que sabían cómo rentabilizar sus expectativas de ganancias futuras o les hacían creer que estaban invirtiendo en un bien común mucho más importante que ellos. El auténtico peligro fue que, como grupo y por voluntad propia, acabaran invirtiendo más esfuerzos y sacrificios de los necesarios en presuntas compensaciones futuras que nunca llegarían o que no se alcanzarían por haber consumido, antes de tiempo, los recursos básicos para subsistir hasta lograrlas. La trampa mental que nos guía hacia ese desastre es simple: pensar que, en cualquier circunstancia, cuanto mayor sea el esfuerzo, mejores serán los resultados. De hecho, es una trampa tan tentadora que muchos pueblos antiguos, cuando ya no supieron cómo aumentar sus esfuerzos, recurrieron a ofrecer sacrificios, muchas veces, vidas de animales e, incluso, de otros humanos. Más allá de interpretaciones religiosas y presuntos trueques místicos, el resultado práctico de esa estrategia resulta muy revelador. Porque, si, por ejemplo, el bosque sagrado del que dependía una determinada tribu quedara arrasado por un incendio e intentaran revivir sus árboles regándolos con la sangre de sus propios compañeros degollados, lo único que lograrían sería disminuir el número de bocas que alimentar mientras buscaban otra forma de subsistencia. Lo cual, desde un punto de vista evolutivo, convierte esa crueldad en una táctica de supervivencia grupal que nos hace entender por qué algunas civilizaciones brutales sin ninguna compasión por la vida humana pudieron subsistir tanto tiempo. Reducir el número de consumidores en vez de aumentar los recursos que es preciso consumir fue buena parte de su secreto.

Pero existen más motivos por los que tantísimas sociedades han acabado idolatrando el esfuerzo en general y el sacrificio en particular. La mayoría de esas razones están relacionadas con el deseo. Para empezar, el que ciega nuestra razón para hacer que solo vea aquello que confirme nuestras convicciones y expectativas, ese que los psicólogos llaman «sesgo de confirmación» y que también alimenta nuestro deseo de tener razón siempre y el de que todos nuestros esfuerzos reciban una compensación justa. La proyección grupal de esa tendencia individual al verse arropada por otros que comparten las mismas certezas y aspiraciones explica por qué muchas ideologías y credos religiosos acostumbran a caer en la arrogancia o el integrismo y por qué sus miembros son tan reacios a revisar cualquiera de los principios que defienden, por mucho que hagan sufrir a otras personas. Están convencidos de que hacen «lo correcto» o de que están en el lado de «los buenos». ¿Y cómo argumentar con alguien que ha sacralizado una idea? ¿Cómo plantear límites a simples mensajeros de alguna abstracción glorificada? ¿Cómo se le dice basta a un dios?

Al fin y al cabo, la fe religiosa también responde a un deseo, el de que haya alguna fuerza, aunque sea ultraterrena, que dé sentido al abundante sinsentido que percibimos a nuestro alrededor. No pocas ideologías laicas entrarían en esa misma categoría. Cuanto más argumentan desde el deseo y menos desde la realidad cotidiana, más fácil es que adquieran la altivez mística de muchas religiones. Pero los deseos pueden provenir también de nuestra biología animal más básica, de esos impulsos con los que ya nacemos de serie. Es decir, de nuestros instintos. Entre ellos, podríamos incluir nuestro anhelo de supervivencia o el de crear vínculos afectivos, pero también tendencias igual de humanas como la pereza, la envidia o la codicia. Todas ellas afectaron y siguen afectando a ese otro deseo nuestro más cultural que nos impulsa a invertir nuestros esfuerzos y sacrificios en unas ocupaciones determinadas en vez de en otras, ese que llamamos «vocación». Y, por supuesto, también afectaron y siguen afectando a cómo nos permiten ejercerla los demás. Intentaré ilustrar el choque entre ese anhelo personal y las circunstancias sociales a lo largo de los siguientes capítulos y empezaré con una de las cuestiones prácticas que también debieron plantearse los primeros *sapiens*: qué criterio usar para repartir todas las tareas que debían abordar como colectivo y, más delicado aún, cómo escurrir el bulto de las más desagradables, esas que, por mucha capacidad de esfuerzo y sacrificio que tengamos, cualquiera prefiere evitar.

2

¿Y a quién le va a tocar sacrificarse?

Cómo los sesgos cognitivos distribuyeron el esfuerzo y crearon el estatus laboral

Da igual lo justa que sea la distribución del trabajo en una comunidad. Siempre habrá descontentos. Todo porque nuestro suspicaz cerebro ve derechos legítimos y agravios comparativos donde no los hay por culpa de esas trampas mentales que, en 1972, los psicólogos Daniel Kahneman y Amos Tversky denominaron «sesgos cognitivos».[1] Uno de los más habituales es la «heurística de disponibilidad»,[2] por la que, a la hora de examinar cualquier cuestión, acabamos priorizando en nuestra mente los argumentos que mejor conocemos, o sea, nuestras propias convicciones, percepciones y experiencias. De ese modo, al comparar nuestro propio esfuerzo con el de los demás, nos resulta más evidente y, por eso, la consecuencia mayoritaria es que solemos sobrestimar nuestra contribución personal a cualquier trabajo en grupo. Y más de lo que imaginas; según un estudio de la Universidad de Harvard,[3] hasta darse la paradoja de que, tras sumarse los porcentajes de contribución declarados por cada miembro de un equipo, el total alcanzó un 139%.

Otra trampa mental que ha generado tensiones en la distribución del trabajo desde tiempos inmemoriales es el «sesgo del favoritismo de endogrupo»: nuestra tendencia a beneficiar a los individuos de nuestra propia «familia» frente a los de «familias» ajenas, más aún en situaciones problemáticas.[4] Por supuesto, esa «familia» puede ser la biológica, pero también extenderse a nuestro círculo de amistades, a la tribal, a la religiosa, a la ideológica y, cómo no, a nuestro colectivo laboral; defienda sus derechos de forma pública a través de sindicatos o colegios profesionales públicos, de *lobbies* que operan con estrategias de influencia más sibilinas o de asociaciones aún más turbias como las de la peculiar «familia» que defendía el mafioso don Vito Corleone.[5] Pero el resultado final es el mismo; en conjunto, ante cualquier dilema, tendemos a colaborar menos con los individuos externos a las diferentes esferas «familiares» con las que nos identificamos,[6] aunque solo sea ignorando sus problemas para centrarnos en resolver los de «los nuestros».

Hasta qué punto influyeron en las dinámicas laborales los dos sesgos anteriores se refleja en la estrategia que adoptaron muchas culturas para distribuir el trabajo entre sus miembros: la herencia familiar. Fue la alternativa que escogieron los sumerios, cuyo rastro documental se remonta al 3500 a. C. y en el que dictaminaron que, conforme a los designios de Enlil, señor de la tierra y los cielos, el hijo debía suceder a su padre en su oficio;[7] o en la esclavitud, si había nacido en el estrato más bajo. No es que su decisión sorprenda. Aparte de transmitir una idea de fatalidad que debía aceptarse sí o sí para mantener el *statu quo*, beneficiaba a los linajes más poderosos que, por la heurística de disponibilidad, estaban convencidos de que se habían esforzado más que otros para lograr sus privilegios sociales y laborales, y, por el sesgo del favoritismo de endogrupo y puro instinto genético, estaban dispuestos a extenderlos a su progenie, como un legado más entre los otros muchos que habían ido acaparando.

Pero también los perjudicados experimentaron distorsiones perceptivas que facilitaron que asumieran con menos resistencia esa imposición. La principal de ellas, lo que los psicólogos denominan «efecto halo»:[8] nuestra tendencia a atribuir capacidades o atributos positivos a las personas consideradas como «mejores» en otros aspectos, sea por su apariencia, sus logros o su posición social. Una irradiación tan potente que también alcanza a quienes tienen el «privilegio» de estar cerca de esa presunta élite, y no digamos ya si son «carne de su carne y sangre de su sangre» y sumamos a lo anterior el sesgo de pensar que, igual que han heredado algunos de sus rasgos físicos, deberían heredar sin ningún cuestionamiento la deferencia con la que son tratados. Además, ese fenómeno psicológico tiene un lado más perverso, el «efecto halo invertido» o «efecto diablo»,[9] que explica por qué, una vez que algunas personas o colectivos son estigmatizados culturalmente como «inferiores» con cualquier excusa, por injusta o falsa que sea, resultará más difícil que se les reconozcan sus méritos y capacidades. Y mucho más fácil para los señalados que esa presión de grupo acabe haciendo mella en su autoestima y les haga integrar, con más o menos profundidad y resignación, esa narrativa cultural que los obliga a invertir mayores esfuerzos laborales y sacrificios para tener cabida en una estructura social determinada.

Entre los más demonizados por una comunidad, incluso en una igualitaria, estarían los infractores: aquellos que rompieran las reglas de convivencia aceptadas por la mayoría. Para empezar, porque, ante cualquier ofensa, aunque sea una dirigida hacia nuestras convicciones, nuestro cerebro responde con un fogonazo de ira inicial que anula nuestra percepción de matices y exige el castigo inmediato del culpable;[10] sobre todo, cuando no tememos que nos alcancen sus represalias.[11] Véanse todas esas interacciones furibundas en el entorno virtual de las redes sociales. Lo curioso de esa «sed de justicia» es que esperamos calmarla incluso cuando la falta que señalamos también la hemos cometido nosotros;[12] aunque, por supuesto, contextualizamos la nuestra con un largo listado de circunstancias atenuantes con las que esperamos reducir nuestra sanción o, mejor aún, anularla. Así de subjetivos somos y, conscientes de nuestra falta de imparcialidad, desde el lado contrario, cuando vemos la justicia en acción, consideramos más adecuadas las sentencias impuestas por árbitros sin implicación en los hechos que las impuestas por alguien que recibió en carne propia un agravio.[13] Lo cual añadió otra razón más para que la administración de justicia acabara profesionalizándose.

Pero no solo los infractores vieron degradados sus derechos. En consonancia con la misma narrativa de la heredabilidad de lo positivo, también se consideró heredable lo negativo. Y, desde el extremo contrario, se justificaron muchas de las obligaciones y renuncias que debían asumir civilizaciones enteras, linajes concretos o determinados grupos como castigos divinos impuestos muchas generaciones atrás por haber cometido alguna falta imperdonable. Como ejemplos, podríamos citar la transgresión dietética que, según el libro del Génesis, condenó a toda la estirpe de Adán y Eva a una vida de sufrimiento y esfuerzo;[14] el fratricidio que maldijo a Caín y a sus hijos cuando los tuvo;[15] o la advertencia final que remata el segundo mandamiento de los diez que recibió Moisés: «Porque yo soy Jehová tu Dios, fuerte, celoso, que castigo la maldad de los padres sobre los hijos hasta la tercera y cuarta generación de los que me aborrecen».[16]

Algunas culturas, como la babilonia, hasta usaron esas maldiciones para disuadir preventivamente a los infractores, como hizo un escriba de la primera dinastía que, para garantizar la validez notarial de un acuerdo, dejó escrito: «A quien rompa este contrato, que Enlil lo haga desaparecer a la vista de todos, que Gibil confunda su memoria y que Ishtar destruya su simiente hasta la quinta generación».[17] Para cualquier cerebro anticipador, se trata del peor futuro que podrían presentarle. Uno que anula la expectativa de cualquier «gratificación aplazada» para uno mismo y para su descendencia por más esfuerzos y sacrificios que invierta. Por eso, abundan esas clases de amenazas y castigos en las narrativas de culturas tan alejadas como la hindú, como la maldición que lanzó el prolífico Visuá Mitra contra sus cincuenta hijos por no aceptar que nombrara al mediano como hermano mayor: «Tendréis las castas más bajas para vuestros descendientes».[18] Mientras que, en Grecia, encontramos la recibida por el linaje de los atreidas y que alcanzó a personajes como Agamenón, Ifigenia, Orestes y Electra porque el bisabuelo Tántalo, hijo de Zeus, quiso robar la ambrosía a los dioses y probar hasta dónde llegaba su omnisciencia dándoles a comer un guiso cuyo principal ingrediente era su propio hijo Pélope, al que luego los dioses resucitaron y convirtieron en copero olímpico. Más que por compasión, quizá para que sufriera la misma maldición que el resto de su familia y, en vez de disfrutar de un merecido descanso en los Campos Elíseos, tuviera que trabajar gratis eternamente.[19]

De modo que, en general, la auténtica maldición que tanto atemorizó a personas de distintas civilizaciones, geografías y épocas fue la degradación social y, más en concreto, la laboral, la de tener que invertir esfuerzos y sacrificios desproporcionados solo para subsistir mientras otros podían permitirse el lujo de trabajar mucho menos. El caso extremo de esa degradación fue la esclavitud, cuyos orígenes parecen remontarse al 10000 a. C. pese a que los primeros restos arqueológicos aparecen en torno al 5000 a. C., en el Neolítico medio.[20] Según algunos investigadores, podría tratarse de prisioneros de contiendas territoriales, es decir, la clase más peligrosa de infractores que podría encontrar cualquier comunidad y a los que, por ser de otras «familias», solían aplicárseles los castigos más severos y crueles. Encontramos vestigios de ese despiadado comportamiento a lo largo y ancho del planeta. En el yacimiento alemán de Pömmelte, considerado el «Stonehenge alemán», numerosos niños, jóvenes y mujeres fueron atados y arrojados a diversos pozos hacia el 2050 a. C.;[21] más al sur, cerca de la frontera con Francia, en el yacimiento neolítico de Herxheim, aparecieron restos similares, pero con marcas de cortes y raspaduras en los huesos de las víctimas que sugieren la práctica del canibalismo;[22] mucho más lejos, en el yacimiento fortificado de Shimao, en China, existen más evidencias de sacrificios humanos en torno al 2300 a. C.;[23] y aún más lejos, en México, en la Pirámide de la Luna del yacimiento de Teotihuacán, de más de dos mil años de antigüedad, se encontraron los restos de doce personas, diez de ellas decapitadas.[24]

No todos los encuentros entre comunidades distintas fueron hostiles a lo largo de la historia. También los hubo amistosos y de colaboración. Pero hasta esos fueron modulados por nuestro instinto de supervivencia. Bajo su influjo, tendemos a etiquetar a cualquiera que nos rodee, más aún si se trata de una persona desconocida, a través de una estimación de su fiabilidad según la atracción o repulsión que nos produzca y otra estimación de su respetabilidad según la autoridad que creamos que tiene sobre nosotros. Es decir, según lo que un psicólogo denominaría su «valencia» y su «dominancia».[25] Mediante ese cálculo, valoramos el riesgo que supondría optar por una estrategia de relación u otra. De manera que, en el pasado, seguro que hubo situaciones en las que ambas partes buscaron la solución más pacífica porque se vieron como valiosos aliados o, por contra, como temibles contrincantes que era preferible no enfurecer. Pero ese no fue el único elemento que inclinó el desenlace de esos encuentros. También lo hicieron las motivaciones de sus protagonistas. Los estómagos llenos y la ausencia de conflictos dentro de cada comunidad facilitaron que la predisposición de ambas partes fuera más sosegada, pero las catástrofes naturales o la escasez de recursos fomentaron todo lo contrario. Incluso si una tribu idílica había estado dividiendo sus exiguas provisiones en porciones igualitarias, una vez consumidas, tendrían que decidir cómo lograr más y, en la lista de posibilidades, estaría la de conseguirlas de sus vecinos más próximos, fuera mediante la negociación, la súplica o el asalto.

En caso de optar por lo último, si su ataque fracasara, los ganadores podrían decidir ejecutarlos por su transgresión o, si el pragmatismo vencía su sed de sangre, perdonarles la vida, pero someterlos a toda clase de vejaciones, incluyendo, cómo no, la realización de las tareas más ingratas. En caso de optar por la súplica, algunos lograrían integrarse en grupos más prósperos que el suyo; pero... ¿tendrían la suerte de encontrar uno tan igualitario como aquel del que procedían? Y, aunque lo fuera, con hambruna o sin ella, ¿lo sería tanto como para compartir en igualdad sus recursos con unos desconocidos recién llegados? Desde la prehistoria a nuestro presente, las migraciones forzadas de diversos grupos humanos han sido una realidad y la acogida que se les dio fue de lo más variada dependiendo de diversos factores que modulan nuestra empatía. La proximidad identitaria, tanto étnica o lingüística como religiosa, suele favorecer un recibimiento cálido,[26] igual que el hecho de haber tenido relaciones amigables previas con la comunidad a la que se acuda; mientras que la distancia identitaria o las relaciones pasadas tensas lo dificultan. Y, pese a ello, nada estaría decidido hasta el último momento. Los seres humanos somos así y hasta enfrentarnos a un dilema después de haber dormido bien o mal, o en un día soleado o lluvioso, influye en nuestras decisiones más de lo que pensamos.

El gran reto fue siempre el mismo: evitar que la respuesta ante situaciones complejas fuera una violencia más o menos explícita, ese instinto agresivo de los *sapiens* que estuvo presente desde nuestras primeras etapas y que fue dirigido con mayor frecuencia contra aquellos que, por infracción o cuestionamiento de los acuerdos mayoritarios, distancia identitaria, prejuicios u otras razones, fueron considerados con menos derechos y, por tanto, «sacrificables» para preservar alguna abstracción de «armonía superior». Lo cual no quiere decir que, en todos los casos, los diferentes fueran penalizados y, menos aún, con la esclavitud o penas de muerte. La empatía también forma parte de nuestros instintos y el análisis de los enterramientos del Pleistoceno y del Paleolítico muestra, del mismo modo, que numerosos individuos adultos con diversas anomalías físicas fueron cuidados por sus congéneres hasta que murieron y fueron enterrados con el mismo respeto que los demás integrantes de sus tribus.[27]

Desde una vertiente más individual, ese mismo instinto violento amenazó la convivencia interna de las diferentes comunidades que fueron creándose y, para domesticarlo y prevenir que cada cual impartiera su propia interpretación del concepto de justicia, muchas optaron por crear leyes a las que todos debían someterse. De forma que, parafraseando a Ortega y Gasset, podríamos decir que «la legislación es, por lo pronto, el esfuerzo para ahorrarse esfuerzos ante futuros conflictos», por más que luego venga el esfuerzo de aplicarlas de la manera más justa posible. En el caso de civilizaciones basadas en una autoridad jerárquica, como la sumeria, los mandamases dispusieron de una gran ventaja estratégica para defender sus intereses: controlaban tanto la redacción de esas normas como el discurso religioso del que decían que emanaban. Y fueron severos. Otorgaron a sus cargos la misma respetabilidad exigida a lo divino para que hubiera que obedecerlos con el mismo grado de sumisión y sacrificio y, en cuanto a los conflictos sociales y laborales, impusieron soluciones drásticas que, además de castigar a quienes desafiaban el orden establecido, buscaban canalizar el impulso de *vendetta* que surge en nuestro cerebro cada vez que nos ofenden o perjudican.[28] De ahí que la jurisprudencia de diversas culturas antiguas tan alejadas como la sumeria[29] y la maya[30] compartan una concepción retributiva al estilo del Éxodo con aquello de: «Si sigue un daño, lo pagarás: vida por vida, ojo por ojo, diente por diente, mano por mano, pie por pie, quemadura por quemadura, herida por herida, golpe por golpe».[31] Eso sí, la justicia maya añadía a esa ponderación la intencionalidad del delito y, si un homicidio había sido accidental, sustituía la muerte del causante por la esclavitud, que, como una maldición, también heredaban sus descendientes.

Desde una perspectiva práctica, ese tipo de justicia retributiva tiene sus limitaciones; porque, por más satisfacción psicológica que produzca a algunos, sacrifica en el sentido más físico del término a determinados miembros de una comunidad sin que el daño que causaron llegue a ser reparado *de facto*. O, en palabras del periodista y parlamentario canadiense George Perry Graham: «Si [...] tuviéramos que volver a los viejos tiempos del "ojo por ojo y diente por diente", habría muy pocos [...] que [...] no fueran ciegos ni desdentados».[32] Lo cual no anula las ventajas sociales de regirse por normas claras que incluyan sanciones razonables contra aquellos que crucen determinados límites. Su mera existencia ya resulta útil por su simple efecto disuasorio. Como explica la profesora Raihani: «Agregar una amenaza de castigo a un dilema social cambia fundamentalmente los incentivos para cooperar y desertar. En grupos grandes, el castigo funciona mejor que la reciprocidad porque puede ser dirigido: penaliza a los oportunistas sin perjudicar también a los cooperadores»;[33] a la vez que deja claro a los miembros de una comunidad cómo deben comportarse para estar clasificados en esa última categoría.

No todas las sociedades primitivas compartieron un reparto hereditario de las profesiones ni la severidad jurídica de los sumerios. Pero, al margen de consideraciones morales y del grado de equidad que lograran, aquellas que desarrollaron códigos normativos aumentaron su cohesión alrededor de una idea concreta de justicia y, por extensión, sus probabilidades de supervivencia. En algunos casos, dichas reglas de juego fueron creadas sobre la marcha y, en otros, transmitidas de una generación a otra como un legado rígido; pero lo innegable es que una de las tareas a las que debieron enfrentarse las primeras comunidades humanas fue la de desarrollar unas pautas mínimas de convivencia, fuera mediante acuerdo asambleario o por imposición. Y que, ante dicho código más o menos explícito, cada individuo pudo optar por diferentes respuestas: la aceptación más o menos resignada, la negociación más o menos astuta, la rebelión más o menos violenta e, incluso, la deserción más o menos diplomática.

De hecho, que haya existido una diáspora humana por todo el planeta a partir de unos pocos *sapiens* que poblaron África hace cientos de miles de años[34] destaca dos hechos fundamentales. El primero, que la fragmentación de grupos fue una realidad frecuente que revela diferencias de criterio entre individuos que se tradujeron en escisiones del tipo quedarse frente a partir, migrar en una dirección frente a hacerlo en otra, trabajar juntos frente a separarse..., se tratara de decisiones acordadas, unilaterales o, incluso, de castigos. Y el segundo, que, pese a habernos disgregado a lo largo y ancho del planeta y habernos adaptado de distintas formas, todos los humanos compartimos ancestros comunes, un mismo genoma y la misma arquitectura cerebral, por lo que, como afirmó en su día el biólogo Craig Venter, pionero de la secuenciación del ADN: «El concepto de raza no tiene base genética ni científica».[35]

Lo que sí tiene base científica es nuestro instinto de etiquetar a nuestros semejantes por medio de estimaciones de su «valencia» y «dominancia» para intentar saber cuánto podemos fiarnos de ellos y cuánto respeto deberíamos mostrarles. En eso no hemos cambiado desde hace milenios. Nuestros ancestros más remotos ya observaban a los demás y se sentían observados en ese mismo juego social que compartimos con otros simios y en el que seguimos participando hoy en día con el añadido de capas y más capas de matices culturales que han ido variando a lo largo del espacio-tiempo. De forma simultánea, somos conscientes de que los demás emiten los mismos juicios sobre nosotros. Por lo que resulta natural que, dependiendo de nuestras necesidades de autoestima o de las consecuencias prácticas que temamos de esas valoraciones, aspiremos a salir etiquetados lo mejor posible de ese proceso y recurramos en ocasiones a falsificaciones conductuales, como la hipocresía social o lo «políticamente correcto», u ornamentales, como el tuneo de indumentaria dependiendo del tipo de entrevista de trabajo a la que vayamos a acudir. De modo que una camiseta retro sobre la película de los míticos atracadores Bonnie & Clyde[36] sumaría puntos para trabajar en una filmoteca, pero los restaría sin duda para lograr un puesto directivo en cualquier oficina bancaria.

Sabemos poco de esos postureos sociales y acicalamientos durante la prehistoria, pero, gracias a los restos arqueológicos, tenemos constancia de algunos trofeos o herramientas atesorados de un modo especial y que dotaron a sus propietarios de cierta superioridad a ojos de sus congéneres, aunque solo fuera porque, gracias a ellos, podían manipular mejor ciertos alimentos y recursos o demostrar sus habilidades. Es el caso de las garras de águila pulimentadas que han aparecido incluso en yacimientos neandertales de hace más de treinta y nueve mil años[37] o de los dientes de ciervo usados como adorno en Europa desde el Paleolítico superior hasta el Neolítico y que, cuando escaseaban, eran recreados a partir de trozos de hueso o marfil en lo que supusieron las primeras falsificaciones de la historia[38] y otra demostración más del ancestral interés de muchos seres humanos por guardar las apariencias.

Empujados por nuestro instinto animal de jerarquizar a otros y con tantas variables y posibles engaños por considerar, resultó lógico que, de nuevo, quisiéramos ahorrarnos esfuerzos y acabáramos recurriendo a indicadores más genéricos como el «¿y tú a qué te dedicas?» para obtener una primera estimación del grado de fiabilidad y respetabilidad de una persona. Por supuesto, semejante reduccionismo es injusto y engañoso; pero, cuanto más estratificada estaba una sociedad, más representativo era de sus injusticias y engaños y, de forma paradójica, más ajustado respecto a las conclusiones prácticas que uno podía extraer de esa estimación para no cruzar algún límite de comportamiento y salir malparado. Vamos, que si eras un fornido esclavo en Sumeria y te pisaba un pie un esmirriado desconocido, reprenderlo podía parecer una buena opción *a priori*, pero, en caso de que el extraño en cuestión ejerciera de sacerdote de Enlil, no tanto si no querías pagar tu osadía ardiendo como ofrenda en un altar.

De modo que, como reflejo de las expectativas sociales y del grado de esfuerzo y sacrificio que debía asumir una persona, las diferentes ocupaciones empezaron a vincularse a la percepción de un estatus determinado más allá de la habilidad o ineptitud de quien las realizara y a usarse como etiquetas. Eso sí, con los inevitables matices dentro de cada cultura, como demuestra que ordeñar yeguas fuera visto como una ocupación prestigiosa para los guerreros del Imperio mongol del siglo XIII;[39] pero que, tiempo después, no estuviera de moda entre los generales de caballería de ningún ejército. En ese mismo sentido, entre las actividades menos deseables estaban las que producían más aprensión o asco; dos sentimientos modulados de igual manera por connotaciones culturales. Contrastando de nuevo costumbres mongolas con las de otros pueblos, tenemos el ejemplo del *arkhi*, un licor elaborado a partir de leche fermentada que muchos preferirían evitar antes siquiera de oler su ácido aroma y, en caso de probarlo y de acabar con resaca al día siguiente, tampoco es probable que aceptaran el remedio mongol para tales casos: un zumo de ojo de oveja.

Las labores asociadas con podredumbre, como los restos de alimentos o las propias deposiciones corporales, estuvieron en la lista de trabajos de bajo estatus en la mayoría de las culturas. Incluso hoy en día y aunque esté prohibido por ley desde 1993, a las castas más bajas de la India se las obliga a encargarse, y a mano, de los excrementos de los demás.[40] Pero existieron excepciones. En la Barcelona medieval y hasta el siglo XIX, encontramos el caso paradigmático de los «poceros» que, a diferencia del resto de los habitantes, tenían derecho a entrar y salir de la ciudad a todas horas, incluso cuando las autoridades cerraban las puertas de las murallas, para encargarse de vaciar las fosas sépticas de las viviendas, ya que la ciudad no contaba con un sistema de alcantarillado eficiente. No era mal negocio. Pagaban a los propietarios por hacerse con sus excrementos según su grado de calidad y, después, los vendían como abono a los agricultores de las cercanías y obtenían unos beneficios tan considerables que popularizaron la expresión «oficio de caca, bolsillo de plata».[41]

Pero no fue la norma común. La descomposición de los detritus evocó la enfermedad y la muerte con mucha más frecuencia. En la cultura egipcia fue así hasta el punto de que los *ujedu*, demonios que invadían a las personas para causarles enfermedades, eran representados igual que los gusanos que se alimentan de la putrefacción en la naturaleza y que, en ocasiones, parasitan a los seres humanos.[42] Por lo que tampoco sorprende que la enfermedad, en conjunto, haya sido asociada con el bajo estatus y que muchos discursos de odio dirigidos hacia diversos colectivos hayan compartido una acusación común en su argumentario para desprestigiarlos y arrebatarles sus derechos: la suciedad, el mal olor y la enfermedad. Peor reputación todavía tuvieron los trastornos mentales. Sin la comprensión social necesaria y a falta de tratamientos eficaces para los casos más graves, la conducta de quienes los manifestaban podía resultar demasiado disruptiva y, a la hora de ser etiquetada por otros, antisocial incluso. Lo cual, de forma instintiva, despierta la desconfianza de cualquier humano desde una edad tan precoz como los tres meses.[43] Por otro lado, la mentalidad antigua consideró a las personas afectadas por estos males como poseídas por espíritus o demonios y centró su tratamiento en procedimientos tan poco eficaces como los que se recogían en el *Manual de los exorcistas* de los sumerios, donde el límite entre lo físico y lo metafísico tampoco quedaba claro y, al final, todo se dejaba en manos de la «gran médica de la gente de la cabeza negra», la diosa Bau,[44] a quien cantó la princesa, sacerdotisa y poetisa Enheduanna[45] en el siglo XXIII a. C.

Cuando los exorcismos no funcionaban, aún quedaba una opción más tajante: deshacerse de los individuos más agresivos expulsándolos de la ciudad para que fueran los propios dioses quienes decidieran qué hacer con ellos. Pero, en un contexto cultural donde el rey de los infiernos Pazuzu y sus malvadas hordas estaban siempre al acecho para atormentar a los humanos, ni las personas mejor integradas en la sociedad se hallaban libres de sospechas. Así que los sumerios estaban muy atentos a cualquier indicio negativo e, impulsados por el ansia de su cerebro anticipador de encontrar patrones que explicaran y etiquetaran la incertidumbre que los envolvía, desarrollaron un código adivinatorio que afirmaba predecir el futuro de cualquier persona a partir de su aspecto físico. Algo así como largos listados de deducciones holmesianas basadas en la apariencia, pero con el único aval de su endemoniada imaginación.

Guiados por esas predicciones, los hombres elegían a las mujeres con las que casarse,[46] a los empleados a los que contratar y a los esclavos en los que invertir.[47] Aún pasarían milenios antes de que la humanidad desarrollara el método científico y no había demasiadas alternativas al pensamiento mágico o la religión. Pero ellos ya necesitaban calmar la incertidumbre que les generaban muchas de esas decisiones en que sabían que arriesgaban sus esfuerzos y recursos. Desde esa perspectiva, muchas religiones hicieron más que pertrechar a sus creyentes con consoladoras convicciones contra las angustias y dudas de una existencia incierta y un más allá más incierto aún. También decidieron la responsabilidad y el estatus laboral que debía asignarse a cada persona a modo de acto de fe en sus capacidades o de condena en vida por suponer que carecían de ellas. Para ilustrar esa función distributiva de la religión, tenemos el ejemplo del hinduismo, que, hacia el año 1500 a. C., estableció el sector profesional en que debía trabajarse en función del grupo social en que se hubiera nacido. Así figura en el himno *Purusha suktam*,[48] donde se explica cómo la creación entera surgió de la inmolación de un gigante de cuyos restos surgieron también todas las castas: de su boca, los *brahamanes* (sacerdotes y profesores); de sus brazos, los *chatrias* (guerreros y gobernantes); de sus muslos, los *vaishyas* (comerciantes, artesanos, terratenientes y agricultores); y de sus pies, los *shudrás* (sirvientes que trabajaban por comida y techo). Aparte de ellos, los *dalits* o «intocables», que no nacieron del gigante cósmico, sino del polvo que había bajo sus pies, fueron condenados a la marginalidad perpetua y, como mucho, podían aspirar a limpiar la suciedad de los demás. Pero el instinto comparador y etiquetador de los *sapiens* siguió activo en la cultura hindú durante muchos siglos más y hasta las cuatro castas más respetables acabaron subdivididas en miles de subcastas en función de sus ocupaciones concretas. Mientras tanto, los *dalits* tuvieron que esperar hasta 1950 para que la India aboliera por ley su discriminación,[49] aunque, actualmente, aún persista en diversos ámbitos sociales.

Con la ayuda de algunas religiones o sin ella, el trabajo duro fue asociándose poco a poco con un menor estatus y una mayor obligación de sacrificio en el imaginario de distintas culturas. En primer lugar, resulta comprensible que la mayoría prefiriera evitar las ocupaciones más ingratas por el notable esfuerzo que exigían, aunque acabara haciéndolas por necesidad u obligación. En segundo lugar, a mayor dureza de un trabajo, mayores acostumbran a ser otras señales de menor estatus como el sudor, la suciedad, la fatiga y la probabilidad de enfermar o lesionarse física o mentalmente, incluso sin un látigo que te fustigue. Y, por último, la concepción religiosa de muchas culturas vio el trabajo fatigoso como un castigo divino por infracciones pasadas, por lo que resulta natural que sus adeptos quisieran alejarse de esas labores que el sagrado índice de la divinidad señalaba como pruebas condenatorias.

Una vez que algunos trabajos fueron considerados como poco respetables, sus rastros reconocibles, provinieran de sus causas o de sus efectos, compartieron la misma etiqueta. Así, por ejemplo, la delgadez de aquellos con menos recursos alimenticios o la morenez de los trabajadores que pasaban más tiempo bajo el sol se convirtieron en atributos físicos asociados a un menor estatus en diferentes culturas. Pero, con el paso del tiempo y la llegada de la industrialización, esa percepción cambió. Muchas ocupaciones de bajo estatus pasaron a realizarse bajo techo, como en minas o fábricas, y redujeron la exposición solar de los más humildes. Por lo que una piel bronceada comenzó a verse, al menos durante el verano, como la consecuencia de un lujo que solo los adinerados podían permitirse: las vacaciones. En algunos casos, como en la España de los ochenta y noventa, hasta surgió una escala social para medir la solvencia de según qué patrones de bronceados; porque no era lo mismo el «moreno paleta», es decir, el de los obligados a trabajar bajo el sol con un uniforme que mantenía la palidez de las zonas cubiertas, que el «moreno playero», que, de dejar alguna marca en caso de no practicarse el nudismo, era la del bañador. Incluso en invierno podía identificarse un patrón de bronceado asociado a un mayor estatus: el que cubría todo el rostro salvo en las áreas circundantes a los ojos y que indicaba haber llevado gafas de sol mientras se practicaba el esquí sobre una nieve que bronceaba la piel mediante la refracción de la luz solar. Por lo que no extraña que surgiera toda una industria de bronceadores artificiales y locales con cabinas de rayos UVA para que aquellos marcados por la «deshonra» de la falta de bronceado pudieran mejorar la apariencia de su estatus, aunque aumentaran, en contrapartida, el riesgo de padecer cáncer de piel en el futuro. De forma parecida, en el siglo XXI, con la llegada del bum digital, los trabajos más sedentarios y la precarización de los sueldos, un peso saludable e incluso la delgadez pasaron a convertirse en una señal indirecta de dedicar menos tiempo a actividades sedentarias y más al ejercicio físico y, del mismo modo, de disponer de un sueldo holgado para pagar alimentos frescos, frutas y verduras en vez de ultraprocesados más asequibles, pero más calóricos y menos sanos.

De modo que, con el paso de los siglos, la imagen de la pobreza perdió los atributos de la delgadez y la piel bronceada para tomar los de la falta de tiempo para uno mismo. Un cambio que, en lo físico, se tradujo en la búsqueda generalizada de la delgadez y de un moreno razonable, pero, además, en la de cualquier otro atributo externo que pudiera asociarse al autocuidado: la dentadura más blanca y mejor alineada, la piel con menor rastro de envejecimiento, el cabello con mayor índice de queratina... Y, por supuesto, en cualquier señal externa de esa inversión: indumentarias y accesorios de precios inalcanzables para los bolsillos más modestos, viajes a destinos únicos, frecuentación de espacios de ocio de entrada restringida de forma directa o indirecta a través de un pago disuasorio... Todo para lanzar a los cuatro vientos el mismo mensaje que se esfuerza en comunicar cualquier símbolo de estatus: «Yo soy de quienes sí pueden permitírselo». Y eso aunque, dentro de esa categoría, siga habiendo clases y muchos de quienes la han alcanzado por vía hereditaria (es decir, sin trabajo duro) miren con superioridad a quienes tuvieron que esforzarse para convertirse en «nuevos ricos». La criatura de Frankenstein ya llegó a esa conclusión tras un doloroso periplo personal en la novela de Mary Shelley:

> Aprendí que las virtudes más apreciadas por mis semejantes eran el rancio abolengo acompañado de riquezas. El hombre que poseía solo una de estas cualidades podía ser respetado; pero si carecía de ambas se lo consideraba, salvo raras excepciones, como un vagabundo, un esclavo destinado a malgastar sus fuerzas en provecho de los pocos elegidos.[50]

El problema del estatus es que surge de una comparación y exige, por tanto, que alguien sea considerado inferior para que otros puedan ser vistos como superiores. Lo cual convierte la persecución del máximo estatus en una espiral constante impulsada, en última instancia, por una escalada sobre los derechos de otros y donde cuanta más uniformidad haya en la cobertura de las necesidades de una sociedad o más iguales sean en cuanto a dignidad y derechos sus integrantes, más fácil es que surjan nuevas categorizaciones más sutiles, abstractas y hasta caprichosas con las que medir el grado de estatus de cada persona. De donde procede la célebre frase de Ovidio en *Arte de amar* que afirma que «el rebaño del vecino siempre tiene leche más rica»[51] y que, siglos después, evolucionó a «el césped del vecino siempre es más verde», cuando lo de pastorear ovejas por prados comunales perdió su etiqueta de estatus a favor de residir en una casa unifamiliar con jardín privado. ¿O qué otra fuerza impulsa nuestro cerebro *sapiens* a graduar en todo momento el estatus ajeno y el propio si no es la envidia?

3

Envidiosos y envidiables

La proyección de la envidia en el ámbito profesional

Al margen de consideraciones éticas y como defienden numerosos investigadores, la envidia surgió como una adaptación evolutiva vinculada a nuestro instinto biológico de supervivencia,[1] lo cual explica, por otro lado, que encontremos esas mismas actitudes en otros primates e incluso en animales de otras especies.[2] De modo que, si ofrecemos una galleta mucho más grande a un niño y otra mucho más pequeña a otro o hacemos la misma oferta desproporcionada a dos perros, la respuesta de cualquiera de los desfavorecidos, con independencia de su especie, será la misma: indignarse y exigir que se repare semejante agravio cuanto antes. Es decir, la envidia pretende alertarnos de que estamos ante una situación de inferioridad respecto a quienes nos rodean porque tienen a su alcance algún recurso del que nosotros carecemos y que podría suponerles alguna ventaja adaptativa, como la de estar mejor alimentados para lo que pueda venir. A fin de cuentas, para nuestro cerebro comparador, todo es una cuestión relativa y, por eso, «una pérdida puede ser tan gratificante como una ganancia cuando la pérdida de otro es mayor» y «una recompensa puede parecer una pérdida cuando la ganancia del otro es mayor».[3]

Ahora bien, aún más importante que ese fogonazo de indignación por recibir menos que otros es lo que viene después, porque diferencia la llamada «envidia sana» de la «envidia maliciosa»: evaluar si el privilegio ajeno está motivado por el mérito de quien lo disfruta, como ocurriría si el niño que lograra la galleta más grande fuera también quien hubiera descubierto el tarro de galletas que los adultos habían escondido y, al repartir las dos únicas de su interior, se quedara con la más grande y compartiera la más pequeña. Así, por un lado, nuestra envidia aumenta y se tiñe de malicia cuanto menos justificada nos resulta la ventaja de la que disfruta un semejante y, por otro, envidiamos más el estatus o la reputación (que solemos interpretar como síntesis del lugar que ocupa una persona dentro de la sociedad) que su riqueza aislada,[4] porque, en algunos casos, hasta puede asociarse a una menor reputación moral según los medios con los que se haya reunido.

Importa diferenciar esos dos tipos de envidia. Sobre todo, para entender lo injusto de las etiquetas sociales que les hemos puesto. Porque la primera, la presuntamente sana, nos hace desear recursos ajenos, incluso puestos laborales, y estar dispuestos a esforzarnos para conseguirlos, pero, muchas veces, sin reflexionar demasiado en si son lo que queremos o necesitamos de verdad. De modo que, por su influjo, nacen también muchas modas más o menos frívolas o absurdas; por ejemplo, la de los peinados rococós que imperó en la Francia del siglo XVII. Todo porque, desde su adolescencia, Luis XIV había llevado pelucas debido a la pérdida de cabello que sufría y, queriendo agradar a su monarca, los aristócratas y cortesanos comenzaron a imitarlo en una delirante competición para ver quién llevaba el postizo capilar más alto y barroco; y por más que, bajo él, pudiera esconderse una calvicie causada por cierta enfermedad también de moda en aquella época y que hasta el mismo rey podría haber padecido: la sífilis. Por otro lado, la llamada «envidia maliciosa» puede provenir de un sentimiento legítimo de indignación ante el acaparamiento de recursos por parte de algún semejante y empujar a los agraviados a una rebelión;

y sin que haga falta llegar a los extremos del reinado del terror que le quitó la peluca a Luis XVI sin soltársela de la cabeza y a otros miles de personas entre las que, seguro, también hubo víctimas de otros tipos de envidias más insanas aún.

Ya en el siglo IV a. C., Aristóteles diferenció la envidia (*phthonos*) de la indignación (*to nemesan*); ambas opuestas a la piedad (*to eleein*); pero, en el segundo caso, como una reacción al reconocimiento inmerecido del prójimo. Es decir, a esas situaciones en que nuestro medidor cerebral de méritos está inmóvil, pero vemos que alguien es tratado como si hubiera actuado de forma loable; mientras que la envidia pura ni tan siquiera se fija en ese «meritómetro» porque solo ve un éxito ajeno que le resulta doloroso de partida.[5] No andaba desencaminado Aristóteles. Pero, a nivel cognitivo, puestos a hacer matices en función del mérito que atribuimos a alguien, deberíamos ampliar ese enfoque para incluir otras emociones vinculadas a las evaluaciones dirigidas hacia nosotros mismos mientras evaluamos a los demás, como la vergüenza o la culpa, y, por supuesto, hacia la persona que evaluamos, como la admiración, la envidia o el regodeo en el mal ajeno, ese que los alemanes denominan *Schadenfreude*.[6]

Porque, mientras que la vergüenza acostumbra a desencadenarse al reconocer una transgresión o una incapacidad propia, la culpa añade la certeza de que, por nuestra causa, alguien resulta perjudicado. Eso sí, en ambos contextos, debe estar presente la empatía para imaginar la perspectiva de otras personas y entender que muchas de nuestras acciones tienen vida más allá de nosotros, aunque, por supuesto, no seamos los únicos implicados en lo que ocurre a nuestro alrededor. Calibrar el punto justo entre la responsabilidad propia y la ajena supone un gran desafío cognitivo que, igual que le ocurre a la envidia con las modas, puede distorsionarse bajo la presión de ideologías sociales o creencias religiosas. Las personas más empáticas son más sensibles a esa presión y las más psicopáticas, mucho menos, por lo que, libres del peso de la vergüenza y la culpa, invierten toda su energía en la persecución de sus propios objetivos. Por desgracia, su falta de empatía tampoco las ayuda a calibrar bien otras emociones como la envidia, que, sin el ejercicio mental de ponerse en la piel de los otros, acaba convirtiéndose en una percepción constante de agravios comparativos que, por subjetivos que sean, despiertan su sed de venganza o, como poco, su *Schadenfreude*. Por el contrario, quienes sienten un mínimo de empatía están en desventaja si sucumben a la envidia y muestran una mayor propensión a la irritabilidad, una autoestima menor, más riesgo de depresión y otros trastornos mentales y, en conjunto, una calidad de vida peor.[7]

Visto así, la envidia mal enfocada resulta dañina en dos direcciones. Para uno mismo, cuando se invierten demasiados recursos en la persecución de un logro que no merece ese esfuerzo, como gastarse todos los ahorros en una peluca de tres metros de altura después de leer una biografía de Luis XIV; o, si ese deseo resulta inalcanzable, cuando uno decide persistir en seguirlo mientras lo consumen la frustración y el resentimiento. Además, de forma mucho más obvia, un envidioso también puede dañar a quien envidia si su falta de empatía y escrúpulos lo impulsa a tomar represalias o a arrebatar su objeto de deseo con la misma furia asesina con la que el *hobbit* Sméagol logró el Anillo Único y acabó convertido en Gollum.[8] Por eso no extraña que, muchos siglos antes de que J. R. R. Tolkien escribiera su célebre saga, casi todas las culturas ya hubieran plasmado los peligros de la envidia en sus relatos: como la historia de Caín y Abel en el Génesis,[9] la del *Popol Vuh* del pueblo quiché sobre cómo Hunbatz y Hunchouén acabaron convertidos en monos por ser envidiosos con sus hermanos pequeños,[10] la leyenda zapoteca sobre cómo el murciélago envidió las plumas de las aves y las acabó perdiendo por soberbio,[11] la leyenda africana que cuenta cómo la hiena, envidiosa, adquirió sus rayas después de que una liebre la escarmentara haciendo que se quemara con la parrilla donde cocinaba una tentadora carne[12] o la historia de los cinco hermanos Pándava en el *Mahâbhârata*[13] hindú, denigrados por envidia y restituidos por la bondad del dios Dharma y el Dios del Sol.

Como humanos, percibimos la envidia como un sentimiento tan peligroso que, desde antiguo, distintas culturas fabricaron amuletos contra el «mal de ojo»:[14] el Hamsa o mano de Fátima, popular en todo Oriente Próximo y en el norte de África; el ojo de Horus egipcio; la higa romana; el nazar turco; y otros amuletos oculares tallados en yeso de alabastro descubiertos en el yacimiento de Tell Brak,[15] en Siria, y datados antes del 3500 a. C. Por la misma razón, surgieron ritos purificadores contra la envidia. «Ve, hijo, lana negra y lana blanca, colócalas alrededor de su cabeza»,[16] decían en Mesopotamia milenios atrás para protegerse de miradas aviesas; mientras que los mayas yucatecos concentraron todos sus temores en los niños *íikin*,[17] de quienes piensan, aún hoy, que reciben la influencia de animales salvajes mientras crecen en el vientre materno y, luego, desarrollan semejante hostilidad hacia sus hermanos menores que devoran poco a poco su energía. Para evitarlo, una mujer especializada llamada *x'meen* realiza el ritual de *k'eex* o cambio, en el que desvía esa hostilidad hacia una gallina o una paloma, sacrificada sobre el niño devorador y comida por él luego para que sacie su odio. Quizá te suena esa estrategia ritual, la de transferir responsabilidades humanas a un animal. De ella procede la expresión «chivo expiatorio». Más en concreto, del rito en que Jehová explica a Moisés en el Levítico qué hacer para que el pueblo judío pudiera desviar su mirada furiosa de sus pecados junto a la mirada no menos peligrosa del demonio Azazel. Para ello, debían sortear dos machos cabríos. Uno debía ser sacrificado a Jehová y el otro, abandonado en el desierto para que lo recibiera Azazel.[18]

Encontramos ritos similares en otras culturas, como el de los «perros de paja»[19] en la antigua China (y de carne y hueso en la China aún más antigua para «detener los cuatro vientos»[20] o alejar la peste o un mal genérico),[21] que, una vez presentados con toda la pompa debida por los maestros de ceremonias, eran pisoteados y quemados. Cualquier prevención es poca para alejarse del punto de mira del odio y, más aún, si proviene de la pasivo-agresiva Envidia que, según el poeta Ovidio, se alimenta de carne de víbora y en quien

> la palidez se asienta en su rostro, la escualidez en todo su cuerpo, nunca es recta su mirada, sus dientes están lívidos por el moho, sus pechos están verdes de hiel, su lengua empapada de veneno. Le falta la risa a no ser que la provoque la contemplación del dolor y no disfruta con el sueño, desvelada por las vigilantes preocupaciones, sino que ve, y se pone enferma al verlos, los éxitos de los hombres, que en nada le resultan agradables, y devora y se devora a la vez y es su propio suplicio.[22]

Más allá de ritos y mitologías, encontramos más rastros históricos de nuestro temor a la envidia y lo fácil que resulta despertarla, sin pretenderlo o con el respaldo de méritos sobrados. En la literatura griega, por ejemplo, tenemos la respuesta del rey Agamenón, recién llegado a Troya tras diez años de guerra, a su esposa Clitemnestra cuando ella pretende cubrir su camino con mantos a falta de una alfombra: «Tampoco extiendas ante mí ninguna alfombra, pues que la envidia mis pasos podría acompañar. Es a los dioses a quien hay que rendir este homenaje. Un hombre soy: me causa escalofríos caminar sobre estos ricos bordados». Pero ella insiste de distintos modos llegando a argumentar: «Nadie envidia al que no despierta celos»; y Agamenón, ante tanta insistencia, acaba haciéndole caso mientras parece cruzar los dedos: «Si así lo quieres, que desaten presto esclavas de mis pies estas sandalias. Y que al hollar mis plantas esa púrpura no me alcance, de lejos, la envidiosa mirada de los dioses».[23] Los dioses se limitaron a observar a Agamenón desde el Olimpo, pero, mientras se bañaba, lo que sí lo alcanzó fueron las puñaladas de Clitemnestra, que antes de su regreso había sido seducida por Egisto, quien, además de envidiar su esposa, envidiaba también su reinado y recurrió a una conspiración asesina para conseguirlo.

En sintonía con Esquilo, pero unos años después y en China, encontramos al sabio taoísta Lao-Tse, quien afirmó que «quien se enorgullece de sus riquezas atrae su propia desgracia. Retirarse de la obra acabada, del renombre conseguido, esa es la ley del cielo».[24] Incluso los budistas, nada interesados en aspiraciones terrenales, repararon en el peligro de la envidia. «El monje mendicante jamás debe despreciar aquello que recibe, ni tampoco debería envidiar lo que pertenece a los demás. En verdad, el monje que envidia las posesiones ajenas jamás podrá obtener el don del *samādhi*»,[25] algo así como el éxtasis meditativo; mientras que el islam también advierte de que «la envidia consume las buenas obras como el fuego consume la madera».[26] Por el contrario, tampoco faltaron pensadores que, desde un enfoque más práctico, consideraron la envidia como el principal motor de la historia de la humanidad[27] y Heródoto en concreto, puesto a elegir, opinaba que «es mejor ser envidiado que compadecido».[28] Aún en la Grecia antigua pero algunos años antes, el comediógrafo Epicarmo incluso llegó a ironizar sobre la envidia como indicador del estatus propio, porque «¿quién no querría ser envidiado, amigos? Está claro que el hombre que no es envidiado no vale nada».[29] Así que, como síntesis, además de encontrar abundantes alusiones a la envidia en diferentes culturas a lo largo del tiempo, encontramos otras tantas sobre la ambivalencia emocional que sentimos ante la posibilidad de despertarla.

Cabría pensar que, al menos en las comunidades más igualitarias o con mayor riqueza o bienestar, los niveles de envidia deberían disminuir. En cambio, cuanto más sutiles o difíciles de medir son las diferencias objetivas entre los méritos ajenos y los propios, más fácil es que la subjetividad acabe imponiendo su discutible criterio. De modo que las personas más inseguras o autocríticas tenderán a conformarse con su situación profesional e, incluso, cuando sus méritos son reconocidos, a sufrir el famoso «síndrome del impostor»,[30] descrito por primera vez por las psicólogas Pauline Clance y Suzanne Imes; mientras que, en el extremo opuesto, las personas más egocéntricas y narcisistas seguirán una dinámica muy diferente. En primer lugar, serán más vulnerables al «sesgo de autoservicio»,[31] por el que verán todos sus éxitos como resultado de sus habilidades, pero los éxitos ajenos y sus propios fracasos como consecuencia del favoritismo o el azar. Y, en segundo lugar, también serán más proclives al «efecto Dunning-Kruger»,[32] otra trampa mental que empuja a los poco habilidosos en ciertas tareas a sobrestimar su capacidad y, por extensión, a minimizar la valía de los auténticos capacitados. Seguro que has conocido a algunos de esos. Fueron los que, gracias a su «sentido común», hablaban como epidemiólogos cuando estalló la pandemia de la covid-19, pero descubrieron una nueva vocación cuando lo que estalló fue el volcán de La Palma.

Otro problema universal de los *sapiens* es lo poco que nos gusta reconocer nuestros errores, menos aún en público. Incluso cuando nos disculpamos, empleamos fórmulas para evadir nuestra responsabilidad como «siento que te haya molestado» o «no ha sido a propósito» en vez de asumirla con un inequívoco «ha sido culpa mía» o «me he equivocado».[33] Puestos a no reconocer, muchos prefieren no reconocer la posibilidad de que alguien pueda ser mejor que ellos en ningún aspecto. No vaya a ser que se note su inferioridad relativa, por buena que sea la absoluta, y su posición social pueda reconsiderarse.[34] Tal suspicacia ofrece a nuestra vieja conocida de mirada biliosa una nueva oportunidad para descargar su furia de un modo que ya advirtió la humanista Dorothy Leigh Sayers: «La envidia es el gran rasero: si no puede elevar las cosas, las rebaja... En el mejor de los casos, la envidia produce seres ambiciosos y excéntricos; en el peor, seres destructores, que prefieren que nadie sea más feliz que ellos y que todo el mundo se hunda en la tristeza».[35] Así, igual que el mítico posadero griego Procusto (también conocido como Damastes o Polipemón)[36] disfrutaba asignando a sus huéspedes una cama demasiado larga o demasiado corta para luego cercenarlos o descoyuntarlos hasta ajustar con precisión sus dimensiones a la de sus lechos, la envidia siempre está atenta para segar los alardes de quienes sobresalen demasiado y recibir una buena descarga de dopamina en sus áreas cerebrales del placer al ver consumada su venganza, aunque sea la de una afrenta imaginaria que, de señalar hacia algún culpable, debería hacerlo hacia su propia inseguridad.

Por desgracia, el número de personas inseguras es notable y, cuando ven que otros acusan a los mismos chivos expiatorios de sus conflictos internos, no solo perciben un respaldo a su criterio erróneo, sino que desarrollan una identidad colectiva articulada alrededor del mismo odio o temor. Te pondré un ejemplo. En la década de los cincuenta, un experimento clásico de la psicología social[37] separó en dos grupos a veintidós preadolescentes varones que participaban en un campamento y, primero, los hizo competir en diferentes actividades. La hostilidad entre ambos bandos fue incrementando de tal modo que los investigadores decidieron suspender esa fase del estudio por la propia seguridad de los chicos y pasar a la siguiente, en la que les plantearon varios desafíos que solo podían resolver si los dos grupos colaboraban, como competir al sóftbol contra rivales externos al campamento. La hostilidad fue disipándose hasta el punto de que los muchachos quisieron compartir el mismo autobús al marcharse, para alargar al máximo el tiempo que pasarían juntos. Pero esa no fue la auténtica demostración del llamado «efecto del enemigo común». Como contó años después la profesora de psicología Frances Cherry,[38] el verdadero motivo de la suspensión del estudio fue que los chicos descubrieron un cuaderno con las anotaciones sobre su comportamiento e, indignados y sin importarles a qué subgrupo pertenecían, se rebelaron juntos contra sus auténticos opresores: los adultos que habían estado experimentando con ellos haciéndoles creer que solo participaban en un campamento juvenil.

Ya lo dijo Aristóteles: «Un miedo común une incluso a los mayores enemigos»,[39] conque imagínate qué pasa cuando los que se sienten agraviados, por envidia o inseguridad, comparten una misma diana hacia la que proyectar su ira. El odio pasa a convertirse en un elemento identitario que, a nivel cerebral, activa la misma descarga hermanadora de oxitocina que experimentamos al asistir a un concierto de nuestro cantante favorito con otros fans o al compartir una comida con amigos.[40] Es decir, la identidad colectiva puede construirse tanto desde la empatía como desde el rencor. De hecho, lo más habitual es que ambas fuerzas se manifiesten de alguna manera. Y, en cuanto a la más violenta, como atestiguan diferentes ejemplos históricos de ejecuciones masivas por motivos religiosos o revolucionarios, a menudo como una espiral creciente de crueldad que llega a recurrir a escenificaciones multitudinarias para desatar un paroxismo identitario que ofusca la razón con una tormenta emocional que ya describió el neurocientífico Joseph LeDoux[41] y a la que el psicólogo Daniel Goleman denominó «secuestro emocional» o, en lenguaje más anatómico, «secuestro amigdalar».[42] Un rapto que, por desgracia, puede contagiarse y convertirse en tsunamis de odio colectivo.

Muchos siglos antes del holocausto que perpetraron los nazis, los judíos ya habían sido objeto de envidias y suspicacias. Una de las estrategias favoritas de sus detractores era el «libelo de sangre», o sea, acusarlos de sacrificar a personas de otros credos en sus ceremonias. Algunos autores de la Grecia clásica ya los acusaron de asesinar griegos[43] y, más de un milenio después, algunos cristianos les imputaron crímenes similares pero trasladándolos a la crucifixión de niños durante la Semana Santa.[44] El momento de la calumnia estaba calculado a la perfección. Las celebraciones de la muerte y resurrección de Jesús potenciaban arrebatos emocionales que algunos predicadores aprovechaban para azuzar contra los judíos a sus fieles; a los niños en el caso de los sermones del franciscano Bernardino de Feltre, para que, gracias al atenuante de su edad, eludieran las multas impuestas a los adultos alborotadores.[45] Además, en el siglo XV, los frailes tenían otro motivo, nada espiritual, para sus difamaciones. Como un «mal menor», los judíos habían sido los únicos autorizados a prestar dinero a cambio de un interés, ya que la Iglesia católica condenaba esa práctica; hasta que, en 1462, otro franciscano llamado Barnaba da Terni fundó en Perugia el primer «monte de piedad».[46] *Monte* en el sentido de «montón» o «montante», porque la idea era ofrecer préstamos que, en vez de recurrir a un interés para que la institución cubriera sus gestiones, apelaba a la caridad desinteresada de los cristianos más pudientes para que cubrieran la deuda. Pero la llamada al altruismo de los ricos no funcionó y los montes de piedad, ante la alternativa de tener que ser ellos mismos los que asumieran las pérdidas, decidieron cobrar intereses a sus clientes, exactamente igual que los prestamistas judíos a los que tanto habían criticado. La economía se impuso a los dogmas de fe y, al instante, la comunidad cristiana fue sacudida por una acalorada controversia. En 1515, el papa León X (un Medici, o sea, un descendiente de banqueros) zanjó el debate al decretar que los montes de piedad podían cobrar intereses en forma de «una cantidad moderada y necesaria de quienes se benefician del préstamo, siempre que no se obtenga ningún beneficio del mismo»[47] y, por si acaso, en su bula, al estilo de las maldiciones sumerias, amenazó con la excomunión a quien defendiera lo contrario. Así, de la mano de Barnaba da Terni, un noble que siguió primero la vocación de médico, después la de fraile y por último la de banquero prestamista, los franciscanos se convirtieron en rivales profesionales de un sector que habían controlado los judíos durante siglos. Ya tenían experiencia como administradores por vivir en comunidades religiosas que recibían, además de las donaciones voluntarias de muchos creyentes, las forzadas de numerosos arrendatarios y campesinos que debían rendirles cuentas. Por lo que resulta hasta lógico que el primer tratado de contabilidad en Occidente corresponda, de nuevo, a un franciscano italiano: Luca Pacioli.[48]

Ser visto como un rival, sobre todo como uno competente que deja en evidencia las limitaciones de otros, es uno de los desencadenantes habituales de la peor de las envidias. En especial, en las sociedades jerarquizadas dominadas por varones que, desde una perspectiva histórica, han acostumbrado a mostrar una competitividad más agresiva y han llegado a etiquetar en bloque a todas las mujeres como «sacrificables» en aras del lucimiento masculino después de asignarles un estatus menor con argumentos torticeros. Un buen ejemplo serían los millares de mujeres condenadas por hechicería entre los siglos XV y XVI en Europa; aunque, como explican Barbara Ehrenreich y Deirdre English en *Brujas, parteras y enfermeras: una historia de las sanadoras*:

> La mayor parte de esas mujeres condenadas como brujas eran simplemente sanadoras no profesionales al servicio de la población campesina y su represión marca una de las primeras etapas en la lucha de los hombres para eliminar a las mujeres de la práctica de la medicina. La eliminación de las brujas como curanderas tuvo como contrapartida la creación de una nueva profesión médica masculina, bajo la protección y patrocinio de las clases dominantes.[49]

En otras palabras, el machismo académico puso los argumentos profesionales y el eclesiástico, los religiosos. Así, en 1322, la Facultad de Medicina de la Universidad de París había empezado a denunciar a las mujeres que ejercían sin título (que eran todas las que se atrevían a hacerlo porque se les negaba el acceso a dicha educación) y, entre ellas, a Jacqueline Felice de Almania por intrusismo, ya que «curaba a sus pacientes de dolencias internas y heridas o de abscesos externos, visitaba asiduamente a los enfermos, examinaba la orina tal como hacen los médicos, les tomaba el pulso y palpaba todas las partes del cuerpo».[50] Pero el golpe definitivo contra las mujeres sanadoras llegó en 1487, al publicarse, con el respaldo del papa Inocencio VIII, el manual para inquisidores más famoso de la historia: el *Martillo de las brujas*, que afirmaba que «toda magia tiene su origen en la lujuria de la carne, que es insaciable en la mujer», que «para satisfacer su lujuria, copulan con demonios» y remarcaba que «queda suficientemente claro que no es de extrañar que la herejía de la brujería contamine a mayor número de mujeres que de hombres».[51]

Todos los documentos que habían dejado constancia de la existencia de mujeres que habían ejercido la medicina en siglos anteriores fueron silenciados o manipulados con tal eficacia que, actualmente, aún cuesta seguirles el rastro. Pero, gracias a investigadoras como Monica Helen Green, existen evidencias de que *De curis mulierum* (*Sobre tratamientos para mujeres*) fue escrito por una sanadora del siglo XII conocida como Trótula de Salerno y no por un tal Trótulo, como trataron de masculinizarla algunos médicos posteriores; igual que existieron más médicas como ella en el sur de Italia en los siglos posteriores, aunque no hayan aparecido textos suyos.[52] Los varones que se turnaron la pluma que escribió la historia oficial decidieron silenciarlas. Ni siquiera reivindicaron a las menos sospechosas por haber consagrado su vida al Altísimo, como la polifacética monja benedictina Hildegard von Bingen,[53] autora, entre otros muchos textos, del *Liber simplicis medicinae* (*Libro de las medicinas simples*). Incluso ella, que fue considerada y venerada como una santa por sus paisanos desde el momento mismo de su muerte, tuvo que esperar hasta 2012 para recibir la «canonización por equivalencia» al ser nombrada doctora de la Iglesia por Benedicto XVI, alemán como ella. No existe la categoría de procesos de canonización en el *Libro Guinness de los récords*, pero, de existir, Hildegard von Bingen figuraría como ganadora del más largo, porque fue abierto en 1244 y duró 768 años. Respecto a las doctoras menos místicas, habría que esperar hasta 1847 para que una mujer, Elizabeth Blackwell, fuera la primera en asistir a una escuela de Medicina occidental.[54] En su caso, a la trigésima fue la vencida; porque, antes, había sido rechazada por otras veintinueve. Pero su tenacidad mereció la pena. Llegó a convertirse en catedrática de Ginecología y se codeó con la célebre Florence Nightingale, matemática y pionera de la enfermería moderna.

En la misma línea de machismo científico, el doctor Sigmund Freud llegó a hablar de la «envidia de pene»[55] de las mujeres; cuando, para ser objetivos, lo que han envidiado durante siglos, y con razón, ha sido la autonomía de la que solo han disfrutado aquellos a quienes les colgaba uno entre las piernas. Por otro lado y para ser justos, habría que hablar también de la envidia que sienten los hombres hacia las mujeres o, al menos, de la inseguridad que les produce a algunos el hecho de que sean ellas las que gesten y den a luz y de que exista siempre una sombra de duda sobre la paternidad del bebé. La psicoanalista Karen Horney ahondó en ese tema en su libro *Psicología femenina*[56] y, en 1926, fue la primera en emplear el contratérmino «envidia de útero»,[57] que también usaron más tarde la psicoanalista Melanie Klein,[58] la antropóloga Margaret Mead[59] o el médico y escritor Georg Groddeck, quien no tenía ningún problema en reconocer la «envidia de que yo no soy mujer y no puedo ser madre» y hasta planteó el narcisismo masculino como «la soledad del niño dentro del útero».[60] Pero la influencia del psicoanálisis primigenio sigue ahí. «Freud se las arregla para que la mujer se rebaje a sí misma, rebaje a su madre y a todas las mujeres —opinaba la pensadora Sarah Kofman—. Es como si el carácter "reactivo", el resentimiento, la envidia, se atribuyeran solamente a las mujeres, al menos en su carácter "excesivo", es decir patológico.»[61] De modo que, en cuanto a intercambiar acusaciones de envidia entre géneros se refiere, parece que el doctor Freud pensó que la mejor defensa era un buen ataque, nunca sabremos si de forma consciente o subconsciente.

Encontramos la envidia manifestándose en cualquier ámbito porque la llevamos dentro de nuestro cerebro, siempre dispuesta a activar nuestro «comparómetro» innato, incluso allí donde nuestras necesidades están cubiertas de forma más que razonable. Al fin y al cabo, la envidia está emparentada con la codicia, esa otra avidez que se proyecta no hacia un semejante, sino hacia ese yo hipotético que podríamos ser con un poco más... y otro poco más... y otro poco más... en una eterna marcha que el escritor Lev Tolstói plasmó de forma magistral en *¿Cuánta tierra necesita un hombre?*[62] Desde una perspectiva neurocientífica, así como la envidia está impulsada por el placer que produce la expectativa de resarcimiento, la codicia lo está por el placer que produce la expectativa de mejora de recursos, sean materiales o reputacionales, y no tanto por el valor de lo ganado en sí mismo. La razón está en que, durante la fase «apetitiva», cuando nuestro cerebro descubre un objetivo deseable, hay una descarga de dopamina en la estructura llamada núcleo *accumbens* que es mayor que la que nos produce, luego, el placer de lograr ese objetivo. Es decir, la posibilidad de ganar produce más placer que la ganancia en sí misma.[63] Lo cual explica, por otra parte, la «adicción» de algunas personas a los juegos de azar, la ludopatía o las operaciones bursátiles arriesgadas.

Cualquier elemento que pueda percibirse como una ventaja competitiva (dinero, reputación, atractivo, inteligencia...) puede ser objeto de envidia. No importa si quien la siente tiene bastante o no, como tampoco importa el régimen político en que viva. En palabras de Joseph Epstein: «Con el capitalismo, el hombre envidia al hombre; con el socialismo, viceversa».[64] De hecho, muchos opinan que cuanto más estrecho es el margen para diferenciarse de forma objetiva dentro de un grupo, más fácil es que la envidia salga del oscuro rincón donde habita. El politólogo Wallace S. Sayre hasta llegó a formular un teorema defendiéndolo: «En cualquier disputa, la intensidad del sentimiento es inversamente proporcional al valor de lo que está en juego: por eso la política académica es tan amarga».[65]

Por otra parte, en los círculos académicos, suele ser habitual la formación de camarillas alrededor de determinadas asunciones teóricas, líneas de investigación o centros de trabajo. Véase la inveterada rivalidad entre Oxford y Cambridge. Por lo que semejante fuego cruzado desde distintas bandas facilita que otras cuestiones extraacademédicas encuentren la coartada ideal para infiltrarse en contiendas presuntamente eruditas, como el racismo por el que muchos despreciaron las aportaciones a la biología del multifacético bengalí Jagadish Chandra Bose a principios del siglo XX[66] o el machismo que explica el «efecto Matilda», por el que muchos logros científicos de mujeres fueron atribuidos desde antiguo a sus parejas masculinas, amigos o colaboradores y que ya denunció en 1883 la activista y escritora Matilda Joslyn Gage,[67] que dio nombre a ese lamentable efecto.

Los inseguros y envidiosos llegan a disfrutar al ganarse contrincantes. «Tener un enemigo es importante no solo para definir nuestra identidad, sino también para procurarnos un obstáculo con respecto al cual medir nuestro sistema de valores y mostrar, al encararlo, nuestro valor. Por lo tanto, cuando el enemigo no existe, es preciso construirlo.»[68] Es lo que opinaba Umberto Eco, quien explicó cómo, a falta de argumentos más sólidos y además de las clásicas acusaciones de ataque, competencia desleal o conspiración, es frecuente atribuir a un oponente toda clase de defectos personales como estupidez, fealdad, hedor o conducta «antinatural». Es lo que la lógica clásica denomina *argumentum ad hominem*, una falacia que cuestiona a una persona o a todo un colectivo con intención de invalidar cualquier argumento que pueda emitir por considerar cualquier aspecto de su existencia como aberrante y, por tanto, sacrificable. El matemático Alan Turing, uno de los padres de la informática y líder del equipo que logró descifrar los códigos de la máquina Enigma de los nazis, ironizó en una carta sobre lo mucho que usarían algunos esa falacia en su contra después de que se descubriera su homosexualidad: «Turing cree que las máquinas piensan; Turing yace con hombres; por lo tanto, las máquinas no piensan».[69] Pero lo que pasó fue mucho peor.

Dos años después, fue encontrado muerto por ingestión de cianuro y la humanidad se quedó sin saber qué otras valiosas aportaciones podría haber hecho de no haber sido forzado a elegir entre la cárcel o la castración química.

Entre profesiones diferentes también existe la envidia y, como es habitual, con esa mirada turbia de resentimiento que solo ve sus ventajas pero no el esfuerzo para lograrlas o las inevitables contrapartidas. Así, muchos envidian la duración de las vacaciones de los profesores (que no es tanta si incluimos la preparación de cada curso), pero no sus altos índices de depresión o las agresiones verbales y físicas que llegan a sufrir por parte de algunas familias insatisfechas; otros, los salarios de los médicos (sobre cuya proporcionalidad habría mucho que debatir), pero no los seis años de carrera que tienen que estudiar y pagar, su responsabilidad o el grado de exigencia y estrés bajo el que trabajan; otros, la vida bohemia de las profesiones más artísticas (que más bien es una vida de incertidumbres), pero no el esfuerzo invertido en formación y entrenamiento para jugárselo todo después en demostraciones de talento más o menos fugaces o la gestión del rechazo cuando el público no responde como esperaban o son descartados en concursos y pruebas de selección porque solo unos pocos pueden ser elegidos. Hasta hay algunos que envidian la sencillez de la vida del agricultor (que es todo menos sencilla), pero no la dedicación horaria y de trabajo que exige o el miedo a que cualquier contratiempo climático pueda convertir en pérdidas todo lo invertido en una cosecha. Virginia Woolf lo vio muy claro: «No solo los valores comparativos de las mujeres de la limpieza y los abogados se elevan y caen de una década a otra, tampoco tenemos instrumentos con los que medir en qué nivel están ni siquiera en este momento».[70] Como demostración, véase que, en 2022, la mascota que animaba a los Nuggets de Denver en sus partidos cobraba 625.000 dólares anuales, el triple de lo que cobraba entonces Diana Taurasi, la jugadora mejor pagada de la liga femenina estadounidense de baloncesto.[71] Si te gusta bailar y no te agobia hacerlo con la cabeza metida en una bola de felpa, quizá hasta acabes de descubrir tu auténtico propósito vital.

Si añadimos a lo anterior que los distintos grupos profesionales tienden a verse como rivales cuando las administraciones reparten recursos, entenderás el porqué de sus suspicacias mutuas y lo raro que resulta ver a los trabajadores públicos adherirse a las manifestaciones reivindicativas de los autónomos y viceversa, a no ser que lo reivindicado les afecte de forma no competitiva a ambos. Vamos, que cuando lo que estás reclamando al poder es «¿qué hay de lo mío?» lo último que quieres oír es «¿qué hay de lo de los otros?». Que competir en grupo sigue siendo competir, aunque la competencia también decida agruparse bajo una misma bandera. Al fin y al cabo, el instinto social le dice a nuestro cerebro que sobrevivir con aliados es más fácil que sobrevivir solos.

Ante semejante panorama, resulta comprensible que algunas personas vayan con pies de plomo a la hora de mostrar sus capacidades o logros, los oculten o prefieran desmarcarse de la competición con más o menos sutileza. La táctica más habitual suele consistir en exponer los muchos problemas sufridos en la vida, trabajo incluido, para hacerla menos atractiva y envidiable. En algunos entornos, la presentación de esas quejas ha evolucionado a un auténtico arte social que, como no podía ser de otra manera, ha creado otro tipo de competición con su propia escala: la del victimismo. Problemas personales (auténticos o fingidos) y agravios comparativos (reales o subjetivos) son aderezos habituales en las reuniones organizativas de numerosos equipos laborales en las que mostrarse demasiado satisfecho con la carga de trabajo sería el error táctico más garrafal que uno podría cometer. Sobre todo, cuando te rodean unos cuantos «maestros de la flexibilidad» especialistas en escaquearse y a quienes también envidiamos, aunque sea en secreto. ¿Por qué será?

4

Mejor tomárselo con un poco de calma

El porqué de la pereza y la procrastinación frente al trabajo

Imagínate despertando una mañana de invierno en plena prehistoria. No has pasado muy buena noche que digamos, porque, por más que te has arrebujado en varias pieles y has buscado el calor del resto de los cuerpos que se agolpaban alrededor del constante crepitar de una hoguera, los escalofríos han ido desvelándote de forma intermitente. Te domina el cansancio, la cabeza te duele y tu buen humor y tu optimismo, en fin, han conocido días mejores. Al menos, tu clan está bien abastecido. Alguien inteligente descubrió que la carne se conservaba más tiempo si la cubríais con una gruesa capa de esa misma nieve que casi bloquea la entrada de la cueva y todas esas expediciones durante el otoño para recolectar nueces y bellotas (¡prohibido comer las más amargas!, advierte siempre la chamana) demuestran que hasta los habitantes más pequeños del bosque, como las ardillas, pueden enseñar utilísimos recursos de supervivencia. Pensándolo bien, la jornada no se presenta tan mal. Quizá solo sea otra de esas que transcurren compartiendo historias y una pequeña porción de provisiones mientras apañáis algunas pieles más para que las próximas noches sean un poco más plácidas... Pero una voz se alza, de pronto, entre las demás conversaciones somnolientas y, para tu sorpresa, pide voluntarios para salir a asegurarse de que esa tigresa de dientes de sable que os dio problemas el año anterior no vuelva a merodear por la zona. ¿En serio? ¿Hoy? ¿Precisamente hoy?

Esa emoción sería pereza, aunque, en este caso, una que podríamos denominar «pereza eficiente», vinculada a nuestro instinto de supervivencia[1] y que intenta evitar escenarios problemáticos, como uno donde mueres de congelación persiguiendo un mortífero depredador que, además, ya había encontrado mejores presas que acechar a muchos kilómetros de ti. Visto desde ese enfoque, la pereza es un atajo emocional que pretende ahorrarnos esfuerzos innecesarios o peligrosos en potencia para que reservemos y concentremos nuestra energía en lo más provechoso. Lo cual, milenios después de nuestros primeros pasos como especie y en entornos actuales donde nuestras necesidades básicas quedan cubiertas con trabajos y desplazamientos mucho más sedentarios, se ha convertido en un problema para nuestra esperanza de vida y en un mayor riesgo de deterioro cognitivo asociado al envejecimiento.[2]

No tenemos excusa. La ciencia tiene claro que descuidar nuestra salud cardiovascular acaba perjudicando a uno de los órganos que más dependen de ella: nuestro cerebro. Así que deberíamos encontrar tiempo para hacer algún ejercicio, por ligero que sea, que nos proporcione placer lúdico u obligarnos a practicar algún otro con un esfuerzo metacognitivo al asumir que es lo mejor para vivir más y mejor. A quien esa razón no le valga porque no le ve un provecho inmediato, podemos ofrecerle otra más enrevesada: el reconocimiento social que lograría si hiciera alguna clase de ejercicio, porque poder permitirse unas horas para hacerlo y exhibir esa disciplina ante los demás también se ha convertido en un símbolo de estatus más allá de los cánones estéticos del momento. Y, aun así..., la pereza es tan tentadora... Más todavía cuando converge con otro producto mental de la evolución: el «sesgo negativo» que nos lleva a imaginar, sobre todo, los elementos perjudiciales que podrían aguardarnos en un futuro hipotético para que intentemos eludirlos, bien elaborando estrategias preventivas para encararlos, bien renunciando en bloque a ese futuro. Y no hace falta que te diga cuál de esas opciones es la que requiere menos esfuerzo.

La pereza es renuncia, aun cuando la respalde una buena justificación. Por eso, muchas veces, está teñida de tristeza. Tan a menudo que, desde la visión del catolicismo, el dominico Tomás de Aquino, en vez de arremeter contra su vertiente más física, lo hizo contra la pereza espiritual: la «acedia», «esa tristeza [que] abate de tal manera el ánimo del hombre que no le place hacer cosa alguna».[3] Así y a diferencia de la explosión de la lujuria o la ira, la pereza conlleva una implosión, porque, aun renunciando a la acción e inhibiéndose, destruye objetos de deseo futuros y va fragmentando, poco a poco, el motor de la voluntad. Lo cual puede acabar conduciendo, en casos extremos, al aburrimiento morboso, el descuido o la negligencia en las obligaciones hacia los demás o hacia uno mismo y, en opinión de algunos teólogos cristianos, al más metafísico de los pecados capitales, porque, a efectos prácticos, se traduce en la incapacidad de asumir y protagonizar la propia existencia.

Desde un enfoque más materialista, la pereza tampoco ha tenido buena reputación. En el siglo XIX, pasó de pecado religioso a pecado económico por ir en contra del capitalismo y la Revolución Industrial. Incluso en el mundo del ocio y del deporte, fue señalada al instante como enemiga del afán de superación, como ejemplifica el famoso lema olímpico «Más rápido, más alto, más fuerte», que creó, por cierto, otro dominico: Henri Didon.[4] Pero la pereza también puede ser una manifestación de agotamiento, sea mental, físico o, con más frecuencia, una combinación de ambos, por ser indisociables el funcionamiento de nuestro cerebro y el del resto de nuestro organismo. Incluso puede existir un agotamiento anticipatorio cuando todos los esfuerzos invertidos hasta entonces han sido improductivos y el siguiente en la lista se intuye igual de poco eficaz. El filósofo José Ortega y Gasset supo expresarlo a la perfección: «¿Adónde puede llevar el esfuerzo puro? A ninguna parte, mejor dicho, solo a una: a la melancolía».[5]

De forma paradójica, tener demasiado éxito también puede conducir a la pereza, porque, una vez conseguido lo más anhelado, el impulso del deseo mengua y, con él, la fuerza de voluntad. A fin de cuentas, ¿para qué esforzarse cuando todo queda al alcance de la mano? A no ser que te domine una ambición sin medida como la del general Napoleón, la reina Zenobia de Palmira o algún multimillonario con un ego más grande que las pirámides de Egipto y empeñado en convertir en cíborgs a todos los humanos y mandarlos a vivir a otros planetas. Por lo que, al margen de esas excepciones, deberíamos coincidir con la escritora y activista Harriet Beecher Stowe cuando afirmó que «la naturaleza humana es, por encima de todo, perezosa».[6] Espero que no me insistas en que te lo demuestre.

Mejor consideremos algunas bondades de la pereza. Para empezar, ese dulce descanso que nos regala y que distintas culturas consideraron divino. ¿O no descansó Yahvé al séptimo día?[7] ¿Y no prescribió el propio Jesús de Nazaret todo lo contrario a la obsesión por el rendimiento?

> Por eso os digo, no os preocupéis por vuestra vida, qué comeréis o qué beberéis; ni por vuestro cuerpo, qué vestiréis. ¿No es la vida más que el alimento y el cuerpo más que la ropa? Mirad las aves del cielo, que no siembran, ni siegan, ni recogen en graneros, y sin embargo, vuestro Padre celestial las alimenta. ¿No sois vosotros de mucho más valor que ellas?[8]

Por otro lado y décadas antes de empezar a hablarse del nazareno más famoso de la historia, el poeta romano Virgilio ya había elogiado la pereza a través del personaje del joven pastor Títiro: «Un dios nos ha creado estos ocios, porque él será siempre para mí un dios»;[9] y, siglos después, el persa Abu Nuwás celebró con más entusiasmo aún los goces del asueto: «¡Aleja tus más recónditas cavilaciones / y déjate llevar por el canto y la música! / ¡Goza el momento con la hija de la viña! / Acepta la vida con alegría y regocijo / y no sigas los pasos de los que se reprimen».[10]

Pero ceder a la pereza ofrece mucho más que el mero placer hedonista. En ella, algunos logran encontrar la inspiración y la perspectiva que otros buscaron en oráculos y sibilas o implorando a alguna deidad mediante el rezo o la meditación. En efecto, el éxtasis místico acostumbra a asociarse a la inactividad física e incluso a una considerable reducción del esfuerzo mental, aunque sea transitorio. Para el taoísmo, «del vacío del sabio surge la quietud. De la quietud, la acción. De la acción, el logro»[11] y, por eso, una de sus recomendaciones es el *wu wei*[12] (la «no acción»); es decir, no malgastar energía en todo aquello que se opone al equilibrio natural del tao. De ese modo, no solo se ahorran esfuerzos inútiles y preocupaciones, sino que se gana una resignación estoica como la que, tras sufrir un robo en su vivienda, llevó al budista Daigu Ryookan a escribir el famoso haiku: «Al ladrón / se le olvidó / la luna en la ventana».[13]

Fuera del ámbito religioso, podemos encontrar más defensores del *dolce far niente*, ese perder para encontrar y conectar (o reencontrar y reconectar) que la filósofa María Zambrano comparó con «adormirse en el bosque», que «se configura más que por los senderos que se pierden, por los claros que en su espesura se abren, aljibes de claridad y de silencio».[14] ¿Puede haber algo más lúcido y revelador que ese espacio mental de tranquilidad lejos de la inercia y el ajetreo de los caminos mil veces recorridos? ¿Dónde si no puede manifestarse la oportunidad inadvertida, la alternativa subestimada, el pensamiento creativo? La escritora Agatha Christie lo tenía claro: «No creo que la necesidad sea la madre de la invención; la invención, en mi opinión, surge directamente de la ociosidad, posiblemente también de la pereza. Para ahorrarse problemas».[15] Por supuesto, no todos los creadores compartieron esa opinión tan rotunda, como ejemplifica una frase atribuida a Edison, Picasso o García Márquez, pero que, según la hemeroteca, ya empleó la profesora y escritora Kate Sanborn en 1893: «El talento es transpiración».[16] Vamos, que la creatividad hay que sudarla.

Si recurrimos a la ciencia como árbitro de ese debate, obtendremos una respuesta conciliadora. Resulta innegable que, para empezar, un buen cocinero necesita haber aprendido, con esfuerzo, una parte teórica y haber practicado su técnica; pero, luego, si la rapidez se convierte en la principal prioridad de su rutina, acabará recurriendo más a su recetario habitual, o sea, a su oficio, y la auténtica innovación pasará a un segundo plano. Si sospechas que mi afirmación pretende justificar mi pereza, permíteme que te refute delegando ese esfuerzo en un estudio de la Escuela de Negocios de Harvard:[17] «Cuando la creatividad trabaja encañonada por una pistola, por lo general, termina asesinada». Sí, la mayoría tenemos la sensación de que rendimos más bajo presión. En parte, porque nos saca a rastras del espacio mental de la procrastinación y nos obliga a hacer algo, aunque solo sea para que nuestros jefes dejen de lanzarnos puñales con la mirada. Pero que estemos más activos no quiere decir que acabemos resolviendo un encargo de forma creativa. De hecho, cuando un observador externo compara nuestra actividad en días relajados respecto a la de aquellos en que nos obligan a trabajar contrarreloj, el resultado es que, si se trata de una presión moderada y en pos de un bien mayor, tendemos a responder con un sobresfuerzo de compromiso y aún podríamos iluminar el día con algún destello de creatividad; pero la presión injusta o continuada, por mucho que la justifiquen nuestros superiores, solo conduce a un agotamiento tan profundo que experimentamos una «resaca de presión» que puede apagar nuestra creatividad durante dos días. El escenario ideal tampoco es la calma chicha constante que nos lleva a actuar con el piloto automático y al ralentí. Para que la creatividad despliegue todo su potencial, se trata de ofrecerle retos, pero reservándole instantes para pasearse por ellos como si lo hiciera por ese bosque mental del que hablaba María Zambrano y no como si una banda de mafiosos la hubiera llevado con una pistola en la sien para que cave un agujero en el que ocultar pruebas de sus crímenes y en el que, por supuesto, acabará ella también.

La prisa, además de menos creativos, nos hace menos empáticos. Porque, cuando actuamos empujados por algún apremio, colocamos nuestros problemas tan en primer plano que desenfocamos nuestra visión de los ajenos y la probabilidad de ayudar a un semejante en apuros disminuye.[18] Y disminuye antes incluso de que esa persona nos exponga sus problemas, porque ni tan siquiera estamos abiertos a escucharlos.[19] Algunos expertos, como la socióloga Linsey McGoey, lo denominan «ignorancia estratégica»,[20] esa especie de apagón informativo que algunos gobiernos y colectivos aprovechan para manipular la opinión pública, pero que usamos todos cada vez que, para no sentirnos culpables al negar una ayuda, ni dejamos que nos la verbalicen escudándonos tras un contundente «a mí no me vengas con cuentos, que bastante tengo con mis propios problemas» o un sutil «lo siento, tengo prisa».

La obsesión por rendir nos envuelve de tal modo que hasta lo que denominamos ocio lo hemos llenado de urgencias: de disfrutar cada segundo, de planificar cada viaje hasta el mínimo detalle para acumular el máximo de experiencias, de ser los primeros en embarcar en el avión (aunque ya tengamos el asiento reservado y despegue en el mismo momento para todos los pasajeros) y, más aún, de dejar constancia en nuestras redes sociales de lo bien que invertimos nuestro tiempo libre y, de paso, proyectar una imagen de nuestro estatus que, a veces, es tan real como algunos colgantes de diente de ciervo del Paleolítico. De esa manera, en vez de disfrutar del ocio como una fuente de material vivencial con el que nutrir el cerebro para aumentar nuestros recursos creativos,[21] acabamos enfangándonos en el juego del postureo social y usando nuestro tiempo de descanso como un ámbito más en el que compararnos con nuestros semejantes y medir el estatus ajeno y el propio en función de lo que podamos permitirnos con el rendimiento de nuestro trabajo.

Frente a esa exigencia de productividad cada vez mayor que impone la «cultura del rendimiento», la pereza surge en el horizonte como un oasis de reflexión personal sin obligaciones externas, un refugio transformador y revolucionario que, al permitir que nos sumerjamos en las aguas de nuestro propio espacio mental, nos acuna con las suaves ondulaciones del pensamiento divergente para que percibamos mejor, entre el aparente caos líquido, las auténticas necesidades y preocupaciones a las que debemos rendirnos para que salga a flote nuestro auténtico yo. De ese modo, en vez de saltar de la órbita de un estímulo externo a otro (a golpe de clic muchas veces), encontramos, por fin, nuestro centro gravitatorio, esa densidad reflexiva que nos eleva a la categoría de humanos; porque, como afirmaba Ortega y Gasset, decir «que el animal no vive desde sí mismo, sino desde lo otro, traído y llevado y tiranizado por lo otro, equivale a decir que el animal vive siempre alterado, enajenado, que su vida es constitutiva alteración».[22]

Pero el oasis que nos ofrece la pereza solo es un alto en el camino, una parada estratégica que, si demoramos demasiado, puede agarrotar nuestra voluntad y convertirnos en pacíficos borregos manipulables a cambio de un poco de pasto mientras esperamos el día en que el sedentarismo nos pase factura. «¡Oh, Pereza, apiádate de nuestra larga miseria! ¡Oh, Pereza, madre de las artes y de las nobles virtudes, sé el bálsamo de las angustias humanas!»,[23] clamaba, en *El derecho a la pereza*, el médico, político y escritor Paul Lafargue, yerno de Karl Marx. Pero, con su súplica, sin querer, nos señalaba la pista de otro opio del pueblo: el aletargamiento que conlleva una inactividad excesiva. Después de todo, lo que nos convirtió en *sapiens*, entre otros cambios, fue un aumento de nuestras capacidades espaciotemporales,[24] que, además de usar para recoger información con nuestros sentidos, manipular objetos y desplazarnos, también empleamos para manejar abstracciones mentales que tienen que ver con secuencias causa-efecto, ordenación cronológica y espacial o elementos de disparidad y semejanza. Dicho de otro modo, nuestra orientación espaciotemporal en el mundo real es la base de nuestra orientación en el mundo de las ideas y, cuando nos apoyamos demasiado en referentes intangibles, sean nuestras propias abstracciones mentales o recreaciones virtuales, nos cuesta más ubicarnos con el GPS de nuestro cerebro, el hipocampo,[25] porque no tiene demasiado claro de dónde viene, adónde va ni, mucho menos, por dónde.

Un buen ejemplo de ese efecto aparece cuando comparamos la lectura en soporte de papel frente a la realizada en *scroll* continuo en una pantalla y vemos cómo la pérdida de referentes espaciotemporales (como la posición concreta de una información dentro de una página) se traduce en una menor capacidad memorística de los lectores.[26] Pero, con la lectura digital, no solo recordamos peor la información leída, además, recordamos peor en qué documento concreto la hemos leído, ya que no podemos asociarla a un objeto tangible que ocupa un lugar igual de concreto en nuestras estanterías. Y no es una pérdida insignificante. Olvidar las fuentes de las distintas informaciones que leemos nos invita a etiquetarlas como igual de fiables, sin importar si proceden del texto de una insigne investigadora que aportaba abundantes citas bibliográficas como refuerzo o de un artículo de opinión sesgado por una tendencia política determinada. De modo que, más que vivir en «tiempos líquidos»,[27] como dijo el sociólogo y filósofo Zygmunt Bauman, vivimos en «tiempos vaporosos» en los que la niebla digital que nos envuelve favorece que confundamos los límites entre lo relevante y lo anecdótico, entre lo recordado y lo imaginado, entre lo sentido y lo pensado, entre lo reactivo y lo crítico, y, en última instancia, entre la información y la manipulación.

El instinto perezoso de muchos, siempre atento para reducir esfuerzos innecesarios, ve el mundo digital como otro oasis en el que solazarse. ¿Para qué salir a comprar si pueden traérmelo todo a casa? ¿Para qué molestarme en elaborar mi propio criterio si puedo recurrir a «especialistas» o a la opinión de los contactos a los que sigo? ¿Y para qué voy a molestarme en memorizar nada si puedo consultar hasta el dato más peregrino desde mi móvil inteligente? ¿La estatura y el peso de Tomás de Aquino? Ningún problema: 190 cm y tan grueso como para que tuvieran que recortar la silueta de su barriga en la mesa en que se sentaba. Ah, y sus compañeros de universidad lo llamaban «el buey mudo de Sicilia», porque, además de sus voluminosas dimensiones, prefería leer y escuchar a sus profesores para aprender en vez de hablar. ¿O me lo habré inventado? ¿Merece el esfuerzo la comprobación? Quizá más tarde, si aún te acuerdas. Porque de la mano del «efecto Google»,[28] darás por supuesto que podrás hacerlo en cualquier momento; igual que te pasará con otra mucha información por contrastar que se quedará en la cola de una lista cada vez más larga y sin prioridades definidas. Más niebla en la que perderse.

Algunos oasis digitales pueden ser espejismos; al menos, para la «pereza eficiente». Porque, en vez de ofrecernos un refugio donde nuestra conciencia pueda reposar y conectar consigo misma, nos introducen en un laberinto nebuloso de estímulos inconexos donde lo buscado no es el núcleo del yo, sino seguir conectado al mundo y medirse y validarse a través de una multitud que observa, hiperestimulada, a través de la misma bruma. Esa niebla resulta tan densa que nos hace perder las referencias espaciotemporales y acabar dedicando más tiempo del que pretendíamos a esos «descansos» que, en vez de refrescarnos, suelen aturdirnos y causarnos una «pereza cognitiva» generalizada. En parte, por el desbordamiento que nos producen tantas opciones entre las que elegir y que, *a priori*, parecen igual de prometedoras. Un aluvión inabarcable que algunos psicólogos denominan «sobrecarga de opciones»[29] y que, al fragmentar nuestra voluntad en dirección hacia tantísimos estímulos diferentes, favorece que acabemos desmotivándonos. Y en parte también porque la expectativa de novedad y maravilla que nos genera esa hiperoferta no siempre se cumple y, aunque lo haga a veces, sigue transmitiéndonos la idea de que podríamos estar perdiéndonos alguna propuesta mejor aún. Además, si huimos demasiado tiempo a las diversas opciones de ocio y entretenimiento que nos ofrece el mercado para evadirnos, corremos el riesgo de convertirnos en una especie de «migrantes imaginarios» que piensan haber encontrado un refugio, mientras sus cuerpos y sus cerebros siguen expuestos, y de una forma muy real, a la explotación y sus secuelas en el mundo tangible. De modo que, en vez de evitar la causa de nuestros problemas, seguiríamos bajo su yugo, pero con los «cerebros colonizados» por unos astutos invasores que, con la excusa de ofrecernos los milagros del progreso, el entretenimiento y la tecnología, nos mantendrían bajo su control.

Visto así, nuestro instinto perezoso no es el problema, sino hacia dónde lo proyectamos; del mismo modo que el apetito puede llevarnos a una saludable manzana o a atiborrarnos de comida basura. Por eso, desde hace años, cada vez va cobrando más fuerza el concepto de «dieta tecnológica»,[30] para tomar conciencia de que lo que nos ofrece el mundo digital es tan variado y lleno de matices en cuanto a beneficios, peligros y cantidades recomendadas como los alimentos que podemos encontrar en las baldas de un supermercado. Así, igual que los alimentos más ricos en azúcares, grasas y ciertos aditivos, como las patatas fritas de bolsa, tienen un potencial adictivo por las descargas que producen en nuestras áreas cerebrales del placer,[31] lo mismo ocurre con ciertos contenidos digitales diseñados para que recibamos esas mismas descargas a través del logro de nuevos *likes* o seguidores, promociones, descuentos o subidas de nivel en juegos virtuales. Por supuesto, no todos compartimos el mismo riesgo de engancharnos a ese «opio digital». Existen otras variables que lo modulan, como la edad, los hábitos o la genética.[32] Pero la tentación está ahí y acaba llamándonos tarde o temprano, sea con el sonido de una bolsa de patatas que alguien abre o con el aviso de una interacción en redes sociales.

Otro concepto relacionado con la pereza pero con entidad y características propias es la procrastinación, o, si recurrimos a un término menos anglosajón, «trasmañanar»: disponer de tiempo para una tarea que debería ser resuelta, pero dejarla para un después indefinido porque, por pereza, preferimos otra ocupación más agradable o porque, por miedo, demoramos al máximo el momento de enfrentarla. De nuevo, vuelve a aparecer la resistencia a la actividad, pero, en este caso, no como evasión o descanso, sino como atrincheramiento emocional, un escondite donde mantener a salvo nuestra autoestima porque tememos que la realidad nos haga sentir mal por nuestra impericia o por tareas e interacciones personales que nos resultan ingratas pero que sabemos que los demás esperan que afrontemos. Esté circunscrita a situaciones concretas o sea global, la procrastinación está enraizada en cómo gestionamos nuestras emociones,[33] en un problema de autorregulación que, por evitar el malestar físico o emocional a corto plazo, le carga los costes a nuestro yo futuro como si el problema no fuera con él. Y vaya si va con él, aunque tengamos que descubrirlo a la fuerza más adelante.

Al búnker de la procrastinación puede llegarse desde muchos caminos. Partir de una baja autoestima y cargar con una depresión, inseguridades o sentimientos de culpa son algunos de ellos. Pero un perfeccionismo excesivo puede conducir al mismo resultado si el miedo al fracaso,[34] por pequeño que sea, acaba convirtiendo cada oportunidad de mostrar el talento en un suplicio mental de frustración anticipada. Lleguen desde un camino u otro, una vez parapetados, los trasmañadores más pertinaces comparten los mismos riesgos: una mayor probabilidad de sufrir el «síndrome del impostor» y niveles más altos de estrés y angustia,[35] a la vez que, en general, muestran estilos de vida menos saludables; algunos hasta el punto de tardar demasiado en pedir ayuda médica ante sus propias dolencias.[36]

Lo cual no quiere decir que los procrastinadores y perezosos no puedan tener futuro profesional. Allí donde se requiere gran capacidad de observación, reflexión y un toque de creatividad pueden destacar incluso. Si no me crees, piensa en Leonardo da Vinci, uno de los trasmañadores más famosos que ha conocido la humanidad. No solo dejó largas listas de tareas sin resolver o multitud de esbozos de inventos que nunca funcionaron o ni siquiera se construyeron. También dejó inconclusos numerosos proyectos de pintura y escultura y, con ellos, a unos cuantos mecenas hechos una furia. Cuando pintaba *La última cena*, había días en que solo daba una pincelada y tardó dieciséis años en estar satisfecho con la sonrisa de la Mona Lisa. Parece ser que él mismo explicó el porqué a quienes se exasperaban con su lentitud: «Los hombres de genio están, en realidad, haciendo lo más importante cuando menos trabajan, puesto que meditan y perfeccionan las ideas que luego realizan con sus manos».[37]

Otro procrastinador ilustre fue Charles Darwin. Veinte años después de haber elaborado su teoría sobre el origen de las especies y pese al reconocimiento y los contactos de los que disponía en la comunidad científica, aún estaba por la mitad del libro en que pretendía exponer sus ideas, que todavía no había hecho públicas. Necesitó un empujoncito, y de los contundentes. Un día recibió una carta de su colega Alfred Russel Wallace pidiéndole consejo para presentar un artículo en el que iba a defender ¡una teoría muy similar a la suya! Así que Darwin se apresuró a escribir otro artículo y a organizar una ponencia conjunta con Wallace ante la Linnean Society of London. Sus buenos contactos lo ayudaron a ser el primero en hablar y, gracias a ello, a lograr el reconocimiento como pionero oficial en ese campo tan novedoso. Eso sí, como penitencia, su tendencia a la procrastinación sufrió un duro golpe. Porque, desde entonces, tuvo a toda la comunidad científica presionándole para que acabara cuanto antes ese libro que aún tenía a medias.[38]

Igual que Leonardo, Darwin tenía esa curiosidad casi universal que fomenta la percepción de relaciones que pueden pasar desapercibidas para hipocampos con menos referentes, pero que, a la vez, puede conducir a quienes la sienten a obsesionarse por aspectos irrelevantes para otros o a perderse en laberintos de dispersión. En el caso del evolucionista, la timidez se sumaba a lo anterior y, con toda probabilidad, cierto componente de miedo por la previsible reacción de rechazo que tendrían sus postulados entre algunos creyentes y que aún perdura en algunos de los más fanáticos hoy en día. Su cerebro disfrutaba tanto aprendiendo de la naturaleza y de los avances de su época que resulta comprensible que sintiera pereza ante la parte más burocrática de su labor y que suponía interactuar con académicos entre los que, seguro, habría más de un detractor de sus investigaciones. Lo cual no quiere decir que no fuera trabajador. Lo fue y mucho. Escribió abundantes artículos y libros sobre los temas que le apasionaban y, durante sus viajes a bordo del HMS Beagle, en el que se enroló como naturalista, escribió infinidad de notas e informes que envió a la Universidad de Cambridge, hizo expediciones geológicas en tierra firme y recogió una considerable cantidad de fósiles; por ejemplo, en Argentina, una mandíbula de un mamífero gigante del Pleistoceno que fue bautizado en su honor como *Mylodon darwini*,[39] algo así como el tatarabuelo, ¡oh, casualidad!, de los perezosos.

Como especie biológica, los perezosos son la demostración de que reducir el consumo energético puede ser una estrategia adaptativa exitosa. En la tradición de algunos pueblos centro y sudamericanos, incluso se los considera unos animales inteligentes y astutos.[40] Un cuento relata cómo uno de ellos consiguió que otros animales (un ratón, una serpiente, un jabalí y un jaguar) le prestaran comida y, cuando estos regresaron a exigir el pago de su deuda, cómo los engañó para que fueran comiéndose el uno al otro hasta que solo quedó el jaguar, del que aún escapa en la actualidad yéndose por las ramas, literalmente. Pero hay mucho más que picaresca en esa visión legendaria. Los yagua de Colombia y del norte de Perú cuentan que dos perezosos gigantes con cabezas humanas sujetan ambos extremos de la Tierra para mantenerla equilibrada en el cielo; y los machiguenga del sur de Perú llaman El Perezoso a la Gran Nube de Magallanes, una constelación satélite de la Vía Láctea que, según su cultura, era la única que iluminaba el cielo antes de que la luna apareciera. Semejante proyección mitológica nos da una buena pista de cómo de importantes fueron esos seres para ellos. En el caso de los perezosos gigantes, hasta como fuente de sustento para los primeros americanos, que los cazaban.[41]

La resistencia al esfuerzo físico también ha estado presente en la tradición grecolatina. Cicerón afirmó que «son innobles y viles todos los trabajadores a sueldo que venden su esfuerzo, no sus habilidades, pues en ellos el salario mismo es el importe de su esclavitud»,[42] o sea, de su pérdida de estatus. Otra cosa le parecía sudar para uno mismo, entonces «nada hay mejor que la agricultura, nada más productivo, nada más agradable, nada más adecuado para un hombre libre».[43] Además, extendía su resistencia a los trabajos que mermaran la reputación porque «provocan rechazo de la gente, como la de aduanero, como la de prestamista. También hay que considerar viles los que compran a mercaderes para revender inmediatamente, pues no obtendrían beneficio sin una buena parte de engaño; y ciertamente no hay nada más vil que el fraude».[44] En resumen, que planteaba el trabajo ideal como aquel que otorgaba un buen estatus sin esfuerzo físico, pero, a la vez, sin traspasar los límites de la ética.

De esa base, surgió la concepción del trabajo mental como superior al físico y un sector profesional considerado por muchos como una élite: el intelectual, «dedicado preferentemente al cultivo de las ciencias y las letras».[45] Pero sería bueno que recordáramos las reflexiones del erudito Umberto Eco respecto a ese tipo de ocupaciones. Porque,

> si por intelectual entendemos todo aquel que trabaja con su cabeza y no con sus manos, un empleado de un banco es un intelectual, y Miguel Ángel no. Hoy, con los ordenadores, cualquiera es un intelectual. Por eso, no creo que la cuestión tenga nada que ver con profesiones o clases sociales. Para mí, un intelectual es alguien que produce nuevos conocimientos haciendo uso de su creatividad. Un campesino, cuando comprende que un nuevo tipo de injerto puede producir una nueva clase de manzanas, está desarrollando una actividad intelectual, mientras que un catedrático de Filosofía que se pasa la vida repitiendo una misma clase sobre Heidegger no tiene por qué ser un intelectual. La creatividad crítica —el espíritu crítico para analizar lo que hacemos o inventar formas mejores de hacerlo— es la única vara para medir la actividad intelectual.[46]

Visto así, cabría preguntarse quién fue más intelectual. ¿El célebre poeta Lord Byron por su producción literaria, su mujer Anna Isabella Noel por su implicación en causas sociales como la reforma penitenciaria y la abolición de la esclavitud o la hija de ambos, Ada Lovelace, por las fórmulas matemáticas que escribió para la «máquina analítica» de Charles Babbage y por las que algunos la consideran la primera programadora informática?[47]

De lo que no cabe duda es de que, cada vez más, algunos tipos de pereza y procrastinación han encontrado la coartada perfecta en una presunta intelectualidad o necesidad de reflexión que, con demasiada frecuencia, es pura fachada. Hablar mucho tiempo de cualquier asunto, por mucho conocimiento o experiencia que se tenga, no equivale a usar bien la intelectualidad. El fracaso de muchos aspirantes a *influencers* con bastante menos que compartir de lo que pensaban es una buena muestra de ello, pero también muchas reuniones de equipo donde suele escasear la autocrítica y que acaban convirtiéndose en un batiburrillo de quejas y deseos elevados que se niegan a descender al terreno práctico; o peor aún, en teatralizaciones con las que algunos jefes incapaces traspasan sus responsabilidades al equipo que se supone que lideran o con las que los superiores más tiránicos fingen cierto espíritu democrático para que sus subordinados expresen lo que piensan y tener bien etiquetados a los más dóciles y a los más díscolos.

El periodista y escritor Héctor García Barnés lo dejó claro. «Hoy tiene poco prestigio hacer cosas: escribir, ilustrar, fregar suelos, preparar clases o ver a pacientes. Lo que resulta prestigioso es reunirse, por eso lo hacemos sin parar.»[48] En el caso de los *influencers*, a través de las redes sociales. Pero «el 70 % de las reuniones interfieren con la productividad de los trabajadores»;[49] porque, después de esas reuniones, a los verdaderos currantes les toca arremangarse para rendir de verdad y, encima, con menos tiempo por haber malgastado buena parte del suyo en muchas reuniones poco o nada productivas. Quienes necesitan de verdad esas pantomimas inútiles son quienes no tienen otra manera de escenificar su estatus dentro de un equipo o una empresa; esos para los que, según García Barnés, el éxito «consiste en verse las caras con personas muy distintas para preguntarles "¿cómo vas?" y, de esa manera, estar legitimado para atribuirse el éxito derivado de su esfuerzo».[50] El éxito de la pereza, más bien.

No todos los jefes son perezosos, ni mucho menos. Si juntáramos a todas las personas que ejercen como tales, tendríamos el catálogo completo de las virtudes y los defectos humanos, como pasaría con cualquier puesto u ocupación. Donde sí podemos encontrar la pereza casi siempre es en los motivos por los que algunas personas prefieren delegar ciertas decisiones a líderes en quienes confían. Que lo de mandar está muy bien, pero, en la lista de contras, hay que incluir un esfuerzo mental, emocional e incluso físico que no está dispuesto a asumir cualquiera.

5

Follow the leader... or not

Cómo surgió la vocación de liderar, y la de seguir a un líder

Los líderes no son imprescindibles, aunque muchos de ellos piensen que sí. Según la psicóloga Nichola J. Raihani, «la ausencia de poder dentro de las sociedades no es una omisión, o una oportunidad perdida, o algo que solo existe porque nadie pensó en tomarlo. En cambio, un vacío de poder es el resultado de una tensión constante, algo que se mantiene activamente a través de los esfuerzos de muchos contra unos pocos».[1] Es decir, el liderazgo compartido, para que resulte lo más justo y eficaz posible, exige un mayor esfuerzo cognitivo: de empatía, de generosidad, de paciencia, de humildad; pero también de negociación, de regulación, de supervisión... y, por supuesto, de tiempo. Y, como cualquier labor trabajosa, es más vulnerable al cansancio. Aun así, a lo largo de la historia numerosos grupos de *sapiens* lo lograron, como los indios shoshones,[2] a los que perteneció la famosa Sacagawea que ayudó a Lewis y Clark en su expedición por Norteamérica. Incluso algunas personas de hoy en día siguen dispuestas a esforzarse para funcionar sin líderes a distintos niveles organizativos, desde algunas cooperativas de trabajo a ciertas comunidades anarquistas.

Pero, si hablamos en términos globales históricos sobre la cantidad de individuos que han vivido en «sociedades acéfalas»,[3] tendremos que afirmar que fueron menos que aquellos que han vivido en sociedades jerarquizadas alrededor de alguna clase de liderazgo. Los motivos son diversos. Por un lado, fuerzas internas individuales como la envidia, la pereza y los sesgos cognitivos generan conflictos que erosionan la cohesión grupal y, cuanto más frecuentes sean esos conflictos, más fácil es que aparezca el «egoísmo reactivo».[4] Es decir, en entornos solidarios, la simple percepción de injusticias, aun cuando consistan en espejismos subjetivos, nos empuja a razonar como si la dinámica colectiva fuera egoísta y a sumarnos a la estrategia del individualismo sin ningún remordimiento. Vamos, que nos empuja a marcarnos un «sálvese quien pueda». En palabras de la profesora Raihani: «La cooperación es a la vez el ingrediente esencial y la mayor amenaza para nuestro éxito conjunto»,[5] una fuente de alegrías y prosperidad, pero también de tragedias y destrucción. Y ni que decir tiene que cuantos más humanos haya implicados en esa necesidad de cooperación, más complejo resulta lograrla.

Por otro lado, cuando distintos grupos humanos comienzan a interaccionar, el asunto se complica. Si hay suerte de que ambas comunidades sean igualitarias y de que proyecten ese mismo espíritu dialogante entre ellas, aún tendrán que hacer frente al sesgo más común en esos casos: el favoritismo hacia «los suyos» frente a «los otros», en especial si ese contacto ha sido motivado por la necesidad del trueque de recursos o su escasez.[6] Podemos racionalizar ese «tirar para casa» con un «si nosotros no defendemos nuestros intereses, ¿quién lo va a hacer?, ¿ellos?»; pero a través de esa brecha surge la desconfianza, el deseo de imponerse o lograr un acuerdo más ventajoso para nuestro bando y, en consecuencia, la opción de recurrir a estrategias persuasivas más o menos sinceras e, incluso, a engaños maliciosos, amenazas o violencia de distinta intensidad. Seguro que muchos grupos usaron opciones mixtas dependiendo de las circunstancias, como hicieron los incas, los romanos o los vikingos, expertos navegantes para quienes las *vikings*[7] eran expediciones marinas que empezaron siendo comerciales y acabaron, en muchos casos, como incursiones de pillaje. Porque, ¿para qué negociar lo que puedes arrebatar? Sobre todo, cuando tienes un barco esperándote para huir con tu botín y poner de por medio un ancho mar.

Una vez que la violencia y la malicia dominan una geografía concreta, las comunidades más pacíficas, dialogantes y empáticas juegan con desventaja. No solo por su obvia inferioridad en cuanto a capacidad bélica. También porque, ante una amenaza exterior, la cohesión de cualquier grupo se tensa y, si su respuesta se demora demasiado, se ramifica en direcciones demasiado divergentes o anima a quienes discrepen de la mayoría a abandonar el compromiso colectivo, las probabilidades de superarla disminuyen de forma crítica. Lo cual es extensible a cualquier tipo de sociedad con independencia de lo pacíficas o agresivas que sean sus dinámicas. La rapidez para responder a los problemas más urgentes con eficacia es una necesidad común a cualquier grupo humano y el requisito básico para lograrla es partir de un criterio colectivo lo más cohesionado posible.

Desde una perspectiva evolutiva, las comunidades cuyos miembros comparten un objetivo común basado en el bien común son más resistentes que aquellas que no lo comparten y, por eso, tienen una probabilidad de supervivencia mayor. Esa ventaja adaptativa puede lograrse a través de distintos acuerdos: valores bien definidos, leyes, creencias, narrativas... y, por supuesto, una persona o un grupo de personas que aglutinen todo lo anterior. De hecho, el principal motor de la dinámica que define a un líder respecto a sus seguidores tiene que ver con su capacidad para movilizarlos hacia un objetivo colectivo.[8] Eso sí, quien ejerza ese liderazgo debe ser la primera persona en creer en ello y en demostrarlo con sus propios actos. O sea, además de estar en sintonía con una comunidad, un buen líder debe ponerla en marcha siendo el primero en caminar hacia una meta concreta para que, a lo largo de ese esfuerzo, surja una identidad compartida.[9] Como sociedad, somos hacia donde vamos. Otro asunto es si hemos escogido una dirección sensata o la velocidad más recomendable para realizar ese viaje.

Desde un punto de vista biológico, cuanto más alto sea el estatus social de un individuo en un grupo, de más ventajas disfrutará, aunque esas prebendas vayan acompañadas, con frecuencia, de algunas responsabilidades y riesgos. Otras especies sociales, simios y no simios, comparten con nosotros ese enfoque y compiten por encabezar sus grupos y, de paso, favorecer la prosperidad de su progenie. La contribución genética a esa dinámica es indiscutible, aunque sea compleja en el caso de los humanos y, actualmente, esté muy lejos de comprenderse del todo. Algunos investigadores han llegado a señalar genotipos concretos asociados a una mayor probabilidad de asumir roles de liderazgo, como hizo un estudio encabezado por el doctor Jan-Emmanuel De Neve con el llamado «genotipo rs4950»;[10] o un estudio conjunto de la Universidad Estatal de Kansas con la Universidad Nacional de Singapur con el gen transportador de dopamina DAT1,[11] asociado, según sus propios análisis, a perfiles dirigentes, pero también a un mayor incumplimiento de las reglas durante la juventud y, de forma curiosa, a una menor proactividad.

Hasta el orden en que nacemos dentro de nuestra familia ha sido asociado con mayores dotes para liderar, como demuestra el favoritismo hacia los primogénitos en diferentes culturas y, en especial, hacia los varones, por el machismo que ha imperado en muchas de ellas. El psicoterapeuta austriaco Alfred Adler fue el primero en teorizar sobre el efecto del orden de nacimiento en la personalidad y pensaba que nacer primero no era tan ventajoso como parecía. Porque, durante un tiempo, se había sido el único objeto de cuidados y mimos, pero, con el nacimiento de un hermano, llegaba la inevitable pérdida de privilegios y, con ella, el sentimiento de rechazo y la consecuente ira, que no todo el mundo sabe gestionar de forma óptima, menos aún en la etapa infantil. El doctor Adler añadió al clásico «destronamiento» el sobresfuerzo asignado al hijo mayor, en quien suele recaer la tarea de cuidar a sus hermanos pequeños. Lo cual, sumando la pérdida de privilegios con la asignación de una mayor responsabilidad, le hizo suponer que, de mayores, serían personas con mayor riesgo de neurosis, de adicción a sustancias e, incluso, de acabar en prisión o en un asilo. Por el contrario, pensó que los benjamines, por ser los más mimados, desarrollarían menos empatía y tampoco estarían bien adaptados para la vida social; mientras que los hermanos del medio tendrían más probabilidades de éxito, aunque presentaran cierta tendencia a la rebeldía y a sentirse exprimidos. ¿Y los hijos únicos? Su opinión era peor aún: «El hijo único tiene dificultades con cada actividad independiente y, tarde o temprano, se convierte en un inútil en la vida».[12] Si perteneces a ese grupo, no te asustes. Es una teoría jamás demostrada y, si te sirve de pista, te diré que la elaboró el segundo de seis hermanos.

Por supuesto que la dinámica familiar influye, y mucho, en el desarrollo de la personalidad de cada uno de sus integrantes. Pero olvidar otros muchos factores que abarcan desde lo genético hasta lo cultural es otra muestra más de adónde nos lleva nuestro instinto de clasificarlo y etiquetarlo todo cuando aún nos faltan datos. Nada más fácil que encontrar grandes excepciones a la teoría de Adler y otras parecidas: Leonardo da Vinci (un bastardo, en el sentido más jurídico del término) y Ada Lovelace (reconocida por Lord Byron a diferencia de otros descendientes «naturales») fueron educados como hijos únicos y nadie osaría ponerles la etiqueta de inútiles; Rosa Parks y Simone de Beauvoir ejercieron de hermanas mayores y se convirtieron en adultas sensatas y equilibradas; Al Capone y Adolf Hitler fueron de esos hermanos del medio y, aunque llegaron a líderes, no es que ejercieran sus puestos de una forma muy constructiva; y Teresa de Calcuta y Mahatma Gandhi ocuparon el último lugar en sus casas y muy pocos podrían igualar su respectivas empatías. Y te lo dice otro benjamín de la casa.

Otros han atribuido más inteligencia a los hermanos más pequeños, una teoría que me encantaría suscribir. Pero, aunque podrían estar beneficiándose de una mayor estimulación por parte del resto de su familia en sus etapas más precoces, cuando se examina con detenimiento el asunto, la asociación con puntuaciones de coeficiente intelectual más altas está relacionada con el trato social recibido dentro de una familia y no con el orden de nacimiento, lo que señala la importancia de las interacciones sociales para el desarrollo cognitivo.[13] Por otro lado, aun siendo hijo único, esa clase de estímulo puede encontrarse en la denominada «familia extensa» con primos u otros parientes y en la «familia elegida», es decir, las amistades. De modo que, cuando se compara el comportamiento adulto de los hijos únicos y de los que tuvieron hermanos, la conclusión es que no existen diferencias destacables ni generalizadas y que, cuando las hay, pueden atenuarse con el paso del tiempo.[14] Hasta en las altas esferas políticas, donde los primogénitos y los hijos únicos han estado sobrerrepresentados de forma habitual, empiezan a percibirse cambios.[15] Esto apunta, de nuevo, a que, al margen de que nacer en primer lugar pueda implicar una mayor inversión de recursos hasta el nacimiento del siguiente hermano o ser tratado como progenitor sustituto y ganar experiencia social gracias a ello, los cambios culturales que estamos viviendo en las últimas décadas se han extendido a las expectativas parentales sobre su descendencia y la manera en que invierten sus recursos materiales y emocionales en ella. Por lo que no extraña que, cuando se comparan capacidades y estilos de liderazgo en función de orden de nacimiento y sexo, no se encuentren diferencias.[16]

En la actualidad, la madeja donde se entremezclan los hilos de lo genético, lo cultural y lo ambiental sigue sin haber sido desenredada y, en cuanto a la vocación del liderazgo, se entremezcla un tercer hilo: el mental. Algunas condiciones como la psicopatía (que puede estar presente en individuos prosociales o «adaptados») pueden suponer ventajas a la hora de competir por cargos de poder frente a otros aspirantes más empáticos; sobre todo, en entornos laborales donde impera el individualismo o el pragmatismo corporativista por encima de los intereses sociales. A lo que habría que añadir que tampoco faltan estudios que, además de encontrar asociaciones entre posiciones de liderazgo e indicadores de bienestar y salud como altos niveles de satisfacción subjetiva o bajos niveles de ansiedad y depresión, las han encontrado con un mayor consumo de alcohol y un mayor porcentaje de trastorno bipolar.[17] La estadística resulta inquietante en nuestro presente, pero seguro que lo era más aún en la prehistoria, cuando los derechos individuales quedaban mucho más expuestos y, ante cualquier conflicto con el poder establecido, la solución podía provenir de la fuerza bruta y no de la dialéctica.

Por otro lado, dentro de la vocación del liderazgo, habría que distinguir dos «subvocaciones» no necesariamente excluyentes (como demuestran algunos líderes de perfil mesiánico): la vocación de mandar y la vocación de servir. En ambos casos, la determinación y las estrategias necesarias para alcanzar el poder variarían dependiendo del temperamento de cada individuo, su salud mental y la distancia social que lo separara del cargo deseado. Por ejemplo, en una comunidad cuyo liderazgo se decidiera a través del linaje por vía directa masculina a favor del vástago de más edad, como ocurrió en muchas monarquías, es probable que el segundo hijo del líder, de sentir esa llamada, viera al primogénito como el único obstáculo en su camino y tomara alguna decisión al respecto; mientras que cualquier otra persona sin parentesco con el líder, de tener la misma ambición, habría de dirigir sus esfuerzos contra el líder mismo y toda su descendencia para poder establecer una nueva línea sucesoria. Un desafío ante el que tendría que sopesar bien si el riesgo merecía la pena o si le salía más a cuenta dejar el grupo con su pareja e intentar cumplir su vocación en un entorno más propicio.

En otros contextos de liderazgo «meritocrático», si ese merecimiento tuviera que demostrarse a través de alguna competición o de la respuesta a los propios desafíos cotidianos, los candidatos tampoco evitarían dificultades. En primer lugar, tendrían que estar a la altura del reto planteado y, de tratarse de una tribu cuyo bien más preciado fuera la miel de unas abejas que hubieran instalado sus colmenas en la zona más alta y escarpada de la pared de un barranco, de poco le serviría la vocación a alguien que sufriera vértigo y que, de solo pensar en las acrobacias necesarias para llegar hasta los ansiados panales, comenzara a marearse. En segundo lugar, no les bastaría con ser capaces de ese tipo de retos. Deberían destacar en habilidad por encima de los demás aspirantes. Aún más, la probabilidad de éxito de cada competidor dependería de la destreza de los demás competidores y, a mayor número de participantes, con un solo ganador como único resultado posible, aumentaría el número de quienes verían frustrada su vocación. Incluso en el escenario hipotético de un grupo que optara por dejar en manos de la providencia la elección de quién los lideraría a través de algún juego de azar, habría perdedores. Como los habría en una supuesta tribu que tomara sus decisiones tras incluir la opinión de todos sus integrantes mediante alguna clase de votación, porque cada decisión concreta respondería a una mayoría circunstancial en la que el deseo de cada miembro particular podría estar representado o no y, visto en conjunto y a lo largo del tiempo, iría aumentando el número de veces en que aquellos con más vocación de mandar se verían contrariados. De modo que, ya en la prehistoria, existieron las vocaciones frustradas y, cuando alguien consumó su aspiración de liderar, otros muchos la perdieron; a veces, por quedar excluidos de ese poder y, otras, por cómo influyeron las decisiones de esos líderes en sus aspiraciones vitales en general y en las vocacionales en particular.

Por otra parte, el liderazgo no se ostenta por la simple voluntad de quien juega con ventaja frente a otros aspirantes, ni tan siquiera cuando ya se ha alcanzado. En el otro extremo de la ecuación están los liderados, es decir, un número suficiente de seguidores que deben respaldarlo y reconocer su autoridad tanto en el momento de su ascenso como después. De otro modo, el líder corre el peligro de ser ignorado o depuesto, bien de una forma dialogada o a las bravas. En ese sentido, resulta ilustrativo un estudio que comparó el liderazgo en sociedades humanas de escala reducida con el de otros mamíferos y donde, en conjunto, el primer hallazgo sobre la estabilidad jerárquica fue que, estadísticamente, predominaba el liderazgo femenino.[18] Por otro lado, los investigadores encontraron el mismo patrón entre las cualidades que avalaban a los líderes *sapiens* y a los de otros mamíferos: su rol como veladores de la dinámica del grupo, sobre todo como mediadores en conflictos y en interacciones con otros grupos vecinos, y, salvo algunas excepciones, su ascenso a partir de logros individuales y no de su linaje. Además, mientras los grupos humanos conservan tamaños reducidos, sus líderes comparten otra característica con los de otras especies: el uso de técnicas comunicativas o pasivas para captar nuevos seguidores sin recurrir a la fuerza. Y, a la vez, presentan una diferencia respecto a otros mamíferos: un liderazgo focalizado en su papel jerárquico como referente grupal con mayor «dominancia» (en el sentido más psicológico y persuasivo del término), pero capaz de delegar en otros algunas de sus funciones y privilegios, como la distribución de alimentos o la decisión de cómo responder ante conflictos internos o externos.

Ese gesto que podría interpretarse como un instinto humano de bondad distributiva esconde, en realidad, la fuerza de la selección natural, un poder en la sombra que actuó con mayor influencia cuanto más hostil fue el contexto de algunas tribus primitivas. Porque, para empezar y en líneas generales, los líderes más dispuestos a encabezar actividades de riesgo, como la caza de animales peligrosos o el enfrentamiento con otros clanes pendencieros, tuvieron más probabilidades de morir y, en un ámbito más doméstico, el mismo destino abundó entre los líderes que dirimieron en persona los conflictos internos de la tribu y se expusieron, por tanto, a alguna que otra reacción vengativa de quienes interpretaron sus decisiones como un agravio. De modo que resulta natural que diversos líderes, en especial aquellos que antepusieran su propia supervivencia a otras prioridades o quienes sufrieran condiciones que los hicieran más vulnerables, prefirieran traspasar sus atribuciones más incómodas o arriesgadas a otros miembros de la tribu para no sacrificarse en el sentido más literal del término. Del mismo modo, a medida que los grupos se volvieron más numerosos y complejos en cuanto a sus relaciones internas y su acervo cultural, la tentación de delegar en adláteres aumentó.

Las tareas donde el balance entre beneficio y riesgo resultaba más favorable fueron aceptadas de buen grado, más aún allí donde el liderazgo se obtenía por mérito propio y formar parte de la camarilla del poder suponía una ventaja. ¿Pero las más ingratas? ¿Qué líder estaría dispuesto a traspasárselas a otros sin sentir el aguijón de la mala conciencia? ¿Y cómo convencer a alguien de que se expusiera a una tarea donde predominaran los riesgos? La coacción o la imposición eran opciones viables, pero ¿qué pensarían los demás si perjudicaba a un miembro inocente de la tribu? Desde una edad tan temprana como los tres meses, los humanos preferimos a los individuos sociables y, a partir de los nueve meses, si aprobamos la violencia es cuando está dirigida hacia quienes amenazan nuestros propios objetivos o los de nuestros allegados.[19] Es decir, en una sociedad primitiva, muchos tolerarían, e incluso aplaudirían, que se castigara a un atacante externo, matándolo o sometiéndolo a esclavitud. Pero perjudicar o sacrificar a un miembro inocente del propio... No sería una decisión gratuita. Supondría un acto cruel, perjudicaría la reputación del líder y amenazaría su permanencia en el cargo. ¿O acaso existe alguna circunstancia en que nos resulte tolerable el sufrimiento de un inocente de «los nuestros»?

Un estudio del grupo de investigación de neurociencia social que encabeza la doctora Tania Singer[20] responde a lo anterior con un sí tan rotundo como inquietante: nuestro estado emocional puede influir e incluso anular nuestra capacidad de empatía, más en concreto la actividad del giro supramarginal derecho, que es una de las áreas cerebrales encargadas de autocorregir nuestros impulsos egoístas. Cuando funciona mal, por algún trastorno o porque nos desborda el cansancio, el estrés o la ira, reaccionamos con mayor indiferencia al dolor ajeno. Pero incluso variaciones emocionales más sutiles, como estar disfrutando de una experiencia agradable, nos lleva a minusvalorarlo y hasta podemos llegar a consentir el sufrimiento ajeno si tenemos la expectativa de recibir, a cambio, alguna recompensa. Es decir, nuestra empatía funciona cuando nos hallamos en un estado neutral o idéntico al de nuestro prójimo; de otro modo, nuestro cerebro debe invertir tiempo y esfuerzo en autorregularse para reaccionar de manera empática y no egoísta. Lo cual explica, por otro lado, por qué nuestras respuestas ante el sufrimiento ajeno son menos ajustadas cuando se nos obliga a tomarlas aprisa, estamos disfrutando de un momento de ocio o nos desbordan las peticiones de solidaridad.

Por tanto, ante una situación extrema o una ganancia colectiva tentadora, un grupo podría llegar a sacrificar a alguno de sus integrantes o asignarle alguna tarea ingrata sin demasiados remordimientos. Más aún, la víctima podría llegar a asumir esa decisión como «justa» bajo la triple presión de un discurso social unitario que minaría su autoconfianza, del dolor emocional que supondría defender su opinión ante una oposición aplastante[21] y del miedo instintivo a la exclusión, que, en muchos contextos antiguos, podía suponer la muerte y que, aún hoy, sigue muy presente en nuestro cerebro como una amenaza de muerte social o laboral.[22] Los psicólogos denominan a ese sometimiento «efecto Asch», en honor de las investigaciones del psicólogo Solomon Asch sobre cómo cambiamos nuestras convicciones bajo la presión de grupo.[23] Después de todo, renunciar a nuestra identidad grupal compartida equivaldría a renunciar al placer consolador que nos ofrece la proximidad con otros en lo físico y, más aún, en lo psíquico. Tan intenso es ese placer que hasta puede erotizarse y erotizar en algunos casos; como demuestra el hecho de que, cuando una comunidad es manipulada o amenazada, aquellos que reaccionan del mismo modo, ético o no, para mantenerse unidos muestran relaciones sociales y sensuales más íntimas que las previas en comparación con las que muestran los disidentes.[24] Esté presente o no esa vertiente erótica, la multiplicidad de ese sentimiento de pertenencia (físico, social y mental) es la que crea ese «nosotros» que nos hace apoyar a los demás con quienes nos identificamos y a sentirnos apoyados por ellos. De forma que los grupos psicológicos surgen de grupos sociales a partir de un continuo de colisiones sucesivas con conflictos diversos, como el de tener que decidir si aceptar o no a un líder egocéntrico y abusivo. Lo cual, por otra parte, abre la puerta a que, si existe un número suficiente de detractores, pueda formarse un nuevo grupo social propio, por ejemplo, si todos huyen amparados por la noche para que el tirano no pueda tomar represalias.

Pero existen estrategias menos drásticas para que un líder convenza a sus seguidores para que acepten tareas poco apetecibles. El halago como reconocimiento y «salario emocional» es la principal de ellas. Como escribió en *El maravilloso viaje de Nils Holgersson* Selma Lagerlöf, primera mujer en ganar el Premio Nobel de Literatura, «no hay nada que sepa mejor que recibir elogios de aquellos que son sabios y capaces».[25] Y no es una afirmación baladí. La respaldan los hallazgos de un estudio del Instituto Nacional de Ciencias Fisiológicas de Japón que encontró una «moneda neuronal común» para las recompensas en salario y en reconocimiento de los trabajadores: una descarga de dopamina en el cuerpo estriado de su cerebro.[26] Para comprobar la fuerza de las recompensas emocionales, otro estudio de los mismos investigadores la enfrentó a la de las recompensas monetarias. Para ello, ofreció quinientos yenes a varias personas dándoles la opción de quedárselos o donarlos a una asociación benéfica; un dilema que, unas veces, debían dirimir en privado y, otras, delante de dos observadores. Como cabía esperar, el porcentaje de personas generosas fue mayor ante testigos. Eso sí, al analizar las áreas cerebrales del placer de los sujetos estudiados, su activación resultó igual de potente en dos situaciones antagónicas: cuando donaban en público y cuando atesoraban el dinero en privado, es decir, cuando recibían la máxima compensación social o la máxima económica sin miedo al desprestigio.[27]

Por el contrario, recibimos los insultos verbales como «bofetadas léxicas» que captan nuestra atención al instante y con mucha más intensidad que los halagos, incluso cuando van dirigidos a otras personas.[28] Sin embargo, esa violencia canalizada a través del lenguaje tiene su lado positivo. Según algunos investigadores,[29] condujo nuestra transición de homínidos que resolvían la mayoría de sus problemas mediante agresiones físicas a grupos «civilizados» que, aun conservando su impulso violento, descargaron buena parte de él con improperios y descalificaciones que, por cierto, actúan en nuestro cerebro como ansiolíticos e, incluso, analgésicos,[30] y sin que importe de qué cultura procedamos.[31] Gracias a esa estrategia, muchos *sapiens* prehistóricos evitaron el riesgo de jugarse su supervivencia cada vez que tenían que dirimir cualquier pequeño conflicto y, más peligroso aún, el de acabar aniquilando, miembro a miembro, el grupo que les daba amparo y tener que enfrentarse, por sí mismos, a una larga lista de desafíos y depredadores con la única e inútil arma de su orgullo personal por haberse impuesto en distintas peleas caseras.

Sí, el desarrollo del lenguaje y, más en concreto, verbalizar la ira como válvula de descompresión emocional, fue uno de los elementos que, a finales del Paleolítico superior,[32] llevó a los primeros humanos a un proceso de «autodomesticación», como lo bautizó el antropólogo Richard Wrangham;[33] quien señaló como otro factor contribuyente a esa transformación a la cultura culinaria, que sustituyó los alimentos crudos por otros cocinados que, además de reducir el tiempo invertido en masticarlos o digerirlos y aumentar sus propiedades nutritivas, creó esa intimidad única de compartir en comunidad el fruto del esfuerzo conjunto para recoger ingredientes y elaborarlos. O, expresado en términos neurocientíficos, el placer combinado de la descarga cerebral de oxitocina que sentimos los primates al compartir el sustento[34] con otras dos descargas de dopamina: primero, la que sentimos en las áreas sensoriales y de recompensa en cuanto probamos la comida a través del olfato, el gusto y el tacto bucal; y, la segunda, la producida en áreas dedicadas a funciones cognitivas más complejas cuando llega a nuestro estómago.[35] Lo que queda sin resolver aún es cuál de estos dos factores emergentes, violencia verbal o gastronomía, fue más importante en reducir nuestros impulsos agresivos como especie ni a quién deberíamos darle la razón: al doctor Sigmund Freud al escribir que «quien lanzó un insulto al enemigo en lugar de una flecha fue el fundador de la civilización»[36] o al historiador Fernand Braudel al afirmar que «el simple aroma de cocinar puede evocar toda una civilización»[37] y sugerir que esa persona fue, en realidad, quien cocinó algún alimento para compartirlo con los demás, en vez de defenderlo a mordiscos.

Algunos investigadores, como los biolingüistas Ljiljana Progovac y John L. Locke, van más allá y atribuyen al insulto otro avance importantísimo: el surgimiento de la sintaxis en el lenguaje. Es decir, la aparición de normas acordadas sobre cómo ordenar las palabras en determinados grupos de hablantes para que el resultado final fuera entendido de la misma manera por todos. Según su hipótesis, la necesidad de esa estructuración fue máxima en los «duelos verbales»[38] que suelen practicar los individuos sexualmente maduros desde tiempo inmemorial y que aún practican muchas culturas y, más aún, sus adolescentes. De modo que, mientras los pavos reales de plumaje más vistoso fueron logrando mejores posiciones en sus aspiraciones reproductivas, los *sapiens* de lengua más afilada para pavonearse fueron consiguiendo mejores posiciones dentro del grupo y fomentaron la proliferación de un linaje cada vez más verboso y menos autodestructivo al trasladar buena parte de la violencia colectiva a un campo de batalla meramente dialéctico.

Una lengua pendenciera, como otras muchas armas blancas, también tiene doble filo. Lo mismo que sirvió para diseccionar los conflictos internos de muchas tribus de una forma menos dañina, sirvió para lanzar esa agresividad hacia el exterior y, una vez apuntada contra algún clan vecino que supusiera una amenaza u oportunidad, para afilarla con arengas con las que convencer al grupo de atacar y organizarse mejor en esa agresión proactiva. Así, la autodomesticación promovida por la cultura en general y el lenguaje en particular no eliminó nuestro instinto violento, sino que lo redirigió hacia la defensa del confort doméstico logrado y la ampliación de sus límites y ventajas cuando las circunstancias lo permitieron. Nos racionalizamos, pero sin dejar de ser animales. El ancestral lobo que llevamos dentro se conformó con enseñar los dientes y ladrar en casa; pero, fuera, siguió lanzando dentelladas para protegerse de otros depredadores y cazar nuevas presas con las que nutrir su creciente familia.

Los restos arqueológicos del Neolítico evidencian un auge de esos enfrentamientos entre distintas comunidades.[39] Lo cual lleva a pensar que, cuanto más frecuentes y descarnados fueran, más arriesgado resultaría encabezarlos en primera línea y mayor la tentación de delegar esa tarea en otros. Porque, por más que a todos nos guste disfrutar de ciertos privilegios..., ¿quién está dispuesto a jugársela cuando los riesgos superan a los beneficios? ¿O te acercarías a beber en la orilla de un río si vieras una silueta oblonga más grande que tú unos centímetros bajo el agua? Ante una situación así, tu cerebro tendría que enfrentarse al dilema básico que garantiza tu supervivencia: «¡lárgate!» o «¡a por ello!», que diría el neuropsicólogo Nicholas Humphrey.[40] Y, cuanto más dudosa fuera la rentabilidad de esa decisión, más influiría en ella el empuje de tus necesidades biológicas (como llevar un día entero sin beber ni una gota de agua) y tu configuración cerebral personal; más en concreto, cómo gestionas tus motivaciones e impulsos a través del manejo de dopamina en áreas como el núcleo *accumbens*[41] o la corteza prefrontal medial.[42] Por suerte para los sedientos menos atrevidos, existiría una tercera opción en ese escenario hipotético: mantenerse en un segundo plano con prudencia hasta que otro compañero más intrépido asumiera el riesgo de comprobar si la sombra en cuestión era un viejo tronco que cayó en el lecho del río o un astuto cocodrilo dispuesto a ayudarte a que caigas tú. Incluso habría una cuarta opción para los líderes con suficiente autoridad, fuera coercitiva o no: hacer que ese dudoso honor recaiga sobre un subordinado.

Conscientes de ese peligro, muchos subalternos taimados son capaces de darle la vuelta a esa situación. Les basta con usar el mismo artificio con el que muchos líderes envuelven sus encargos menos apetecibles: el halago. Un recurso que les resulta aún más eficaz con las personalidades más narcisistas, quienes, empujadas poco a poco por una sucesión de pequeñas lisonjas, acaban sumergiéndose por su propio pie en el delirio del «endiosamiento» o el «mesianismo». Bien mirado, hasta resulta comprensible que caigan en semejante autoengaño. Se trata del halago supremo: el de considerar que un estatus privilegiado aleatorio proviene, en realidad, de una voluntad sobrenatural ante la que los humanos solo pueden asentir. Y, por si fuera poco, con una promesa implícita de invulnerabilidad durante el ejercicio de su misión. Menudo señuelo. Pero, ¡ay!, como aprendieron demasiado tarde muchos sedientos de trascendencia, las mentiras más peligrosas son las que estamos deseando creer.

No somos los únicos simios que trapichean con lisonjas. Nuestros primos los chimpancés también lo hacen y, por eso, cuando algún compañero los acicala *motu proprio* dentro de las dos horas previas a conseguir alimentos, tienden a compartir la comida con él, pero no con otros individuos; mientras que, cuando es el espontáneo ayudante de aseo el que debe valorar si compartir su alimento con aquel a quien aseaba, no lo hace.[43] Dicho comportamiento parece indicar que, detrás de ese servicio presuntamente gratuito, existía una intencionalidad o, al menos, que no era una demostración de afecto tan íntima ni vinculante como podría haberse pensado.

La intencionalidad de las alabanzas resulta más evidente aún en el caso de los seres humanos; a veces, recurriendo a la mentira. Cuándo y por qué desarrollamos la capacidad de mentir son preguntas que han fascinado a muchos pensadores y científicos. A finales del siglo XVIII, el filósofo Dietrich Tiedemann decidió llevar un diario sobre el desarrollo de su hijo Friedrich desde su nacimiento y, en 1787, publicó *Observaciones sobre el desarrollo de las facultades mentales en los niños*,[44] el primer estudio empírico sobre la materia y por el que muchos lo consideran el padre de la psicología infantil. Otros muchos imitaron su mismo esquema de trabajo y, entre ellos, el mismísimo Charles Darwin. En 1877, publicó *Bosquejo biográfico de un infante*,[45] donde recogió el desarrollo psicomotor de su hijo William Erasmus y la edad exacta a la que empezó a mentir: dos años y siete meses y medio. Lo pilló robando pepinillos que llevaba envueltos en una servilleta y, al preguntarle qué escondía, le respondió que nada y le insistió en que se fuera. Y eso que, en la tela de la servilleta, había una mancha verdosa que hablaba por sí misma. Por cierto, el primogénito de Tiedemann se convirtió, años después, en un reputado fisiólogo, anatomista y zoólogo que fue el primero en publicar una anatomía comparativa de los cerebros de las personas blancas y negras frente al de los orangutanes y en demostrar que no había diferencias apreciables ni por etnia ni por sexo entre los seres humanos[46] y que, además, estuvo comprometido en la lucha pública por la igualdad social y la abolición de la esclavitud; mientras que el primogénito de Darwin prefirió concentrarse en una vocación mucho más pragmática y lucrativa en la que, si aprendió a elaborar mentiras más convincentes que las de su infancia, hasta lograría una ventaja adaptativa: la banca.

Más o menos hábil, el pequeño William Erasmus Darwin fue un mentiroso precoz, ya que la edad media para que los niños desarrollen esa capacidad es tres años y medio,[47] cuando comprenden mejor su estado mental y el de otros y las convenciones que modulan la moral y el comportamiento aceptable en su entorno social.[48] Después, hacia los cinco años, descubren la adulación, pero no la usan de forma indiscriminada. Por ejemplo, si deben evaluar un dibujo de otro niño o de un adulto, su valoración resulta más favorable cuando el autor está delante de ellos que cuando no lo está; del mismo modo que son jueces más halagadores cuando la obra procede de alguien de su círculo social más próximo, se trate de un compañero de clase o de un profesor.[49] Así, los falsos elogios por cortesía aparecen, como media, a los cinco años y medio de edad y, una vez descubiertos, son integrados como una estrategia más que va perfeccionándose con el paso del tiempo.[50]

Los niños y los adultos de la prehistoria compartieron nuestro mismo cerebro y, por tanto, una misma sensibilidad a los halagos y, dependiendo de su contexto cultural y sus necesidades, un uso más o menos habitual de ellos. Por supuesto, un gran número de alabanzas son ciertas y merecidas, pero incluso esas pueden usarse como moneda de cambio para lograr algún objetivo. Como señaló el filósofo Plutarco: «Los cazadores atrapan las liebres con los perros; muchos hombres atrapan a los ignorantes con la adulación»;[51] pero no solo a los ignorantes. Volviendo al presente, encontramos otro estudio que ilustra el poder de los halagos ciertos y merecidos. En este caso, para lograr que especialistas en traumatología respondieran a una encuesta no remunerada de ocho páginas; una petición que, como bien saben los médicos y los no médicos, nos produce una extrema pereza y cierta suspicacia. Pero casi un 20% más respondió a esa solicitud cuando la invitación a participar se acompañó de una carta personalizada alabando los logros profesionales concretos de cada especialista.[52]

Otro rasgo que respalda a muchos líderes sin necesidad de que usen la coacción es el «carisma», una cualidad un tanto abstracta, pero que suele definirse como una «especial capacidad de algunas personas para atraer o fascinar».[53] Gracias a ese don, algunas personas logran destacar sobre la mayoría y, en un contexto tribal, reunir a numerosos seguidores dispuestos a obedecerlos de buen grado. ¿Pero existe alguna fórmula avalada que explique por qué algunos aspirantes a líderes tienen ese carisma y otros no? Una respuesta tajante resultaría aventurada dada la variabilidad en que percibimos a una persona dependiendo del contexto histórico y cultural en que esté. Pero, regresando a una situación hipotética en la prehistoria, en un clan amenazado por invasores belicosos, tendría ventaja quien mostrara más capacidad para la lucha y la estrategia o quizá alguien considerado como intermediario con alguna fuerza sobrenatural capaz de protegerlos y guiarlos; mientras que, en otro clan que estuviera sufriendo una epidemia de origen desconocido, la fuerza bruta estaría en desventaja frente a opciones más mágicas o chamanísticas.

Aun así, existen algunos rasgos comunes que, con independencia del contexto, nos predisponen a confiar en unas personas más que en otras. El primero de ellos, basado en nuestro instinto de supervivencia que nos lleva a elegir como alimento un fruto fresco y lustroso en vez de otro seco y ajado: su atractivo. Por eso, desde pequeños confiamos más en las personas agraciadas que en las que no lo son tanto[54] y, en el ámbito laboral presente, un hombre atractivo tiene cinco veces más posibilidades de ser invitado a una entrevista de trabajo en comparación con uno que no lo sea tanto y una mujer atractiva, siete veces más. Eso sí, cuando el reclutador es masculino, las candidatas más guapas son las preferidas; pero, si se trata de una reclutadora, los hombres guapos pierden la ventaja de su *sex appeal*.[55] Quizá, porque después de varios milenios y aún más chascos, muchas mujeres ya han aprendido que una cosa es cómo luce el plumaje de un pavo real y otra muy distinta si será capaz de usarlo para algo de provecho.

Pero resulta innegable: la apariencia de las personas influye, y mucho, en nuestro cerebro a la hora de catalogar su fiabilidad a través de la atracción o repulsión que nos produzca su actitud general y su aspecto (su «valencia») y su respetabilidad a través de una estimación de la autoridad que pensemos que tiene sobre nosotros (su «dominancia»).[56] En ambos casos, usamos la apariencia externa como fuente de información y, sabedores de ello, muchos líderes, para mostrar la mejor versión de sí mismos, acaban recurriendo a accesorios pomposos o asesores de imagen y comunicación. ¿Existirían ya en la prehistoria? Lo que sí existió en el año 4000 a. C., en la transición a la Edad de los Metales, fue una corona de cobre que, siglos después, fue encontrada en la aldea india de Chandayan,[57] aunque no sabemos si perteneció a un rey, a una reina o si tenía algo que ver con la idea de soberanía.

Pero no solo la apariencia física, adornos externos incluidos, influye en el carisma que atribuimos a una persona determinada. La propia actitud que manifiesta alguien con su corporalidad, eso que denominamos «lenguaje no verbal», es otro de los elementos que valora nuestro cerebro. Y, como pasaba con la belleza, una pequeña dosis de arrogancia hasta lo favorece. En esa línea, llegaron a publicarse estudios que afirmaban que los individuos que profieren palabrotas con más frecuencia tenían más probabilidad de éxito laboral.[58] Pero contén tu lengua de momento, porque, según investigaciones posteriores, no queda nada clara esa asociación,[59] por más que sea verdad que tendemos a percibir a los malhablados como más honestos, aunque tampoco falten las personas honradas con un lenguaje exquisito ni los malhablados pérfidos.

Además, la fanfarronería es un arma que puede volverse contra quienes la usan y, según la psicología, incluso existen estilos distintos sobre cómo esgrimirla que, por supuesto, despiertan sentimientos muy diferentes.[60] Por un lado, estaría el «fanfarrón explícito», el que afirma ser «mejor que el resto». Es el que más rechazo nos causa, porque al elevarse a sí mismo, nos rebaja a los demás y percibimos sus palabras no solo como un halago hacia sí mismo, sino como un insulto hacia nosotros. Por otro lado, estaría el «fanfarrón competente», que se conforma con afirmar que es «bueno», pero enseguida busca la oportunidad para demostrarlo y, de nuevo, deja en evidencia nuestras carencias y nos produce incomodidad. Y, en tercer lugar, estaría el «fanfarrón cordial», que, aunque vaya lanzándose flores a sí mismo, tampoco se olvida de ofrecer alguna a su público y nos hace sentir parte de esa arrogancia simpática que podríamos confundir con simple optimismo. Es decir, para que la arrogancia produzca un halo carismático en un candidato a líder debe mostrársenos como estandarte de un colectivo y no como simple soberbia de un ego desmesurado o *hybris*, que dirían los griegos.

Por último, existe otro factor determinante en nuestra percepción de esa cálida irradiación personal a la que tantos líderes aspiran: la velocidad de pensamiento y acción. Lo más preocupante del asunto es que tanto valoramos esa rapidez que, en general, la anteponemos al grado de inteligencia de quien responde y, en vez de alinearnos con aquel que sabe responder con más profundidad a las preguntas más complejas, preferimos a quien responde el mayor número de ellas, aunque sean más simples, en la misma franja de tiempo.[61] Y eso que, según la neurociencia, las personas con mayor coeficiente intelectual son más rápidas cuando resuelven problemas simples, pero más lentas cuando se trata de cuestiones complejas que exigen sopesar bien todos los factores en juego.[62] De modo que, en conjunto, lo que llamamos carisma, esa fuerza tan subyugadora que, según algunos estudios de neuroimagen, puede llegar a producirnos un efecto similar al de la hipnosis,[63] no es más que una engañosa aureola en la que despuntan unas chispas de arrogancia física e intelectual que estimulan nuestros prejuicios estéticos y de estatus. A ver quién se sorprende ahora de que, en el listado histórico de líderes mundiales, entre numerosas personalidades loables, destaquen por igual muchos narcisistas, psicópatas y fascistas de todo color político que supieron canalizar la indignación y las aspiraciones de su tribu en un momento determinado.

¿Sucumbirían los primeros *sapiens* tan fácilmente como nosotros al espejismo del carisma? Me atrevo a decir que sí; más aún, asumiendo su mayor vulnerabilidad a la manipulación por su corta experiencia política. Pero ¿a quién preferirían como líder ante una situación de sed prolongada? ¿A quien enviaba a otro a coger agua del río pese a la alargada silueta que aguardaba bajo la superficie o a quien arriesgaba su propia integridad al hacerlo? ¿Se replantearían su lealtad si resultaba que el subordinado en cuestión era lo bastante espabilado como para lanzar, primero, una piedra al fondo y lograr que la dichosa silueta se largara para permitir que la tribu entera bebiera hasta saciarse? Seguro que algunos ni tuvieron que enfrentarse a ese dilema porque alguien levantó la voz para decir que siguieran caminando, que la diosa de la verdad le acababa de susurrar al oído que encontrarían un manantial del que beber sin preocupación no muy lejos de allí. Y ya sabes lo carismática y convincente que puede resultar la arrogancia, incluso la que apela a fuerzas invisibles que solo unos pocos elegidos dicen saber controlar.

6

¡Con lo divino hemos topado!

Cómo surgieron las religiones y la vocación religiosa

La espiritualidad es otro de los rasgos distintivos de los *sapiens.* Actualmente, no conocemos otra especie que haya supeditado la conducta de buena parte de sus individuos a la presunta existencia de fuerzas sobrenaturales con las que es mejor estar en armonía. No seré yo quien zanje la cuestión de si tales fuerzas existen o no. Cerebros mucho más brillantes que el mío, como los de Aristóteles, Hildegard von Bingen, Tomás de Aquino o María Zambrano frente a los de Hipatia de Alejandría, Friedrich Nietzsche, Simone de Beauvoir o Richard Dawkins, han defendido posturas opuestas desde hace siglos y el único acuerdo al que han llegado es a un profundo desacuerdo. Quizá porque, como apuntó una mente anónima en 1882 a propósito de la historia del profeta Jonás y la ballena que lo engulló y lo regurgitó a los tres días: «No hacen falta explicaciones para un creyente; ninguna explicación basta para un incrédulo».[1] ¿Será entonces que la fe en lo sobrenatural es un rasgo genético que no todos comparten? Y, de ser así, ¿supone alguna ventaja adaptativa que alguien articule su propósito vital alrededor de la presunta existencia de alguna divinidad?

Algunos científicos han llegado a señalar un gen concreto como «el gen de Dios». Dean Hamer lo hizo con el VMAT2, que regula un transportador de monoaminas,[2] relacionado con el proceso de «teatralización mental» (vamos, con la imaginación) y que, cuando no funciona bien, produce diversos trastornos psiquiátricos. Pero lo que sabemos, por ahora, es que reducir un fenómeno tan complejo como la creencia en lo sobrenatural a un único gen sería como intentar meter toda la Mar Océana en un pequeño agujero en la arena de la playa al estilo del reto que dicen que un ángel de aspecto aniñado le planteó al filósofo cristiano Agustín de Hipona. Así que, por importantes que sean las monoaminas en procesamientos mentales complejos, como el espiritual, resulta aventurado defender que la probabilidad de que un individuo crea o no en un ente o en entes sobrenaturales recaiga sobre esa única enzima. Más aún porque, como señaló el divulgador Carl Zimmer, la teoría de Dean Hamer, un tanto endiosada, está apoyada en un solo estudio no publicado ni replicado hasta el momento.[3] Lo que sí muestran varios estudios contrastados es que nuestras convicciones espirituales tienen un doble componente, ambiental y genético, y que, a medida que crecemos como adultos con ideas propias, la influencia de la parte genética es mayor sobre el contexto cultural.[4] Es decir, al nacer somos educados en un tipo de credo que asumimos porque es el de los nuestros y, según maduramos, descubrimos otras alternativas sobre la fe o las elaboramos nosotros mismos y debemos sopesar con cuál nos quedamos. Ahí, en ese dilema, es donde influye la predisposición que marcan nuestros genes. Supongo que es lo que me pasó a mí, educado en el catolicismo desde mi nacimiento hasta el punto de que pedí ingresar en un seminario de los hermanos del Sagrado Corazón con once años y, tras siete cursos de aprendizaje sobre historia de la religión y teología y de ampliar mis conocimientos científicos, perdí esa fe y decidí reorientar mi vocación hacia la medicina.

Por otro lado, aunque la experiencia espiritual sea un fenómeno que implica distintas áreas cerebrales y cuya complejidad aún no hemos desentrañado, sí sabemos que las lesiones de la llamada sustancia gris periacueductal del tronco encefálico, una de las zonas más antiguas de nuestro cerebro, repercuten en una pérdida de esa perspectiva de trascendencia.[5] Lo cual solo nos señala una estructura biológica encargada de esa vivencia espiritual, igual que existe un área encargada de la visión; pero, ¡qué lastima!, sin llegar a aclarar si esa vivencia está justificada o no. Eso sí, una de las funciones de la sustancia gris periacueductal consiste en reducir el dolor mental y físico. De modo que las lesiones de esa zona alteran el miedo y los comportamientos defensivos ante estímulos nocivos en potencia.[6] Razón por la cual, al menos en un sentido farmacológico, deberíamos coincidir con Karl Marx cuando dijo aquello de que «la religión es el opio del pueblo»[7] o, al menos, está en la categoría de vivencias con propiedades analgésicas y calmantes.

Aunque abundan los estudios que asocian la práctica de alguna religión a una mejor salud mental, otros prefieren diferenciar entre espiritualidad y religión y consideran esta última como una «espiritualidad reglada alrededor de un credo concreto» cuya puesta en práctica puede producir, en algunos casos, más bien ansiedad.[8] Tiene sentido. Dependiendo de cómo afecten las normas de un credo concreto a individuos con impulsos y psicologías particulares, una religión puede vivirse como liberadora u opresora. Véase el ejemplo de tantísimas personas que, aun en el siglo XXI, podrían ser castigadas con penas de prisión o incluso de muerte porque la religión dominante en su entorno considera un delito contra Dios determinadas prácticas sexuales; se trate del adulterio o las relaciones íntimas entre personas del mismo sexo. Así que, aunque muchas creencias y prácticas religiosas aporten consuelo, esperanza y significado a millones de seres humanos a lo largo y ancho del mundo, muchos de sus constructos tienen un potencial ambivalente que lo mismo puede promover la salud mental que dañarla;[9] muy en especial, en las personas que padecen trastornos psíquicos ante los que suele costar decidir si un enfoque espiritual supone un recurso terapéutico más o un elemento perturbador.[10]

Respecto al acto de rezar a una personificación de «lo divino», encontramos otra pista de su potencial benéfico en estudios de neuroimagen con resonancia magnética funcional. Porque, mientras un creyente conversa mentalmente con su dios o diosa, la activación cerebral es la misma que aparece cuando hablamos con un amigo o amiga,[11] siempre y cuando ese rezo no consista en una retahíla de fórmulas aprendidas recitadas de forma mecánica. La clave está en la convicción de participar en un acto recíproco, aunque el interlocutor divino guarde silencio absoluto mientras el creyente expone su gratitud o sus preocupaciones. Otro tema es que esa relación de «amistad» tenga un carácter asimétrico y que al interlocutor sobrenatural, además de poco hablador, se lo considere capaz de otorgar dones a sus favoritos, de castigar a quienes lo ofenden o de comportarse de forma caprichosa; como pensaron muchos *sapiens* que actuaban esas fuerzas invisibles tan temperamentales que, de repente, lo mismo podían agitar la tierra hasta resquebrajarla que lanzar un rayo de fuego que desataba un incendio desolador. ¿Cómo no querer congraciarse con ellas de algún modo? ¿Y quién tendría valor suficiente para presentarse ante entidades tan terribles en nombre de todo su clan?

En efecto, el temor y no la amistad fue el catalizador que impulsó el paso de una espiritualidad más o menos abstracta a diferentes religiones concretas con preceptos y rituales específicos; el mismo miedo interiorizado que respalda el comportamiento «ético» dentro de unas normas determinadas de muchos creyentes y los agrupa en una misma tribu religiosa bajo unos valores compartidos.[12] Algunas religiones incluso han llegado a instrumentalizar ese miedo con el fin de mantener a sus miembros dentro del orden moral que predican. Un buen ejemplo lo encontramos en el catolicismo español del Medievo y el Renacimiento, en cuyo contexto se hizo popular una copla que insinuaba los tormentos del infierno con unos versos que a muchos les causarían una angustia mayor que sentirse observados por el Gran Hermano[13] de la novela *1984*: «Mira que te mira Dios, mira que te está mirando, mira que te has de morir, sin saber cómo ni cuándo».[14]

Desde una perspectiva neurocientífica, por más aterradora que parezca la idea de una divinidad capaz de fulminar a sus adeptos durante uno de sus deslices y condenarlos al castigo eterno, semejante convicción ofrece, a cambio, una ganancia cognitiva indudable que se traduce en placenteras descargas de dopamina en nuestras áreas del reconocimiento de pautas: la madre de todos los patrones, el patrón supremo que todo lo explica y armoniza y, además, de la mano de una entidad terrible, sí, pero con la que cabe cierta negociación. ¿Puede existir algo más reconfortante para un cerebro obsesionado con el futuro que el acceso directo al presunto encargado de gestionarlo? Sobre todo, para los cerebros más ansiosos por encontrar respuestas ajustadas a sus expectativas y más predispuestos a reconocer patrones en cualquier sitio, incluso más allá de la vida terrena; o para aquellos que no son conscientes de que recordar e imaginar son dos procesos cognitivos que se solapan y que exigen cierto entrenamiento cultural para no confundirlos,[15] como demuestra la existencia de falsos recuerdos o de personas que interpretan algunos de sus sueños como mensajes sobrenaturales.

En el mismo sentido, las diferencias de base genética entre creyentes y escépticos no solo los llevan a valorar de forma distinta la probabilidad de que exista alguna divinidad, sino también otro tipo de singularidades improbables, como fenómenos paranormales, teorías de la conspiración o que el destino de un individuo esté determinado por la posición de los astros del día y la hora en que nació. Todo depende de cómo calibre su cerebro dos sesgos cognitivos a los que todos somos vulnerables, en especial, cuando pensamos con demasiada rapidez.[16] En primer lugar, el «sesgo de confirmación», que nos lleva a preferir la información que reafirma nuestras convicciones previas y a rechazar la que las rebaten. Y, en segundo lugar, «la ilusión causal», que da por buenas relaciones causa-efecto discutibles y puede hacernos pensar, por ejemplo, que, si una luz se enciende después de pulsar un interruptor a veces, pero otras veces no, es porque el interruptor debe funcionar mal; en vez de concluir que el interruptor y la bombilla funcionan de modo independiente. Así, frente a la humildad del ateísmo, que reconoce su ignorancia y sigue con los ojos abiertos a la búsqueda de nuevas explicaciones racionales, la arrogancia de la religión (que no de la espiritualidad) afirma haber descubierto las normas de juego de la existencia humana y, como pasaría con un líder presuntuoso que sabe rentabilizar un deseo colectivo, dispone de una ventaja adaptativa. Tan grande como para haber hecho surgir una vocación mística que aún perdura en nuestros días: la de mediar entre el mundo natural y el sobrenatural.

Algunos arqueólogos y antropólogos como Jean Clottes y David Lewis-Williams[17] afirman que una de las ocupaciones más significativas de la prehistoria fue el chamanismo y vinculan a su actividad el arte rupestre y la elaboración de preparados capaces de alterar la conciencia en un intento de crear canales de comunicación con las fuerzas sobrehumanas. No podemos afirmar que fuera así en todos los casos, pero sí que existen yacimientos de la Edad del Bronce, como el de la cueva de Es Càrritx en Menorca, donde aparecieron pruebas directas en cabellos humanos del consumo de drogas alucinógenas hacia el año 1000 a. C., en concreto, de atropina, escopolamina y efedrina que podrían proceder de mandrágora, beleño, manzana espinosa y pino porro y estar asociadas a usos chamanísticos.[18] Más documentada aún está esa labor artístico-dramático-mística en culturas posteriores como la maya (que usaba el balché: hidromiel y extracto de *Lonchocarpus*),[19] la china (cuyo uso del cannabis ya documentó en el siglo v a. C. Heródoto[20] y fue corroborado hace pocos años en los yacimientos funerarios de Jirzankal)[21] y, aún hoy en día, entre los chamanes de los san,[22] una tribu sudafricana que todavía usa con fines rituales otros preparados vegetales psicotrópicos como la *iboga*[23] o el *ubulawu*.[24]

Sin ninguna duda, el uso de sustancias psicotrópicas contribuyó al surgimiento del chamanismo como ocupación específica. En primer lugar, por una cuestión práctica. Un manejo inadecuado podía conducir a la aparición de desagradables efectos secundarios e, incluso, a la muerte. Así que debían usarlas quienes supieran cómo. En segundo lugar, porque, desde la mentalidad primitiva, las alucinaciones que causaban solo podían provenir de un poder sobrenatural que producía tanto asombro como temor. Conque mejor dejarle la responsabilidad de acceder a semejante fuerza impredecible a alguien preparado para ello, y que, de paso, asumiera el riesgo. Y, en tercer lugar, por la situación de ventaja que concedía a quienes conocían los pormenores de su uso. Por lo que, una vez dominados, resulta fácil imaginar que el acceso a su preparación y lo que hoy llamaríamos su «prospecto», acabaría restringiéndose a un grupo que, además de asegurarse de que se empleara de modo adecuado, garantizaría que no llegara a manos maliciosas o de advenedizos. En otras palabras, harían lo mismo que algunas empresas y grupos hacen con las fórmulas de sus productos más exitosos, los conservarían en secreto para evitar la competencia. Se trate de una receta familiar de croquetas o de un refresco que se vende como «la chispa de la vida».

Pese a la mezcla de admiración, envidia y temor que infundieron los primeros intermediarios entre el mundo natural y el sobrenatural, las pruebas arqueológicas indican que algunos fueron reverenciados de un modo especial respecto al resto de la tribu. Es lo que sugieren los restos de la llamada «mujer sentada»;[25] según todos los indicios, una chamana que vivió en la actual Suecia hace siete mil años y que fue enterrada con las piernas cruzadas sobre un lecho de astas de ciervo y llevando un cinturón fabricado con más de cien dientes de animales sobre sus caderas, un gran colgante de pizarra del cuello y una capa corta de plumas sobre los hombros. De modo que resulta evidente que hubo mujeres y hombres que siguieron esa vocación y, en algunos casos, con tanta admiración por parte de sus grupos sociales que se les otorgó un papel de liderazgo. Así lo respalda también la tradición china recogida en las *Veinticuatro historias* al hablar de la reina Himiko[26] (o Shingi Waō) de Yamatai-koku, quien fue elegida suma sacerdotisa y jefa suprema del mítico reino de Wa. En su caso, se trata de una figura legendaria, pero que diversos investigadores relacionan con la emperatriz consorte Jingū, del período Yayoi,[27] quien lideró el ejército que invadió Corea y regresó victoriosa a Japón tres años después según la Estela de Gwanggaeto.

Pero la realidad no fue siempre tan idílica. También existieron grupos humanos que consideraron a chamanas y chamanes como seres vinculados a fuerzas oscuras o negativas y, aunque eso no les impidió acudir a ellos cuando los necesitaron, lo hicieron con temor y a cambio de algún trueque o pago puntual que significaba, más que un reconocimiento a sus poderes, una ofrenda para aplacar su posible ira al ser importunados. Incluso en la actualidad existen culturas donde conviven los «chamanes blancos», asociados a deidades benéficas, con los «chamanes negros», asociados a fuerzas de potencial negativo o directamente demoníacas. Según explica Mircea Eliade en *El chamanismo y las técnicas arcaicas de éxtasis*,[28] encontramos esa dualidad en el pueblo buriato, en el que, desde hace siglos, los respetables *sagani bö* son los encargados de interaccionar con los dioses y los *karain bö*, tan despreciados como necesarios, con los espíritus.

La neurociencia arroja una nueva luz sobre el origen de esa ambivalencia. Ya que, cuando nuestro cerebro examina las variables del entorno que podrían influir en su supervivencia, presta especial atención a uno de los elementos que más cambios podría presentar: cualquiera de nuestros congéneres más cercanos; y más aún si ese congénere en cuestión parece tener un trato de favor con poderes ocultos que están fuera de nuestro alcance. Es decir, cuando determinados grupos sociales acordaron que existían personas excepcionales capaces de influir en fuerzas sobrehumanas, de forma instintiva, el cerebro de los primeros seres humanos tuvo que plantearse con sumo cuidado lo mismo que calcula cuando nos encontramos ante personas desconocidas: su grado de fiabilidad y su grado de respetabilidad.[29] Así que, en función de múltiples contextos y variables, las conclusiones de esas estimaciones fueron desde la admiración respetuosa al odio asesino. Lo cual explica que, cuando el temor ante un chamán concreto era lo bastante grande, incluso si usaba su autoridad en beneficio propio y no en el de la tribu, determinados grupos pudieran llegar a sometérsele; al menos, hasta que juzgaran que el riesgo de salir perjudicados había desaparecido; bien porque la enfermedad o cualquier otra circunstancia desfavorable sugería que esa persona había perdido el favor de las fuerzas que la habían respaldado hasta entonces, bien porque el contexto era tan desolador que había poco que perder o cabía pensar, incluso, que la causa de esa desolación era la propia actitud del chamán, como ocurriría, por ejemplo, ante una epidemia mortal o una larga sequía.

En tales casos, el individuo «favorecido» por dones sobrenaturales pasaría a convertirse en la causa de una desgracia colectiva y, en cuanto a la respuesta cerebral de los integrantes de las tribus afectadas, la «valencia» inicial de repulsa se incrementaría con rapidez y se transformaría en «asco», una emoción que, según los estudios de neuroimagen actuales, bloquea el área de nuestra sociabilidad (la corteza prefrontal medial) y activa, en su lugar, la ínsula, para convertir nuestra reacción en un odio primario que deshumaniza a su causante y lo señala como carne de sacrificio.[30] En otras palabras, la repugnancia que ciega nuestros cerebros es otra de la vías psicológicas que explica por qué podemos llegar a tratar como inferiores a otros seres humanos o convertirlos en «chivos expiatorios». Igual que explica que algunos grupos y líderes hayan alimentado discursos de odio a conciencia para aislar a determinados sujetos o colectivos o que esos individuos sacrificables se hayan escogido muchas veces, como ocurría en la Grecia antigua,[31] entre los estratos más pobres o marginados de la sociedad. En algunas ocasiones, sin ninguna contemplación previa; en otras, realizando algún tipo de ritual que agasajaba al elegido con un trato privilegiado para depurar la responsabilidad de estar a punto de sacrificar a un «igual»; y, en ambos casos, con una falta de vocación más que presumible por parte de la víctima.

Tampoco podemos asumir que la senda del chamanismo fuera elegida por decisión propia. La presión de grupo y sus expectativas como comunidad debieron influir no pocas veces; sobre todo en las personas consideradas desde su nacimiento como «marcadas» con ese destino por presentar alguna característica que hiciera que alguien alcanzara esa conclusión: variantes anatómicas y malformaciones, albinismo, gestaciones múltiples, orden de nacimiento... Y, más aún, en aquellos señalados para ejercer destinos ominosos o que implicaran discriminación, como el de «chamana negra». De modo que, por lo que al chamanismo se refiere, podemos concluir, como el doctor Pedro Laín Entralgo en su *Historia de la medicina*,[32] que «los varios modos concretos de la medicina primitiva difieren también entre sí por la *situación social del sanador*». Eso sí, abriendo la semántica de la frase a connotaciones aún más complejas y poniendo en duda algunas otras de sus afirmaciones; como que «un chamán es un hombre que después de haber sentido dentro de sí una llamada religiosa y de haber pasado por un período iniciático y profesional, ante sí mismo y ante sus compañeros de tribu llega a adquirir capacidad para una serie de actividades» o que «el *medicine-man* ocupa siempre una situación social distinguida». ¡Ya les habría gustado a muchos y muchas!

La misma ambivalencia ante las misteriosas fuerzas que parecían regir el mundo durante la prehistoria impregnó a quienes pretendieron canalizarlas en beneficio propio o colectivo. Aquellos que quisieron dominar las más destructivas, aun cuando lo hicieran para favorecer a sus semejantes, corrieron mayor riesgo de ser estigmatizados, mientras que aquellos que quisieron aliarse con las más benéficas recibieron una mayor simpatía. Eso sí, sin llegar a desprenderse de la sombra de esa posibilidad, no tan remota, de poder verse desbordados en cualquier momento por alguno de los tempestuosos poderes que pretendían contrarrestar. En un pasado mucho más reciente, encontramos un ejemplo demostrativo de cómo el miedo puede poner en el punto de mira a quienes asumen más riesgos en beneficio de la comunidad. Porque, por más que, durante la pandemia de covid-19, hubiera numerosas muestras de reconocimiento a los trabajadores que más arriesgaron su salud y sus vidas, del mismo modo, hubo notas anónimas a cajeras de supermercado exigiéndoles que dejaran sus viviendas para evitar el riesgo de contagiar a los demás vecinos, doctoras que encontraron sus coches pintados con la frase «rata contagiosa», puertas de casas de enfermeras rociadas con lejía y hasta intentos de desahuciarlas de sus pisos.[33] Por si aún no tenías claro que el miedo es otro de los factores que puede convertir en sacrificables incluso a quienes más riesgos asumen para cuidar de sus congéneres.

Frente a semejante paradoja y otras más que surgieron en diferentes contextos espaciotemporales, muchos intermediarios con lo sobrenatural decidieron dejar claras algunas normas básicas de convivencia para ahorrarse problemas. La mayoría no necesitó que se las entregara talladas en piedra una zarza parlanchina en llamas en el monte Sinaí. Bastó que las presentaran como decisiones de esas mismas fuerzas temibles con las que interactuaban para que diversos miedos individuales imprevisibles quedaran sometidos bajo un miedo aún mayor, unitario y previsible, a infringir unas normas divinas. Así surgieron los diferentes «credos» y, una vez que determinadas comunidades los adoptaron, no siempre por mayoría, el código de conducta que prescribían puso a todos y cada uno de sus seguidores y descendientes bajo la escrutadora mirada de la «corrección». De modo que, alrededor de una idea de destino común ultraterreno, todo se convirtió en un tema moral, incluido, por supuesto, el propósito vital elegido por cada individuo y las estrategias que se le permitían desplegar para alcanzarlo. Algunas religiones primitivas hasta celebraron ritos específicos para encaminar a cada uno de sus miembros hacia su destino más idóneo. Pero, más allá de esas ceremonias y en todas las culturas religiosas, la cotidianidad y los pequeños conflictos interpersonales evidenciaron de una forma mucho más simple la catadura moral de cada persona según lo ajustada que estuviera su conducta a la esperada por los demás. De repente, se quedaron desfasadas las viejas etiquetas instintivas con las que catalogar a alguien como «prosocial» o «antisocial» en función de lo agresivo o conciliador que fuera al defender sus intereses frente a los ajenos. La evaluación del otro y la de uno mismo adquirió matices cada vez más minuciosos y, en ocasiones, terribles.

Los mexicas, por ejemplo, se creían elegidos por el dios solar Huitzilopochtli. Estaban convencidos de que los había sacado de un territorio donde un tirano los había estado atormentando y los había guiado en una peregrinación épica hasta una tierra idílica donde se convirtieron en el pueblo más poderoso del mundo. ¿A que te suena el esquema? A cambio, les exigió obediencia absoluta, construir templos en su honor y la obligación de ofrendarle en ellos su alimento divino: la sangre y los corazones de los prisioneros capturados en sus guerras. Solo así los ciclos naturales podrían seguir su curso y ellos mantendrían su hegemonía sobre los demás pueblos.[34] Los mexicas no fueron los únicos que recurrieron a los sacrificios humanos, pero otras muchas culturas prefirieron ofrecer a sus dioses animales, comida, regalos, su propio sufrimiento (a veces autoinfligido) o simples oraciones. Pero la dinámica era la misma. Ya que, en la realidad más mundana, la obtención de casi todos los logros exige invertir un esfuerzo previo, ¿por qué no trasladar esa lógica al plano sobrenatural y anticiparse a ofrecerlo en forma de sacrificio a la espera de que el más allá cumpla con su parte? Cualquiera que haya hecho una promesa a algún dios o poder cósmico a cambio de ver cumplidos sus deseos, ni que sea aprobar un examen, entenderá lo que digo. Igual que lo entendieron así numerosas culturas que desarrollaron ceremonias y liturgias para obtener o mantener un trato favorable con alguna fuerza sobrenatural que las protegiera contra las fuerzas del caos, se tratara de los ataques de unos vecinos tlaxcaltecas o de tropas infernales capitaneadas por el mismísimo Pazuzu. De modo que, en conjunto y con independencia de la cultura de la que procedan, deberíamos interpretar los rituales como inversiones de fe con la expectativa de recibir, a cambio, algún rédito tangible. Vamos, la espiritualidad convertida en negocio.

Podemos encontrar la misma necesidad de amparo frente al caos en los niños, sobre todo en la franja de tres a ocho años, a través de comportamientos rituales que los ayudan a controlar su ansiedad frente a los muchos retos que afrontan.[35] Contar objetos iguales como coches de un determinado color, caminar por la calle sin pisar las líneas entre baldosas, usar amuletos... Son estrategias rudimentarias, pero su objetivo es el mismo que el de muchas ceremonias más sofisticadas: mantener lejos la mala suerte. En ocasiones, la combinación de lo genético y lo cultural puede llevar esos comportamientos rituales hasta la obsesión y entonces surge lo que se llama un «trastorno obsesivo compulsivo»; abreviado, TOC. Entre un 1,8 y un 5,5% puede presentarlo durante la infancia[36] y, de hacerlo, lo que solo era una estrategia ansiolítica acaba convirtiéndose en todo lo contrario: una fuente de angustia muy parecida a la que sufre la pequeña Merricat Blackwood en el relato de Shirley Jackson *Siempre hemos vivido en el castillo*.[37]

El efecto ansiolítico de los rituales aumenta cuando son celebrados en grupo. Da igual si se trata de fiestas en que se bebe y se baila con desenfreno o de ajusticiamientos públicos de criminales o inocentes que acaban pagando como «chivos expiatorios». En esos casos, al efecto placentero del reconocimiento de patrones reconfortantes se suma el placer de la pertenencia a un grupo. Un placer social que alcanza su máximo si, encima, esa comunidad religiosa la forman los presuntos elegidos por una divinidad para que destaquen sobre el resto de los seres humanos del planeta. Desde esa perspectiva, la religión no es solo una cuestión de fe, también de orgullo de hincha, aunque vaya acompañado de aspiraciones de trascendencia y, por supuesto, de algún rival admirable al que enfrentarse.

Algunos pueblos semíticos de la Antigüedad encontraron su némesis en Mot, divinidad de la esterilidad y la muerte, y, para alejar su nefasta influencia, invocaban a Baal, dios de la lluvia y la fertilidad. Seguro que captas el esquema. En una región donde los recursos hídricos escaseaban, el culto a Baal se extendió con rapidez desde Canaán a Egipto. Eso sí, cada pueblo usó una advocación propia para hacérselo más suyo: Baal Pe'or (judeizado después como el demonio Belfegor), Baal Zebûl (judeizado después como el demonio Belcebú), Baal Berith (judeizado después como el demonio Balberith)... Pero, en su origen, todos esos nombres eran lo mismo que las advocaciones con las que muchos católicos veneran a la madre de Jesús en distintas iglesias y se la hacen más suya,[38] que el efecto hincha también puede darse dentro de una misma religión y hasta dentro de la devoción a un santo o a una virgen en concreto, como ocurre con los enfervorizados devotos que saltan, todos los años, la reja que protege a la Virgen del Rocío para ser uno de los porteadores que la sacarán en procesión.

Otros llevan su ardor religioso más allá y deciden entregarse a la divinidad en cuerpo y alma. Convertir un credo en propósito vital es una opción que millones de personas eligieron en el pasado y siguen eligiendo en el presente, aunque muchas de las divinidades más antiguas, como Baal, carezcan ya de sacerdotes y adeptos. La diosa Cibeles, advocación de la Gran Madre, que fue adorada desde el 6000 a. C. en Anatolia[39] hasta el siglo V d. C. tras haber sido asimilada por los romanos,[40] ha sido una de las deidades más longevas. Y eso que los sacerdotes de las últimas etapas de su culto, los *galli*, debían ofrecerle un sacrificio considerable para acceder a ese puesto: «el peso de sus ingles», o sea, sus genitales. Una vez que el cristianismo se convirtió en la religión oficial del Imperio romano, Agustín de Hipona seguía escandalizándose de «los bardajes consagrados a la Gran Madre, injuriosos para el pudor de uno y otro sexo. Aun hoy en día, con los cabellos perfumados, con color quebrado, miembros lánguidos y paso afeminado, andan pidiendo al pueblo por las calles y plazas de Cartago, y así pasan su vida torpemente».[41] Para ser justos con el teólogo, habría que añadir que tampoco aprobaba el uso de la castración por parte de otros fieles muy devotos: algunos cristianos que, para controlar sus instintos sexuales, optaban por esa drástica decisión[42] guiados por las palabras de Jesús en los evangelios: «Pues hay eunucos que nacieron así del vientre de su madre, y hay eunucos que son hechos eunucos por los hombres, y hay eunucos que a sí mismos se hicieron eunucos por causa del reino de los cielos. El que sea capaz de recibir esto, que lo reciba».[43]

Agustín de Hipona y otros muchos patriarcas como él defendieron una interpretación simbólica de ese versículo y evitaron que muchos de sus correligionarios siguieran el destino de los sacerdotes de Cibeles. Por el contrario, la Iglesia católica, junto a otras instituciones de poder, sí promovió que la castración siguiera vigente hasta inicios del siglo XX en un sector profesional muy concreto: el de los cantantes de sus templos más emblemáticos, para aprovechar el potencial de sus voces agudas con fines litúrgicos. En el siglo IV, la Iglesia bizantina ya empleaba eunucos en sus coros; en el siglo XII d. C.

todos los cantantes de Santa Sofía estaban castrados y, en el siglo XVI, bajo el auspicio del papa Pablo IV, los *castrati* entraron en el coro de la Capilla Sixtina[44] y comenzaron a desplazar a los niños. El problema fue que, al crearse una demanda, pronto surgieron personas dispuestas a satisfacerla de una forma abominable: seleccionando a los pequeños con las mejores voces y emasculándolos para que las mantuvieran el resto de sus vidas. Durante el siglo XVII, unos cuatro mil niños eran castrados cada año;[45] hasta que, a finales del siglo XIX, el papa León XIII prohibió contratar a más *castrati* y Pío X prohibió la castración en sí misma en 1903.

La idea de que el cuerpo debe ponerse al servicio de la religión cuando biología y espiritualidad chocan no es exclusiva del cristianismo. Para credos orientales como el hinduismo o el budismo el cuerpo es un vehículo del deseo y, por tanto, una cadena que nos ata al mundo material e impide nuestra progresión hacia el místico. Según la tradición hindú, para seguir mejor su vocación, la hermosa Karaikkal Ammaiyar llegó a pedirle a Shiva que la privara de su encanto físico y le diera una forma demoníaca, a lo que el dios accedió;[46] mientras que, desde el siglo XII, la diosa Bahuchara Mata, cabalgando sobre un gallo, bendice y protege a las *hijras,* una comunidad transgénero que también acoge a algunos eunucos por decisión propia. Muchos las desprecian en la actualidad, pero otros tantos las invitan a bodas y celebraciones de nacimientos porque piensan que, con su renuncia a la procreación, tienen el poder de bendecir o maldecir a otros.[47]

Son casos extremos de autosacrificios religiosos, pero ilustran a la perfección hasta qué punto algunos humanos enfocan sus propósitos vitales desde la religión u otros los obligan a hacerlo, a veces en bloque. La situación actual de las mujeres es otro buen ejemplo. Aunque su grado de reconocimiento varía entre distintas creencias, lo más parecido a una religión feminista es el movimiento espiritual Brahma Kumaris, creado por un hombre en 1937, pero liderado por mujeres desde un enfoque que identifica a los seres humanos con sus almas y no con el peso de sus entrepiernas. Fuera de esa doctrina y al margen de excepciones puntuales, lo que encontramos son distintos grados de discriminación global: la sumisión al hombre que deben mostrar las judías, cristianas e islamistas; la inferioridad de las mujeres hindúes porque «algo malo debieron de hacer en su vida anterior para no reencarnarse en varones»; o la paradoja que viven las taoístas en una religión que considera que el yin y el yang son igual de importantes, pero que, a efectos prácticos, considera que el cielo y la actividad (o sea, el hombre) están por encima de la tierra y la pasividad (la mujer). Algunas religiones, como el islam o el catolicismo, ni se plantean que las mujeres puedan ser sacerdotes, aunque la última de estas religiones permite que profesen como monjas; mientras que muchos luteranos y anglicanos, algunos judíos, los hindúes o los taoístas abren las puertas de sus respectivos sacerdocios a ambos sexos.

Lo más paradójico del machismo de muchas religiones es que la feminidad ha estado representada como divina desde nuestros orígenes. Lo cual dio pie a la artista y profesora Merlin Stone a afirmar que «Dios nació mujer».[48] No existen rastros arqueológicos del credo de los primeros *sapiens* en caminar sobre el planeta, pero sí resulta innegable que hubo muchas culturas antiguas con una visión espiritual femenina, desde los anatolios del 6000 a. C.[49] hasta la cultura valdivia del 3000 a. C. en el actual Ecuador.[50] La asociación entre la fertilidad de las mujeres, que permite la perpetuación de la especie, y la de la naturaleza, que mantiene la vida, tuvo mucho que ver. Igual que influyó la relación de los ciclos menstruales con los ciclos lunares y otras secuencias de fenómenos naturales, como las mareas rojas por la proliferación de *Spondylus princeps* en las costas ecuatorianas que aparecen justo antes de que llegue la esperada lluvia.[51]

La capacidad femenina de gestar y dar a luz fue percibida con ambivalencia e inseguridad por parte del sector masculino, que no la tenía. De modo que algunos quisieron controlarla para asegurarse de la paternidad de los bebés, pero también para regular el deseo y el sexo a través de una imposición asimétrica que penalizaba a las mujeres ante el más mínimo desliz, pero justificaba los de los varones. De la misma manera, la menstruación fue otro elemento que instrumentalizaron algunos hombres al equipararla a la sangre de las heridas y a la muerte, no solo por analogía, sino porque, cuando una mujer menstruaba, era señal de su infertilidad en ese momento y podían aprovechar para colocarle la etiqueta de «impura». Pero no todas las religiones vieron la menstruación como algo negativo. Entre los beng de la Costa de Marfil es «como la flor de un árbol. Necesitas la flor antes de que el árbol pueda dar frutos».[52]

Una vez que las mujeres fueron señaladas como inferiores por algunos credos, sus mitologías lo reflejaron. En la tradición judía, además de que Yahvé sea masculino, primero insufla vida a Adán y, luego, le da una primera mujer creada del barro como él, Lilith, que se negó a mantenerse debajo en el momento de yacer y, cuando Adán intentó forzarla, huyó con los demonios.[53] Aún podemos encontrar un rastro de ese episodio editado en la Biblia cristiana, cuando Yahvé crea a Eva de la costilla de Adán y él se lo agradece diciendo: «Esta sí es hueso de mis huesos y carne de mi carne»,[54] porque la otra no lo era. De forma similar, en la cultura maya quiché, a pesar de que la diosa Ixmukané creó la raza humana a partir del maíz y fue madre y abuela de otras importantes divinidades, pronto es relegada a un papel secundario en favor de héroes masculinos y del dios Tohil, que les dio el fuego y protección a cambio de sacrificios.[55] Y, en la mitología japonesa, tenemos otro ejemplo cuando el dios Izanagi y la diosa Izanami se disponen a crear Japón y él se enfada porque ella habla antes que él durante el ritual y decide que tienen que repetirlo. Así, una vez resuelto el incidente litúrgico, Izanagi ya puede «llenar la parte que a ella le falta con la que a él le sobra».[56]

La representación de una vagina más antigua que se conoce es la de la estatuilla de la Venus de Hohle Fels, del año 35000 a. C., y está tallada a partir de un colmillo de un mamut hembra.[57] La de un pene es del 28000 a. C., está labrada en piedra y mide veinte centímetros.[58] Desde entonces, las representaciones y mitos en torno a ese dimorfismo biológico han sido de lo más diversas y, cómo no, han proyectado una relación ambivalente basada tanto en la atracción y la envidia como en la rivalidad y la desconfianza. Para algunos hombres, los genitales femeninos han evocado a la prolífica Madre Tierra y a la metáfora de la caverna, que lo mismo puede ser refugio placentero que emboscada de peligros; y, a ojos de ellas, los masculinos han sido vistos como varas para horadar la tierra y plantar semillas, que lo mismo pueden ser fuente de placer como de intenso dolor y que algunos hombres usan como arma para satisfacerse a la fuerza.

Como expresión máxima de esos temores, encontramos múltiples relatos sobre seducciones malignas hacia ambos sexos a lo largo y ancho del planeta. Íncubos y súcubos han estado presentes en la cosmovisión de muchas culturas desde la Antigüedad. El padre del héroe sumerio Gilgamesh fue un íncubo, el demonio Lilu;[59] mientras que la primera mujer de Adán, Lilith, ejerció de súcubo en diversos mitos y leyendas en los que, además, robaba bebés dormidos o los asesinaba. También América tuvo sus propios espíritus hipersexualizados. En el bando femenino, encontramos a Xtabay, una princesa maya despechada que, al morir sin ser correspondida, pidió convertirse en un demonio para seducir incautos y ahogarlos; y, en el masculino, a Nawpiot, apuesto de apariencia, pero con una serpiente de coral en vez de pene con la que mata a las mujeres a las que conquista.[60]

Las ensoñaciones y pesadillas eróticas tienen mucho que ver con la aparición de esos personajes que, en general, acechan por la noche. Y también la llamada «parálisis del sueño», un fenómeno fugaz que cualquiera puede experimentar sin que signifique nada malo y que nos priva de movimiento y habla pese a mantener la consciencia cuando estamos en ese limbo entre la vigilia y el sueño, o viceversa. Un momento en el que también pueden tenerse pequeñas alucinaciones sin relevancia médica, pero que, según las creencias de quien las experimente, pueden estar cargadas de mucho significado. Porque, una vez que lo religioso acapara el discurso de lo sensorial, todo lo físico, por mera contraposición frente a lo metafísico, acaba revisándose en busca de la menor señal maligna. En el caso de las relaciones sexuales, pudiendo verse ese desfallecimiento posterior a un orgasmo que algunos denominan «pequeña muerte» como una pérdida de energía espiritual como la que absorben íncubos y súcubos.

Sobre esas experiencias corporales, muchas culturas desarrollaron sus explicaciones míticas que, a la vez que buscaban patrones para ordenar sus vivencias más insólitas, pretendían disuadir a sus miembros de conductas que consideraban inapropiadas y así, por ejemplo, amedrentar a la juventud para que no practicara sexo con desconocidos y a los esposos para que no fueran infieles. Como paradigma de esa advertencia, existe la representación de la «vagina dentada», presente en distintas tradiciones, desde la de los baiga de la India[61] a la de los ponca y los otoe de Norteamérica[62] o la de los huichol de México;[63] pero, en el caso de Mesoamérica, con un significado más profundo aún por asociarse con la «vagina telúrica»[64] de la Madre Tierra, que lo mismo produce vida que la devora cuando los cadáveres son enterrados.

Otra de las funciones culturales de los «seductores malignos» fue la de servir de coartada a embarazos no deseados. Con tanta eficacia que, en el siglo XIII, Tomás de Aquino tuvo que poner orden al respecto:

> Aun suponiendo que alguna vez nazcan hombres de una unión habida con los demonios, no son engendrados por un principio vital del demonio o por el cuerpo que lleva unido, sino que ha sido tomado de algún hombre para tal objetivo. Esto es

lo que sucedería, por ejemplo, si el demonio se hace súcubo ante el hombre, e íncubo ante la mujer, ya que también toman las semillas de algunas cosas para engendrar cosas distintas.[65]

Vamos, que los demonios actuarían como polinizadores (o, más bien, polucionadores en este caso) entre hombres y mujeres, al estilo de las abejas, y lo de íncubos y súcubos solo sería una forma de hablar de género fluido.

Dioses, diosas y otros seres místicos fueron moldeados por las esperanzas y miedos de diferentes comunidades que, al vivir en diferentes circunstancias, los retrataron de modo muy distinto en función de cómo percibieron su propia identidad. Hubo divinidades malignas como Seth e iluminados bondadosos como Buda; y, en el caso de las femeninas, algunas fueron compasivas, como la *bodhisattva* Guan Yin, y otras, hogareñas, como la griega Hestia; pero también las hubo astutas y sensuales, como la babilónica Ishtar, y terribles guerreras, como la hindú Kali. Sus acólitos, mujeres y hombres, las adoraron de diferentes modos: siendo caritativos, abrazando la castidad el resto de sus vidas, prostituyéndose, castrándose, ofreciéndoles sacrificios animales o humanos... Lo cual demuestra que, también en lo espiritual, manifestamos como especie la diversidad de pensamiento dúctil que era esperable en unos grandes «maestros de la flexibilidad».

Pero no todas las personas que optaron por la vida religiosa lo hicieron por misticismo. Los desengaños amorosos, las necesidades económicas, las ambiciones políticas o las expectativas de tranquilidad o un estatus mejor también han llamado a la puerta de más de un monasterio. Incluso ha habido casos en los que profesar dentro de alguna orden fue una decisión casi forzosa. Así pasó entre los siglos XVI y XVII con muchas de las jóvenes de «buena familia» descendientes de los españoles que colonizaron distintas regiones de América y que, a falta de candidatos de su mismo estatus con los que desposarse, no tuvieron otro remedio que hacerse monjas ante el rechazo social a que se emparejaran con nativos o a que vivieran como adultas solteras. Para su consuelo, sus privilegios entraban con ellas en los conventos, donde no solían mezclarse con mujeres de otras clases sociales y gozaban de una vida cortesana que incluía tertulias con los altos cargos de la comunidad, celebraciones al más puro estilo del Barroco con coros, arpas y vihuelas y alguna que otra transgresión con algún padre confesor más atrevido de la cuenta.[66]

En una época de sometimiento al patriarcado, algunas mujeres hasta veían la vida religiosa como una manera de huir de un mal matrimonio y conservar una independencia relativa. Fue el caso de sor Juana Inés de la Cruz, hija de una relación extramatrimonial (según parece, por decisión materna; porque su madre se emparejó luego con otro hombre y tuvo otros tres hijos fuera del matrimonio).[67] En ese contexto hogareño, la joven Juana intentó convencer a su madre para que la dejara ir a la universidad vestida de varón para que la aceptaran y, al recibir un no por respuesta, hizo buen uso de la nutrida biblioteca de su abuelo. Pronto, su inteligencia y erudición la hicieron entrar en la corte de los virreyes de Nueva España (el actual México) y, después, ingresó en las Jerónimas, cuyos estatutos le permitían un alojamiento más que razonable, recibir visitas y dedicarse a la escritura. Gracias a ello, disfrutó del entorno perfecto para producir una cantidad notable de obras de teatro, poesías y otros escritos en los que reivindicó el derecho de la mujer a la educación y que le valieron el título de «pionera indiscutible (por lo menos en el mundo hispanohablante) del movimiento moderno de liberación femenina».[68] Por desgracia, también le valieron las críticas de la jerarquía sacerdotal novohispana, que, según parece, la presionaron para que dejara de opinar sobre asuntos que consideraban reservados al criterio de los hombres.

Sin necesidad de vestir hábitos ni ostentar un estatus especial en ninguna religión, muchos creyentes articulan sus vidas y sus trabajos alrededor de sus credos y se esfuerzan por aplicarlos con la máxima rectitud. Por eso, resulta más que justo afirmar que también ellos sienten vocación religiosa. Tanta como para considerar su existencia terrenal como un paso intermedio o una herramienta para alcanzar otra ultraterrena que durará para siempre. Resulta complicado determinar cuándo empezaron a tener esa certeza algunos *sapiens*, pero sí sabemos que los restos más antiguos de un enterramiento intencionado de individuos de nuestra especie son de hace doscientos treinta y tres mil años y que fueron encontrados en el yacimiento de Omo Kibish, en Etiopía.[69] De modo que, con expectativas de eternidad o sin ellas, ya entonces tenían claro que somos polvo y al polvo volveremos.

Para evitar esa transformación, algunas culturas desarrollaron técnicas de momificación y embalsamamiento. La constatación de la existencia de momias hace unos siete mil años supone una prueba rotunda del deseo de supervivencia más allá de la vida material de algunos humanos. Pero no fue en la cultura egipcia donde aparecieron las primeras, sino en la de los chinchorros del desierto de Atacama, en el actual Chile.[70] No dejaron rastros escritos o pinturas rupestres que explicaran el porqué de sus rituales ni tenemos constancia de que usaran sustancias alucinógenas en ellos. Eran cazadores y pescadores en un entorno desértico que facilitaba el proceso de momificación y, puestos a especular sobre algún facilitador de experiencias místicas en su caso, podríamos señalar la intoxicación crónica por arsénico que sufrieron muchos de ellos por beber el agua contaminada de la zona;[71] ya que ese metal tóxico, además de otros muchos problemas digestivos, hepáticos, cutáneos y neurológicos, puede producir una psicosis asociada con delirios paranoides y alucinaciones.[72] Pero, con visiones místicas o sin ellas, resulta evidente que se trató de una comunidad que sufrió los estragos de unas condiciones climáticas extremas y de una enfermedad aparatosa, por lo que su vivencia espiritual sobre la muerte debió de ser lo bastante intensa como para querer retener a su lado a quienes fallecieron, muchos de forma precoz, y para plantearse qué encontraría cada cual una vez que traspasara el misterioso umbral de la muerte.

Los enterramientos en sí mismos se convirtieron en la puerta intermedia entre la vida finita y la eterna y, al cruzarla, algunos pretendieron llevar consigo sus símbolos de estatus o sus posesiones más queridas con la esperanza de mantenerlos durante la eternidad, como hicieron muchos reyes y reinas egipcios y, antes que ellos, muchos otros *sapiens* alrededor del mundo. Entre esos objetos, destaca como uno de los más antiguos hasta la fecha un complejo collar de dos mil quinientas piezas de piedras, conchas y turquesas aparecido en la tumba de una niña del Neolítico que murió hace nueve mil años en Jordania.[73] Seguro que quienes la enterraron le tenían un cariño incondicional, pero, aun así, debieron de tener sus dudas sobre qué sería de ella tras quedar en las manos del veredicto de una voluntad ultraterrena que consideraría, ante todo, la rectitud con la que hubiera seguido el código moral de su comunidad.

En muchas tradiciones, esa valoración suponía el pesaje del alma o el corazón en una balanza, lo hiciera el dios egipcio Anubis, el griego Hermes, o, en la tradición cristiana, el arcángel san Miguel. Pero, antes incluso, podían darse escenarios aún más terribles que el de comparecer ante un temible psicopompo. Podías morir en circunstancias que dejaran tu cadáver sin enterrar de forma apropiada y tu alma en vías de convertirse en un espíritu errante; o, peor aún, que los aún vivos consideraran que no eras digno de ese enterramiento. Los infieles y herejes, por supuesto, quedaban fuera de semejantes pompas, pero algunas faltas podían considerarse igual o más excluyentes. Por ejemplo, para el catolicismo, hasta la aparición del nuevo Código de Derecho Canónico de Juan Pablo II en 1983, los suicidas no podían ser enterrados en suelo santo,[74] por haber atentado contra el regalo divino de la vida. Pero, en cambio, los mayas los consideraban tan honorables como aquellos que eran sacrificados de forma ritual, los guerreros que morían combatiendo o las parturientas que fallecían al dar a luz. Hasta tenían una deidad, esposa del dios de la muerte, que se encargaba de los suicidas en concreto: Xtab, «la de la cuerda», que los guiaba a un paraíso específico.[75]

El miedo a permanecer insepulto fue, durante mucho tiempo, una tragedia. En el caso de la *Antígona* de Sófocles, literal y literariamente, por querer enterrar a su hermano Polinices pese a que su tío Creonte, nuevo rey de Tebas, lo consideraba un traidor y había decretado «que nadie le dé sepultura ni lo llore, sino, al contrario, que lo dejen abandonado sin dedicarle una lágrima y sin enterrar».[76] Se trató de una orden política más que religiosa. Polinices había atacado Tebas, sí, pero por una razón. Él y su hermano Eteocles habían pactado un año atrás que se turnarían el trono de la ciudad anualmente y, como Eteocles se negó a abandonar la regencia al cumplirse el plazo, Polinices reunió un ejército y atacó la ciudad para someterla a la fuerza. Igual que Antígona, los dos hermanos eran hijos de Edipo y, como puedes imaginar, su maldición los acabó alcanzando. Uno murió a manos del otro y la corona terminó sobre la cabeza de su tío Creonte, que decidió honrar al anterior monarca con un espléndido funeral, por más que se hubiera atrincherado en el trono, y castigar al atacante con la deshonra, por muy buenas razones que hubiera tenido. Antígona, por su parte, ignoró las cuestiones políticas y antepuso la compasión religiosa. Como protagonista de una tragedia, puedes imaginarte la forma en que acabó la pobre.

Que la ficción reflejara desde eras tempranas el uso político de lo religioso señala que, en la mayoría de los casos, no existía ninguna diferencia entre ambos dominios. O, al menos, muchos dirigentes argumentaron esa vinculación al margen de que, para encumbrar a unas personas y hundir a otras, pudieran hacer interpretaciones torticeras de preceptos sagrados. Desde una perspectiva religiosa, las leyes, como reguladoras del orden humano, solo pueden emanar de lo divino, máximo responsable del orden universal. Así que resulta comprensible que muchos soberanos acabaran considerándose a sí mismos como elegidos por una autoridad sobrehumana y los más egocéntricos, como divinidades por derecho propio. Luego, una vez que el aura divina envolvió a algunos regentes y líderes, el estatus religioso adquirió un nuevo matiz. Al margen de los méritos personales que alguien pudiera tener como seguidor de un credo, había otro elemento que considerar: el estatus que tenía ese alguien dependiendo del lugar que ocupara en los planes supremos de la divinidad. Algunos líderes religiosos llegaron enseguida a una conclusión: bastaba ver en qué nivel social nacía alguien para hacerse una idea de qué esperaba la voluntad divina de él. Las clases dominantes aceptaron con sumo gusto esa interpretación.

Sobre la convicción de la existencia de un más allá, también se proyectó nuestro instinto clasificador y anticipador. De modo que las jerarquías alcanzaron lo eterno. En algunas culturas, como la católica, las hay tanto para los salvados como para los condenados e, incluso, para los que se hallan en una situación intermedia en la que aún deben purgar sus faltas. La *Divina comedia*,[77] escrita por Dante Alighieri en el siglo XIV, ejemplifica a la perfección nuestra necesidad de categorizarlo todo; en su caso concreto, los méritos y las faltas religiosas. Desde su perspectiva, el peor pecado sería la traición, cuyo máximo exponente es Satanás por haberse revelado contra el Altísimo y los tres condenados que el Maligno tiene en sus tres bocas: en las laterales, Bruto y Casio, los instigadores del asesinato de Julio César, y, en la central, Judas Iscariote, el discípulo que traicionó a Jesús. Después, en gradación ascendente hacia las conductas menos pecaminosas, estarían el fraude (robo, corrupción política, hipocresía, proxenetismo...), la violencia (asesinato, tiranía, suicidio, sodomía, usura...), la herejía, la ira y la pereza, la avaricia y el derroche, la gula, la lujuria y, por último, en el limbo, la virtud fuera del catolicismo, como la del poeta Virgilio, que ejerce de guía de Dante en el infierno.

El islamismo, por su parte, distribuye su Yahannam,[78] un lago de fuego bajo el puente que deben cruzar las almas para entrar en el paraíso, de un modo más identitario donde el dolor sufrido varía en función de si el condenado profesó la idolatría, la adoración del fuego, el ateísmo, el judaísmo, el cristianismo o un islamismo sin verdadera devoción y reserva su nivel más profundo para los hipócritas; mientras que el paraíso sí está dividido en niveles y, en el séptimo, están los profetas, los mártires y la gente más veraz y piadosa. En un contexto del todo distinto, el de los mexicas, encontramos que su reino de los muertos, el Mictlán, consiste en un lugar donde todos los difuntos acababan fundiéndose con el todo sin importar sus méritos o deméritos morales.[79] Eso sí, con excepción de aquellos que habían fallecido en algunas circunstancias concretas. Los bebés que nacían muertos o que no llegaban a probar alimentos sólidos, iban al Chichihuacuauhco, donde un árbol místico con frutos en forma de mamas los alimentaba; quienes morían ahogados o fulminados por un rayo iban al Tlalocan, una especie de jardín de delicias con flores; y, por último, los grandes guerreros y las parturientas fallecidas compartían la morada del Sol, lo acompañaban todos los días en su viaje hasta el mediodía y, cuatro años después, se transformaban en colibríes que podían bajar a la tierra para alimentarse del néctar de las flores.

El Naraka hindú, gobernado por el dios Iama, presenta clasificaciones similares y la existencia de un registro donde se van recopilando las faltas de los aún vivos.[80] En cada uno de sus departamentos, llamados Patalas, se castiga a cada pecador de manera diferente. Los ladrones son golpeados con mazas; las mujeres infieles, lanzadas por un precipicio; quienes han torturado seres vivos arden entre llamas; quienes bebieron alcohol o lo dieron a otros deben beber lava; los lujuriosos son picados por insectos; quienes se han acostado con personas de otras castas deben abrazar una estatua al rojo vivo... Pero, a diferencia de otros infiernos, allí el castigo es temporal, al estilo de un purgatorio. Antes o después, los condenados vuelven a la rueda de la reencarnación. A veces, para renacer dentro del propio Naraka y, otras, en el mundo de los vivos para seguir su camino hacia la iluminación y la fusión con el alma universal.

Muchos creyentes modernos tienen una visión menos abigarrada del infierno, pero, incluso desde enfoques que lo reducen a un estado abstracto de tristeza, siguen teniendo en mente esa dicotomía de salvarse o condenarse después de morir. Para ellos y para quienes tienen una visión aún más aterradora de los castigos del más allá, todo lo terrenal, incluidos sus trabajos y cómo los realizan, son campos de batalla donde poner a prueba sus convicciones religiosas. Así, un musulmán estricto no debería trabajar como catador de vinos y un médico católico fiel a la doctrina vaticana tampoco facilitar la «pastilla del día después». De modo que, en sus aspiraciones globales de estatus, los creyentes más convencidos anteponen el ámbito espiritual. Primero, porque están seguros de que es lo correcto y, segundo, porque el más allá puede ser mucho mejor que el más acá y, encima, mucho más duradero. Toda una eternidad. ¿Quién no querría sacrificarse?

Aunque han existido grandes científicos creyentes, como Isaac Newton (arrianista) o Gregor Mendel (católico), algunos dogmas religiosos, como cabía esperar, han chocado con las evidencias científicas en más de una ocasión a lo largo de la historia y, más aún, si eran presentadas por personas que cuestionaban otros dogmas religiosos. Hubo quienes pagaron ese atrevimiento con su vida, como la polifacética Hipatia de Alejandría o Miguel Servet, teólogo y descubridor de la circulación pulmonar; y a otros se los obligó a retractarse con amenazas, como fue el celebérrimo caso del astrónomo Galileo Galilei al defender que la Tierra giraba alrededor del Sol ante el papa Paulo V. Hasta Charles Darwin, que se alejó de la Iglesia anglicana tras perder a su hija Anne a los diez años, sufrió grandes presiones por parte de algunos creyentes cuando presentó sus teorías sobre la evolución (que varios credos siguen rechazando en la actualidad) y, después de morir, su hija Henrietta tuvo que desmentir una publicación de cierta dama evangelista que afirmó que había vuelto a abrazar el cristianismo antes de exhalar su último aliento. Ni antes ni ahora la convivencia entre religión y ciencia ha sido fácil y algunos estudios incluso se atreven a afirmar que, en conjunto, la religiosidad suele socavar la alfabetización científica.[81]

Lo que seguro que socava la religión es la biología, porque, en palabras del doctor Gregorio Marañón, «la vida caudalosa y varia de los instintos no se acomoda a los rígidos preceptos de la ley»,[82] sea civil o religiosa. Por lo que no extraña que, según el Informe Mundial de la Felicidad 2022, los ciudadanos de países predominantemente laicos se declaren más felices que aquellos que articulan sus instituciones alrededor de alguna religión[83] o que, por muy buenas intenciones que tengan muchos fieles, un buen número de ellos acabe cayendo en contradicciones más o menos graves respecto a sus creencias o que otros se limiten a adscribirse a alguna religión concreta para beneficiarse de las ventajas sociales que eso les supone, pero con la misma hipocresía que el Tartufo de Molière.[84] Por desgracia, los hipócritas, aprovechados, cínicos y oportunistas no son tan fáciles de etiquetar para nuestro cerebro como podría parecer. Menos aún, para los empáticos altruistas que tanto parecen disfrutar ayudando a los demás sin esperar nada a cambio ni en esta vida ni en la siguiente y que, a menudo, acaban convirtiéndose en sus víctimas preferidas por su tendencia natural a convertirse, por decisión propia, en personas «sacrificables».

7

Cuando la bondad se transforma en estupidez

Del altruismo eficaz al altruismo patológico

Antes de la religión, fue la biología; del mismo modo que, antes de los códigos morales, ya existía el altruismo. Al menos, entendiéndolo como un comportamiento que es costoso para quien lo realiza, pero beneficioso para quien lo recibe.[1] Dicho más claro: si alguien llama a una organización benéfica para que vengan a recoger toda la ropa que no se pone porque está estropeada o demasiado vieja, no es altruista. En realidad, quien hace el auténtico esfuerzo es la empresa que retira de su casa, gratis, algo que otro no quiere y asume los costes de la recogida, traslado, selección y reparación de las pocas prendas que puedan salvarse. Lo cual no niega que parte de esa ropa pueda tener una segunda vida ni que la idea de que la aproveche otra persona sea buena. Pero el altruismo va de costes en una dirección y de beneficios en la opuesta. Si no, lo llamaríamos colaboración, alianza o simbiosis porque ambas partes consiguen algún beneficio, como el que quizá logre, con suerte, la asociación benéfica a la que algunos «donan» su ropa vieja. Un altruista, por definición, pierde a nivel individual y hay algún otro o un colectivo entero que gana gracias a eso.

Así, de primeras, parece un concepto aberrante. Al propio Darwin y a muchos de sus seguidores les costó entender que el altruismo observado en individuos de diversas especies pudiera considerarse una ventaja evolutiva, al menos para el futuro de la descendencia truncada de aquellos que se sacrificaban por otros. Tuvieron que pasar décadas hasta que ese enfoque biologicista incluyó la selección de genes no solo individuales sino compartidos por miembros de la misma familia y apareció la «regla de Hamilton» ajustada por Sewall Wright,[2] a partir de los trabajos de William Donald Hamilton.[3] Según esa ley, desde la estricta perspectiva de la selección natural para un linaje concreto dentro de una especie, ser altruista ofrece una ventaja evolutiva cuando el coste (C) que paga el altruista es menor que el beneficio (B) que logra el favorecido teniendo en cuenta la relación de parentesco (R) que compartan. Es decir, a ojos de la madre naturaleza, sacrificarte para que se salve tu hermano gemelo idéntico es un trueque que no cambia nada; pero, si erais trillizos idénticos y aceptas morir para que vivan los otros dos, tu sacrificio será una inversión en una mayor probabilidad de perduración de tus genes.

Quizá pienses que sacrificarse por una multitud con la que no compartes carga genética tampoco se consideraría una ventaja, pero el dato interesante es que, entre personas desconocidas, incluso de distinta etnia, la media de la R en esos casos oscila entre 0,4 y 0,6. Por lo que, para las matemáticas, sacrificarse por dos desconocidos ya supondría una ventaja genética a poco beneficio extra que les generáramos. Y, aunque habláramos de otras especies distintas a la nuestra, tampoco la R sería del todo nula; a lo que habría que añadir nuestra dependencia de la diversidad biológica del planeta. De manera que si dañáramos de forma irreparable a organismos tan alejados de nosotros en lo genético como el fitoplancton de los océanos, que representa alrededor del 1 % de la biomasa del planeta, aunque lo hiciéramos para salvar a miles de personas, estaríamos dañando la fuente que produce el 50 % del oxígeno que respiramos.[4] Por lo que será mejor evitar esa catástrofe.

Planteado así, el altruismo, en cuya fórmula pesan, y mucho, sus consecuencias prácticas, representa un concepto más volátil de lo que podría parecer a simple vista. Decisiones que tomamos hoy sin pensar a largo plazo podrían convertirse en grandes errores mañana y la buena voluntad no basta para hacer «lo correcto». Quizá los primeros *sapiens*, al menos los más altruistas, sintieron el vértigo ante esa responsabilidad y, cuando aparecieron los primeros códigos morales, respiraron con alivio al tener un puñado de referentes concretos como punto de partida. Ocurriera como ocurriera, en cuanto la primera religión definió un «moralómetro» con el que evaluar a sus fieles surgió otra de las creaciones culturales más controvertidas de la historia: el debate sobre si las personas somos buenas o malas por naturaleza. Algunos credos se apresuraron a zanjar esa disputa e incluyeron entre sus dogmas fundacionales una respuesta concreta y otros permitieron que cada cual sacara sus propias conclusiones.

Así, en la Grecia clásica, encontramos la disyuntiva entre un «lobo es el hombre para el hombre [...], cuando desconoce quién es el otro», que puso Plauto en boca de un mercader en su *Comedia de los asnos*,[5] frente a «el hombre es algo sagrado para el hombre» de las *Cartas a Lucilio* de Séneca el Joven.[6] Al margen de quienes se atrincheraron en sus creencias religiosas, el debate se alargó durante centurias; hasta que, más tarde, a mediados del siglo XVII, el filósofo Thomas Hobbes armonizó esas dos posturas extremas matizándolas; no en su *Leviatán*, por cierto, sino en la dedicatoria de *Sobre el ciudadano*:

> Para hablar imparcialmente, estos dos dichos son muy verdaderos; que *el hombre es una especie de Dios para el hombre* y que *el hombre es un auténtico lobo para el hombre.* Lo primero es verdad si comparamos a unos ciudadanos con otros; y lo segundo, si comparamos ciudades.[7]

Es decir, que Hobbes, sin conocer el sesgo del favoritismo de endogrupo ni tener nociones de psicología, ya entendió que las sociedades humanas más estables suelen practicar una violencia interna domesticada a través de leyes punitivas y reservan su furia más salvaje para las amenazas externas y los desconocidos sospechosos.

Desde una mirada evolucionista no puede ser de otra manera. Como afirmaron el entomólogo y biólogo Edward Osborne Wilson y el biólogo y antropólogo David Wilson: «El egoísmo vence al altruismo dentro del mismo grupo. Los grupos con individuos altruistas vencen a los grupos con individuos egoístas. Todo lo demás es anecdótico».[8] Es decir, a nivel colectivo, la victoria de los egoístas, en caso de lograrla, tiene fecha de caducidad, porque perjudica la cohesión y el funcionamiento de la comunidad que les da cobijo y, cuando esta debe enfrentarse a otra mejor cohesionada o a cualquier otro tipo de amenaza externa, su probabilidad de supervivencia disminuye de forma drástica.

Un ejemplo que quizá te sorprenda de grupo poco altruista sería un rebaño de ovejas. Porque la razón por la que se agrupan no es para defenderse mejor, sino para aumentar su probabilidad individual de sobrevivir en caso de ataque. Cuando eso ocurre, las ovejas no contraatacan a sus depredadores ni crean un círculo para defender a los más débiles. Solo tratan de alcanzar el centro del grupo para confundirse entre la multitud y quedar menos expuestas a incursiones periféricas.[9] De modo que, ante el ataque de un lobo lo bastante persistente, antes o después, todas sucumbirían. Por el contrario, las cabras montesas pirenaicas, que también viven en grupos, sí demuestran auténtica preocupación por sus congéneres. Hasta el punto de que, cuando una de ellas advierte a los demás de la presencia de algún depredador, huyen de forma coordinada hacia alguna pendiente rocosa de difícil acceso bajo el liderazgo de un miembro experimentado, hembra o macho dependiendo de la composición de cada grupo.[10] Y, por si ese alarde de responsabilidad fuera poco, están dispuestas a defenderse a sí mismas y a sus compañeros a cabezazos. De modo que deberíamos diferenciar la mera sociabilidad (que a veces solo busca la protección estadística de diluir en un grupo la probabilidad individual de sufrir algún daño) de la cooperación (que tampoco es desinteresada del todo) y las dos anteriores, del verdadero altruismo.

Visto así, el porcentaje de altruistas de una sociedad es uno de sus recursos humanos más valiosos; igual que, para un hormiguero, lo serían las hormigas soldado que anteponen su propia integridad a la defensa de la colonia. Pero, a diferencia de los insectos, cuya conducta está marcada de manera casi robótica por la biología, los humanos actuamos de forma más maleable bajo la influencia de las interacciones sociales y, ante un entorno hipotético regido por un egoísmo descarado, hasta los miembros más generosos sentirían el impulso de rendirse al pragmatismo. Refiriéndose a ese aguante, decía Agustín de Hipona: «Dios es paciente, porque es eterno».[11] *Mutatis mutandis,* cuanto más conscientes de su finitud son los altruistas, más paciencia pierden. Después de todo, la satisfacción moral de estar haciendo «lo correcto» solo es posible cuando ese autohalago mental proviene de un sistema cuya sinceridad está avalada por la defensa real del bien colectivo o, como poco, por la esperanza de un futuro utópico o de una vida ultraterrena que convierte los sacrificios mundanos en inversiones a largo plazo. Es decir, los altruistas, en el fondo, no creen trabajar gratis. Reciben un pequeño anticipo en forma de satisfacción, de esa que puede compensar tanto como el dinero, y piensan que el salario completo lo recibirán generaciones futuras con las que, con suerte, podrían coexistir o, a malas para los creyentes, en un hipotético más allá que excede lo terrenal. Desde ese enfoque, el altruismo no consiste en generosidad sin límites, sino en compromiso con una comunidad comprometida, a su vez, con un código moral, sea laico o religioso. El verdadero altruismo es invertir con optimismo en un proyecto compartido de mañana que, quizá, nunca llegue a disfrutarse, pero que muestra un horizonte de mayor justicia.

Esa generosidad basada en una esperanza común suele ser detectada con facilidad por oportunistas e hipócritas ansiosos de presas. Quien más quien menos puede sucumbir en algún momento de su vida a sus astucias. Pero, con diferencia, quienes más riesgo tienen son las denominadas «personas altamente sensibles», alrededor del 15-20 % de la población.[12] Sus neuronas espejo,[13] bases de nuestra empatía, responden de forma más intensa ante las emociones ajenas, con el incremento que ello supone en la información total recibida, en la mayor sensación subjetiva de «estar implicadas» en la obligación de buscar soluciones a los problemas de otros y, a menudo, en un mayor peso de lo emocional sobre lo práctico a la hora de decidir cómo hacerlo. Lo cual, por cierto, no quiere decir que tengan mayor tendencia a actuar «bien». Por desgracia, las circunstancias pueden colocarlas frente a líderes carismáticos con la dosis justa de arrogancia y de carencia de escrúpulos y, arrastradas por la emoción más que por la razón, acabar convirtiéndose en catalizadores de fenómenos sociales perniciosos como el nazismo que, sin duda, habría sido mejor ahorrarnos. ¿Tan vulnerables somos a la manipulación? La neurociencia opina que más de lo que creemos.

Según el psicólogo Daniel Kahneman en *Pensar rápido, pensar despacio*,[14] nuestro cerebro tiene dos maneras de «pensar»: la primera, rápida e intuitiva, prefiere mantener la coherencia, o más bien la inercia, de los prejuicios y los recuerdos emocionales; y la segunda, más lenta por requerir un esfuerzo consciente y obligarnos a tomar distancia respecto a nosotros mismos y a recolocar o desechar ideas previas, que intenta valorar la situación con la máxima objetividad y puede tener la última palabra, si dejamos que actúe, claro. A fin de cuentas, resulta menos costoso mantenernos en nuestras convicciones habituales en vez de examinar perspectivas nuevas y, por eso, hay tantas personas dogmáticas respecto a sus opiniones y bastantes menos dispuestas a diseccionarlas con la frialdad de la lógica. Igual que resulta más fácil respaldar a alguien que defiende nuestras propias ideas con mucha convicción y pocos argumentos en vez de escuchar a alguien que reconoce su falibilidad, pero que nos ofrece numerosas razones para que las reconsideremos. Es decir, la verdadera «racionalidad» estaría en la «metacognición», en la capacidad de razonar mientras no perdemos de vista el contexto externo ni los sesgos cognitivos y filtros emocionales que podrían estar distorsionando nuestra perspectiva para, gracias a esa doble actitud, recalibrar nuestras propias conclusiones para que resulten lo más ajustadas. Una capacidad muy útil, por ejemplo, para decidir si un orador de extrema habilidad para apelar a nuestras emociones está intentando inspirarnos o manipularnos.

El modelo de Kahneman no convence a todos los investigadores. Para algunos, sus conclusiones están basadas en estudios de baja reproducibilidad, algún que otro «falso positivo» y una selección de trabajos sesgada y poco representativa de todas las investigaciones realizadas en ese ámbito de estudio.[15] Otros lo tachan de reduccionista por convertir nuestros pensamientos en un simple tira y afloja de la emoción frente a la razón, de la intuición frente a la deliberación, algo que les parece insuficiente ante dilemas complejos que necesitarían, para resolverse, de un sistema cognitivo específico que sopese los elementos morales implicados y elija la solución que maximice el grado de rectitud.[16] En su opinión, dicho sistema intervendría, por ejemplo, en el famoso «dilema del tranvía»[17] de la filósofa Philippa Foot; ese en que un tranvía avanza hacia cinco personas que no lo ven venir y cuyo conductor podría salvarlas accionando una palanca que lo desvía hacia otra vía, pero al precio de atropellar a otra persona que tampoco lo ve venir. ¿Qué decidiríamos nosotros si fuéramos ese conductor? ¿Qué habrían decidido los primeros *sapiens*? ¿Quizá saltar de esa monstruosidad ruidosa, pegar un grito para advertir a los incautos de ambas vías y echar a correr en dirección contraria?

Para eliminar el desencuentro tecnológico y permitir la aparición de más matices morales, trasladaré esa situación hipotética a un contexto prehistórico y menos cartesiano con el «dilema del oso». En él, desde una posición privilegiada y segura, como la rama de un árbol, un observador altruista ve pasar bajo sus pies un oso que avanza hacia cinco de sus compañeros que están recogiendo miel de una colmena. Puede avisarles con un grito, pero a riesgo de que el animal se gire y vea a otro compañero que estaba fuera del campo de visión del oso pero más cerca y que trata de retroceder con el máximo sigilo. Como suele ocurrir en escenarios reales donde la sociabilidad está representada por seres pensantes y no maniquíes, la situación es mucho menos previsible que la planteada por Foot. En su resultado, no solo interviene el observador, activando o no un aviso que lo mismo podría funcionar que no. Decida lo que decida y pase lo que pase, las cinco personas que aún no han reparado en el oso y la que sí lo ha hecho tendrán mucho que ver en el desenlace. Y, por supuesto, el propio oso. Del compañero que huye, podemos asumir que no es un altruista; al menos, no de los que arriesgan su vida por un bien (en este caso numérico) mayor. Una deducción que podría alcanzar por sí mismo el observador de la rama y tenerla muy presente. ¿O para él valdría lo mismo la vida de alguien que huye en favor de su integridad física que la de cinco personas entre las que aun podría ser que hubiera algún altruista? ¿Estimaría el observador esa posibilidad en función de la conducta que hubiera observado en esos compañeros con anterioridad? ¿O se limitaría a valorar el grado de afecto y vínculos familiares que tuviera con cada uno de los seis implicados? ¿Podría tomar una decisión al margen de la emocionalidad? ¿Influiría la comprensión o la indignación que pudiera sentir el observador hacia el compañero que huye? Más aún, ¿existen dilemas que no sean, al menos en parte, emocionales?

Para empezar, sabemos que, además de influir nuestros lazos de parentesco y amistad, nuestra empatía aumenta cuanta más proximidad identitaria percibamos con la persona que tengamos delante.[18] Lo cual hace que, en el «dilema del oso», incluso si las seis personas en riesgo fueran desconocidas para el observador, alguien que hubiera perdido a un hijo semanas antes por el ataque de una alimaña sentiría más empatía hacia un individuo que le recordara al familiar perdido, estuviera entre el grupo de desprevenidos o fuera quien trata de huir con sigilo. Y otro factor que considerar sería el contexto cultural de los implicados, más en concreto, el código moral imperante a cuyas expectativas trataran de ajustarse. En principio, cuanto más dirigido estuviera hacia el sacrificio individual por el bien colectivo, más presión sentiría nuestro observador para actuar de una forma altruista y, quizá, hasta punitiva contra quien prefiriera salvaguardar su propia integridad; pero, en entornos sociales con gran preocupación por los comentarios ajenos negativos, podría darse la paradoja de que el miedo a equivocarse lo paralizara hasta el punto de preferir inhibirse y no actuar, como han observado algunos estudios realizados en población de Asia oriental.[19] O podría ser que el observador del «dilema del oso» perteneciera a una cultura providencialista en que todo cuanto sucede, bueno o malo, fuera interpretado como el resultado inevitable de la voluntad divina y que, después de un rezo, acabara resignándose a que ocurriera lo que tuviera que ocurrir.

Por último, deberíamos considerar factores externos que, de forma inconsciente, podrían afectar a la decisión de los implicados, eso que algunos investigadores denominan «ruido»[20] y que hace referencia, en gran parte, a lo que, años antes, otros llamaron «cebado» o «imprimación».[21] Es decir, todas las condiciones ambientales y contextuales, en el sentido más fisiológico del concepto, que pueden influir tanto en nuestra percepción como en nuestra conducta. Por ejemplo, una temperatura demasiado alta suele llevarnos a posponer las decisiones importantes, mientras que una temperatura baja fomenta que reaccionemos de forma más emocional, que prioricemos las opciones más hedonistas y que seamos más permeables a la publicidad que apela a la nostalgia.[22] De ahí que muchos supermercados mantengan temperaturas bajas para animarnos a pensar en nuestras apetencias en ese instante y no tanto en el precio de sus productos[23] y que nuestra actitud de recogernos en espacios físicos o mentales de sibaritismo y añoranzas sea mayor en épocas de frío.[24] ¿Será por eso por lo que, sobre todo en el hemisferio norte, algo tan espiritual de partida como la Navidad haya terminado convirtiéndose en una orgía de consumismo?

Pero un aviso para los comerciantes que ya están bajando el termostato de sus tiendas. Los entornos fríos fomentan el procesamiento afectivo de todos los expuestos, también de los vendedores, hasta el punto de que acaban ofreciendo mayores descuentos a los clientes, incluso a costa de reducir su comisión.[25] Así que, si eres empresario, más te vale invertir en el confort térmico de quienes atiendan al público, ni que sea con una chaquetita. Y, si eres consumidor, desconfiar de los establecimientos donde los trabajadores deban ir más abrigados que tú. En una línea parecida, la incomodidad a otros niveles, como el hambre o el cansancio, añade más matices a las decisiones que podamos tomar. «La sentencia depende de qué haya tomado el juez para desayunar», dicen los estadounidenses. Y, aunque pueda sonar más irónico que científico, según algunos estudios, la probabilidad de que un juez estadounidense falle a favor de una solicitud de libertad condicional de un recluso es de un 65 % al comienzo de la jornada laboral o después de una pausa para comer, pero va descendiendo hasta casi el 0 % a lo largo de los siguientes casos.[26] Vamos, que si el observador del «dilema del oso» hubiera tenido que enfrentarse horas antes y de forma consecutiva a un «dilema de la tigresa de dientes de sable», un «dilema de la manada de lobos» y un «dilema de la estampida de mamuts», por muy altruista que fuera, poca energía mental le quedaría ya para otro dilema más, si es que no había muerto antes de un infarto por tantas descargas de adrenalina.

Algunos investigadores lo llaman «fatiga de decisión».[27] Una situación con la que están familiarizados perfiles profesionales muy distintos, desde seleccionadores de recursos humanos o cualquier otro tipo de recursos (como el alud de manuscritos que reciben las editoriales para decidir cuáles publican y cuáles no) hasta sanitarios, directivos, controladores aéreos o magistrados, y que no deberíamos confundir con el «síndrome de desgaste profesional» o *burnout*,[28] que, por supuesto, puede sobrevenir por una exposición prolongada a una fatiga de decisión constante. Sin llegar a ese extremo y sin necesidad de depredadores mortales a la vista, seguro que tú mismo te has sentido abrumado alguna vez por un bombardeo incesante de alternativas que aguardaban a que escogieras una de ellas; quizá cuando pretendías relajarte viendo una serie o una película y has acabado rindiéndote, incapaz de decidirte ante el desbordante catálogo de tu plataforma digital favorita.

Decidir cansa, incluso a los altruistas. Cuantas más cuestiones debamos decidir y más complejos sean los elementos que es preciso considerar, más cansa. Y, lo que es peor, forzar a una persona cansada a que tome decisiones se traduce en un autocontrol deficiente,[29] en un comportamiento más errático a la hora de escoger y, si la situación persiste, a la depresión, la ansiedad o a una mezcla de ambas.[30] No debería sorprendernos. Hasta las máquinas son vulnerables al desgaste de sus componentes y, dentro de nuestro cerebro, no tenemos una fuente inacabable de energía, sino cascadas de reacciones fisiológicas que, tras activarse, necesitan de un tiempo de recuperación para mantener su eficiencia. De modo que si necesitas que algún profesional, del ámbito que sea, tome una decisión respecto a alguna cuestión que te importe de verdad, si lo ves cansado, en vez de apremiarlo a que ejerza sus funciones con rapidez, más valdría que lo animaras a que se tome un descanso.

Quien no ha podido descansar y sigue en tensión aferrado a su rama es nuestro altruista hipotético de la prehistoria, que aún delibera sobre si avisar o no de la presencia de un oso a sus cinco compañeros incautos a costa de poner en riesgo al que huye con sigilo. Jamás ha oído hablar de la metacognición ni de los sesgos cognitivos y le va a tocar decidir a las bravas. ¿Avisar? ¿No avisar? ¿Y con qué cara iba a contar luego al resto de la tribu la escabechina que ni tan siquiera había intentado evitar? ¡Espera! ¡Pero si hay otra opción! ¡Cómo no lo había pensado antes! ¡Saltar de la rama sobre el oso y aumentar las probabilidades de huida de todos sus compañeros! Así, de un impulso altruista excesivo, nació una nueva patología; mientras que, segundos después, moría su primera víctima sin dejar demasiado claro si salvaría a sus compañeros o no.

El «altruismo patológico» es aquel en que «los intentos de promover el bienestar de los demás dan como resultado un daño inesperado».[31] Es decir, aquel en que ni la famosa «regla de Hamilton» es capaz de verle una utilidad porque el coste global que supone era evitable. En el «dilema del oso», si el observador salta sobre el animal, aunque lleve una afilada piedra de sílex en una mano, el número de posibles finales se multiplica y la mayor parte de ellos supone la muerte de una o más personas. En primer lugar, el observador podría ni llegar a caer sobre el oso; o lograrlo, pero, repelido por la fuerza del animal en movimiento, estrellarse contra el suelo y acabar herido y más vulnerable a recibir un zarpazo mortal después de que el oso hubiera despachado a sus compañeros; si es que el impacto no lo hubiera matado antes. En segundo lugar, el salto podría hacer cambiar de dirección al oso (igual que la opción menos costosa de avisar a los incautos desde la rama en que estaba) y poner en riesgo a quien huía con sigilo. Y, por último, siempre habría existido una opción menos arriesgada donde la incertidumbre del resultado se habría limitado a seis personas en vez de siete. Consideración esta última más importante aún si tenemos en cuenta que la vida salvada sería la de un claro altruista que podría ser mucho más útil en el futuro ante un peligro donde su sacrificio sí redundara en una ganancia indudable para el grupo. Al fin y al cabo, viendo su tendencia a sacrificarse por los demás hasta sus últimas consecuencias, resulta evidente que el número de altruistas de cualquier sociedad es un recurso finito, al menos, hasta que esté operativa la siguiente generación.

Si mi ejemplo del «dilema del oso» aún te genera dudas, te pondré otros donde el grado patológico del altruismo resulta más evidente. Inmolarse en un atentado suicida para defender una ideología, religiosa o laica, no es altruismo, por más que lo crea quien se inmole. Por un lado, visto desde el grupo del atacante, acaba con la vida de un adepto que podría atraer a otros nuevos desde una persuasión más constructiva (a no ser que el verdadero objetivo sea rentabilizar el odio entre determinados colectivos tras la coartada de una falsa «guerra moral»); y, por otro, el asesinato en masa, cuyo máximo exponente estaría en los genocidios, además de eliminar a otros *sapiens* con quienes se comparte, al menos, entre un 40 y un 60% de genética, es una atentado contra la «diversidad cultural», que, al igual que la biológica, es una fuente constante de nuevas estrategias adaptativas y de placer estético que igual ni nos habríamos planteado desde nuestra perspectiva concreta, pero que, a nivel global como especie, aumentan nuestras probabilidades de supervivencia y disfrute globales. Incluso la religión católica, paradigma del dogmatismo en su ideología, es capaz de mostrarse flexible cuando le conviene y, por eso, en vez de encalar los frescos de la Capilla Sixtina de Michelangelo Buonarroti, que según su código moral debería ser condenado por «homosexual practicante» y haber apoyado un credo religioso que buscaba la confluencia con los protestantes,[32] prefirió restaurarlos (gracias, por cierto, al patronazgo de miembros de una cultura distinta, la japonesa)[33] y, así, mostrar los desnudos que el propio catolicismo había ordenado cubrir, por escandalosos, en el siglo XVI mediante un *imbraghettamento*; o sea, añadiendo algunos paños, más o menos sutiles, que cubrieron lo que en biología se denomina caracteres sexuales.

Podemos prescindir de la épica de la religión o la ideología para encontrar más ejemplos de altruismo patológico. Quienes apoyan de modo incondicional a individuos disfuncionales como adictos, maltratadores o abusadores también entrarían en esta categoría. Para ellos, incluso existe un término específico, «codependientes», personas que se sacrifican de tal modo por las necesidades de los demás que llegan a suprimir las suyas propias para centrarse en las ajenas y acaban perdiendo la perspectiva.[34] Es decir, olvidan el objetivo final del altruismo, el beneficio comunitario del esfuerzo invertido, y permiten que los egoístas parasiten su buena fe en provecho propio. La cultura popular ha acuñado un término alternativo para referirse a estos altruistas patológicos de ingenuidad excesiva: «pardillos».

No somos la única especie vulnerable al «pardillismo». Diferentes aves sucumben a él y, sin pretenderlo, favorecen a parásitos como los cucos,[35] tan hábiles en sus estrategias que no solo colocan sus huevos en nidos ajenos para que otros inviertan el esfuerzo de alimentar a sus crías, sino que son capaces de imitar la coloración de las puestas de sus víctimas para disminuir la probabilidad de que sean rechazados y, una vez que nacen, de expulsar del nido ajeno tanto a los polluelos legítimos como a los huevos pendientes de eclosionar. ¡Cuánto más fácil les resulta a algunas personas fingir colores emocionales o ideológicos para ganarse el apoyo de aquellos más predispuestos a ayudar a sus semejantes sin esperar nada a cambio! Sobre todo, dentro del subgrupo de quienes lo hacen de forma disfuncional, como aquellos que tienen lo que el psicólogo Wolfgang Schmidbauer denominó «síndrome del ayudante»:[36] una autoestima tan baja que los impulsa a buscar su propia realización poniéndose al servicio de otras personas hasta el extremo obsesivo de querer «ser usados», incluso cuando la ayuda que ofrecen no es pedida, deseada ni sensata.

Una variante de lo anterior sería el «complejo de Cenicienta», popularizado por la escritora Colette Dowling,[37] quien atribuyó el deseo de sumisión de algunas mujeres que solo aspiraban a ser cuidadas por sus maridos a su miedo inconsciente a la independencia, en buena parte inculcado por una educación que las animaba, desde niñas, a preocuparse por ser hermosas, educadas y, cómo no, altruistas. Pero no fue Dowling la primera en usar esa metáfora. Más de dos siglos antes, ya lo había hecho la enfermera y escritora Agatha Christie en su novela titulada *Hickory Dickory Dock* (traducida al castellano como *Asesinato en la calle Hickory*)[38] cuando el brusco estudiante de Psicología Colin McNabb, además de tachar de anticuados los métodos de Poirot, diagnostica de un complejo de Cenicienta a la presunta culpable de haber robado, entre otros objetos, un zapato y, por extensión psicoanalítica, de querer ser rescatada por un príncipe azul.

Aún apoyados en las metáforas que nos ofrecen los cuentos de hadas, habría que advertir del peligro de que un indeseable «complejo de Cenicienta» pueda transformarse en otro aún más pernicioso: el «complejo de Bella», en el que, en vez de ser rescatada por un príncipe, se anhele ser «raptada» por alguna bestia a la que se pretenda cambiar con dosis infinitas de amor desinteresado;[39] o en un «complejo de Sirenita», en el que alguien lleve su renuncia al plano físico y acepte modificarlo, por ejemplo, a través de la cirugía, solo para complacer a una pareja.[40] No es casual que la literatura infantil nos ofrezca tantos ejemplos del mismo esquema. Durante siglos ha sido usada para adoctrinar a los niños y, sobre todo, a las niñas en determinados roles sociales que pretendían perpetuar el nefasto arquetipo del hombre enérgico y proveedor a quien debe disculpársele cualquier transgresión o arrebato frente a la mujer empática y cuidadora que siempre debe responder con virtud y abnegación. Hombres y mujeres son vulnerables al altruismo patológico, pero ellas han estado y siguen estando más expuestas porque reciben una mayor presión cultural para mostrarse altruistas. A veces, adjudicándoles de forma unilateral el cuidado de niños, enfermos o ancianos y otras, imponiéndoles resignación frente a relaciones abusivas a todas luces o que favorecen a personas autodestructivas.

En un contexto así, más en concreto en el del alcoholismo, surgió el concepto «codependencia», cuyos primeros criterios diagnósticos fueron propuestos por el psiquiatra Timmen L. Cermak,[41] pero para los que aún no existe un acuerdo unánime. Seré valiente y, siguiendo la estela de otros,[42] me atreveré a definir la codependencia como una respuesta empática disfuncional en la que el coste de ayudar a otra persona resulta negativo y está impulsado, más que en un juicio moral, en el miedo al desafecto que podría despertar en la otra persona no atender a su solicitud explícita o implícita. O sea, consiste en no saber decir «no»; sea a un alcohólico que te pide que busques un colmado abierto a las tres de la mañana para comprar una segunda botella de *whisky* cuando lo que necesita es dormir la mona o a un preescolar que pide chucherías a todas horas y sufre una obesidad mórbida que afecta incluso a su metabolismo.

Otro hallazgo bastante previsible sobre las respuestas codependientes es que suelen provenir de personas con baja puntuación respecto a rasgos narcisistas.[43] De manera que, en sintonía con su baja autoestima, tampoco suelen actuar como si tuvieran más derechos que los demás ni con mayor preocupación por alcanzar el éxito y recibir admiración; más bien lo contrario. Por lo que, desde una perspectiva de ecología psicológica, resulta coherente que ese espacio de afecto que se niegan a sí mismas lo acaben reclamando individuos que no tienen suficiente con el suyo propio y que, siguiendo ese esquema, alguien con «síndrome de Peter Pan»[44] acabe encontrando alguna persona con «complejo de Wendy» y la convierta en su madre más que en una pareja. O, en un sentido más amplio, que las personas altamente sensibles puedan parecer víctimas más apetecibles para esos depredadores psicológicos que algunos denominan «vampiros emocionales».[45]

Por supuesto, la causa del altruismo patológico no es la empatía en sí misma, sino su manejo incorrecto, bien porque alguien es obligado a llevarla más allá del límite razonable, bien porque desborda a quien la siente hasta el punto de perder la perspectiva. En ambos casos, sea por causas externas o internas, el desajuste cerebral que motiva una respuesta descalibrada ocurre al mismo nivel según la neurocientífica Simone G. Shamay-Tsoory. Porque, en realidad, existen tres sistemas separados que regulan cómo reaccionamos ante las necesidades ajenas: uno que nos ayuda a conectar con las emociones de otras personas, otro que nos ayuda a comprender su perspectiva desde la cognición[46] para no dejarnos arrastrar por lo meramente emocional y, conectando ambos, la corteza prefrontal medial, que decide en qué grado deberíamos implicarnos en las peticiones que recibimos teniendo en cuenta el balance entre nuestro propio contenido mental y el que interpretamos que hay en el cerebro de quien tenemos delante.[47] Así, igual que una persona codependiente necesitaría pocos estímulos para sacrificarse en modo «máxima implicación», una presión social suficiente vencería la resistencia de la persona más equilibrada y acabaría convenciéndola de que se sacrificara con la misma entrega. En casos menos extremos, ese triple sistema suele ser suficiente para declinar solicitudes abusivas. Es decir que, después de todo lo dicho y como tu cerebro funciona a la perfección, por más que alguien intentara convencerte de que sus pequeñas miserias son más importantes que tus grandes problemas, es muy probable que lo invitaras, con más o menos elegancia, a que se volviera a su cripta porque habrías comprendido enseguida qué significaba el sorbeteo de sus colmillos.

No siempre es fácil alejarse de esos vampiros metafóricos y, a la vez, tan reales. Pueden formar parte del círculo familiar o laboral de la víctima y, como suelen ser inteligentes, a veces imponen discursos que los favorecen dentro de colectivos aún más grandes. Tan elocuentes pueden llegar a ser que muchos codependientes asimilan y reproducen los argumentos de sus abusadores hasta el extremo de convertirse en quienes más los defienden. Algunas mujeres maltratadas reproducen ese patrón en el ámbito doméstico; pero podemos encontrarlo por igual en ámbitos laborales. Por ejemplo, cuando el eminente doctor Gregorio Marañón defendió la precarización de su propio oficio al escribir:

> Lo que tiene de noble el arte médico, es decir, lo que tiene de socorro al dolor humano y de anhelo por llegar a la verdad —el sacerdocio y la investigación—, todo esto no solo no padecerá por la disminución del aliciente pecuniario, sino que se hará más refinado y eficaz. La menor ganancia eliminará a los hombres de la vocación espuria. Pero el médico de la vocación verdadera se sentirá más dentro de ella y no echará de menos el lujo y la vana consideración social.[48]

En la misma línea, pero años antes, el descubridor de la sinapsis de las neuronas, el doctor Santiago Ramón y Cajal, llegó a condensar esa interpretación de la vocación médica en la figura de don Quijote, «el más perfecto símbolo del honor y del altruismo»,[49] a través de un ejercicio de proyección personal más que de un análisis literario riguroso. «Una vida interior, intensa, exclusiva y arisca le absorbe; vida recogida y ensimismada de larva ocupada de hilar impasible, entre los bramidos del trueno y los furores del viento, el áureo capullo de la gloria...», opinaba el aragonés, sin reparar en que el enajenado personaje de Cervantes dedicó dos extensos volúmenes a revolotear, junto a Sancho Panza, por buena parte de la península ibérica y metiéndose en toda clase de problemas por aplicar sus alucinaciones caballerescas, sin permiso, en las vidas de otros. Lo único parecido entre el «quijotismo» defendido por Ramón y Cajal y el del personaje novelesco es su cualidad delirante, porque «simboliza el culto ferviente a un alto ideal de conducta, la voluntad obstinadamente orientada hacia la luz y la felicidad colectivas. Apóstoles abnegados de la paz y de la beatitud sociales, los verdaderos quijotes siéntense abrasados por el amor a la justicia, para cuyo triunfo sacrifican sin vacilar la propia existencia, cuanto más los apetitos y fruiciones de la sensibilidad». Seguro que has notado la épica católica del sacrificio que asoma en ese último extracto. Ramón y Cajal la llevó al extremo a través de la idea del martirio y el sufrimiento buscado al opinar sobre el autor de su admirado personaje y defender que «quizá el privilegiado cerebro de Cervantes necesitó, asimismo, para llegar al tono y fervor de la inspiración sublime, de la punzante espuela del dolor y del espectáculo desolador de la miseria». Quizá, pero solo porque jamás sabremos qué habría escrito en circunstancias distintas de las que vivió. Lo que sí podemos asegurar es que, lejos de conformarse con su suerte, lamentó sus muchas penurias y la falta de reconocimiento y oportunidades que tuvo como dramaturgo en comparación con otro coetáneo suyo: Lope de Vega.

Si a algún paciente le tienta el modelo de entrega médica total, dolorida y mal pagada defendido por Gregorio Marañón (y me temo que por otros muchos), que no se precipite en exigirlo, porque, en *Sobre la responsabilidad social del médico*, el facultativo dejó igual de claro lo que esperaba en contrapartida: impunidad en caso de que algún paciente sufriera algún daño o muriera; ya que «este enfermo, al elegir a tal doctor, y no a cualquiera de los demás, aceptaba el margen de posible error que implica el ejercicio de la medicina». Según él, en caso de querer buscarse culpables ante errores médicos, habría que señalar a la universidad que le dio el título a ese profesional en cuestión sin estar preparado. «Lo único que se puede exigir al médico es buena fe, buena voluntad, honradez, moralidad», añade y, después, lamenta que se haya roto el «tácito armisticio entre enfermos y médicos» por culpa de la evolución materialista o, más bien, «gansterista», de la sociedad, «porque en la vida de hoy no se trata de la apetencia de los bienes materiales, que es lo típico del materialista, sino de la falta de escrúpulos en los medios para conseguirlos, que es lo que caracteriza al gánster».

Si regresamos a la familia de los cucos, tendremos que coincidir con el doctor Marañón en la existencia de gánsteres, por lo menos, en el caso del críalo europeo o gran cuco manchado (*Clamator glandarius*), porque ese «gansterismo» que los biólogos prefieren llamar la «hipótesis de la mafia»[50] es otra de sus estrategias. No se conforman con colocar sus huevos en nidos ajenos con la esperanza de que otras especies los cuiden. Si son rechazados, van más allá: destruyen esa nidada en concreto y todo el esfuerzo reproductivo de sus progenitores. Así, los parasitados más recelosos tienen menos probabilidades de aumentar su estirpe y, en caso de que logren otra nidada que vuelva a ser parasitada, quizá hasta se lo piensen mejor ante el recuerdo de lo que pasó la última vez que rechazaron ese huevo extra. Y, sí, por si lo dudabas, también podemos encontrar el gansterismo entre *sapiens*; y de muchas más maneras de las que piensas.

8

Los gánsteres contra la vocación

Gansterismo, esclavitud, bullying, mobbing *y maltrato institucional*

El primer modo, el más obvio, en que podemos encontrar el gansterismo entre humanos es el que usaría un auténtico gánster, en el sentido más literal y etimológico del término. Es decir, un malhechor que se asocia con otros, un pandillero. Disponemos de tantas referencias en diferentes épocas y geografías (las mafias italianas, la *bratvá* rusa, la yakuza japonesa, la eme mexicana...) que resulta fácil reconocer en ellas el mismo patrón: la priorización del beneficio propio, mediante la coacción o el asesinato incluso, frente al código moral establecido en una sociedad; de modo que, desde su perspectiva interna, su única obligación es el apoyo y la lealtad entre sus miembros y el mayor crimen, la traición, como en el infierno de Dante.

A diferencia de los asaltantes, que son depredadores externos que atacan, toman lo que necesitan y luego huyen, los gánsteres despliegan la estrategia del parasitismo, como los cucos; o, si prefieres términos más sociológicos, del colonialismo o la explotación. Suelen presentarse como miembros respetables de la comunidad (algunos hasta lucen símbolos de estatus en su vestuario para infundir respeto) y afirman ser los únicos en garantizar orden y protección; pero, en vez de contribuir al desarrollo colectivo, desvían recursos desde sus estructuras sociales para su propio bien, los más atrevidos desarrollan negocios fuera de la ley aun a costa de perjudicar a los demás y, como hace el gran cuco manchado, castigan con dureza a aquellos que evidencian sus fechorías. Es un modelo injusto, por supuesto; pero aporta grandes beneficios a quienes saben aplicarlo sin hacer saltar las alarmas sociales. Por eso, muchas de sus víctimas habitan los márgenes de la ley o viven fuera de ella, como saben todas esas personas que migran, desesperadas, por la miseria o la violencia que sufren en sus países de origen y, a falta de vías legales favorables, quedan expuestas a toda clase de mafias que, a veces, las presionan y extorsionan para que se unan a ellas.

Pero el impulso gansterista de los *sapiens* puede surgir en contextos menos urgentes, incluso en los nada urgentes. De hecho, la resistencia a verse envuelto en situaciones estresantes o que requieran esfuerzo suele ser uno de los principales motivos por los que muchos parásitos deciden aprovecharse de sus víctimas para ponerlas a trabajar en su favor mientras ellos acaparan puestos más cómodos de presunta coordinación o vigilancia. Esa pereza anticipatoria fue, para Agatha Christie, la verdadera impulsora del ingenio humano, «el gran secreto que nos ha llevado a través de las edades cientos de miles de años, de astillar pedernales a encender la lavadora».[1] Y, en el caso de muchas sociedades patriarcales, a inventar todo un argumentario sexista para endosarles a las mujeres hasta el pequeño esfuerzo de hacer la colada. Porque el machismo, igual que otros gansterismos, no parasita el esfuerzo social colectivo empujado por la necesidad, sino por la pereza, para mantener su situación de comodidad privilegiada y, cuando resulta posible, ampliarla aunque eso merme los derechos de las mujeres. Por desgracia, la violencia física también está entre los recursos de sus adeptos, igual que lo está la violencia verbal que aún fluye por diversos estratos de nuestra sociedad porque lleva siglos infiltrándola y que, a menudo, erupciona, fogosa, en las redes sociales y otros medios de comunicación para convertir las piadas del antiguo Twitter en algo muy próximo a los ataques en bandadas que sufría Tippi Hedren en *Los pájaros* de Hitchcock.[2]

Encontramos otros ejemplos de gansterismo a la zaga de la pereza en relación con las clases sociales. Tanto en las más pudientes como en las más humildes, puede surgir el mismo patrón de abuso: rentabilizar las estructuras sociales de forma torticera para obtener un provecho personal sin esfuerzo y aun a costa de perjudicar a otros. Así, a un lado estarían los que esperan un trato de favor por la respetabilidad que proyectan o el temor que infunden y, al hacerlo, eluden el pago de algún servicio. De ser ciertos los rumores, habría sido el caso de Carmen Polo, mujer del dictador Francisco Franco, que aterrorizaba a los joyeros de distintas ciudades cuando se prendaba de alguna alhaja y esperaba conseguirla con una rebaja exagerada o como regalo; aunque, según algunos empresarios, esas acusaciones solo fueron invenciones de una «leyenda negra».[3] En el mismo contexto, pero al lado contrario, estarían los que, en vez de rentabilizar la respetabilidad o el temor, instrumentalizan la pena para despertar compasión y fingen estar más apurados de lo que están o, teniendo capacidad de abandonar la indigencia mediante un esfuerzo razonable, prefieren vivir de la ayuda de otros. Ese sería el caso de los pícaros en el Siglo de Oro, quienes, mezclándose con los muchos y auténticos pobres, parasitaban la caridad que predicaba el catolicismo «robando al verdaderamente necesitado y pobre, lisiado, impedido del trabajo, a quien aquella limosna pertenecía».[4] De modo que, igual que hizo el poeta Focílides de Mileto en el siglo IV a. C., podemos concluir que, con independencia de la clase social a la que uno pertenezca, «el laborioso gana su vida; el perezoso la roba».[5]

Vidas robadas y colonizadas por parásitos fueron las de todos los esclavos que ha conocido la historia. También ellos fueron víctimas sacrificadas por asociaciones gansteristas, aunque estuvieran respaldadas y auspiciadas por gobiernos como el de Leopoldo II de Bélgica,[6] responsable de un cruentísimo genocidio en el Congo. Pero, además de reyes y gobiernos, hubo muchos más traficantes independientes que se enriquecieron esclavizando africanos. Uno de los más activos y ominosos en España fue Pedro Blanco Fernández de Trava,[7] que llegó a convertirse en la novena fortuna del país a finales del siglo XIX, justo antes de hundirse su imperio; pero también hubo respetados «hombres de negocios» que construyeron sus fortunas mediante el tráfico de esclavos, como Joan Güell,[8] que levantó así un imperio familiar textil y metalúrgico y lo compaginó con una carrera política entusiasta que lo llevó a convertirse en diputado en las Cortes españolas y durante la cual, cómo no, se opuso con firmeza a la abolición de la esclavitud. Al fin y al cabo, para parasitar vidas ajenas con impunidad lo más rentable es parasitar primero las estructuras de control social.

¿Qué pasaba en los cerebros de todas las personas que toleraron e incluso defendieron la perpetuación de semejante gansterismo que explotaba a otros seres humanos? En muchos de ellos, un pensamiento muy simple: resolver esa injusticia perjudicaba (o temían que perjudicara) sus intereses personales de forma directa o indirecta, aunque solo fuera teniendo que posponer sus propias preocupaciones para ocuparse de otras que no les afectaban y, además, debiendo enfrentar la presión de grupo de un sistema social que, con distintas justificaciones o el silencio cómplice, defendía esa aberración. Resulta tan fácil rehuir ese esfuerzo... Sobre todo, porque, incluso ante situaciones menos extremas, tendemos a eludir nuestros errores y contradicciones a través del mecanismo mental de la «disonancia cognitiva»:[9] un cúmulo de argumentaciones más o menos racionalizadas bajo el que pretendemos esconder nuestra responsabilidad. «No he tenido más remedio», «otro en mi lugar habría hecho lo mismo», «cada cual tiene que cuidar de sí mismo», «bastante tengo con mis problemas»... Seguro que se te ocurren otras frases similares con las que alargar esa lista. A través de ellas, activamos una especie de «sistema inmune psicológico»[10] que intenta proteger nuestra autoimagen para que no veamos en ella la más mínima mancha de inmoralidad o incompetencia y podamos seguir enfocados en nuestros objetivos vitales con la misma motivación.[11]

Por otro lado, que nos interrumpan mientras tratamos de alcanzar algún objetivo nos incomoda y, si el estorbo en cuestión disminuye la probabilidad de que lo alcancemos, se enciende nuestra ira.[12] No digamos ya cuando esa interrupción ocurre porque alguien decide plantar delante de nuestras narices una de esas contradicciones que delatan los motivos gánsteres que tanto nos hemos esforzado por ocultar hasta a nosotros. Lo habitual es que nos sintamos atacados y que reaccionemos; como mínimo, mostrándonos ofendidos con aspavientos verbales y físicos y, cuando sobra el poder y falta la empatía, incluso con algún contraataque. Cuantas menos justificaciones reales se tienen, mayor suele ser esa indignación reactiva, que, por teatral que sea en el fondo, añade más combustible a la maquinaria de la disonancia cognitiva de algunos para poder señalar como atacantes peligrosos a quienes, en realidad, son sus víctimas. Por eso, no sorprende que los esclavistas acusaran de violentas y salvajes a las personas a las que esclavizaban o que haya abusos laborales que intenten justificarse como medidas necesarias porque los trabajadores son «perezosos que necesitan mano dura». Por injusta y cruel que sea una medida, siempre puede construirse una narrativa para justificarla. Eso sí, puede resultar tan poco creíble como lo fue la imparcialidad del esclavista Joan Güell como político.

Creerse con derecho a imponer a otros unas condiciones laborales despiadadas que ellos jamás aceptarían es una convicción que muchos humanos conservan, como demuestra que el número de esclavos siga contándose en millones en nuestro presente. Según la Organización Internacional del Trabajo, la organización Walk Free y la Organización Internacional para las Migraciones,[13] 49,6 millones de personas (de las cuales el 69 % son mujeres) están atrapadas en diversas formas de esclavitud. De ellas, 27,6 millones —más de la mitad— son esclavas en trabajos forzados en industrias basadas en el trabajo manual (agricultura, ganadería, tala, minería, pesca, fabricación de ladrillos...) o en industrias de servicios (limpieza, hostelería, jardinería, servicio doméstico...); 6,3 millones ejercen la prostitución contra su voluntad; 22 millones están atrapadas en matrimonios forzados; y 12,3 millones son niños, de los cuales 10,7 están en matrimonios forzados o son explotados sexualmente.

No solo se trata de personas a quienes les han robado su vocación. Otros seres humanos les han robado sus vidas por completo y, casi siempre, empleando técnicas tan deleznables como el engaño, el aislamiento, la coacción y la violencia, con las que buscan destruir su equilibrio psicológico y someter su voluntad. Muchos no resisten esa presión y quienes lo logran suelen hacerlo a costa de sufrir mayores índices de depresión, ansiedad, trastorno de estrés postraumático y pensamientos suicidas.[14] Ese riesgo resulta mayor aún para los más jóvenes, que todavía necesitan figuras de apego protectoras y pueden ver afectadas, además de su salud mental y física, su autonomía posterior como adultos y su integración en la sociedad por haber sido expuestos a situaciones tan tremendas como las de los niños soldados.[15] Así, quienes han sufrido esclavitud durante su infancia presentan con mayor frecuencia un «estilo de apego ambivalente». Es decir, su primera actitud hacia otras personas es desconfiar, pero, con demasiada frecuencia, acaban implicándose en relaciones abusivas porque, al haber «normalizado» algunas de sus características, su necesidad de recibir interés y afecto los lleva a pasar por alto algunas señales que otros identificarían como peligrosas de inmediato.[16] Lo peor de esa asociación es que se prolonga en el tiempo y funciona en ambas direcciones. Aunque se escape de la esclavitud, existe mayor riesgo de acabar cayendo en una relación abusiva, tanto en el papel de víctima como en el de agresor o en ambos a la vez, en función de las vivencias previas concretas y los perfiles de cada cual; igual que haber sufrido maltrato en la infancia supone un mayor riesgo de vulnerabilidad ante el acecho de redes criminales de explotación.

Pero no hace falta una situación tan extrema como la esclavitud para que el futuro psicológico y profesional de un menor penda de un hilo. Hasta en los países donde los derechos humanos son respetados de forma más escrupulosa y en entornos tan pacíficos de entrada como los centros escolares, puede surgir otro tipo de abuso de efectos devastadores: el acoso escolar o *bullying*,[17] en el que son los propios niños quienes se convierten en verdugos de sus compañeros. A muchos adultos les cuesta aceptar esta realidad, más aún cuando son sus propios hijos los señalados como agresores. Su instinto parental y su propia autoestima como educadores tienden a protegerlos y a justificarlos y, aunque es verdad que resulta difícil simplificar sucesos que suelen tener causas multifactoriales, que una, dos o más personas hayan recurrido a la violencia en algún momento no quiere decir que ninguna de ellas sea responsable de la decisión que tomó, por muy jóvenes que sean.

Cuesta creer que algunos de esos encantadores bebés que conocemos vayan a transformarse en jóvenes gánsteres. A los tres meses, dan claras señales de que prefieren a las personas sociables y evitan a las antisociales;[18] pero a los nueve meses... incluyen entre sus preferidos a otra categoría más ambigua: aquellos que ponen a raya a quienes amenazan sus intereses o los de su grupo, aunque sea de forma agresiva.[19] Por suerte, no todas las familias optan por la violencia a la hora de defender sus derechos o los de sus bebés frente a los ajenos y, al elegir opciones menos violentas, favorecen que su prole integre y escoja hábitos más constructivos.

Pero, incluso entre las personas más pacíficas, educar «moralmente» tiene un fuerte componente cultural. No solo en cuanto a los códigos sobre qué es «correcto» y qué «incorrecto», sino al enfoque mismo del «discurso moral» que practican. Por ejemplo, al comparar familias estadounidenses con japonesas,[20] ambos grupos coinciden en el uso de la misma técnica: reclamar la atención de sus bebés ante situaciones que aportan información ética, como que un personaje ayude a otro o le dé un empujón. Pero, respecto a la narrativa que emplean, el enfoque cambia por completo. Las familias estadounidenses ofrecen un discurso basado en la catalogación de quien ayuda o empuja como amable o descortés, mientras que las japonesas enfatizan los sentimientos de alegría o tristeza de quien es ayudado o empujado, sobre todo, cuando resulta herido. Para entender el enfoque nipón resultan útiles dos términos de difícil traducción para nosotros y que están relacionados con nuestro concepto de «empatía». Por un lado, *ishindenshin*, una comunicación en la que apenas hay signos y que, por tanto, ocurre en silencio casi en su totalidad; y, por otro, *omoiyari*, un componente de esa comunicación que consiste en percibir lo que pasa por la mente del otro para ponerse en su lugar y actuar en consecuencia. Algo así como «entenderse sin palabras» y «consideración o benevolencia» para construir ese diálogo mudo.[21] Generalizar diciendo que la cultura japonesa es más empática que la estadounidense sería excesivo. Al menos, si tenemos en cuenta que, en los sistemas judiciales de ambos países, todavía existe la pena de muerte en varios supuestos y que, según un informe de la Organización Mundial de la Salud prepandémico, sus tasas de suicidio (que podrían interpretarse como un gran indicador de fracaso social) fueron de 15,4 por cada 100.000 habitantes en el caso de Japón y de 14,5 en Estados Unidos.[22] En España, fue de 5,3 por cada 100.000 habitantes, pero tampoco deberíamos apresurarnos en sacar conclusiones; menos aún, sobre los españoles en edad escolar. Según el Centro Nacional de Estadística, catorce menores de 15 años se suicidaron en 2019 y trescientos de entre 15 y 29 años,[23] de los cuales no podemos saber sus edades desglosadas ni cuántos sufrieron *bullying*.

Además de aumentar el riesgo de suicidio, sufrir acoso incrementa el de otros trastornos mentales, que pueden afectar también a los propios acosadores[24] e, incluso, a los meros observadores.[25] La profesora Lisa Feldman Barrett, experta en neurociencia afectiva, tiene claro que no importa si el abuso es solo verbal:

> Cuando las personas abusivas usan palabras como armas para maltratar, manipular y controlar a otros, sus víctimas también se vuelven más vulnerables a la ansiedad, la depresión, la ira, los trastornos del estado de ánimo en la juventud, las alteraciones inmunológicas y la disfunción metabólica. Las evidencias científicas son más que suficientes. La conexión entre el abuso verbal y las enfermedades de la mente y el cuerpo ya no debe ser minimizada ni ignorada.[26]

Pero ¿cómo llegan algunos niños a acosar a sus semejantes de tal forma que las víctimas acaban viendo la escuela como un infierno en vez de como un entorno de aprendizaje? ¿Cómo puede ser que algunos menores sacrifiquen el futuro vocacional y laboral de otros? Por supuesto, los acosadores no se plantean sus actos en esos términos. Por no plantearse, ni se plantean si son acosadores o no. «Dar su merecido», que aporta ese falso tinte de justicia, acostumbra a ser una expresión que usan y que esconde, en realidad, altas dosis de rabia. Tanta como para que haya habido casos en los que, después de que la víctima optara por suicidarse, sus verdugos lo hayan celebrado en redes sociales con frases como «por fin está muerta» o «voy a mear en su tumba».[27] Semejante odio, a veces, es propio y, otras, transferido desde otros entornos porque, a su vez, lo han mimetizado o son víctimas de otros tipos de violencia o de exclusión social. Pero entender esa ira, siempre ansiosa por encontrar presuntos culpables o chivos expiatorios sobre los que descargarse, debería ser uno de los objetivos para desarticularla cuanto antes y convertir las escuelas en espacios acogedores donde cualquier persona pueda desarrollar su potencial desde la infancia en plena libertad y sin miedo.

Quienes presentan algún tipo de diversidad respecto a la media tienen más probabilidad de estar en el punto de mira, como lo estuvo Pinocho, el personaje de Collodi, cuando entró por primera vez en una clase.

> Sonó una carcajada interminable. Unos le hacían una broma, otros otra. Uno le quitaba de la mano el gorro; otro le tiraba de la chaquetilla por detrás; otro más intentaba pintarle con tinta unos grandes bigotes bajo la nariz. Alguno incluso trataba de atarle unos hilos a los pies y a las manos para hacerle bailar.[28]

Eso sí, el niño de madera era más duro, literalmente, que sus compañeros de carne y hueso y los mismos que descubrieron lo doloroso que era golpear su leñoso cuerpo también descubrieron que dolía más aún recibir una patada o un codazo suyo. «El hecho es que, después de aquella patada y aquel codazo, Pinocho se ganó enseguida la estima y la simpatía de todos los chicos de la escuela.»

Por desgracia, los menores no tienen la dureza física ni psicológica que protegía a Pinocho y, en plena época de afianzamiento de su sociabilidad y autoestima, deben afrontar numerosos desafíos por óptimo que sea el entorno que los rodea. La hiperexposición que generan las redes sociales multiplica esos retos por resolver. Por una parte, estimula su hambre de reconocimiento externo, ese que tanto placer produce en nuestro cerebro[29] y que, cuando no llega o resulta menor que el esperado, genera eso que algunos llaman «comparanoia» por la frustración de no sentirse a la altura de las idílicas vidas que otros muestran en sus perfiles; a la vez que abre la puerta a otra modalidad de acoso que no sabe de horarios escolares ni de límites geográficos y que tanto puede herir a sus víctimas atacando su reputación: el *cyberbullying*.

De modo paradójico, la reputación mal entendida o intentar lograrla a cualquier precio también suele ser la motivación de muchos acosadores, como si estuvieran demasiado ansiosos por demostrar su compromiso grupal atacando cualquier amago de amenaza. Para ellos, las personas que se alejan de las señales identitarias comunes entran de forma automática en la lista de sospechosos y, poniendo su mirada escrutadora sobre ellas, es fácil que interpreten alguna de sus acciones u omisiones como una agresión y desaten su ira. El problema radica en que, aparte de lo injusto de esa reacción, el detonante está en la percepción del acosador y no en los actos de la víctima. Por lo que la mera presencia de alguien considerado «indigno» de pertenecer al grupo por cualquier rasgo físico, psicológico o ideológico puede ser clasificado en esa categoría. Incluso alguien que destaque en lo positivo puede ser víctima de esa dictadura de la media y recibir un «castigo antisocial».[30] Ese que también recibió Pinocho de sus compañeros cuando empezó a comportarse bien y a sacar buenas notas porque los hacía «quedar mal con el maestro».

Ese impulso gansterista que antepone los intereses del grupo incluso a las normas oficiales resulta más acusado entre los menores de ocho años y entre los que no ven peligrar su reputación,[31] pero puede modularse con una intervención tan sencilla como explicarles que el presunto adversario comparte sus mismos intereses. De repente, también comparten sus recursos con mayor generosidad.[32] En adultos, encontramos el mismo efecto. Algunos lo llaman «altruismo parroquial» y podemos verlo en acción tanto entre parroquianos de religiones diferentes que muestran mayor empatía hacia sus hermanos de fe[33] como entre los hinchas de equipos deportivos distintos que son capaces de recibir como a un ángel a un nuevo miembro de su club y como a un diablo a cualquiera del rival.[34] No importaría que ese oponente en cuestión acabara de donar todos sus ahorros en beneficio de los pobres. Nuestra empatía funciona así.

En escenarios neutros, nos mostramos más empáticos;[35] pero, en cuanto alguna clase de comparación eclipsa nuestra mente, nuestro instinto da un paso adelante, se viste con los colores de su equipo y trata de imponerse haciéndonos creer hasta que las patadas que reciben los jugadores de «los otros» duelen menos que las que reciben «los nuestros».[36] Al menos, mientras no sean «los nuestros» quienes empiecen a atacarse las espinillas unos a otros. Lo cual nos desconcertaría en extremo.

Un grupo en el que sus miembros compitieran de forma agresiva pronto dejaría de estar unido.[37] Porque, como humanos, podemos tolerar que alguien reciba más beneficios que el resto de forma puntual; pero, cuando aparecen agresiones aleatorias, incluso cuando no van dirigidas hacia nosotros, nuestra predisposición a colaborar cae en picado.[38] Es así de simple, en situaciones adversas pero justas, mantenemos la cohesión a través de la generosidad mutua; pero, en situaciones adversas injustas..., es más fácil que recurramos a estrategias más agresivas, como la extorsión,[39] ni que sea con la amenaza de abandonar el equipo. Al fin y al cabo, lo que esperamos de un grupo, además de conexión identitaria, es protección y ese favoritismo que, por mucha comprensión que tenga ante los problemas de los demás, sabemos que antepondrá los nuestros.[40]

A cambio de esa pertenencia y de esa protección, muchos niños son capaces de tolerar el sufrimiento de otros. No por maldad, sino por miedo a recibir el mismo trato que el agredido si lo defienden y por la presión de grupo; más aún cuando los cabecillas de ese acoso son los miembros más populares y enfrentarse a ellos sería arriesgarse a ver rebajado su estatus. Sí, también a los niños les preocupa su reputación, en especial cuando otros los observan.[41] Tanto que, a los cinco años, ya son capaces de mentir para intentar mejorarla,[42] aunque fracasen a lo grande como el pequeño William Erasmus Darwin robando pepinillos. Después, de adultos, su obsesión perdura y, hasta cuando sus faltas resultan patentes, tienden a negarlas o relativizarlas. Un ejemplo clásico es la «defensa de Núremberg», esa que usaron muchos nazis cuando fueron juzgados al acabar la Segunda Guerra Mundial y con la que buscaban salvar su reputación y, de paso, su pellejo disolviendo su responsabilidad en la estructura militar a la que servían.

Escudándose en negaciones parecidas y para no ser acosados, muchos niños toleran el acoso hacia sus propios compañeros o están dispuestos incluso a convertirse en líderes de ese hostigamiento. Los más proclives a ejercer el papel de verdugos son los acosados previamente en otros entornos, como sus propias familias, al proyectar en el entorno académico su necesidad de reafirmación con la misma estrategia disfuncional que han aprendido. Si esa dinámica no se corrige, también puede extenderse a ámbitos educativos posteriores, sea en institutos, escuelas profesionales o universidades[43] y con lo que eso supone de coartación para los derechos de muchos niños y jóvenes que, en el peor de los casos, abandonarán sus vocaciones y, en el mejor, deberán abordarlas con un sobresfuerzo considerable.

Tampoco los trabajos son ajenos a ese tipo de gansterismo, aunque en su caso usemos un término específico: *mobbing*[44] o «acoso laboral». La mayoría de lo dicho hasta ahora sobre *bullying* es válido para los entornos profesionales solo con que intercambies «niños» por «trabajadores». Porque, allí donde hay comunidades humanas en las que debe colaborarse y existe la percepción de una jerarquía reputacional modificable, surgen tensiones. Algunos de los trabajadores más competitivos recurren a todas las estrategias a su alcance para mejorar su estatus y no dudan en usar una «agresividad de guante blanco» o «violencia de oficina» mejor o peor disimulada. Los más peligrosos de ellos son los agresivos por naturaleza, esos que responden con un exceso de sensibilidad a las provocaciones.[45] En parte, por el mal procesamiento que hacen de sus propias emociones e inseguridades y, en parte, por la mala regulación de su corteza prefrontal medial,[46] que los convierte en bombas sociales con patas esperando explotar ante el menor pretexto. Lo peor ocurre cuando esos individuos tan susceptibles logran llegar hasta puestos directivos y, endiosados por la sensación de poder e impunidad, descargan su ira de una manera más o menos subrepticia hacia los empleados que señalan sus deficiencias o las de su empresa. Muchas veces ni tienen que molestarse en tomar ellos la iniciativa. Como ocurría en el entorno escolar, suele haber otros compañeros dispuestos a hacer el trabajo sucio con la esperanza de ganarse el favor del líder de turno o de eliminar parte de la competencia haciendo que los más díscolos se marchen y prueben su vocación en otro sitio, si es que aún les quedan ganas.

En un ámbito superior al de las empresas, los gobiernos y sus organismos también pueden ejercer el gansterismo a través de la violencia institucional, sea porque la perpetren o porque amparen la de otros gánsteres. Las policías que se exceden en sus funciones o los sistemas jurídicos que favorecen determinados intereses particulares a costa de sacrificar otros son ejemplos palmarios de esa violencia, pero podemos reconocerla también en muchos trámites burocráticos que pretenden desanimar a quienes solicitan determinadas ayudas a través de ellos o buscan amparo ante alguna injusticia. De hecho, una burocracia hipertrofiada acostumbra a ser una de las señales más evidentes de la existencia de ese maltrato deliberado y del intento de disimularlo tras una compleja maraña de departamentos, cargos y subcargos que dicen seguir procedimientos administrativos u órdenes de sus superiores para no asumir responsabilidades. La pensadora Hannah Arendt lo expresó con contundencia:

> Cuanto mayor sea la burocratización de la vida pública, mayor será la atracción que ejerza la violencia. En una burocracia totalmente desarrollada no queda nadie con quien debatir, nadie a quien presentar quejas [...]. La burocracia es la forma de gobierno que priva a todos de la libertad política y de la capa-

cidad de actuar, porque el gobierno de Nadie no deja de ser un gobierno, y porque allá donde todos carecen igualmente de poder lo que existe es una tiranía sin tirano.[47]

Es decir, la hiperburocratización es la hermana melliza del silencio administrativo, ese inmovilismo institucional que pretende evadir sus responsabilidades demorando *sine die* la evaluación de «presuntos» abusos y esperando que el paso del tiempo agote a los demandantes o haga que sus demandas prescriban o, al menos, parezcan venir de un pasado demasiado remoto. Solo que la burocracia es aún más sibilina, porque en vez de negar una respuesta, hace recorrer a quien la pide un laberinto de trámites enrevesados que deben cumplimentarse con escrupulosidad para no quedarse atrapado en un callejón sin salida por culpa de algún tecnicismo.

En contra de lo que podría pensarse, quienes trabajan para instituciones públicas no juegan con ventaja para defenderse de ese gansterismo. Para empezar, porque la burocracia les ha preparado un laberinto especialmente diseñado para contener sus reivindicaciones. Por una parte y en general, algunos controles aplicados a entidades públicas suelen ser más laxos que los realizados a empresas privadas o pierden su capacidad para imponer según qué tipo de sanciones. Y, por otra, organismos específicos que deberían defender a los funcionarios, como función pública, recurren con frecuencia en sus comités a asesores que trabajan o han trabajado para los estamentos cuya rectitud pretende valorarse. Incluso puede darse el caso de que uno de esos expertos deba ser evaluado por aquellos con los que habitualmente colabora. Si alguien señala el conflicto de intereses que eso supone por el sesgo de favoritismo de endogrupo, la reacción será la esperable en alguien que solo puede recurrir a la disonancia cognitiva: ofenderse y acusar de malicioso a quien señala lo evidente.

Sí, cuanto más poder se tiene, más fácil es que las reivindicaciones más delicadas sean percibidas como incordios y que generen más pereza ante el mayor esfuerzo y asunción de responsabilidades que supondría atenderlas y, también, más ira, por poner un espejo frente a una autoimagen maquillada que debería mostrar un mayor compromiso ético y, de pronto, evidencia su perfil menos favorecedor. Como respuesta a ese problema solo caben tres opciones: la autocrítica responsable, victimizarse para responder con una contraofensiva o la negación cínica de que exista problema alguno. La última es la más cómoda y, por eso, la que suelen usar las altas instancias etiquetando cualquier evidencia de abuso o injusticia como «caso excepcional» que debería contextualizarse y justificarse para mantener el *statu quo* en aras de un presunto bien mayor, es decir, como un «sacrificio». Así, desde esa perspectiva, «tener razón» no consiste en un proceso ascendente hacia la verdad sustentado en la solidez de los hechos, sino en la imposición descendente de un objetivo ante el que todo lo demás resulta interpretable y relativo, un convencimiento arrogante que el sociólogo Boaventura de Sousa definió como una «razón indolente, perezosa, que se considera única, exclusiva, y que no se ejercita lo suficiente como para poder mirar la riqueza inagotable del mundo»,[48] ni, mucho menos, las opiniones de quienes la cuestionan.

Enfrentar el gansterismo en todas sus formas, y más aún el infiltrado en las instituciones públicas, puede parecer un reto inasumible; pero más inasumible resulta ignorarlo y permitir sus consecuencias: una sociedad cómplice del sacrificio de inocentes, la vulneración del derecho a un trabajo justo y al descanso de millones de personas en todo el mundo y una espiral creciente de cinismo que disminuye el compromiso social de los ciudadanos, hasta el de los más altruistas, a favor del «sálvese quien pueda». No solo se trata de que un entorno de injusticia generalizada favorezca la hipocresía y el individualismo[49] y de que un egoísmo mayoritario disminuya, a su vez, la posibilidad de éxito de cualquier colectivo ante los muchos retos que debe enfrentar.[50] Entre quienes sufren una mayor violencia sin amparo de sus sociedades ni esperanza de justicia es más fácil que aparezcan más problemas de salud y una mayor ira reactiva[51] que acabe convirtiéndose en una sed de venganza tan carente de empatía como el trato recibido, incluso cuando esa violencia adopta la sibilina forma de la exclusión social.[52] No podemos olvidarlo: la crueldad engendra crueldad o, como expresó el célebre monstruo nacido de la pluma de Mary Shelley a su megalómano artífice:

> Creedme, Frankenstein, yo era bueno; mi espíritu estaba lleno de amor y humanidad, pero estoy solo, horriblemente solo. Vos, mi creador, me odiáis. ¿Qué puedo esperar de aquellos que no me deben nada? Me odian y me rechazan. [...] ¿Acaso no es lógico que odie a quienes me aborrecen? No daré tregua a mis enemigos. Soy desgraciado, y ellos compartirán mis sufrimientos.[53]

Para evitar que el gansterismo parasite nuestra sociedad y enferme a sus ciudadanos de distintas formas, debemos atajarlo desde sus manifestaciones más sutiles, como algunas narrativas de explotación disfrazadas de «cultura del esfuerzo», a las más precoces, como el *bullying*. Las buenas noticias son que disponemos de diferentes vías (educativas, legales, sociales, sanitarias...) para hacerlo y que el arma que debemos usar en todas ellas, la empatía, está al alcance de cualquiera y hasta puede entrenarse.[54] Solo así podremos crear una sociedad justa en la que el camino profesional que elija y siga cada cual resulte lo más libre posible, que bastante complicado resulta ya hacerlo sin sufrir la presión de ningún gánster.

9

Invierte en tu futuro, pero... ¿en cuál de todos?

El controvertido arte de la orientación profesional y la optimización del talento

Hoy en día, quien más quien menos tiene asumido que su grado de satisfacción vital dependerá, en buena medida, del camino laboral que tome. Eso que la mayor parte de los mortales llamamos «trabajo», pero que, en un sentido histórico más amplio, ha incluido situaciones de subsistencia tan extremas y opuestas como sentarse a esperar mientras tus sirvientes se encargan de todo o verte convertido en un esclavo sin derechos. De modo que, en primer lugar, deberíamos considerar la elección profesional como un lujo que no todos pueden ni han podido permitirse. Por un lado, porque, en diversas culturas y en distintos momentos, se ha restringido el acceso de determinadas personas a ciertas profesiones; a veces, mediante un peaje académico inasumible para según qué bolsillos y, a veces, en bloque, como fue el caso de las mujeres durante milenios. Y, por otro lado, porque el pragmatismo y la resignación fueron las únicas vocaciones posibles para una mayoría abrumadora, casi siempre, bajo el auspicio de modelos sociales estratificados impuestos por la religión, como el sumerio. Pero, incluso en el mejor de los casos, disponer de acceso formativo al empleo anhelado tampoco garantiza nada. Como advirtió la periodista, traductora y escritora Clarice Lispector: «La vocación es diferente del talento. Se puede tener vocación y no tener talento, es decir, se puede ser llamado y no saber cómo ir»,[1] por excelentes que sean los guías que nos señalen la ruta óptima o por mucho que insistan en perpetuar una tradición familiar unos progenitores o la presunta voluntad del dios Enlil.

Encontramos ejemplificados los dos extremos anteriores en la Roma del siglo I a. C. gracias a la prole del político y filósofo Marco Tulio Cicerón. Su hijo, a quien puso su mismo nombre y que, por razones obvias, recibió el sobrenombre de Cicerón el Menor, fue educado desde el nacimiento para que siguiera los pasos de su padre hasta el Senado. Pero de poco le sirvió. Ni los mejores profesores ni todas las facilidades que le dieron lograron despertar su destreza política y acabó dedicándose a un oficio mucho más expeditivo: el militar. Por contra, la hija de Cicerón el Mayor, Tulia, sí mostró una mente despierta y una gran empatía, pero, según la costumbre, el único propósito vital al que pudo aspirar fue el del matrimonio. La casaron a los dieciséis, enviudó al año siguiente, volvieron a casarla a los veintitrés y, tras cinco años, la hicieron divorciarse para desposarla en terceras nupcias a los veintiocho con un vividor con quien tuvo dos hijos que murieron al nacer y una vida conyugal desastrosa que abandonó a los treinta y cuatro, cuando fue ella quien murió y buscó la paz en los Campos Elíseos.[2]

Durante siglos, solo hubo dos alternativas para los pocos que pudieron elegir su camino profesional: avanzar desde sus muestras de talento más precoces mediante la técnica del «ensayo y error» o consultar qué dirección seguir a alguna divinidad a través de rezos u oráculos. Más tarde, durante el Renacimiento, una mayor fe, pero en las capacidades humanas, dio pie a toda una revolución cultural que, entre sus muchas áreas de estudio, también se preguntó por los desencuentros entre la vocación sentida y las circunstancias personales y sociales de cada aspirante. Fue entonces, en 1529, cuando apareció el que podríamos considerar como el primer manual de orientación profesional de Occidente: el *Examen de ingenios para las ciencias*,[3] del médico español Juan Huarte de San Juan. Pronto se convirtió en un superventas; pero, más allá de centrarse en identificar diferencias temperamentales y los presuntos rasgos físicos que podrían anunciarlas, contribuyó a mantener dos estereotipos nefastos del machismo elitista que había heredado su autor (por vía masculina, por supuesto) de épocas anteriores. A saber, la resignación ante el fracaso académico porque «quien bestia va a Roma, bestia torna» y que las mujeres, por su temperamento «húmedo y frío» según la doctrina galénica, no tenían ingenio para las artes ni las ciencias. Peor aún, convencido de esa presunta inferioridad, el tratado en cuestión pretendía ahorrarles disgustos a los futuros padres y, transformándose en uno de los primeros manuales eugenésicos, llegaba a explicarles «qué diligencias se han de hacer para que salgan varones y no hembras»; y no cualquier tipo de varones, solo de esos que no son «mujeriles» ni «mariosos» ni «inclinados a hacer obras de mujeres, y que caen ordinariamente en el pecado nefando».[4]

Ironías del destino, quien tomó el relevó a Huarte de San Juan a principios del siglo XX y aplicó un enfoque mucho más científico a la orientación profesional fue un gay:[5] el escritor estadounidense Frank Parsons. Su libro *Eligiendo una vocación*[6] también reconoció la existencia de una predisposición personal hacia ciertas ocupaciones, pero señaló por igual la influencia de diversos factores ambientales para alentarla y también tuvo muy en cuenta el papel del entorno de cada cual como fuente de oportunidades para poder desarrollarla o, en caso de que las circunstancias resultaran demasiado adversas, para abandonarla y buscar alternativas más viables en un ejercicio práctico de adaptabilidad. Su propio recorrido biográfico debió de ayudarlo a entender lo maleable que puede resultar la vocación bajo el influjo de numerosos factores internos y externos; porque, aunque se formó como ingeniero civil y trabajó de joven en una empresa ferroviaria, terminó en la calle al llegar la crisis financiera de 1873 y decidió ejercer de peón y maestro de escuela para salir adelante. Después, estudió Derecho y ejerció de abogado; pero no parece que lo satisficiera y acabó dedicándose a escribir libros sobre temas legales y a la docencia en la Universidad de Boston durante unos años, hasta que prefirió dirigir sus energías hacia el activismo social, la investigación, la creación de una Oficina de Vocaciones y la redacción del famoso texto que publicó un año antes de morir.

Muchos aspiran a un recorrido laboral menos zigzagueante que el de Parsons y recurren a alguno de los muchos orientadores que han desarrollado su trabajo y el de sus sucesores. Desde los centros escolares, algunos docentes suelen ejercer ese papel y, a falta de bolas de cristal eficaces, hacen uso de diferentes tipos de test con los que intentan emparejar determinados perfiles de personalidad, intereses y capacidades con determinados perfiles de trabajos. O sea, lo mismo que pretendió el doctor Huarte de San Juan en el siglo XVI. Así, se convierten en una especie de casamenteros profesionales (como sinónimo de «ocupacionales» más que de «expertos») que, a la hora de valorar con quién emparejar a cada uno de sus protegidos, suelen tener muy en cuenta, como cualquier buen casamentero, el poderío económico de cada opción; es decir, las salidas laborales de cada perfil profesional. Incluso algunos orientadores se preocupan de medir el porcentaje de alumnos que, después, llegan a encontrar trabajo y, si la cifra resulta razonable, se dan por satisfechos. Pero ¿qué es lo que miden? ¿Satisfacción vocacional o empleabilidad? ¿Ideales o pragmatismo? ¿La vocación debe ser práctica? ¿Debería ser el dinero la principal variable para inclinar la balanza de la vocación? ¿La reputación de cada empleo? ¿O que el talento personal redunde en beneficio del bien comunitario? ¿Incluso si la persona talentosa prefiere ignorar su don y dedicarse a otra actividad que le aporte mejor salario o en la que no arriesgue su salud física o mental?

Conscientes de todo lo que se juegan, los postulantes más ambiciosos buscan el empleo perfecto y, convencidos de haber descubierto la fórmula para encontrarlo, aspiran al *ikigai*: un término japonés que popularizó la psiquiatra, escritora y traductora Mieko Kamiya[7] y que señala como destino vital óptimo allí donde convergen lo que amas, en lo que eres bueno, lo que puede costear tus necesidades y lo que necesita el mundo. Un objetivo tan apetecible como desafiante que lleva a la frustración a muchos de quienes lo persiguen sin alcanzarlo y a no pocos hiperresponsables que sí lo alcanzan al «síndrome del impostor»,[8] que explica su desasosiego constante cuando, al compararse con las expectativas curriculares de un mercado hipercompetitivo, sienten que no están a la altura del puesto logrado. Sí, la búsqueda del *ikigai* puede acabar convirtiéndose en una ceremonia de *harakiri*.

En los últimos años, algunos profesionales y gurús de la orientación vocacional han invocado un nuevo argumento para respaldar sus métodos y sus negocios: la neurociencia. La psicóloga Katherine Benziger, por ejemplo, propuso en 1994 un modelo para medir el talento natural de una persona clasificándola según el funcionamiento de sus «cuadrantes cerebrales».[9] Según su particular teoría, el cerebro tiene cuatro estilos de pensar: el «frontal izquierdo», basado en el análisis lógico-matemático; el «frontal derecho», a partir de la creatividad; el «basal izquierdo», que prioriza el monitoreo del cumplimiento de objetivos; y el «basal derecho», que antepone los valores y la espiritualidad. En su opinión, todos los cerebros tendrían los cuatro cuadrantes en funcionamiento, pero, en cada individuo, existiría uno dominante, dos auxiliares y otro que quedaría relegado. Mediante esa clasificación, el modelo Benziger ofrece a los buscadores de vocaciones un retrato personalizado de su perfil de pensamiento y, a nivel global, cuatro categorías en las que repartir a todas las personas y, por extensión, sus ocupaciones ideales: las analíticas (finanzas, banca, medicina, ingeniería...), las creativas (arte, literatura, diseño, publicidad...), las controladoras (secretariado, abogacía, biblioteconomía, manejo de vehículos y maquinaria...) y las voluntariosas (trabajo social, docencia, interpretación, sacerdocio...).

No es una clasificación novedosa, pero sí aún más reduccionista que la que hizo, en 1921, el psiquiatra y escritor Carl Gustav Jung al hablar de «tipos psicológicos»,[10] basados en la combinación de la «actitud» de extroversión o introversión de cada individuo con su «funcionamiento» mediante el pensamiento, el sentimiento, la sensación o la intuición y que, aún hoy, algunos orientadores usan como guía.[11] Según esta teoría, podríamos decir que una persona pensadora-introvertida podría dedicarse a la investigación histórica; una sentimental-introvertida, a la poesía; una sensitiva-introvertida, a la elaboración de perfumes; una intuitiva-introvertida, a la filosofía; una pensadora-extravertida, a la divulgación científica; una sentimental-extravertida, a la interpretación; una sensitiva-extravertida, al comidismo *instagramer*; y una intuitiva-extravertida, al *coaching*.

¿Cuál de esos modelos avala la neurociencia? Ninguno.[12] Ni tan siquiera la seductora «teoría de las inteligencias múltiples»[13] de Howard Gardner tiene un respaldo científico sólido y no deja de ser otro intento más de clasificar distintos procesos mentales en categorías separadas. Pero lógica y emocionalidad no son opuestas ni excluyentes,[14] sino procesos simultáneos que suceden en nuestro cerebro a cada instante y en diferente proporción según el momento, como si se tratara de una orquesta que interpreta una melodía en la que, a veces, destaca el ritmo que marca la percusión; otras, los acordes de los violines; y, en algunas ocasiones, ambos a la vez. Por supuesto, no todas las personas tienen la misma habilidad para tocar un instrumento determinado, aunque sea un tambor. Ni tan siquiera para asistir como espectadores a un concierto de *k-pop* o a una ópera y apreciar los matices de la música o la coreografía. Como defiende la neurocientífica Sophie Kerttu Scott, hay muchas variaciones personales en cómo recogemos y procesamos la información que nos rodea, pero reducirlo a la lógica del hemisferio izquierdo y la creatividad del derecho no es un enfoque ajustado a lo que sabemos sobre el funcionamiento del cerebro.[15]

Otros defienden que, según la intensidad con la que entrenemos nuestro cerebro, podremos llegar a niveles de mayor o menor excelencia. Es decir, que la práctica deliberada ejercita el talento. Así lo defendió un estudio encabezado por el psicólogo Karl Anders Ericsson que examinó a varios estudiantes de violín con habilidad suficiente para convertirse en solistas internacionales.[16] Cuando comparó a quienes poseían un talento sobresaliente frente a quienes carecían de él, la única variable que resultó significativa fue el promedio de horas que habían practicado. De modo que los virtuosos superaban las diez mil y los demás, no. Ese hallazgo podría haberse explicado porque el talento suele llevar a practicar más horas y no al revés; pero sirvió al periodista y sociólogo Malcolm Gladwell para argumentar la idea de la «regla de las diez mil horas» como camino para lograr la excelencia[17] y hasta propuso una escala de cómo alcanzarla: con una hora, aprenderíamos lo mínimo de una disciplina; con diez, lo básico; con cien, el promedio; con mil, llegaríamos a especialistas; y, con diez mil, a maestros.

Ojalá fuera tan sencillo y bastaran diez mil horas frente a un piano para transformarse en Wolfgang Amadeus Mozart; pero no. Un metaanálisis que comparó cien grupos de estudiantes de distintas disciplinas tumbó, desde sus cimientos, la escala de Gladwell: no existe evidencia alguna de que la cantidad de horas de práctica deliberada determine la excelencia que alcanzan los jugadores de videojuegos, los músicos, los deportistas o los profesores.[18] En buena parte, porque la rapidez y la profundidad con la que cala el aprendizaje en un cerebro determinado depende de otros muchos factores, como las capacidades innatas que aporta la genética de cada individuo[19] o el ambiente emocional en que recibe ese adiestramiento.[20]

Por un lado, sabemos que los eventos emocionales se recuerdan con mayor claridad, precisión y durante más tiempo que los eventos neutrales porque la activación de la amígdala, encargada de las emociones, mejora el procesamiento de cualquier estímulo y la consolidación del recuerdo que evoca.[21] Razón por la que la memoria emocional resiste mejor las manipulaciones externas para crear falsos recuerdos.[22] Y, por otro lado, también existen diferencias innatas respecto a los distintos tipos de memoria que tenemos (visual, auditiva, semántica, motora, emocional...) y, en lo que a las emociones se refiere, respecto a la interpretación y el manejo que hacemos de nuestros sentimientos y de los ajenos en función de cómo trabajan nuestras «neuronas espejo».[23] De esas células, dispersas por varias áreas cerebrales, depende tanto nuestra introspección como nuestra empatía, ya que organizan nuestra conciencia y la información que proviene de nuestros sentidos; en especial, cómo entendemos los propósitos de los demás a través de sus movimientos y cómo planificamos los nuestros propios. Gracias a ellas, podemos aprender por imitación durante la infancia,[24] pero con un precio. Porque, aunque comprendiéramos a la perfección la técnica y los movimientos usados por un profesor de piano que pretendiera adiestrarnos, aprenderíamos poco si, durante sus clases, nos dirigiera todo tipo de improperios y gestos despreciativos que minaran nuestra autoestima pianística.

En tal caso, es más que probable que la actitud de nuestro maestro ejecutara (en un sentido militar y no musical) nuestra vocación. Poco importaría que hubiéramos sido bendecidos por la genética con el don del «oído absoluto»,[25] la capacidad de asimilar la música como un lenguaje más y poder traducir al instante cualquier vibración de frecuencia con la nota que le corresponde. Wolfgang Amadeus Mozart demostró esa capacidad desde los siete años según una carta de un admirador anónimo[26] y, gracias a su entorno familiar, la desarrolló para convertirse en uno de los mayores genios de la historia de la música. Su padre Leopold, músico al servicio del príncipe arzobispo de Salzburgo, tuvo mucho que ver en que siguiera su estela. Se volcó en su educación desde el primer instante y, como le enseñó a interpretar minués como un juego a los cuatro años, ya componía pequeñas piezas musicales que interpretaba para su padre a los cinco. Y no solo se trató de una cuestión de entrenamiento, sino, sobre todo, de búsqueda de aprobación paternal. Porque, durante la infancia, forjamos nuestra autoestima a través del reconocimiento afectivo que recibimos de las personas en quienes más confiamos, y ¿qué opinión puede importarnos más que la de nuestros padres? Entonces ¿qué vocación cumplió Wolfgang? ¿La suya o la de su padre (que, por cierto, estaba empujada por un cúmulo de deudas urgentes)? ¿La de ambos? Cuesta saberlo. Igual que cuesta saber a menudo dónde acaba el apoyo de un progenitor y comienza la manipulación emocional para empujar a un hijo hacia una ocupación concreta.

Lo que sí sabemos y está documentado es que su hermana Maria Anna fue bendecida por igual con el don genético del «oído absoluto», que vivió en el mismo entorno musical y que su célebre hermano alabó, en sus cartas, la hermosura de su trabajo y la animó a seguir componiendo y practicando. Así lo hizo ella cada día, no menos de dos horas diarias, aunque, «desde 1769 en adelante [a los dieciocho años], ya no se le permitió mostrar su talento artístico en los viajes con su hermano, ya que había alcanzado la edad de contraer matrimonio».[27] Seguro que su padre tuvo presente esa expectativa social desde su nacimiento y que, consciente de ella, por más que apoyara a su hija para que desarrollara su talento musical, la mayor atención que dedicó a Wolfgang Amadeus le dejó claro que ese no era el propósito vital que se esperaba de ella.

No hace falta una presión emocional como la que se respiraba en la casa de los Mozart para que un niño sienta cómo se examinan y juzgan sus habilidades; que, para algunas cosas, sabemos presionarnos nosotros solitos, y desde bien pequeños. Nuestro instinto primario de «evita el dolor, busca el placer» nos empuja a anhelar el «refuerzo positivo» de los halagos, sonrisas y aplausos de quienes nos rodean y a eludir el «refuerzo negativo» de sus reprimendas, malas caras o simples expresiones de desconcierto.[28] Y, como tenemos un cerebro anticipador que no para de calcular las posibilidades de que esos desenlaces se produzcan con la intención de escoger el futuro más favorable, desde nuestras primeras etapas, tendemos a evitar las actividades que evidencian nuestras carencias ante los demás y preferimos realizar las que se nos dan bien. De modo que, con más o menos conciencia propia y con más o menos intención ajena, quien más quien menos modula sus deseos vocacionales a la vez que va forjando su autoestima. Visto así, hasta la costumbre de algunos adultos de presentar a sus hijos a otros como «artistas», «responsables» o «deportistas» no es tan inocente como podría parecer e, igual que otros muchos factores más, contribuiría a una autoimagen concreta que podría dirigirlos hacia determinados sectores profesionales. Así que imagínate qué habría pasado con tu vocación si tu padre te hubiera presentado ante el príncipe arzobispo de Salzburgo como la futura superestrella de la música.

La pregunta inevitable resulta demasiado tentadora, sobre todo, por ejemplarizante: ¿qué habría sido de los hermanos Mozart en nuestra época de haber crecido en el mismo entorno musical? ¿Se habrían convertido en compositores? ¿Habría bastado el empeño de su padre Leopold para que siguieran sus pasos? Resulta imposible asegurar nada. Pero es evidente que las dos criaturas, pese al remanente de machismo que aún impera en nuestra sociedad, tendrían oportunidades mucho más parejas y que, al disponer de más alternativas a su alrededor, la posibilidad de que se dejaran tentar por alguna otra ocupación sería mucho mayor. Como puso Thomas Harris en boca del personaje del doctor Hannibal Lecter en *El silencio de los corderos*: «Empezamos a codiciar con cosas tangibles, empezamos con lo que vemos todos los días».[29] Lo cual, en el caso de la vocación, quiere decir que empezamos a codiciar las vocaciones existentes a nuestro alrededor y que, en esa hipótesis en que trasladamos a Wolfgang Amadeus y Maria Anna del Salzburgo ultramelómano del siglo XVIII al heterogéneo siglo XXI, el tanteo que hicieran de sus otras destrezas, cómo fueran valoradas por su entorno y sus aspiraciones sociales podrían hacer que se vieran a sí mismos como posibles arquitectos, programadores, banqueros, políticos, médicos, diseñadores gráficos o, si compartieran el sueño de muchos jóvenes de hoy en día, *youtubers*. Incluso podrían inclinarse por la vocación musical, pero proyectándola de un modo distinto según la información, las oportunidades y las motivaciones que encontraran en su camino y acabar dedicándose a la composición de bandas sonoras para series, películas y anuncios o quién sabe si al rap callejero. El anhelo vocacional, como cualquier otro deseo humano, es la confluencia entre los impulsos internos y las posibilidades externas y, por tanto, como ya entendió Frank Parsons, es vulnerable a las influencias culturales de cada lugar y momento.

Hasta quienes eligen profesiones de perfil altruista lo hacen muchas veces porque otros despertaron esa idea en su cabeza y no tanto por un proceso de reflexión propio. Por ejemplo, un estudio de 2006 de la Universidad de Zaragoza[30] encontró que un 70 % de los universitarios que escogieron Medicina reconoció haberlo hecho por algún factor externo, sobre todo, por presión familiar (16 %) o de tutores o amigos (15 %); por haber tenido un contacto estrecho con la enfermedad durante su infancia (15 %) o por influencia de series televisivas sobre médicos (12 %). Eso sí, dentro del subgrupo de quienes tenían familiares de primer grado trabajando como médicos, el motivo para seguir sus pasos fue su familia en un 90 %. Es decir, al más puro estilo mozartiano.

¿Dónde queda entonces la vocación de servicio de los médicos y otros profesionales considerados altruistas? Pues, según una revisión que incluyó estudiantes de veinticuatro países distintos,[31] en sus circunstancias vitales y, más en concreto, en el nivel socioeconómico en que hayan crecido. De modo que, en los países de ingresos medio-altos, las motivaciones fundamentales para estudiar Medicina fueron la seguridad laboral, el estatus social y la presión familiar, mientras que, entre los alumnos de países de ingresos bajos, aparecieron esas mismas razones, pero junto al servicio a los enfermos. Lo cual parece señalar que, al menos en proporción, quienes provienen de entornos sociales donde debe lucharse por las necesidades más básicas son más conscientes de ellas y las tienen más en cuenta a la hora de vivir su vocación como un servicio a los demás.

Por último, otro factor que influye de forma poderosa en las aspiraciones vocacionales es la edad en que se eligen. De modo que resultaría natural que una niña comenzara diciendo que quiere ser doctora-astronauta, descubriera la filología inglesa por el camino, acabara trabajando como traductora y, con el paso de los años, descubriera que su auténtica pasión era el *marketing online*. Ni tan siquiera hace falta dar grandes saltos en la secuencia vital de una persona para percibir esos golpes de timón. Basta pensar en la adolescencia, esa época en que algunos adultos intentan imponer a los jóvenes su criterio (también respecto a qué camino profesional seguir) con el argumento de esa «falta de experiencia» e «impulsividad» que hizo que Homero pusiera en boca del prudente Antíloco: «No te son desconocidas las faltas que comete un mozo, porque su pensamiento es rápido y su juicio escaso»;[32] mientras que el dramaturgo Terencio hizo replicar desde otro texto al fogoso Clitifo:

> ¡Qué injustos jueces son los padres cuando dicen de nosotros que incluso en nuestros días de muchachos debemos ser viejos en conducta y no gustar nada de las mismas cosas que la juventud y solo la juventud requiere! Nos gobiernan por sus deseos presentes, no por sus deseos pasados, perdidos hace mucho tiempo.[33]

¿Qué árbitro podría zanjar esa disputa que dura milenios? La neurociencia, dando la razón al joven Clitifo y matizándola con la opinión de Antíloco. Porque podemos explicar ese desencuentro intergeneracional gracias a los sesgos cognitivos. Según un estudio de la Universidad de California,[34] la visión de los adultos sobre la juventud está distorsionada por varias razones. La primera, la de minusvalorar las capacidades de los adolescentes actuales porque, al compararlas con las suyas propias a su misma edad, tienden a atribuirse rasgos positivos que, en realidad, desarrollaron al envejecer e ignoran otros negativos que su memoria fue arrinconando inconscientemente al elaborar la narrativa mental de su yo adulto. De hecho, los niños de una generación, en general, suelen ser más listos que los de la anterior por el llamado «efecto Flynn»,[35] aunque esa tendencia se haya estancado en los últimos años en varios países de Europa, según algunos investigadores, por el efecto nocivo de la contaminación ambiental sobre el neurodesarrollo infantil.[36]

Los adultos deberíamos tener una mirada más empática hacia los adolescentes y recordar que pasamos esa misma etapa, con todo lo que ello supone. A un nivel psicológico, porque compartimos sus mismas dudas y angustias, también profesionales, aunque fuera en contextos diferentes; y, a un nivel más físico, porque nuestro cerebro también pasó por el mismo proceso de «poda neuronal»[37] que el de ellos, con todo el alboroto reorganizativo que eso supone. De las cuarenta mil nuevas sinapsis por segundo que hacíamos en la infancia (esas con las que aprendíamos tan rápido y realizábamos asociaciones mentales tan caóticas en ocasiones), tuvimos que pasar a la mitad más o menos. Es decir, entre los doce y los veinticuatro años fuimos alcanzando poco a poco la cifra óptima de conexiones neuronales necesarias. Lo cual implica mielinizar con especial esmero las más usadas y eliminar el cableado que podría distraer al cerebro con algún chispazo de reacciones infantiles remanentes.

Es lo que pasa, por ejemplo, cuando el lóbulo frontal (encargado de controlar los impulsos) está aún inmaduro y tiene que vérselas con las emociones que le envía la amígdala, desarrollada a la perfección en la adolescencia, y, por si eso fuera poco, con las áreas de recompensa y placer que producen dopamina ansiosas por recibir estímulos.[38] Un cóctel perfecto de emociones e impulsividad entremezclado con una pizca de hedonismo que sirve de corroboración neuroquímica para Aristóteles cuando escribió que «los jóvenes están en una condición como de embriaguez permanente, porque la juventud es dulce y están creciendo».[39] Ese es el cerebro en formación que debe elegir su futuro informándose según sus capacidades y recursos y dejándose aconsejar por otros cerebros más o menos adultos. Y, por si fuera poco, en un contexto donde los avances tecnológicos parecen indicar que, en un futuro próximo, algunos trabajos desaparecerán y abundarán los que deberán ejercerse de modo distinto del que estamos acostumbrados. ¿Dónde queda la vocación y la orientación profesional ante semejante panorama? ¿Hacia dónde encaminarse cuando la niebla de la incertidumbre desdibuja todos los senderos y rutas conocidas? ¿Podemos anhelar tan siquiera una vida teórica en ese porvenir ignoto?

El filósofo Agustín de Hipona zanjó la cuestión con rotundidad hace siglos: «Ningún hombre estudioso, ningún curioso ama lo desconocido, ni aun en la hipótesis de insistir con ardor en conocer lo que ignora».[40] Y, si planteamos la misma cuestión a la neurociencia, su respuesta tampoco es halagüeña. Como mucho, nuestro cerebro puede aventurar algunos escenarios posibles de futuro y, al hacerlo, incurrirá, como mínimo, en dos errores. El primero, el de incluir en sus cálculos únicamente las variables que conoce e ignorar otras muchas que podrían determinar un desenlace imprevisto; y el segundo, el de aplicar a esos cálculos un enfoque emocional capaz de alterar sus estimaciones con un pesimismo tan negro que podría atraparlo en el inmovilismo o un optimismo tan deslumbrante que podría cegarlo y hacerlo avanzar hacia el desastre. Con cada nuevo avance tecnológico, los seres humanos han acostumbrado a dividirse hacia uno de esos dos extremos en función de sus circunstancias. Fuera en el bando de quienes se resistieron a la introducción del amianto como material textil durante la Revolución Industrial porque perjudicaba sus intereses laborales o en el de sus entusiastas defensores que, sin saberlo, promovieron y difundieron el uso de una sustancia cancerígena por la que, aún en la actualidad, mueren cada año cientos de miles de personas en todo el mundo.[41]

La reducción del número de rutas profesionales fiables ha estimulado, como consecuencia, el ansia formativa de muchos para pertrecharse lo mejor posible contra ese futuro nebuloso. De hecho, nuestro presente ya resulta lo bastante incierto como para que muchos buscadores de empleo hayan llegado a la conclusión de que no hay puestos decentes y seguros para todos y estén consumidos por la misma ansia. Como suele ser habitual, el libre mercado ha sabido cómo sacar provecho de esta situación: multiplicando las ofertas preparatorias y «optimizadoras» para acceder a esos puestos y, así, rentabilizar el anhelo vocacional de multitudes en largos y costosos procesos formativos que venden la idea de que, para abrirse camino hasta esas plazas tan restringidas, basta con trabajarse un currículum hipermusculado. Esa preparación curricular obsesiona a algunos de tal manera que, como escribió Agatha Christie bajo seudónimo, podemos afirmar que «la educación es nuestro fetiche»;[42] y, en lo que al mercado laboral se refiere, la excusa perfecta para rechazar a la mayoría de los candidatos sin darles grandes explicaciones, pero transmitiéndoles la idea de que aún no han estudiado lo suficiente. Existen ofertas formativas hasta para aquellos que, por falta de tiempo o presupuesto, no pueden permitirse la vía más «académica» para acceder a su empleo soñado. Tienen a su disposición infinidad de cursos especializados, seminarios e itinerarios reducidos avalados por universidades y empresas de reputación demostrada. Basta echar un vistazo a ciertas plataformas de formación *online* para comprobar la superabundancia de esas ofertas y lo mucho que prometen; aunque, después, a efectos prácticos, no se consideren equiparables a la formación «tradicional» en la mayoría de los ámbitos laborales y, a lo sumo, permitan el acceso a los puestos más precarios y con una mayor tasa de recambio porque la mayoría de los trabajadores no pueden cubrir gastos con los sueldos que ofrecen y acaban dejándolos.

En la misma línea optimizadora para convertirnos en mejores empleados, hasta nuestra parte más íntima y emocional es considerada educable, y facturable. En su caso, a través de servicios de mentoría o *coaching* y del entrenamiento de las denominadas «habilidades blandas» o *soft skills*. Un concepto creado, por cierto, por la armada estadounidense a finales de los años sesenta[43] para pulir las habilidades sociales de sus reclutas e integrarlos mejor en la disciplina grupal de sus batallones. No parece que el objetivo de ese adiestramiento haya cambiado mucho desde entonces. Porque, en general, lo que busca es fomentar cualidades de buen soldado, como la actitud positiva, la autodisciplina o la adaptabilidad, y, sobre todo, imponer una interpretación muy concreta de las relaciones laborales donde el trabajador es visto como un mero subordinado que acepta someterse y sacrificarse por un objetivo mayor que él mismo y debe delegar su capacidad crítica en sus superiores. En definitiva, un modelo militarista al que podríamos ofrecer como alternativa otro mucho más empático: el de un pacto laboral entre un empleado que acepta determinadas obligaciones con un empleador a cambio de ciertas compensaciones y derechos, incluidas, cómo no, la protección de su salud física y mental.

Por desgracia, esa cultura militar del trabajo está muy extendida y convierte cualquier queja, por argumentada y justa que sea, en un desafío a la autoridad, en una salida de tono que será despreciada de inmediato por romper la disciplina esperada. No importa la calma que logre reunir un trabajador para mostrar su desacuerdo. Por pequeño que sea el destello de su lógica indignación, será interpretado por sus superiores como una falta de control emocional y, ¡ay!, los buenos soldados no pueden permitirse semejante desliz. Sufrir en silencio y mantenerse en su posición. Ese es su deber sagrado. Cualquier otra conducta será reprendida e, incluso, castigada, como supieron y saben bien todas las mujeres que, a lo largo de la historia, decidieron reivindicar sus derechos, también laborales, frente a la dominación patriarcal.

10

¿Existen las vocaciones azules y las vocaciones rosas?

Por qué no deberíamos discriminar a nadie con argumentos sexuales

El sexismo es otra variante de gansterismo. Es la única manera de entender cualquier intento de personas afines para dominar a otras e imponerles su opinión sobre cómo deben vivir su sexoafectividad o sus aspiraciones vitales y profesionales a costa de estigmatizarlas, negarles derechos o castigarlas en caso de que osen contradecirlas. Es mucho más que orgullo hincha del propio género o condescendencia hacia quienes lucen los colores de otro. Se trata de un ataque planificado que intenta esconder tras presuntas «racionalizaciones» su auténtica motivación: favorecer los intereses de un grupo concreto y acaparar determinados sectores laborales, pese a la evidencia de que hombres, mujeres y quienes entienden su identidad de forma menos dicotómica son igual de valiosos para trabajar en la construcción de la mejor sociedad posible. Por eso, en vez de buscar espacios de diálogo social y argumentar mediante la lógica, los miembros de esas milicias prefieren los grupos de presión y las soflamas que apelan a sus propias abstracciones de conceptos como «la familia» o a presuntas autoridades sobrehumanas o ideológicas; y, por la misma razón, aspiran a invadir y dominar espacios académicos y mediáticos desde los que expandir aún más los modelos que defienden. Así que se trata de un gansterismo con delirios imperialistas.

Desde hace milenios, las mujeres conocen bien lo que ese totalitarismo representa: una guerra por el control social que Virginia Woolf describió a la perfección en *Un cuarto propio* al referirse al tono airado con el que algunos varones predican supuestas limitaciones femeninas. Porque «cuando el catedrático insistía un poco demasiado enfáticamente en la inferioridad de las mujeres no estaba preocupado por la inferioridad de ellas, sino por su propia superioridad. Eso era lo que estaba protegiendo con tanto ímpetu y con demasiado énfasis, porque era una joya para él de la más rara calidad».[1] Veinte años después de Woolf, la filósofa Simone de Beauvoir condensó esa injusticia en el título de una de sus obras más famosas: *El segundo sexo*,[2] donde defendió los derechos laborales y salariales como herramientas revolucionarias que han permitido recuperar a las mujeres buena parte del terreno que les arrebataron.

En efecto, reconocer el valor del trabajo femenino supuso un gran avance, pero fue insuficiente para muchas personas, como la multifacética Luce Irigaray, quien, más allá de acaparamientos profesionales y brechas salariales, señaló la discriminación de la mujer desde estructuras culturales aún más básicas, como las teorías psicológicas de la época o el lenguaje mismo y su «discurso falocéntrico». Lo hizo con tanta contundencia que su tesis doctoral, *Espéculo de la otra mujer*,[3] fue prohibida en cuanto se publicó y le valió la expulsión de la Universidad de Vincennes y de la escuela psicoanalítica en la que había militado. Pero acertó de pleno al señalar el auténtico objetivo de las culturas patriarcales: que solo los hombres decidan cómo organizar todo lo relacionado con la sexoafectividad y, de paso, puedan librarse de los esfuerzos más arduos del cuidado del hogar y la descendencia. Es decir, articular toda la sociedad alrededor de la arrogancia y la pereza masculina. De esa arrogancia posesiva es de donde procede también el miedo de muchos hombres a ser «deshonrados» por sus parejas y, como proyección colectiva de esa inseguridad individual, las distintas estrategias de control de «decencia» que establecieron diversas culturas: la monogamia, el matrimonio, las sanciones a las mujeres que practiquen sexo fuera de él, el patriarcado y la primogenitura masculina... y, por supuesto, una actitud tolerante hacia los «deslices» de los varones. En definitiva, un juego amañado por una mafia que impuso una doble moralidad que, hicieran lo que hicieran ellas, reservaba a los hombres el derecho de despreciarlas en cualquier caso. Sor Juana Inés de la Cruz, que prefirió el convento al matrimonio, expresó la perversidad de esa dinámica a la perfección: «Siempre tan necios andáis / que, con desigual nivel, / a una culpáis por cruel / y a otra por fácil culpáis».[4]

No todas las culturas han sido patriarcales. Algunas ni se plantearon que las mujeres tuvieran que casarse para considerarlas «honestas». Incluso en la actualidad, tenemos el caso de los *mosuo*[5] cerca de la frontera con el Tíbet. Para ellos, el linaje y las propiedades se heredan por vía femenina y, aunque un hombre ejerza como su líder político (más que nada porque los varones de otras comunidades solo quieren negociar con otros varones), es elegido por las mujeres, quienes, además, son las cabezas de familia de los clanes. Su idea de la sexualidad y la reproducción es menos patriarcal aún. Una mujer puede invitar a su casa a quien quiera para tener sexo, pero luego el hombre vuelve bajo el techo de su madre, donde vivirá el resto de su vida, por más que la pareja en cuestión decida prolongar sus encuentros. El «poliamor» está bien visto tanto en hombres como en mujeres y, en caso de que nazca un niño de alguna de esas relaciones, todos los habitantes del hogar de la madre lo cuidarán, incluidos sus tíos y primos. Conceptos como divorcio, viudez o soltería son ajenos para ellos. Pero, frente a su sexualidad igualitaria, sí distribuyen las tareas por sexos: las mujeres se encargan de las actividades domésticas como limpiar y cocinar, alimentar al ganado y confeccionar tejidos; mientras que los hombres cazan, pescan y construyen viviendas. Eso sí, su sexualidad progresista tiene límites y, como colectivo, no reconocen que puedan existir las prácticas homosexuales.[6]

Sí las reconocieron muchas otras culturas junto a identidades de género fluidas; bien para censurarlas, como los católicos por considerarlas un pecado contra el que el único remedio es la abstinencia;[7] bien para integrarlas, como hicieron los indios navajos con los *nádleehí*, considerados por algunos como «dos espíritus», no tanto porque representen un tercer género donde se combine lo femenino y lo masculino, sino porque son manifestaciones de la interconexión cósmica de todo lo existente, incluidos los géneros.[8] Como otras realidades humanas, la existencia de deseo entre algunas personas del mismo sexo fue interpretado de diferentes modos en distintos entornos. En la antigua Roma, se mantuvo la dualidad de lo masculino frente a lo femenino en función de quién penetraba a quién llegado el caso e, igual que las mujeres eran consideradas inferiores a los hombres, quien adoptara el rol «pasivo» sufrió la misma degradación de estatus; mientras que las relaciones entre mujeres, aun sin prohibiciones legales explícitas, suponían una ofensa contra la obligación social de casarse y procrear en un imperio con altas necesidades de soldados por sus considerables tasas de mortalidad en el frente, pero también por el bajo porcentaje de niños que sobrevivía a su etapa infantil.[9] Por eso, al margen de algunas representaciones más lúbricas, la única historia romana medianamente romántica entre dos mujeres, la de Ifis e Iante, hace lamentarse a la primera con un «no tendrá contacto conmigo; tendremos sed en medio de las aguas» y hace intervenir a la diosa Isis para que pueda convertirse en un varón. Así todo encaja a nivel cultural y mecánico y «el joven Ifis hace suya a Iante»[10] en palabras de Ovidio, quien, como buen portavoz de un imperio patriarcal, se asegura de dejar claro en una sola frase quién pertenece a quién.

Durante milenios la valía de las mujeres se midió a través de su «respetabilidad» como esposas. Para quienes vivieron esa injusticia, como ocurrió en el siglo XVIII con la filósofa

Mary Wollstonecraft, madre de la escritora Mary Shelley, casarse, cuando se hacía tan solo por obligación, no era otra cosa que «prostitución legal».[11] Distintas escritoras de ficción pusieron en boca de sus personajes las reivindicaciones femeninas de aquella época; como hizo Louisa May Alcott en *Mujercitas* al sentenciar a través de Meg: «Los hombres tienen que trabajar y las mujeres se casan por dinero. Es un mundo terriblemente injusto».[12] En 1909, la actriz y escritora Cicely Hamilton fue más allá y publicó un ensayo entero sobre el tema. Lo tituló *El matrimonio como oficio*[13] y, en él, denunció que suponía unas normas laborales semejantes a la esclavitud e ironizó con que la prostitución, por lo menos, permitía negociar algunas de esas condiciones y facilitaba un medio de subsistencia. Wollstonecraft, Shelley, Hamilton y May Alcott (que prefirió usar el apellido de su madre Abigail May, una defensora de los derechos de la mujer y los esclavos que, además, fue una de las primeras trabajadoras sociales remuneradas)[14] fueron pioneras en una época opresiva presuntamente moderna que no solo fiscalizaba la conducta femenina. Sus opiniones y hasta su forma de vestir estaban sometidas al mismo escrutinio masculino. La novela *Fortunata y Jacinta*, de Benito Pérez Galdós, nos muestra ese mismo panorama en la España de mediados del siglo XIX y, además de narrarnos las correrías eróticas del burgués Juanito Santa Cruz, nos ofrece un detallado catálogo de imposiciones sociales:

> Las señoras no se tienen por tales si no van vestidas de color de hollín, ceniza, rapé, verde botella o pasa de Corinto. Los tonos vivos las encanallan, porque el pueblo ama el rojo bermellón, el amarillo tila, el cadmio y el verde forraje; y está tan arraigado en la plebe el sentimiento del color que la *seriedad* no ha podido establecer su imperio; sino transigiendo.[15]

No satisfechos con haberse impuesto en numerosas culturas a través de un mero dimorfismo biológico y el inestimable respaldo de algunas religiones, muchos gánsteres sexistas de épocas posteriores han usado otra estrategia más para imponer su criterio sobre la sexualidad: proyectarlo sobre su interpretación del pasado para convertirlo en una falsa corroboración de sus ideas. A veces con premeditación y alevosía, como al masculinizar a la sanadora del siglo XII Trótula de Salerno como Trótulo; y otras, por pura miopía masculina desenfocada más aún por el ego, como al querer relegar a las mujeres a un segundo plano durante la prehistoria y pretender atribuir actividades como la caza, la guerra o incluso el arte rupestre tan solo a los varones. Por suerte, las mujeres han ido ocupando el puesto que les corresponde en la arqueología y, gracias a la complementariedad de su perspectiva femenina y a la mejora de las técnicas de investigación, hoy resulta incontestable que hubo mujeres cazadoras, guerreras o pintoras desde las primeras etapas de la humanidad.[16]

Por el contrario, si tuviéramos que escoger actividades que algunas mujeres sí pudieron realizar a diferencia de cualquier hombre, esas fueron las de gestar, dar a luz y amamantar a las siguientes generaciones. La escritora Adrienne Rich lo expresó de forma contundente: «La vida humana de este planeta nace de la mujer. La única experiencia unificadora, innegable, compartida por mujeres y hombres, se centra en aquellos meses que pasamos dentro del cuerpo de una mujer, desarrollándonos».[17] El problema vino cuando algunos varones decidieron de forma unilateral que la crianza fuera una tarea solo femenina y la convirtieron en una servidumbre. Durante siglos y en diversas culturas, ser madre fue el único propósito vital «honrado» que se les ofreció a todas las mujeres que no optaran por el celibato religioso. Aquellas que rechazaron esa posibilidad o fueron incapaces de procrear (aunque la razón estuviera en sus parejas masculinas) pasaron a etiquetarse como inferiores. No importó qué otras cualidades tuvieran. Habían fallado a las expectativas patriarcales. Muchas de las fértiles tampoco tuvieron un destino demasiado halagüeño. Algunas, por no alumbrar el ansiado primogénito, como les ocurrió a las seis mujeres de Enrique VIII, dos de ellas decapitadas por orden de su marido; y otras, por ir encadenando un embarazo tras otro en condiciones fisiológicas poco favorables que ponían en riesgo sus vidas en cada nueva gestación, en cada nuevo alumbramiento y en cada nuevo puerperio.

Hasta finales del siglo XIX no empezamos a tener datos fiables sobre cuántas mujeres morían durante el parto o por sus complicaciones: una de cada cien nacimientos. A partir de 1937 la cifra fue reduciéndose poco a poco hasta una quincuagésima parte. Por supuesto, tuvieron mucho que ver algunas innovaciones médicas, como el lavado de manos que había impulsado la enfermera Florence Nightingale, las transfusiones de sangre o el descubrimiento de antibióticos contra el *Streptococcus pyogenes*, principal causa de infecciones relacionadas con la maternidad. Pero, aun así, seguían muriendo más madres dentro de los hospitales que fuera de ellos. Lo que marcó la diferencia fue otro cambio más importante, uno que corrigió a la vez dos atropellos sexistas de muchos siglos atrás. En vez de las prácticas agresivas que usaban muchos médicos incluso en los partos no complicados, recuperaron su protagonismo las parteras;[18] esas mismas que habían sido perseguidas por brujería en el pasado y que, cuando los hombres ocuparon los sillones de las academias y enfocaron su agresividad en competir entre ellos, pudieron continuar con su trabajo entre las clases más modestas a la espera de que el sentido común y la evidencia volvieran a reclamarlas. Fue el resurgir de toda una profesión. Las presuntas brujas fueron redescubiertas como hadas madrinas, pero, por desgracia, aún fueron tratadas como cenicientas durante muchos años más.

Porque, lejos de igualar su estatus laboral al de los hombres, en el mundo sanitario, las siguieron considerando como meras adláteres bajo la autoridad de los varones. Sí, podían colaborar en las actividades de la profesión como matronas, enfermeras o auxiliares, pero ellos siguieron reservándose el papel de sumos sacerdotes con la última palabra. Habría que esperar unos cuantos siglos más para que la profesión médica comenzara a feminizarse y aparecieran también los primeros hombres parteros, enfermeros o auxiliares. Incluso hoy en día, no todos los sectores médicos presentan la paridad por sexos que cabría esperar y, cuando examinamos el más precarizado de todos ellos, la Atención Primaria, hasta cabe preguntarse si la aplastante mayoría femenina es un triunfo, el resultado de un éxodo masculino hacia especialidades menos estresantes y mejor remuneradas o una combinación de todo lo anterior.

Desde una perspectiva histórica más amplia, resulta evidente que ser etiquetadas como maternales y protectoras ha empujado a muchas mujeres hacia tareas no remuneradas, como el cuidado de los hijos, los familiares dependientes y el hogar, o abusivas y peor pagadas en comparación con los salarios masculinos. La protección, la entrega, el servicio, la resignación y, por supuesto, el sacrificio fueron atributos sociales impuestos a las primeras profesiones femeninas «respetables». Las ya citadas en el ámbito sanitario son un buen ejemplo de ello, pero podríamos añadir al listado otras profesionales de quienes se espera que sacrifiquen sus necesidades en favor de sus superiores o de aquellos a quienes sirven: maestras, dependientas, azafatas, empleadas del hogar... Allí donde las mujeres podían proyectar alguna de sus facetas maternales, fueron recibidas con los brazos abiertos y, allí donde podían conseguir independencia o autoridad sin someter su sexualidad a la de los hombres, señaladas como amenazas e incluso como «poco femeninas». Al menos, hasta que llegó el siglo XX y las grandes guerras internacionales y, con la mayor parte de los varones en el frente y no pocas mujeres acompañándolos, el mundo laboral tuvo que abrirse más aún al sexo femenino, mientras, eso sí, los hombres seguían acaparando los puestos de poder.

No es un secreto. A muchos hombres no les gusta trabajar liderados por mujeres. Sobre todo, los que han sido educados en culturas patriarcales. Así lo mostró un estudio realizado en escuelas públicas de Nueva York que reflejó que la probabilidad de que los profesores varones solicitaran un traslado cuando su centro estaba dirigido por una mujer era un 12% mayor que cuando lo dirigía un hombre y que, una vez pedido ese cambio, la mayoría escogían escuelas dirigidas por varones.[19] En contrapartida, ese efecto estaba ausente cuando el director era un hombre y los otros docentes mujeres. Lo cual indicaría dos posibilidades: que las directoras eran peores que los directores o que los profesores eran más susceptibles que las profesoras. Otro estudio del entorno neoyorquino resuelve esa disyuntiva, porque, en general, no existen diferencias entre hombres y mujeres en cuanto a su capacidad y estilo de liderazgo[20] y los estudios que sugieren que podría haber algunas pequeñas favorecen a las líderes femeninas como más transformadoras que los masculinos[21] y con mayor capacidad de aprender a mejorar sus habilidades.[22]

Además de esa susceptibilidad de muchos hombres, la investigación señala que los varones son más vulnerables a interferencias sexuales en el ámbito profesional, incluso en contextos filantrópicos. Así, cuando alguno ve que otro dona una cantidad determinada a una recaudadora de fondos atractiva, tiende a hacer una donación mayor que si el recaudador fuera un hombre o no hubiera visto una donación masculina previa; mientras que las mujeres no muestran esa competitividad cuando quien recauda es un varón atractivo y ven a otra mujer hacer una donación antes.[23] Lejos de ser anecdótico, ese fenómeno nos ofrece una gran pista sobre el motivo por el que los sistemas patriarcales convierten a las mujeres en trofeos virtuosos o sexuales por los que competir y que, por supuesto, son repudiados cuando rompen sus expectativas.

Pero que los hombres compitan por sentirse los preferidos de una mujer en concreto no implica necesariamente que su interés sea romántico o busquen comprometerse. La misma ambivalencia que proyectan los varones como colectivo en su expectativa de tener parejas virtuosas y amantes apasionadas la expresan en su propia conducta dependiendo del porcentaje de mujeres disponibles en su entorno.

> En las áreas urbanas, con un menor surtido masculino, los hombres refirieron preferir el sexo casual y estar menos interesados en comprometerse. En áreas aisladas, los hombres se describían a sí mismos como menos promiscuos y más comprometidos con la pareja. En general, numerosos estudios indican que los hombres están más dispuestos a asentarse y casarse —y esa estabilidad conyugal es mayor— cuando los hombres son relativamente abundantes respecto a las mujeres.[24]

Vamos, que el compromiso masculino es tan variable como cualquier mercado regido por la oferta y la demanda. Algunas teorías han atribuido a las mujeres una mayor predisposición al compromiso y una menor tendencia al sexo casual con el argumento de que, ante un embarazo, serían ellas quienes invertirían más «costes» (gestación, parto, lactancia...) y, conscientes de ello, serían más selectivas con sus parejas.[25] Simplificar el deseo sexual femenino en un planteamiento tan rentabilista parece aventurado. Por un lado, porque no todas las culturas entendieron de la misma manera la mecánica de la procreación. Las mujeres awá-guajá del Amazonas brasileño, ya que «pueden relacionarla con el semen (que se ve) pero no con la ovulación, creen que el feto exige una constante aportación de esperma para formarse, lo que las obliga a sostener relaciones sexuales durante el embarazo con varios hombres del grupo, a quienes ellas eligen, y que serán después los *múltiples* padres del bebé».[26] Y, por otro lado, muchas culturas desarrollaron técnicas abortivas desde épocas tan remotas que podrían llegar al 2700 a. C. en el caso de China.[27] Por lo que el sexo vinculado a la expectativa de procrear con un varón en concreto no parece haber sido una norma universal. Incluso existieron ocasiones en que el aborto se convirtió en un arma revolucionaria. La exploradora y botánica Maria Sibylla Merian así lo documentó en el siglo XVII al explicar la razón por la que muchas nativas y esclavas de la colonia sudamericana de Surinam recurrían a la llamada «flor de pavo real» por los colonos y ayoowiri por los chamanes del Amazonas. «Las indígenas que no son bien tratadas por sus amos holandeses utilizan las semillas para abortar a sus hijos, para que sus descendientes no se conviertan en esclavos como ellas. Las esclavas negras de Guinea y Angola han exigido recibir mejor trato, amenazando con negarse a tener hijos.»[28]

Por supuesto, en cuanto al sexo se refiere, han existido culturas más o menos puritanas y más o menos hipócritas respecto a su puritanismo; pero, sin considerar presiones sociales, ya no se sostiene aquello de que los hombres lamentan las oportunidades de sexo casual que dejan pasar y ellas, las pocas que han aprovechado.[29] Donde sí se aprecian diferencias de percepción entre géneros es en lo que muchas culturas consideran una transgresión entre relaciones estables: la infidelidad. Cuando hombres y mujeres examinan la de otras parejas, con independencia del sexo del presunto «infractor», ellas son más estrictas que ellos al juzgar qué consideran como una infidelidad y, quizá por la perspectiva que aportan los años, las personas más mayores son menos estrictas que las más jóvenes.[30]

¿Y desde el otro lado? ¿Con qué argumentos justifican su conducta los infieles? Los varones apelan a la falta de reconocimiento en casa y dicen buscar respaldo emocional, como elogios sexuales que los hagan sentirse deseados, validación como amantes y atención para combatir el miedo a envejecer. De modo que, a un nivel psicológico, a quien tratan de engañar en realidad es al paso del tiempo y al orgullo herido.[31] Las mujeres, por su parte, se declaran sexualmente insatisfechas y oprimidas en sus roles de esposas o madres, por lo que huyen a entornos donde saciar sus deseos desde una posición con más poder y sin obligaciones. De manera que, a un nivel psicológico, a quien tratan de engañar es a la asimetría sexual y doméstica de sus relaciones.[32] En ambos casos, la «externalización» de esas expectativas puede resultar tan liberadora que algunos la normalizan en otro gran ejemplo de disonancia cognitiva y, sientan o no amor por sus parejas oficiales, deciden seguir con ellas a la vez que continúan con sus aventuras;[33] mientras que otras personas prefieren ir encadenando monogamias sucesivas o mantener relaciones abiertas. Hay distintas posibilidades y, en cuanto a la elegida, el entorno de cada cual es uno de los factores más influyentes. Porque, igual que un trabajador entregado sentirá el impulso de serlo menos si descubre la proliferación de holgazanes a su alrededor, quienes están rodeados de un mayor número de individuos que viven su sexualidad sin ataduras son más proclives a probar la misma estrategia,[34] incluso los educados en entornos puritanos.

La sexoafectividad de todos los *sapiens*, con independencia de su sexo biológico o su género sentido, ha estado sometida desde siempre a las mismas fuerzas tensoras: deseo, búsqueda del placer, pertenencia, libertad, autoestima, imposiciones externas... De existir alguna consideración que tener en cuenta en qué implica eso en la distribución de tareas dentro y fuera del hogar es que, cuanto más equitativo o pactado sea ese reparto y mejor reconocido esté, menos tensas y más saludables serán las relaciones de una pareja con independencia del sexo biológico de sus miembros. Más aún, en el caso concreto de los varones con parejas heterosexuales e hijos a su cargo, se ha visto que su implicación en las responsabilidades familiares protege su salud mental futura; mientras que los padres que eluden el cuidado de sus hijos presentan un mayor riesgo de sufrir una depresión y, por supuesto, de exponer a su descendencia a las consecuencias de sus síntomas depresivos y de esa falta de vínculo.[35]

Como dato complementario, cuando evaluamos desde una perspectiva histórica los efectos sociales de la emancipación de las mujeres y sus aportaciones al mundo laboral y a la vida política, descubrimos que los primeros beneficiados son los niños de las siguientes generaciones con una reducción tanto en sus problemas de salud como de la mortalidad infantil,[36] especialmente en los países de ingresos bajos y medianos.[37] Es decir, quienes pretenden relegar a las mujeres a la familia y al hogar por su sensibilidad como cuidadoras deberían tener en cuenta que esa actitud en concreto puede resultar mucho más beneficiosa y tener un alcance mayor si se traslada del ámbito doméstico particular a áreas colectivas de influencia política y social. Pese a ello, las mujeres continúan siendo vistas como sospechosas en numerosos entornos laborales. La mera posibilidad de que puedan querer ser madres ya es interpretada por muchas empresas como un signo de falta de compromiso que las obliga, antes siquiera de que tomen esa decisión, a demostrar más que sus compañeros varones para ser igual de reconocidas, ascendidas y remuneradas; mientras que, a la vez, son vistas como «demasiado agresivas» si pretenden demostrar lo erróneo de ese planteamiento.[38]

Tampoco faltan quienes recurren a la ciencia para defender que los cerebros de hombres y mujeres no son iguales y, desde un enfoque neurocientífico, en efecto, debemos coincidir en que existen algunas diferencias anatómicas entre ambos.[39] Como media, los masculinos son un 11 % más grandes que los de las mujeres; pero, cuando se ajusta esa disparidad en función de la talla de la persona estudiada, la diferencia desaparece. Además, los cerebros más pequeños, sean de hombres o mujeres, tienen una proporción ligeramente mayor de materia gris, o sea, de neuronas, y más conexiones entre los dos hemisferios cerebrales y dentro de ellos. Lo cual, por cierto, disminuye su vulnerabilidad en caso de sufrir alguna lesión cerebral. Así que, en cuanto a diferencias anatómicas se refiere, solo el volumen de la amígdala cerebral, asociada al procesamiento emocional, es un 1 % más grande en los hombres que en las mujeres y sin que eso quiera decir que la usen mejor o peor; que sobre ese trasfondo anatómico influyen otros muchos factores genéticos, epigenéticos, vivenciales y culturales.[40]

Otra prueba de que la biología de los cerebros de hombres y mujeres es diferente reside en su distinto riesgo de desarrollar determinadas enfermedades. Por ejemplo, a un nivel estadístico global, un niño tiene cuatro veces más probabilidad que su hermana de padecer autismo,[41] con la consecuente dificultad en el manejo de sus emociones; y, a medida que crezca, dos veces y media más de desarrollar esquizofrenia.[42] Pero, al llegar a la pubertad, su hermana tendrá el doble de riesgo de sufrir ansiedad[43] y, en la edad adulta, mayor probabilidad de presentar alzhéimer[44] y otros trastornos neurológicos como esclerosis múltiple (aunque los hombres presentan formas más severas y progresivas) o migraña;[45] mientras que un varón adulto tendrá una mayor probabilidad de sufrir párkinson precoz o accidentes cerebrovasculares; aunque, como las mujeres viven más como media, después ellas los superarán. Pese a ello, ningún médico sensato osaría pensar que una niña no pueda sufrir autismo o un hombre adulto alzhéimer. Solo se trata de diferencias estadísticas que no reflejan los casos particulares ni el modo concreto en que debe ser tratada cada persona. ¿Por qué entonces nos cuesta tanto trasladar ese razonamiento a las diferencias estadísticas entre varones y mujeres que algunos estudios encuentran sobre fuerza, resistencia física o algunas funciones cognitivas?

Según un estudio ya clásico, como media, ellas son mejores en cuanto a la velocidad de articulación del lenguaje y su fluidez y el razonamiento verbal, y ellos son mejores en la manipulación del espacio tridimensional;[46] pero sin que eso repercuta en diferencia alguna en cuanto a su inteligencia global en conjunto.[47] Y aún habría que hacer más matices; porque, en el caso de la manipulación espacial, se trata de una aptitud fluctuante sobre la que influyen otros muchos factores; como los niveles de testosterona en sangre. Una hormona también presente, aunque en niveles menores como media, en las mujeres y que, en ambos sexos, alcanza sus respectivos valores máximos en las primeras horas de la mañana y, si consideramos un año completo, en otoño.[48] Según diversas investigaciones, podríamos decir que, a mayor nivel de testosterona, mejor capacidad para manejar el espacio; pero, atención, no de forma lineal.[49] Lo óptimo es tener niveles moderados. Por debajo de ciertas cifras o por encima de ellas, ese efecto potenciador desaparece.[50] De modo que las personas con mejor rendimiento son las que presentan niveles de testosterona entre los valores altos de las mujeres y los bajos de los hombres.[51] Vamos, que demasiada testosterona enturbia la visión espacial.

Por otro lado, las variaciones de estrógenos, que alcanzan su pico máximo justo antes de la ovulación, no afectan al rendimiento cognitivo de las mujeres; ni a su atención, ni a su capacidad de control. Tampoco modifican las dos capacidades más controvertidas entre sexos: ni la manipulación espacial ni sus habilidades lingüísticas,[52] ni tan siquiera en mujeres que reciben altas dosis de estradiol porque siguen algún tratamiento de fertilidad.[53] Quienes sí presentan variaciones alrededor del ciclo hormonal femenino son los varones. En general, perciben el olor de las mujeres como más agradable cuando estas están cerca de la ovulación,[54] igual que ocurre en otras especies animales. Pero ese «aviso» de fertilidad, por sí mismo, no incrementa sus niveles de testosterona. Cuando su olfato intuye la fertilidad de una posible pareja, lo que dispara la producción masculina de esa hormona es la percepción de algún otro varón en las proximidades al que consideren como un posible rival.[55]

Por último, deberíamos tener en cuenta otro factor que explica que haya muchas investigaciones que señalan diferencias entre los cerebros masculinos y los femeninos: la desigualdad social entre sexos. Porque, según un estudio realizado en veintinueve países diferentes, allí donde existe esa segregación es más probable que las mujeres presenten problemas de salud mental y un menor rendimiento académico al compararselas con los hombres.[56] Dicho de otra manera, no es que haya que plantearse tratar de forma diferente a las mujeres por su presunta inferioridad cognitiva; es que tratar a las mujeres de un modo diferente a los hombres les impide alcanzar su desarrollo cognitivo óptimo. Apoyarse en el resultado que produce esa injusticia en numerosos países para discriminar a sus víctimas es otro perverso ejemplo de profecía autocumplida del cinismo patriarcal; porque, allí donde los hombres reciben mejores atenciones en conjunto y mayores estímulos intelectuales en particular, es lógico que acaben siendo los varones quienes destaquen en cualquier campo; ya que, por mucho potencial innato que tengan las mujeres, de poco les sirve si les niegan la oportunidad de alimentarlo y ponerlo a prueba.

En resumen, como pasaba con otros aspectos neurológicos, más allá de las medias estadísticas, podemos encontrar las mismas habilidades y fluctuaciones cognitivas en personas de distinto sexo y, por mera sensatez, deberíamos valorarlas igual. Una gran manipulación espacial en una niña es lo mismo que una gran habilidad espacial en un niño y una gran habilidad lingüística en un niño es lo mismo que una gran habilidad lingüística en una niña. De manera que, si nuestro objetivo como sociedad es permitir que todas las personas desarrollen su potencial de la manera más libre posible, no podemos empaquetarlas y distribuirlas por grupos según su sexualidad, su afectividad, su etnia, su grupo social ni ninguna otra circunstancia. Como ya apuntó Virginia Woolf:

> Todo este infierno de un sexo contra el otro, de cualidad contra cualidad; todas estas reclamaciones de superioridad y atribuciones de inferioridad pertenecen a la fase de la escuela privada de la existencia humana, en la que hay «equipos» y es preciso que uno derrote al otro, y de la mayor importancia subir a una plataforma y recibir de manos del director una copa extremadamente ornamentada.[57]

Uno de los símbolos de estatus preferidos por las sociedades más competitivas. Existen alternativas a la rivalidad entre sexos, como bien supo ver Luce Irigaray:

> Reclamar la igualdad, como mujeres, me parece la expresión equivocada de un objetivo real. Reclamar la igualdad implica un término de comparación. ¿A qué o a quién desean igualarse las mujeres? ¿A los hombres? ¿A un salario? ¿A un puesto público? ¿A qué modelo? ¿Por qué no a sí mismas?[58]

Seguro que otras voces femeninas tendrían muchas matizaciones que hacer a la afirmación de Irigaray, empezando por su derecho a la igualdad salarial y de oportunidades al margen de que opten, luego, por desmarcarse de competiciones sociales persiguiendo puntos extra de estatus y tomen su propio desarrollo personal como única referencia. Lo importante de verdad es cuestionar esa dinámica competitiva perversa y buscar otros modelos sociales y laborales fuera de los esquemas patriarcales de ganadores y perdedores. Si algo demuestra el feminismo actual con sus enfoques diversos es que pueden plantearse otras opciones desde perspectivas distintas y complementarias y, con suerte, a través de un diálogo constructivo.

Que existan los varones y las mujeres no significa que deban relacionarse a través de un eje vertical de superioridad-inferioridad, ni tan siquiera que deban vivir su dimensión sexoafectiva o su identidad de género a través de dicotomías rígidas, como demuestra en el presente nuestra heterogénea realidad social. De nuevo, los problemas surgen cuando determinados colectivos quieren imponer su criterio a la cotidianidad de aquellos que no lo comparten y se creen autorizados a sacrificar sus derechos o su salud mental y física. Nuestro pasado nos ofrece un lamentable catálogo de abusos contra personas que reivindicaron su derecho al placer sexoafectivo. En el Imperio romano, por ejemplo, el emperador Augusto desterró a su hija Julia la

Mayor a la isla de Pandataria sin hombres a la vista ni vino que llevarse a los labios por adúltera[59] (o, más bien, por haber buscado en un amante lo que le negó un matrimonio de conveniencia impuesto por su familia) y, poco después, su sucesor Tiberio hizo lo mismo con otras mujeres de la corte que osaron inmiscuirse en asuntos políticos o vivir su sexualidad con desinhibición.[60] De modo que esa pequeña isla de poco más de un kilómetro y medio cuadrado se convirtió en una especie de Alcatraz para aristócratas romanas demasiado reivindicativas.

Apartar de la sociedad a quienes se comportan de modo «anómalo» según los cánones del momento ha sido otra de las estrategias habituales de diversas culturas. Muchas optaron por drásticos destierros y abandonos; en especial, aquellas incapaces de encontrar explicaciones para esas conductas perturbadoras o tratamientos con las que someterlas. Otras tantas dudaron en dónde colocar el límite entre un mayor anhelo de libertad y la locura. Pero, durante siglos, la exclusión social fue la reacción habitual a la menor sospecha. Después, hacia el 800 d. C., en la ciudad de Bagdad, aparecieron los maristanes islámicos, que fueron los primeros centros oficiales en que se atendía a enfermos psiquiátricos y, en 1490, inspirado por ellos y gracias a los viajes y la iniciativa del mercedario fray Juan Gilabert Jofré, el primer hospital psiquiátrico de Occidente en la ciudad de Valencia.[61] Por supuesto, se fundaron con intenciones bienintencionadas; pero, por desgracia, también sirvieron para amparar abusos contra aquellos que mostraron conductas sexoafectivas opuestas a lo que prescribían algunos códigos religiosos. La reclusión y la violencia física fueron los primeros atropellos que sufrieron quienes quisieron expresar su deseo o su amor hacia otros de su mismo sexo y, décadas después, de la mano de la tecnología, llegarían los electrochoques, las lobotomías cerebrales, las castraciones químicas... Hasta 1990 la Organización Mundial de la Salud no excluyó la homosexualidad de su clasificación internacional de enfermedades y otros problemas de salud.[62] Pero aún hoy, en el siglo XXI, existen profesionales sanitarios que siguen considerándola un trastorno obsesivo de personas que, en realidad, son heterosexuales y otros que prescriben presuntas terapias que ponen en peligro la salud física y mental de los homosexuales con el argumento de poder «curarlos».

Fuera del prototipo del varón herméticamente heterosexual, el listado de personas que trabajaron de forma sobresaliente y se convirtieron en pioneros de sus respectivos campos es larguísimo: la filósofa Temistoclea, sacerdotisa de Delfos y profesora de ética de Pitágoras; la filósofa Diotima, sacerdotisa de Mantinea y profesora de Sócrates; el propio Sócrates y su discípulo Platón; la poeta Safo de Lesbos; la reina Cleopatra; el conquistador Alejandro Magno; la filósofa Hipatia de Alejandría; los artistas Leonardo da Vinci y Michelangelo Buonarroti; la pintora renacentista Sofonisba Anguissola; la mística Teresa de Jesús; la pintora barroca Artemisia Gentileschi; la científica Marie Curie; la matemática Ada Lovelace; el escritor Oscar Wilde; la escritora Virginia Woolf; la artista y espía en la Segunda Guerra Mundial Josephine Baker; la activista Rosa Parks; el activista Bayard Rustin, amigo íntimo y asesor de Martin Luther King Jr.; la artista Frida Kahlo; la escritora y política Eleanor Roosevelt; la aviadora Amelia Earhart; las compositoras Fanny Mendelssohn, Clara Schumann o Ethel Smyth; el matemático Alan Turing; la contraalmirante y programadora Grace Hopper; el filósofo, historiador y psicólogo Michel Foucault; la primatóloga Jane Goodall...

Si tantísimas personas han sido capaces de mostrar su talento y hacer contribuciones tan valiosas al mundo mientras debían luchar contra diferentes tipos de gansterismo y discriminación, imagínate qué habría pasado y qué pasaría si combatiéramos con firmeza cualquier estigmatización relacionada con cuestiones sexoafectivas o de género y permitiéramos que concentraran todas sus energías en dedicarse a aquello que les apasiona; o qué ocurriría si trasladáramos ese mismo planteamiento a todos aquellos que sufren discriminación por tener un cerebro que funciona de modo distinto de la media estadística.

11

¡Piensa diferente! Al menos, sobre cómo piensan los cerebros

La diversidad como riqueza y la creatividad más allá de los mitos

Ni todos los cuerpos son iguales ni tampoco sus cerebros. Ni tan siquiera tu propio cerebro es igual que el que tenías en tu infancia o adolescencia o que el que tendrás dentro de cinco años. De hecho, si nos ponemos puntillosos, tu cerebro no funciona igual en invierno que en verano, ni a las diez de la mañana que a las diez de la noche. Incluso ahora, mientras lees este párrafo, tu capacidad de concentración sería muy distinta si, detrás de ti, sonara una música relajante que si oyeras, de pronto, una traca de petardos. Y hasta escuchando ese estruendo repentino, tu cerebro reaccionaría de modo distinto dependiendo de sus experiencias previas y cómo de agradables o desagradables e inofensivas o peligrosas las hubiera catalogado. Así, ante la misma traca inesperada, alguien que hubiera crecido en una fábrica de pirotecnia se sorprendería con júbilo; mientras que alguien criado en medio de un conflicto bélico lo haría con alarma.

Pero la influencia del entorno sobre nosotros va mucho más allá de las vivencias sensoriales y emocionales que nos produce. El aire que respiramos, el agua que bebemos, los alimentos que comemos, el clima de nuestro lugar de residencia, nuestro grado de actividad física...: todo influye en las reacciones fisiológicas de nuestro organismo y esas reacciones, a su vez, en cómo se expresan muchos de nuestros genes, también los que deciden cómo funciona nuestro cerebro. Es decir, el ambiente y nuestros hábitos modulan la herencia genética que hemos recibido de nuestros progenitores porque existe la «epigenética»;[1] un proceso que ya intuyó hacia 1930 el embriólogo afroamericano Ernest Everett Just, aunque él lo llamara «restricción genética».[2] Sus innovadoras contribuciones, pese a exponerse y debatirse, fueron ignoradas por la comunidad científica de aquella época por varios motivos. El primero, porque desafiaban las ideas imperantes de entonces y, el segundo, porque ser negro hizo que muchos compañeros blancos lo tacharan de menos inteligente y, peor aún, le cerraran las puertas al mundo de la investigación universitaria para poner a prueba sus teorías. Dicho de forma más clara: el racismo frenó el avance de la ciencia durante décadas.

Hoy en día, la epigenética se ha convertido en un área de estudio apasionante para entender mejor por qué algunas personas con los mismos genes desarrollan cáncer y otras no; o por qué no todas responden por igual a los mismos tratamientos.[3] Del mismo modo que nos ha ayudado a comprender por qué algunos enfermos de diabetes desarrollan más complicaciones vasculares que otros[4] y algunas personas con psoriasis más problemas cutáneos que otras.[5] Por saber, hasta empezamos a tener evidencias de que algunas de esas modulaciones genéticas producidas por el ambiente y los hábitos son transmisibles desde quienes las desarrollan a las siguientes generaciones.[6] Por ejemplo, los hijos de padres obesos tienen más tendencia a la obesidad al margen de los hábitos dietéticos o deportivos que adopten ellos después a lo largo de sus vidas.[7] Y hemos aprendido otra lección más importante aún gracias a la historia de la epigenética: que despreciar a otros cerebros por meros prejuicios, como ocurrió con el de Ernest Everett Just, puede llevarnos a perder grandes oportunidades a toda la humanidad.

Aparte de la diversidad étnica, sexual, afectiva o ideológica, existen otras diversidades que también sufren discriminación con frecuencia. La diversidad funcional (visual, auditiva o motriz) es una de ellas y otra, la «neurodiversidad», un término que popularizó la socióloga Judy Singer[8] y que, con el tiempo, ha pasado a referirse a cualquier funcionamiento cerebral distinto del de la población media. Otros prefieren etiquetar a estas personas como «neuroatípicas», aunque, a decir verdad, es bastante típico que todos conozcamos a varias de ellas y no representen ninguna excepcionalidad. Dislexia, autismo, síndrome de Down, déficit de atención, hiperactividad, trastornos obsesivo-compulsivos... son conceptos con los que estamos familiarizados y que, desde un enfoque neurocientífico, nos hablan de personas que perciben, sienten y piensan el mundo que nos rodea desde una perspectiva diferente. Algunas de ellas hasta pueden ofrecernos planteamientos o soluciones de problemas que otras mentes «neurotípicas» ni habrían considerado. De forma que la neurodiversidad es para nuestra especie lo que la biodiversidad para nuestro planeta; sobre todo, si tenemos en cuenta estimaciones que apuntan a que entre el 15 y el 20% de la población mundial es neurodiversa.[9]

Dentro de ese grupo heterogéneo existe aún más diversidad. La hay, por ejemplo, entre las personas que presentan rasgos autísticos y que, dependiendo de su alcance y del soporte que hayan recibido, pueden presentar dificultades para interaccionar con otras o estar tan bien integradas en la sociedad como la propia Judy Singer, quien se describió a sí misma como «probablemente en algún lugar del espectro autista, en algún lugar entre la funcionalidad baja, el "bajo rendimiento" normal (como me vieron a menudo) y la funcionalidad alta. Superviviente autista contra probabilidades imposibles».[10] Además, que las personas con algún grado de autismo perciban e interpreten la realidad que las rodea de un modo distinto no quiere decir que las «neurotípicas» jueguen con ventaja. Depende del contexto. Porque para alguien no autista resulta muy difícil entender cómo piensan las personas que sí lo son; mientras que, para alguien autista, resulta más fácil entender a otras personas como ellas y, a la hora de relacionarse, lo hacen a un nivel similar al que lo harían dos personas «neurotípicas».[11] Por otro lado, dentro de ese espectro, encontramos personas con grandes dotes de memoria y observación de patrones, como el doctor en física cuántica Jacob Barnett[12] y el ejemplo histórico del matemático Alan Turing; o con un gran sentido de la justicia, como la zoóloga y activista por los derechos de los animales Mary Temple Grandin[13] y la activista climática Greta Thunberg.[14] Y, más importante aún, sin ninguna necesidad de ser genios ni figuras mediáticas, muchas más personas con rasgos autísticos suelen presentar dos características que pueden convertirlas en grandes profesionales: la honestidad y la perseverancia.

Otro hecho en el que insistir es que la diversidad funcional o la neurodiversidad no excluyen la presencia del talento, ya que se trata de características independientes. Así, igual que hay personas «neurotípicas» más o menos talentosas, encontramos el mismo panorama entre las personas «neuroatípicas» o con diversidad funcional. Por ejemplo, el cofundador y presidente ejecutivo de Apple, Steve Jobs, fue diagnosticado de trastorno por déficit de atención e hiperactividad en su infancia[15] y la investigadora y lingüista Luz Rello, de dislexia;[16] a la vez que ha habido grandes escritoras sordociegas, como Helen Keller, excelentes músicos invidentes, como Stevie Wonder, y un astrofísico como Stephen Hawking que desarrolló la mayor parte de su carrera pese a una enfermedad tan incapacitante en lo motor como la esclerosis lateral amiotrófica. No es que su diversidad fuera un don que los condujo hasta donde llegaron. Es que, pese a jugar con desventaja en algunos aspectos, tuvieron el respaldo de familiares, profesores y otros profesionales para que, desde las otras muchas capacidades que tenían, llegaran hasta allí con su propio esfuerzo. Lo cual debería ser razón más que suficiente para dejar de ver la diversidad como un catálogo de etiquetas con las que marcar a algunas personas, negarles la oportunidad de desarrollarse al máximo en lo profesional o minar su autoestima.

Otro colectivo discriminado por su funcionamiento cerebral suele ser el de aquellos que sufren algún trastorno mental. En épocas antiguas, porque se pensaba que habían sido castigados por dioses o espíritus, igual que ocurría con otras afecciones como las crisis epilépticas. Pero no todas las culturas han visto las alteraciones psíquicas como un problema entre fuerzas sobrenaturales e individuos concretos. Para la tribu dagara de Burkina Faso, quienes sufren esquizofrenia solo son intermediarios entre esos poderes y la tribu entera; por lo que ayudar a quien la padece reconcilia a la comunidad con el mundo de los espíritus y enriquece a todos sus miembros.[17] Es decir, el objetivo ante una crisis mental de cualquiera de los suyos no es anular o apartar a la víctima, sino integrarla y aprovechar la perspectiva que aporta, por desconcertante que resulte. Por supuesto, se trata de un reto difícil. Incluso en las comunidades que interpretan los síntomas psicóticos como manifestaciones de lo divino, la tolerancia existe mientras los afectados no amenacen los códigos sociales de convivencia.[18] Una exigencia cuyos estándares en África son más estrictos hacia las mujeres que hacia los hombres; porque, a igualdad de manifestaciones psiquiátricas, ellas tienen más probabilidad de que se las considere poseídas por un espíritu maligno.[19] Vamos, que lo de la paridad es de locos, pero no de locas; también en la cultura occidental.

El paradigma hispano de ese sesgo de género a la hora de identificar trastornos mentales sería la reina Juana I de Castilla, conocida como «la Loca», y que, según algunas investigaciones, más que una patología mental endógena, lo que tuvo fueron los síntomas inevitables que muchos de nosotros habríamos manifestado si nuestro padre y nuestra pareja hubieran conspirado por separado para llevarnos al límite de nuestra capacidad hasta hacernos perder los nervios y lograr una excusa para encerrarnos y arrebatarnos nuestros derechos legítimos.[20] Hoy en día, lo llamaríamos *mobbing* o que te hagan «luz de gas». Numerosas mujeres de distintas clases sociales sufrieron un acoso psicológico parecido a lo largo de la historia bajo los abusos de sociedades patriarcales que, en vez de reconocer la presión que les imponían y el daño que les causaban, no dudaron en calificarlas como «débiles mentales», «histéricas» o «trastornadas». Muchas de las que alzaron la voz contra la opresión que sufrían fueron sometidas a intervenciones bárbaras como la cirugía ginecológica o cerebral[21] o, en el mejor de los casos, a encierros, castigos, humillaciones y tratamientos farmacológicos desproporcionados que no solo les robaron sus vidas, «también el recuerdo de haberlas tenido».[22]

Pero, hasta sufriendo algún trastorno psiquiátrico real en algún momento de sus vidas, muchas personas lograron desarrollar su vocación de forma sobresaliente. La documentación sobre celebridades históricas que tuvieron que lidiar con alguno de ellos es considerable: el alcoholismo de Ludwig van Beethoven; la bipolaridad de Mary Todd (esposa del presidente americano Abraham Lincoln); las obsesiones, fobias, depresiones y alucinaciones del compositor Robert Schumann; la psicosis maníaco-depresiva que acabó llevando al suicidio a Virginia Woolf; la psicosis intermitente del pintor Vincent van Gogh; la demencia que nubló los últimos años de Friedrich Nietzsche; la esquizofrenia de la novelista y bailarina Zelda Fitzgerald, del músico Miles Davis o de la escritora y activista Shulamith Firestone; la personalidad bipolar, paranoide y adictiva de Marilyn Monroe... o la esquizofrenia paranoide que sufrió el matemático John Forbes Nash, pero que no le impidió ganar el Premio Nobel de Economía por sus aportaciones a la teoría de juegos.[23]

Son grandes historias de lucha personal, a veces con finales trágicos, que han dejado una huella profunda en el imaginario colectivo. En algunos casos, como ocurrió con John Forbes Nash, en forma de una película ganadora de cuatro premios Óscar titulada *Una mente maravillosa*.[24] Pero, muchos siglos antes, filósofos como Aristóteles, Platón o Séneca ya habían reflexionado sobre la frecuente asociación de talento y trastorno mental y hasta habían concluido que «no hay un gran genio sin cierto toque de locura».[25] Pero... ¿hasta qué punto es cierta esa asociación? Teniendo en cuenta que la creatividad acostumbra a surgir de una perspectiva original sumada a la perseverancia, no sorprende que muchas innovaciones artísticas y científicas hayan provenido de personas con enfoques alternativos de la realidad, como las esquizofrénicas, o con menor probabilidad de abandonar los retos a los que se enfrentan, como las obsesivas o las bipolares en fase maníaca. Algunos estudios llegan a señalar que, como grupo, quienes se dedican a profesiones artísticas (actores, bailarines, músicos, pintores, creadores audiovisuales, escritores...) son un 17% más propensos a portar variantes genéticas relacionadas con el trastorno bipolar o la esquizofrenia al compararlos con la población general.[26] Lo que no queda tan claro es si, en la elección de su oficio, pesa más una decisión libre y meditada o la resistencia de algunos campos académicos a aceptar a individuos que pretenden adentrarse en ellos con demasiada creatividad. De modo que, igual que muchos individuos de comportamiento «excéntrico» de épocas antiguas fueron convertidos en bufones o fenómenos de feria, otros tantos de hoy en día son dirigidos de forma más o menos sutil hacia ocupaciones artísticas en las que no interfieran con la metodología tradicional de esas otras áreas profesionales consideradas más «serias».

Lo que sí queda claro es que deberíamos desmitificar el presunto vínculo entre la genialidad y los trastornos psicológicos. Ya que, entre quienes los sufren, hay tanto personas con algún talento excepcional como otras con capacidades similares a la población media, igual que hay mentes brillantes «equilibradas» a quienes una sobrecarga externa de exigencias acabó «desequilibrando». En cualquiera de esos casos, no podemos frivolizar con los problemas mentales porque, en conjunto, para quienes los padecen, suponen una fuente de sufrimiento y una menor esperanza de vida. Por ejemplo, las personas con bipolaridad fallecen entre 8,5 y 9 años antes que la población general por tener el doble de tasas de mortalidad global y un riesgo de suicidio de 8 a 10 veces mayor,[27] como parece que fue el caso de los escritores David Foster Wallace y Sylvia Plath; mientras que aquellas con esquizofrenia mueren entre 12 y 15 años antes por razones similares y, sobre todo, si no siguen un tratamiento adecuado.[28]

Por otra parte, la expresión artística es mucho más que una válvula de descompresión mental para quienes sufren alguna clase de trastorno. Sus efectos terapéuticos provienen igualmente del sentido de pertenencia que ofrece a quienes la practican porque les permite convertirse en exploradores y embajadores de la existencia humana en conjunto desde su propia perspectiva personal; un efecto que resulta más marcado aún cuando esa producción surge en espacios de creatividad.[29] Por si fuera poco, como beneficio adicional, los actos creativos, incluso los más inquietantes, aportan alguna novedad a lo ya existente y, por tanto, se perciben como actos de autoafirmación enriquecedores; en especial, para quienes los realizan. O dicho en palabras de Vincent van Gogh: «¿Qué es dibujar? ¿Cómo lo consigue uno? Es trabajar un camino propio a través de un muro de hierro invisible que parece interponerse entre lo que uno siente y lo que uno puede hacer».[30]

Podría decirse lo mismo de muchas actividades creativas o no creativas; desde una escritora que sienta la necesidad de contar una historia a una alpinista que sienta la de culminar el Everest. La diferencia de los actos verdaderamente creativos radica en su aportación: en crear oportunidades desconocidas hasta entonces. De modo que, si esa alpinista alcanzara su ansiada cumbre siguiendo los métodos y rutas que otros siguieron antes que ella, no estaría realizando un acto creativo; pero sí lo haría, por ejemplo, si para lograr su objetivo, inspirada por las arañas, desarrollara guantes y calzado adherentes con los que trepar por las paredes más escarpadas sin necesidad de clavos de anclaje, mosquetones, cuerdas u otras herramientas habituales. Es decir, para el cerebro, crear consiste en algo así como «recordar» posibilidades no consideradas hasta entonces, recabar información de nuestro hipocampo y otras áreas cerebrales donde atesoramos nuestros saberes y recuerdos y, después, combinarla de una forma novedosa que enriquezca nuestros recursos. Cómo lograr que se encienda esa chispa creativa es otro tema.

Algunos artistas y científicos han buscado la inspiración en sustancias estimulantes, como nicotina, anfetaminas y cocaína; o desinhibidoras, como alcohol, cannabis, psilobicina... Pero la conclusión de la neurociencia es que nuestra productividad durante esos estados alterados es menor que fuera de ellos. Así, los estimulantes aumentan nuestra concentración cuando estamos cansados, pero a costa de perjudicar nuestro pensamiento divergente creativo[31, 32]. El cannabis potencia la jovialidad y las evaluaciones más favorables sobre la propia creatividad, pero, cuando esa sensación es valorada por un observador externo imparcial, no existe ningún incremento reconocible.[33] Algo parecido ocurre con el alcohol, que estimula la autoconfianza sin que eso se traduzca en una mejor producción artística.[34] Y, respecto a los alucinógenos como el LSD y la psilobicina, ambos aumentan la actividad cerebral en forma de percepciones sensoriales novedosas; pero, a la vez, reducen la capacidad de establecer asociaciones entre causas y efectos y entorpecen el manejo mental de esa información para extraer conclusiones originales.[35] En otras palabras, sentirse creativo y pensar de forma creativa son dos niveles mentales diferentes y las drogas se quedan en el primero.

Aun así, resulta innegable que muchas personas creativas han recurrido a ese tipo de sustancias a lo largo del tiempo, desde los chamanes de la prehistoria a algunos gurús de Silicon Valley. En el sector artístico, encontramos el ejemplo de escritores como Charles Bukowski y Marguerite Duras; mientras que, en el científico, tenemos a Francis Crick, que compartió el Premio Nobel de Fisiología en 1962 con James Watson y Maurice Wilkins por descubrir la estructura molecular del ADN y que, según contó él mismo, recurrió al LSD para inspirarse. No disponemos de un universo paralelo para comprobar qué habría sido de sus logros sin recurrir a esa sustancia, pero sí de evidencias de que su uso no está exento de riesgos mentales y físicos sin la supervisión adecuada y de que existen maneras más seguras para lograr esa sensación de confianza para dejar volar la imaginación. Además, sabemos que Francis Crick tuvo otras fuentes de inspiración mucho menos psicodélicas y más eficaces para su producción científica. Entre ellas, que su tutor de tesis le había facilitado las investigaciones de una joven y brillante científica llamada Rosalind Franklin que había generado una fotografía del ADN con difracción de rayos X[36] y, que sepamos, sin recurrir al LSD. Al difundir sus trabajos, Watson y Crick reconocieron haberse sentido estimulados al conocer las contribuciones «no publicadas» de Rosalind Franklin y Maurice Wilkins;[37] por lo que Wilkins compartió el Nobel con ellos en 1962, pero no Rosalind Franklin: había muerto en 1958 por un cáncer de ovario y la Academia de Oslo no acostumbraba a otorgar premios póstumos. Igual que muchos, de la mano del «sesgo de autoservicio»,[38] los científicos no acostumbran a valorar las contribuciones ajenas a sus creaciones y prefieren atribuirlas a arrebatos de inspiración propios, sean naturales o químicos.

Sí fomentan la creatividad las actividades rutinarias en las que hay poco o nada que decidir, como fregar los platos y, más aún, si aumentan el flujo sanguíneo del cerebro, como pedalear en una bicicleta elíptica o pasear.[39] En esas situaciones, nuestra mente no debe preocuparse por resolver ningún dilema inmediato y puede solazarse por los vericuetos del pensamiento divergente a la búsqueda de conexiones entre conceptos que no había relacionado hasta entonces. En cambio, cuando nos fuerzan a ser originales bajo presión, como ocurre con los plazos de entrega poco realistas, por más que algunas personas se sientan más creativas, igual que pasaba con las drogas, solo se trata de un espejismo. Ante el estrés agudo o crónico, nuestro cerebro se enfoca en lo práctico y, aunque para muchos actúe como un empujón para ser más productivos, el resultado acaba basándose más en el oficio y en viejos recursos que en innovaciones reales que marquen una diferencia.[40] Al fin y al cabo, pensar cansa y, cuando sientas tus neuronas exprimidas, la mejor decisión que puedes tomar es darte un respiro.

Grandes creativos como Edison o Dalí recurrían al descanso para potenciar su capacidad. En concreto, a través de lo que, en la tradición mediterránea, se conoce como «el sueño de la llave»: echar una cabezadita con algún objeto en la mano para que, cuando los dedos se relajen al dormirse, este caiga y el ruido actúe de despertador. Gracias a esa sencilla estrategia, podemos acceder a ese estado intermedio entre la vigilia y el sueño donde lo consciente y lo inconsciente se entremezclan y pueden llegar a darse las llamadas «experiencias hipnagógicas»: pequeñas ensoñaciones e incluso alucinaciones benignas que son fruto de una combinación de un nivel medio de ondas alfa y un nivel bajo de delta que llevan nuestra mente a un «punto dulce creativo».[41] Después de todo, durante el sueño, consolidamos nuestra memoria y reorganizamos nuestros conocimientos, actividades que son la base del fenómeno creativo y la explicación a por qué podemos resolver algunos problemas o inspirarnos en sueños;[42] y a por qué las personas con narcolepsia, en conjunto, puntúan más alto en las pruebas de creatividad.[43]

Pero tampoco te pienses que basta con dormir para tener ideas originales. Primero, hace falta un período de incubación en que el cerebro recoja la información con la que deberá trabajar para llegar a ese resultado,[44] igual que, para hacer alguna innovación gastronómica, primero hay que pasar por el mercado para comprar ingredientes. Porque, cuando combinamos nuestros conocimientos de forma novedosa, siempre recurrimos a la despensa cerebral de nuestra memoria, en especial a nuestro hipocampo; por lo que podemos decir que nunca creamos en soledad. En todo momento nos impulsamos en la información que nos envuelve, eso que llamamos «memesfera»: la suma de todos los *inputs* culturales que recibimos en forma de lenguajes que definen y acuerdan conceptos, narraciones que los relacionan, patrones musicales, estrategias sociales, los memes que circulan por redes sociales... y a los que sumamos, por supuesto, nuestra propia experiencia.

Cuantos más de esos *inputs* añadimos a nuestro cerebro, más material tenemos para combinar y crear. Por eso, para ser creativo, es tan importante escuchar otros puntos de vista, leer, ver series y películas, ir a exposiciones y conciertos, probar experiencias nuevas... Vamos, que, para que se nos encienda la bombilla, hay que conectarse a la electricidad. Y no solo a la corriente de los que saben o están en nuestra misma situación para enriquecernos con su experiencia. También a la de aquellos que, precisamente porque no saben, nos obligan a definir mejor nuestras teorías a nosotros mismos para poder explicárselas luego y que puedan poner a prueba nuestro enfoque. En el fondo, se trata de cruzar de una forma novedosa y enriquecedora conceptos, patrones o estrategias, incluso aquellos que *a priori* podrían parecer del todo ajenos, como los mosaicos antiguos y la química. Una asociación que, por cierto, fue la que llevó a la científica Dorothy Crowfoot Hodgkin a ganar un premio Nobel por sus aportaciones a la cristalografía y al descubrimiento de la estructura de sustancias como la penicilina o la vitamina B12.[45] Lo que había sido una afición adolescente por el arte bizantino la ayudó, años después, a entender cómo los patrones repetitivos de algunas moléculas podían organizarse en cristales.

La irrupción de la llamada «inteligencia artificial» ha abierto nuevos horizontes en nuestra idea sobre la creatividad, aunque algunos expertos, como la lingüista Emily M. Bender, adviertan que solo se trata de un «loro estocástico»,[46] programas que eligen y agrupan elementos en función de cálculos probabilísticos sobre sus posibles combinaciones, pero que no entienden lo que hacen. De forma que esas producciones repiten las inercias culturales de los mismos datos que recogen, algunas tan perniciosas como el machismo o el racismo. Así, frente a la producción algorítmica, que es acumulativa, impasiblemente estadística, acrítica y transmisora de los sesgos de quienes la programan y de las fuentes de información que manejan, la creatividad humana surge de la diversidad y de un balance entre empatía y crítica, de perspectivas diferentes de individuos peculiares (en el sentido estadístico) que son capaces de combinar lo ya sabido de una forma sorpresiva que aporta un resultado transformador, ni que sea a través de la carcajada que produce el ingenio de un nuevo chiste. De hecho, el humor acostumbra a ser uno de los ingredientes habituales de la creatividad humana, incluso de la científica. Por eso, se cuenta que, cuando Alexander Fleming vio que un cultivo de estafilococos había inhibido su crecimiento en forma de halo alrededor de un hongo que lo había contaminado, no exclamó: «¡Eureka!», como hizo Arquímedes al descubrir el principio que lleva su nombre, sino: «¡Qué gracioso!».[47] Es más, aunque Fleming estudió las propiedades antibacterianas de ese hongo durante mucho tiempo, fueron sus discípulos quienes desarrollaron ese descubrimiento años después e hicieron universalmente famoso uno de los primeros antibióticos de la historia: la penicilina.

Al margen de los mecanismos de la inventiva y del contexto genético y ambiental que impulse a cada creativo, existen más razones para que muchas personas escojan ese tipo de profesiones. Al fin y al cabo, si la satisfacción de ver el fruto del esfuerzo propio ya es gratificante, aún lo es más la descarga de dopamina que sentimos en nuestras áreas del placer con cada momento «¡Eureka!» que tenemos y esa otra aún mayor que nos producen los hallazgos humorísticos tipo «¡Qué gracioso!».[48] Además, compartir esos logros con otras personas nos ofrece más incentivos. Por un lado, una grata sensación que proviene de la oxitocina que generamos ante la calidez de las interacciones sociales[49] y, por otro, un subidón todavía más intenso que surge de la dopamina que libera nuestro cuerpo estriado cuando recibimos alguna clase de reconocimiento, sea en forma de premios, aplausos o piropos profesionales. Ese «salario emocional» que activa las mismas áreas que las retribuciones económicas[50] sirve de consuelo a muchos artistas e investigadores un tanto codependientes y, cómo no, de excusa a quienes se aprovechan de su talento y su búsqueda de aprobación para perpetuar los bajos sueldos con los que suele retribuírseles. Para muchos creadores sin acceso a becas o subvenciones, lo habitual es recurrir a algún otro tipo de trabajo para sobrevivir. El escritor Franz Kafka fue empleado en una compañía de seguros y la escritora Harper Lee vendía pasajes en el mostrador de una aerolínea hasta que sus amigos le prestaron dinero para que se concentrara en la escritura. Así nació *Matar a un ruiseñor*,[51] con un planteamiento profesional muy próximo al de los monjes mendicantes.

12

En fase de negación de un duelo teológico

Cómo sustituimos los cultos religiosos por el culto al trabajo

Nuestra relación histórica con el trabajo siempre ha sido de amor-odio. Los mitos fundacionales de distintas culturas ya lo reflejaron así. Para algunas, que necesitemos esforzarnos para sobrevivir fue el resultado de una maldición. Según las religiones abrahámicas, causada por un desliz gastronómico que llevó a nuestros «primeros padres» del paraíso primigenio donde vivían despreocupados al «con el sudor de tu frente comerás el pan hasta que vuelvas a la tierra»;[1] mientras que, según contaban en la Grecia antigua,[2] esa maldición surgió de las fuerzas más caóticas del cosmos. Más en concreto, de la diosa de la discordia Eris, quien, sin mediación de padre conocido, engendró a Ponos, la encarnación del trabajo duro y el esfuerzo. Si la reputación de su madre no te da bastantes pistas sobre qué pensaban los griegos de Ponos, puedes fijarte en los trece hermanos que le asignaron: el Olvido, el Hambre, los Dolores, las Batallas, las Guerras, los Asesinatos, las Matanzas, las Peleas, las Historias Falsas, las Disputas, la Anarquía, la Ruina y el Perjurio. Como para imaginárselos a todos juntos sentados a la mesa durante alguna celebración familiar.

Otras culturas ni necesitaron recurrir a maldiciones para explicar el porqué de nuestra existencia subordinada al esfuerzo. Sencillamente, la asumieron como parte de las características de serie con las que fuimos creados. Según los sumerios, antes de aparecer nosotros, eran los dioses quienes debían encargarse de todas las tareas, desde cavar los canales de los regadíos a cargar los cestos con las cosechas. Y, como parece que también eran vulnerables a la pereza y la envidia, los conflictos no tardaron en llegar. En parte, porque eso de trabajar día tras día bajo el sol abrasador de Oriente Próximo era extenuante y, en parte, porque, mientras unos acababan con el cuerpo baldado, otros se limitaban a supervisar. Así que, para calmar los ánimos, la diosa Nammu tuvo una gran idea: subcontratar el problema a otros; pero, para hacerlo, había que crear antes a esos otros. Los dioses celebraron su ocurrencia brindando con cerveza y, tan entusiasmados como estaban, el dios Enki y la diosa Ninmah se pusieron manos a la obra con la bebida en la mano aún. Alcohol y trabajo, puedes imaginarte el resultado. Lo que comenzó como un «tú los modelas con cuidado para que yo les pueda asignar una tarea acorde a sus cuerpos» se fue al traste en cuanto entraron en la fase etílica de la fanfarronería y, tras un «sujétame la jarra», Enki desafió a Ninmah a que modelara humanos «imperfectos» adrede, que él ya les encontraría una ocupación. Y lo hizo, aunque, como cabía esperar de una sociedad que predecía el futuro de cualquiera a partir de sus rasgos físicos, no fueron las tareas más codiciadas.

Los sumerios no fueron los únicos en explicar en sus cosmogonías cómo debía distribuirse el trabajo. Aparte de la tradición védica que explicó el surgimiento de distintas castas con distintos trabajos a partir del desmembramiento de un gigante primigenio,[3] la cultura china siguió el mismo patrón. Según sus relatos, la diosa Nü Wa creó la humanidad con el barro de las orillas de un lago tomando como modelo su propio reflejo;[4] pero hasta ella experimentó la fatiga del trabajo y, cansada de modelar a mano una persona tras otra, acabó usando una cuerda embadurnada de barro y girándola para que los pegotes que caían al suelo se transformaran en nuevos humanos. De esa labor menos esforzada, surgió el pueblo llano y, de la previa, los nobles, quienes, según parece, prefirieron guardarse para ellos mismos el alarde de energía invertido por la diosa y dejar que el vulgo se encargara del trabajo más fatigoso. Es lo que tienen los mitos, que lo mismo te ofrecen un orden inventado para justificar fenómenos naturales como la lluvia que otro para las clases sociales. Hasta los hay para recordar a los mortales los peligros de rebelarse contra la voluntad divina; bien a través de castigos como los diferentes diluvios que aparecen en religiones tan distintas como la sumeria, las abrahámicas, la china, la hindú, la inca o la moussaye, bien a través de intentos frustrados de creación como los que narra el *Popol Vuh*. Según ese texto maya quiché, los primeros hombres fueron creados de barro, pero no respondieron a las expectativas de los dioses, así que estos los destruyeron. Después, crearon otra estirpe con madera, pero, como tampoco les rendían la pleitesía debida, los transformaron en monos. Por último, crearon una nueva generación con maíz y, por fin, quedaron satisfechos con «los que nos han de sustentar y nutrir, los hijos esclarecidos, los vasallos civilizados».[5] En otras palabras, aquellos que trabajarían para ellos a cambio de una protección que incluía ofrecerles cierta parcela de orden en medio del caos universal.

Podemos reconocer la narrativa épica de ese tipo de pactos en las expectativas de diferentes religiones. En algunos casos, como el de los mexicas y el dios solar Huitzilopochtli, el acuerdo incluía esclavizar o eliminar a cualquier enemigo a través de sacrificios sangrientos para que la naturaleza siguiera su curso y ellos pudieran conservar la hegemonía sobre los demás pueblos.[6] En otros casos, como el de los judíos, se trataba más bien de una ofrenda de resignación a largo plazo a la espera de una tierra prometida o un mesías; o, si hablamos de los cristianos, del reino de Dios o la segunda venida de Jesús. Pero podemos reconocer el mismo esquema en ideologías como el capitalismo, donde la tierra prometida tiene el paradisíaco apelativo de «estado del bienestar», o el comunismo, donde es conocida como «sociedad madura», en la que todo estará tan bien repartido que el trabajo será voluntario y no harán falta ni normas ni recompensas que lo regulen. El planteamiento es idéntico: asumir que el resultado del esfuerzo es lineal y que, cuando hayamos invertido el suficiente, acabaremos llegando a un estado óptimo en el que podremos relajarnos porque se habrá llegado a un equilibrio inalterable.

¿Podríamos trabajar con el mismo grado de esfuerzo y sacrificio sin esas «tierras prometidas» en nuestros pensamientos? Según la neurociencia, ni aunque quisiéramos. Organizar nuestra conducta alrededor de algún objetivo forma parte de nuestra naturaleza. O, en otras palabras, «percibimos para perseguir»,[7] y para evitar ser perseguidos. Otro tema es si nos conformamos con buscar una pequeña parcela de confort en la que ir subsistiendo con más o menos desahogo o si ampliamos nuestros objetivos a aspiraciones más trascendentales y decidimos perseguirlas colaborando con otras personas. Quienes eligen lo segundo sienten el triple placer de ver cómo sus esfuerzos individuales multiplican sus efectos al potenciarse con otros muchos esfuerzos ajenos, de sentirse arropados por una comunidad que, además de considerarlos valiosos, valida la decisión que tomaron y de calmar su inquietud existencial al encontrar un objetivo supremo que, aunque podrían no lograr jamás, sí podrían lograr, con suerte, sus sucesores. ¿Y a que no es despreciable el consuelo de verse como uno de los eslabones necesarios para alcanzar un logro mucho mayor que uno mismo? Es la quintaesencia de la épica del esfuerzo, la promesa de una gratificación futura tan grande que resarcirá nuestros sacrificios y evitará los que tengan que hacer las generaciones futuras.

Sea desde un púlpito religioso o político, en lo que se refiere al trabajo laborioso, la oferta siempre es la misma: un futuro en el que el esfuerzo físico desaparecerá gracias al poder de fuerzas sobrenaturales, tecnologías humanas o patrimonios atesorados para que podamos dedicarnos a actividades creativas con las que sentirnos realizados, a labores deleitosas o a la simple contemplación de la belleza o la divinidad; aunque, en alguna de esas propuestas en concreto, pueda costar unas cuantas reencarnaciones llegar a ese nirvana. En cuanto al destino último de nuestra existencia, algunos hasta se conforman con diluirse en la nada o en la totalidad del cosmos con tal de dejar atrás su vida de fatigas. Porque el auténtico reto es el de romper las cadenas de la necesidad con el poder de la fe o la inteligencia para convertir el trabajo en una opción y no en una imposición. El marxismo opina que, para conseguirlo, debe anteponerse el bienestar colectivo al beneficio individual y ser la comunidad quien reparta los recursos entre sus miembros de una forma equitativa confiando en que mantendrá a raya a perezosos y codiciosos; mientras que, para el capitalismo, el reparto de recursos debe estar en función del esfuerzo o de lo invertido por cada cual confiando en que el mercado podrá regularse por sí mismo de una forma razonablemente justa mediante la competencia y la ley de la oferta y la demanda. Vamos, que por políticos que sean ambos planteamientos, los dos se sustentan en algún acto de fe con el que esperan combatir los instintos menos solidarios de nuestra especie.

Llámalo fe o llámalo deseo, pero lo importante es su poder. A fin de cuentas, no es lo mismo ofrecer una explicación del «porqué» del esfuerzo y la necesidad de sacrificios en cuanto a sus orígenes míticos o biológicos que ofrecer un «para qué» comunitario en cuanto a su utilidad. Lo segundo despierta nuestros anhelos y aglutina la voluntad de distintas personas hacia una dirección concreta que acaba convirtiéndose en una vocación de destino grupal a la que cada persona puede contribuir con otra vocación más personal. Para unos, puede consistir en el propósito hedonista de disfrutar al máximo durante su existencia sobre esta tierra; para otros, en cumplir con escrúpulo algún credo con la esperanza de ser recompensado en el más allá o lograr un futuro mejor para sus descendientes o la sociedad en conjunto; y, para aquellos que son incapaces de encontrar un «para qué» a su existencia, en una inquietante desazón que calmarán como buenamente puedan. Porque ese sentido subjetivo es el impulso necesario que nos empuja a esforzarnos día a día, pese a los múltiples obstáculos que nos encontramos y hasta tal punto que, si el trabajo previo pareciera suficiente para alcanzar nuestra meta, más de uno dejaría de fatigarse. Fue lo que les ocurrió a algunos de los primeros cristianos al saber que, al predicar la llegada del reino de Dios, Jesús había dicho: «En verdad os digo que no pasará esta generación hasta que todo esto suceda».[8] Conque, ¿para qué trabajar más en esta vida cuando la eterna estaba al caer? A lo que Pablo de Tarso respondió con una lógica contundente: «El que no trabaje, que tampoco coma».[9]

La frase tuvo tanto gancho que, muchos siglos después, el mismísimo Lenin la reformuló como «El que no trabaja no come»[10] para aleccionar a los compañeros que pensaban que con eliminar la burguesía ya estaba todo hecho para que surgiera una sociedad igualitaria. Pero, antes incluso, en el siglo XVII, alguien muy poco sospechoso de comunismo ni de santidad, inspirado por el mismo versículo, usó el eslogan «El que no quiera trabajar no comerá». Fue un mercenario que llegó a gobernador de la colonia de Virginia por la gracia de Jacobo I de Inglaterra y VI de Escocia: el famoso explorador John Smith, que, alertado por la india Pocahontas, pudo escapar de una conspiración que pretendía asesinarlo e incluyó la frase en una arenga que pronunció ante los colonos de Jamestown para calmar las tensiones que había.[11] Y, según relatan los cronistas, gracias a recordarles a todos ese principio tan básico, la convivencia mejoró.

Porque, incluso cuando se defiende el acceso al trabajo con la actitud más benévola posible, lo que se defiende es tanto el derecho a acceder a alguna vía con la que lograr recursos con los que subsistir como la obligación de pagar con algún esfuerzo ese privilegio. Es decir, con independencia de si esos recursos son explotados por la ley de la oferta y la demanda de un sistema capitalista o controlados por otro más o menos distributivo que dice velar por la justicia social y frenar a los acaparadores, el planteamiento de fondo sigue siendo el mismo: salvo contadas excepciones, quien tenga capacidad para trabajar debería hacerlo o buscar alguna alternativa para sobrevivir por su propia cuenta sin esperar que la colectividad le dé sustento «a fondo perdido».

Bien mirado y sin haber estudiado sociología, quien más quien menos percibe que las dinámicas internas de cualquier ecosistema de convivencia, sea comunista o capitalista, son vulnerables al efecto de esa «cismogénesis» de la que habló Gregory Bateson.[12] Por lo que, mediante la «cismogénesis complementaria», los más perezosos tenderán a aprovechar cualquier resquicio para minimizar sus esfuerzos, sea aprovechándose de la distribución equitativa de recursos o de las rentas del patrimonio heredado; y, mediante la «cismogénesis simétrica», los más ambiciosos tenderán a esforzarse más en sus trabajos para obtener mayores ganancias, se trate del reconocimiento de sus camaradas o de un mayor capital. No importa si hablamos de un entorno comunista o capitalista. La diversidad de la naturaleza humana se manifestará en ambos casos a través de diferentes estrategias adaptativas en función de las circunstancias.

De la misma manera se manifestará ese «esfuerzo para ahorrar el esfuerzo»[13] del que hablaba Ortega y Gasset. Y no solo mediante el desarrollo de nuevas técnicas más eficientes, también a través del reciclaje de los recursos materiales y culturales a los que aún pueda dárseles algún uso. Llámalo pereza, racanería o pragmatismo, pero construir sobre las ruinas de lo previo es una estrategia habitual del ser humano, también en lo que a civilizaciones se refiere. En primer lugar, porque levantar una nueva estructura social desde cero en todas sus dimensiones (conceptual, lingüística, ética, política, laboral, afectiva, gastronómica...) exigiría un compromiso colectivo y un esfuerzo tan descomunal que desbordaría a cualquiera que intentara planteárselo. En segundo lugar, desde un enfoque neurocientífico, porque, solo por nacer dentro de una cultura concreta, nuestro cerebro acaba «configurándose» con los memes que hereda y, para librarse de esos patrones mentales, necesita invertir un gran esfuerzo metacognitivo para identificarlos y desarticularlos; si es que uno llega a plantearse siquiera que existen. En tercer lugar, porque el núcleo identitario de cualquier civilización suele resumirse y concentrarse en símbolos y narrativas que articulan su imaginario colectivo y proyectan una abstracción de destino común que perseguir; por lo que, ante una crisis, es mucho más fácil actualizar algunos de los elementos que sustentan esas construcciones culturales que crear desde cero otras nuevas capaces de aunar la voluntad colectiva. Y, en cuarto y último lugar, porque esas reconstrucciones acostumbran a ocurrir después de crisis más o menos evidentes que implican el cansancio físico y emocional de la ciudadanía y la resistencia de quienes las causaron a asumir responsabilidades; por lo que, entre la fatiga previa y la que produce solo pensar en intentar convencer a quienes se niegan a aceptar cualquier rectificación, resulta más tentador priorizar recursos y recurrir a estrategias de reciclaje y a apaños que consuman menos energía. Es decir, que las civilizaciones en conjunto también son vulnerables a la «pereza eficiente»,[14] y a la que no lo es tanto.

Para ver la complejidad de todos esos mecanismos en acción, podemos fijarnos en el ejemplo de cómo Occidente recicló la idea del culto religioso a una divinidad para levantar un culto al trabajo más laico pero igual de riguroso. Cómo no, todo empezó con una crisis, la del Imperio romano en el siglo III d. C. Porque, después de siglos expandiéndose y asimilando a otros pueblos, la riqueza había quedado concentrada en unas pocas familias senatoriales interesadas, sobre todo, en continuar acaparando riquezas. Las pocas que seguían ejerciendo algún oficio habían optado por la política, pero con el objetivo cínico de mantener y aumentar sus privilegios; y habían abandonado, por el contrario, una peligrosa ocupación que había servido hasta entonces para demostrar que, pese a sus prebendas, también asumían riesgos para proteger el bien común: la carrera militar. Mientras tanto, la mayoría ciudadana debía ingeniárselas para sobrevivir como podía en una sociedad que, además de precaria, cada vez estaba más fragmentada en lo ideológico, lo religioso y, por supuesto, lo identitario. Fueron años de conspiraciones, frágiles alianzas, guerras e incluso experimentos con nuevas reorganizaciones políticas donde estuvo muy presente un politeísmo pragmático deliberado como elemento aglutinador de expectativas, pero, a la vez, como fuerza tensora de rivalidades. El resultado fue una paulatina transformación más que una caída,[15] una implosión que fragmentó el tejido social por culpa de la precariedad económica, pero, más importante aún, el compromiso social por culpa del cinismo de las instituciones; hasta que surgió una nueva fuerza que, en su discurso, prometía una gratificación eterna en un más allá futuro a todos aquellos que sufrían en el presente: el cristianismo.

La conversión del emperador Constantino a la nueva fe imperial, fuera sincera o estratégica, ofreció una identidad y unas expectativas existenciales comunes a hombres y mujeres de todas las clases sociales, incluso a esclavos. Pero, más interesante aún, en lo que al reciclaje de elementos previos se refiere, facilitó que la diversidad politeísta anterior se expresara a través del culto a diferentes santos y distintas advocaciones de Jesucristo o la Virgen como intermediarios con lo divino. Así, pudieron reutilizarse templos y altares a los que habían acudido numerosos fieles por razones diferentes y, por ejemplo, emplearse la iconografía de Hermes Crióforo como un joven con un carnero a los hombros que habían usado los cristianos perseguidos para adorar a Jesús sin levantar sospechas para adorar, ahora de forma pública y sin temor, al Buen Pastor al rescate de las ovejas descarriadas.[16] Pero el mismo proceso de sincretismo ayudó también a que los paganos más reticentes se integraran con más facilidad en el nuevo paradigma. Hubo sustitutos y alternativas para todos los cultos específicos previos. Quienes habían adorado a Vesta, diosa del hogar, pudieron pasar a venerar a santa Ana, madre de la Virgen; los adoradores de Hermes, al arcángel san Gabriel; y quienes habían preferido distintos dioses lares más domésticos y personales pudieron proyectar su deseo sobre un nutrido ejército de ángeles de la guarda en el que encontrar uno personal a su entera disposición. Quizá, en ese nuevo imperio, se rezaba a través de intermediarios distintos, pero todas las súplicas iban a parar a una única divinidad que los agrupaba bajo un mismo código moral que, por supuesto, acabó proyectándose sobre la cotidianidad de los trabajos.

La estructura profesional de la Europa cristiana del Medievo ilustra el resultado final de ese proceso de reciclaje del politeísmo pagano: un santo patrón protegiendo a cada gremio y un único Dios vigilándolos a todos. Así, dentro de su imaginario cultural, la identidad y los derechos laborales de cada sector quedaron amparados por diversos representantes sobrenaturales que transmitían a los trabajadores la idea de que, bajo una única voluntad divina, todos contribuían a hacer posible el reino de Dios en la tierra. Un reino que, como traslación del celestial, emulaba sus jerarquías y otorgaba la última palabra a los gobernantes locales y a los reyes mientras no contradijeran el criterio de las autoridades religiosas. Como resultado de esa mentalidad y dentro de su modesta parcela de poder, los gremios quisieron blindarse contra las injerencias externas y la competencia y decidieron desarticular la dinámica entre la oferta y la demanda de dos modos. Por un lado, controlaron el volumen de producción al imponer un número fijo de talleres y artesanos a los que se pagaba un salario igual de controlado y, por otro, supervisaron el producto final de su trabajo con un riguroso proceso de fabricación inculcado a los aprendices con el mismo rigor. Fue la época del corporativismo, de las agrupaciones profesionales que estaban tan unidas que compartían las mismas calles en los núcleos urbanos y desarrollaron fundaciones para proteger a las viudas y los huérfanos de los compañeros de oficio y que enviaban a un único representante ante las autoridades para defender sus intereses en asambleas públicas. En conjunto, fue un sistema bastante eficaz. Al menos, para mantener el *statu quo* y dar un sentido global a numerosos esfuerzos y a aún más sacrificios individuales.

Pero no todos los estamentos se beneficiaron por igual de esa mistificación del trabajo. El resultado del esfuerzo colectivo se drenaba hacia los niveles superiores y quienes lo recibían y administraban estaban más preocupados en invertirlo en justificaciones simbólicas del «porqué» y «para qué» de ese culto y en glorificarlo con caras liturgias religiosas y sociales que en repartir los beneficios de forma equitativa entre quienes lo habían producido. Así, mientras los niveles sociales más bajos debían conformarse con subsistir y la promesa de una gratificación aplazada en otra vida por sus sudores y sacrificios, los más altos disfrutaban de la gratificación inmediata de sus privilegios y de más recursos que invertir para defender sus intereses. Como dijo Virginia Woolf en una conferencia en la Universidad de Cambridge:

> Era entonces la edad de la fe, y el dinero llovía para colocar estas piedras sobre una buena base y, cuando las piedras se elevaron, aún llovió más dinero de las arcas de los reyes y las reinas y de la gran nobleza para garantizar que aquí se cantasen himnos y se enseñase a los estudiantes. [...] Y, cuando la edad de la fe había acabado y llegado la edad de la razón, aún continuó el mismo caudal de oro y plata; se fundaron cátedras, se fundaron facultades; solo que el oro y la plata brotaban ahora no de las arcas del rey, sino de los cofres de mercaderes y artesanos, de las bolsas de los hombres que habían hecho, di-

gamos, fortuna en la industria, y devolvían, en su testamento, una generosa parte de ella para fundar más cátedras, dotar más facultades, emplear más profesores en la universidad, donde habían adquirido sus habilidades...[17]

y donde esperaban que sus hijos también las adquirieran de unos maestros con la mejor predisposición posible porque habían sido financiados por sus familias. En eso había algo más que fe, una inversión de recursos en toda regla para favorecer a su propia estirpe después de haber convertido la formación profesional en otro tipo de sacerdocio.

El profesor Carlo Maria Cipolla lo explicó muy bien:

> La historia de las profesiones es parte esencial de la historia de los valores «intangibles». El prestigio académico, las prácticas restrictivas en la obtención de títulos, los ingresos personales relativamente altos, todos estos factores se reforzaban entre sí, y, combinados, hicieron posible la ascensión social de los profesionales [...], se separaron claramente del clero e incluso ascendieron más que este en la escala social.[18]

Sí, tal vez el Renacimiento europeo trajo el humanismo, pero se trató de un humanismo elitista, corporativista y patriarcal que arrastraría su estela durante siglos y que creó su propia casta de sacerdotes: los académicos universitarios, muchos de ellos religiosos que entremezclaron sus convicciones con las temáticas que impartían y adaptaron la épica religiosa del esfuerzo a sus enseñanzas. Desde sus púlpitos de catedráticos y en una época de novedades geográficas, como la del continente americano, y tecnológicas, como la de la imprenta o la brújula, predicaron la llegada de una nueva era que ofrecía una nueva zanahoria para que toda la sociedad tirara en la misma dirección: el «progreso». Mientras, fuera de las aulas, los bajos índices de alfabetización dejaron claro al pueblo llano cuál era la función que se esperaba de ellos en aquella nueva etapa. Ni siquiera quienes se esforzaron por lograr habilidades lectoras pudieron acceder a los muchos conocimientos de la época. Por un lado, las academias adoptaron pronto lenguajes intrincados como el latín o desarrollaron tecnicismos que disminuyeron la legibilidad de sus textos para los profanos y, por otro, la religión siguió ejerciendo de vigilante de la moral a través del *Index librorum prohibitorum.*

Fuera de los entornos católicos, el discurso de otros cristianos como calvinistas o protestantes y el de muchos creyentes de religiones abrahámicas adoptó el mismo enfoque de considerar el trabajo como un sometimiento estratificado de la sociedad a un futuro colectivo superior a los derechos individuales y, dentro de ese plan, de ver el esfuerzo como una respuesta al mandato divino del Génesis de: «Sed fructíferos y multiplicaos; llenad la tierra y sometedla».[19] Algunos llevaron ese idea de sometimiento hasta el extremo de incluir entre los sometidos a otros seres humanos y, de forma paradójica, el Siglo de las Luces, celebrado por muchos como el triunfo de la razón y el progreso, fue el momento de mayor auge del tráfico de esclavos negros. En parte, porque algunas voces como la de fray Bartolomé de las Casas habían logrado la abolición de la esclavitud de indígenas americanos en 1542, pero, como solución a la alta demanda de mano de obra, habían propuesto que fueran reemplazados por negros.[20] Durante siglos, el sacrificio de los africanos fue considerado como una necesidad para que la sociedad occidental avanzara y el único secreto para que muchas familias burguesas disfrutaran de un «paraíso» en que dedicarse a labores creativas, placenteras o contemplativas era simple: tratar como mercancía a otros seres humanos. Por supuesto, muchos contemporáneos empatizaron con los sometidos y surgieron movimientos abolicionistas. Pero el verdadero inicio de la eliminación progresiva de la esclavitud fue la revolución en la colonia haitiana de Saint-Domingue de los propios esclavos entre 1791 y 1803 al calor de la Revolución francesa de unos años antes.

La abolición de la esclavitud no solo fue un revés para quienes amasaban fortunas con ella. En lo que a la religión respecta, afectó por igual a la reputación de todos aquellos representantes divinos que la habían estado justificando u ofreciéndole coartadas cínicas desde hacía siglos. De hecho, actuó como un rompehielos para que el debate se ampliara hacia otras áreas sociales y laborales y quebrara la frialdad con la que muchos religiosos habían minimizado numerosos abusos para mantener el *statu quo*. De modo que si Friedrich Nietzsche acabó sentenciando que «Dios ha muerto. Dios sigue muerto. Y nosotros lo hemos matado»[21] no fue tanto porque los ateos hubieran logrado imponer su ideología a los creyentes, sino porque muchas religiones habían ido vaciándose de significado a la vez que los humanos iban perdiendo su miedo a una hipotética deidad temible y sus sacerdotes se habían enrocado junto a poderes terrenales con una capacidad de represalia igual de temible. Si hacemos caso al personaje de Guillermo de Baskerville en *El nombre de la rosa*, la causa fue una actitud más diabólica que divina, porque «el diablo no es el príncipe de la materia, el diablo es la arrogancia del espíritu, la fe sin sonrisa, la verdad jamás tocada por la duda. El diablo es sombrío porque sabe adónde va, y siempre va hacia el sitio del que procede».[22]

En ese contexto, no resulta casual que, también a finales del siglo XVIII, surgieran académicos que empezaron a cuestionar ese modelo basado en la sumisión colectiva a una autoridad supraterrena que había decidido la posición laboral de cada individuo y el grado de sacrificio que debía asumir. Uno de los más famosos fue el filósofo y economista Adam Smith, un agnóstico a efectos prácticos que, en *Una investigación sobre la naturaleza y causas de la riqueza de las naciones*[23] aplicó un modelo más utilitario a lo que acabaría llamándose «economía política». Para él, la base del bienestar social no era su grado de cercanía a la voluntad de Dios, sino el crecimiento económico y, para lograrlo, aunque también defendió la división del trabajo y la especialización, defendió por igual la libre competencia. No fue tan ingenuo como para pasar por alto que algunas personas usarían esas nuevas reglas de juego en su beneficio aun a costa de perjudicar a otros; pero sí como para creer que esas injusticias serían corregidas de una forma natural por la «mano invisible» del sistema. Así, las tesis de Adam Smith y sus seguidores promovieron que el crecimiento económico ocupara el lugar que antes había tenido la búsqueda del reino de Dios en las aspiraciones colectivas y, trasladando la épica religiosa al mundo laboral, que los sacrificios de los trabajadores fueran asumidos como necesarios para su búsqueda, siempre instalada en un futuro promisorio, como cualquier otra utopía. En ambos casos, se trata de una inversión a cuenta, se pague de una forma más metafísica o más material. Y, en ambos casos, existen sacerdotes y profetas que jalean a la sociedad entera para que sigan esforzándose porque la perfección prometida aún no ha sido alcanzada. Después de todo, cualquier utopía es como la línea del horizonte. No importa cómo de rápido corras hacia ella. Siempre quedará fuera de tu alcance para seguir estimulando tu deseo de imaginar cómo sería estar ahí.

Cuando lo prometido es un futuro idílico terrenal, para mitigar la frustración de los más impacientes, resulta imprescindible algún sistema de monitoreo que sirva, por lo pronto, para mantener en marcha el deseo de sus perseguidores con una estimación de lo cerca o lejos que se está de la meta. Las zanahorias a perseguir pueden ser diversas: el pleno empleo, el producto interior bruto, la caja de las pensiones, índices de felicidad por países... Cuantos más de esos parámetros se midan y, sobre todo, cuanto mejor pueda atribuirse su insuficiencia a una falta de esfuerzo de sectores profesionales concretos o de la sociedad en conjunto, más fácil será que el objetivo inalcanzable de una utopía concreta pase a un segundo plano y la atención de quienes la persiguen se centre en una miríada de referencias numéricas tan dinámicas y volátiles como el imposible equilibrio final de estabilidad perpetua al que aspiran. Para entenderlo mejor, podemos volver a recurrir a comparaciones religiosas. Por ejemplo, a los listados de posibles pecados que algunos católicos usaban y siguen usando como revisión de conciencia antes de confesarse para saber cómo de cerca o lejos están de la santidad y que, por más absoluciones que reciban y por más voluntad que le pongan, volverán a usar en la siguiente confesión porque la conducta humana también está sometida a la ley de la entropía a través de los instintos y los sesgos cognitivos.

Pero, para los creyentes en divinidades o en futuros utópicos, los deslices, por grandes y numerosos que sean, son perdonables siempre que se conserve el deseo de perfección y no se cuestionen los dogmas de fe. El problema de ese integrismo es que perseguir cualquier deseo, por loable que sea, sin cuestionamientos y con demasiado ardor nos vuelve posesivos, intransigentes y menos sensibles hacia los sacrificios que haya que asumir, especialmente si deben asumirlos otras personas. Porque, al ensimismarnos en una abstracción de «futuro ideal» que se resiste a ser alcanzado, lo único que nos queda es nuestro convencimiento, escudarnos de cualquier contradicción tras un muro de disonancias cognitivas que todo lo justifican y endiosarnos porque «tenemos razón» y, aunque lo neguemos con frecuencia, porque tendemos a pensar que el fin, casi siempre, justifica los medios.

Por esa misma razón, para defender sus estrategias más controvertidas, muchas empresas y compañías han adoptado una actitud de misticismo. Desde una vertiente más amable, copiando la idea de «carisma» con la que distintas congregaciones religiosas definían su contribución al mundo y reproduciéndola bajo la moderna tríada «visión», «misión» y «valores» para justificar por qué existen, hacia dónde van y cómo pretenden llegar. Sin duda, muchas organizaciones responden a esas preguntas con auténtica preocupación y sinceridad y otras más cínicas las entienden como una herramienta de *marketing* para posicionarse mejor en el mercado. Pero, desde una vertiente más cruel, otras tantas entidades usan esos mismos principios como excusa para tener carta blanca para ensoberbecerse y reproducir esa «fe sin sonrisa» de la que hablaba Guillermo de Baskerville y exigir una entrega incondicional y absoluta a sus trabajadores sin importar los sacrificios que eso suponga.

De modo que el culto al trabajo ha sustituido a los cultos religiosos mimetizando su dinámica de prometer gratificaciones futuras a cambio de sacrificios en el presente y aprovechando nuestra sed de trascendencia para proponernos un más allá mucho más mundano pero igual de utópico. A falta de pruebas fehacientes de la viabilidad de su oferta su único aval es el mismo que el de muchas religiones: una fe basada en la arrogancia de sus sumos sacerdotes, solo que, en su caso, disfrazada con ínfulas de presunto compromiso social o innovación tecnológica. Quienes no cumplen con los ritos oportunos (normas de etiqueta con superiores, docilidad, evitación de temas tabús, implicación máxima más allá de lo acordado en el contrato...) son señalados como herejes o sospechosos con rapidez y, por supuesto, quedan excluidos del ascenso en la hipertrofiada escala militaroide de cargos y subcargos que exige todo organismo que dice trabajar por un bien mayor.

Visto así, el presunto asesinato de Dios anunciado por Nietzsche no solo supuso un magnicidio, sino un golpe de Estado cósmico en el que el trono vacante fue ocupado por una idea de «progreso» (matizable según el enfoque de distintas culturas), pero que, en todos los casos, se negó a abandonar la épica sacrificial en pos de un futuro promisorio. Por lo que, aún hoy, nos hallamos en la primera fase de un duelo por el fracaso de las teocracias: la de negación; en la que, a falta de nuevos dioses más convincentes, hemos preferido divinizar ideales sociales o económicos a los que nos sometemos con el mismo fervor y a los que encomendamos nuestro esfuerzo, muchas veces sin pensar demasiado en los costes. Definitivamente, el culto al trabajo es la nueva religión del siglo XXI, pero más que en adeptos, nos hemos convertido en víctimas sacrificiales.

13

Homo ad extremum

La obsesión por mejorar y encontrar novedades constantes como amenaza

Pretender que la codicia humana se regule por sí misma es como pretender que un fuego se controle por sí solo. Acabará deteniéndose cuando ya no quede más por devorar. Lo cual, trasladado al contexto del mercado libre, explica las contundentes palabras del activista Corsino Vela:

> La crisis terminal de una civilización es de naturaleza implosiva y se manifiesta en la exacerbación de sus contradicciones, evidentes en la proliferación descontrolada de sus rasgos característicos. En el caso del sistema capitalista, se materializa en su rasgo fundamental: la proliferación imparable de mercancías que lleva al colapso por sobreproducción y sobreexplotación de recursos.[1]

Pero no se trata de un problema moderno. Muchas culturas antiguas cayeron en el mismo error y acabaron implosionando por dejar que se hundiera el soporte que las sustentaba o por ignorar que, aparte de la producción positiva que genera el trabajo sobre los recursos disponibles, también «hay dos tipos básicos de *producción negativa*: a) Destrucción voluntaria de hombres y riqueza. b) Contaminación y destrucción del medioambiente».[2]

Ya en la prehistoria, los seres humanos agotaron algunos de los recursos a su alcance por no permitir que se regeneraran. La sobrecaza de grandes mamíferos como mamuts, mastodontes y perezosos gigantes junto a unas condiciones climáticas extremas (tanto para los animales como para los estómagos de los primeros *sapiens*) llevaron a la extinción de buena parte de la megafauna mundial.[3] «Eran ellos o nosotros», dirán algunos. Pero, fuera de ese contexto glaciar, podemos encontrar otras situaciones parecidas en que diferentes grupos humanos causaron su propia ruina al dejarse llevar por unas expectativas descabelladas como resultado de una mezcla de soberbia con altas dosis de autoengaño e ignorancia junto a una gran resistencia a la autocrítica. Por ejemplo, los cananeos y otros pueblos entroncados con los fenicios recurrían a una estrategia bastante dudosa para combatir las épocas de sequía: plantar en los templos de la diosa Astarté, guerrera y amante del Cielo, árboles mustios para colgar de sus ramas el ganado que requisaban a los campesinos, pájaros enjaulados, ropas y adornos y, después, prenderles fuego como ofrenda mientras los sacerdotes eunucos se arrancaban las cejas y el cabello y se infligían heridas con cuchillos. Creían que así convencerían a la diosa para que descendiera al abismo de Mot, señor de la muerte, y rescatara al dios Baal, Jinete de las Nubes y portador de la lluvia. Tan convencidos estaban que, en casos extremos y llevados por el paroxismo religioso, llegaban a castrar a niños para ofrecer su fertilidad con la esperanza de recibir a cambio la de la naturaleza.[4] Ni que decir tiene que semejante táctica, además de inhumana, empeoraba más aún la situación a largo plazo. No solo por calcinar buena parte de sus recursos de supervivencia e indignar a las familias de los mutilados. La deforestación que suponía socavaba la densidad arbórea de la zona y perjudicaba su potencial en el ciclo de la lluvia al reducir el proceso de transpiración por el que las plantas devuelven a la atmósfera la mayoría del agua que cae sobre ellas y que, luego, vuelve a transformarse en precipitaciones.[5]

Por una razón similar, en el siglo IX d. C., acabó colapsando la ciudad maya de Tikal, que llegó a estar habitada por setenta mil personas. Allí los árboles de la zona fueron cortados por razones distintas: la creación de espacios para cultivos y construcciones y la fabricación de la cal con la que blanqueaban sus templos. Por lo que la deforestación jugó en su contra, tiempo después, cuando llegaron varios años de largas sequías, y eso que contaban con distintas plantas capaces de resistir la aridez, como la chaya o la yuca. En su caso concreto, el factor decisivo fue uno que convirtió en veneno la poca agua a su alcance: el mercurio que, sin saberlo, habían dejado que se filtrara en los dos únicos lagos que los abastecían. Todo por su costumbre de decorar cerámicas, esculturas, monumentos y orfebrería con cinabrio (sulfuro de mercurio), que, por su color rojo oscuro, les evocaba el de la sangre y la vida. Por culpa de ese convencimiento artístico-religioso, de manera invisible pero constante, la población de la zona fue intoxicándose de forma crónica y menguando con rapidez.[6] Quienes lograron salir vivos de allí en dirección hacia el Caribe, arrastraron con ellos las secuelas irreversibles de su ingesta habitual de mercurio y, peor aún, unas prácticas culturales que contribuyeron, junto a otros muchos factores, a que la siguiente ciudad maya en despuntar sobre el resto, Chichén Itzá, colapsara siglos después. La lección está ahí para quien quiera aprenderla: cuanto menos te preocupes por descubrir los inconvenientes de las nuevas tecnologías que desarrolles, más probable será que sufras sus consecuencias; como les pasó a los pioneros de la radiactividad a principios del siglo XX y, en la transición al XXI, al desarrollo cognitivo de todos los niños que han crecido expuestos desde edades demasiado precoces a las tecnologías digitales y a la contaminación ambiental.

Mientras el Imperio maya languidecía, también lo hacían los bosques europeos:

> A partir de los siglos XII y XIII, en el área mediterránea, la madera empezó a escasear y fue sustituida cada vez más en la construcción de edificios por ladrillo, piedra y mármol. Pero siguió

siendo en la práctica el único combustible usado y siguió siendo el material básico para la fabricación de muebles, barcos, enseres y máquinas.[7]

Muchos de esos barcos y máquinas estaban destinados a finalidades expansivas, fueran bélicas, como las guerras contra la flota del Imperio otomano que dominó el Mediterráneo; pacíficas, como las rutas comerciales alternativas que trataron de rodear esa zona de conflicto; o mixtas, como el espíritu dominador que hizo brotar diferentes colonias de explotación humana y natural a lo largo de esas rutas y en muchos de sus destinos. Pero esas mismas rutas que algunos abrieron para comerciar o saquear riquezas y esclavizar a otros humanos acabaron convirtiéndose en la vía de acceso a diversas desgracias inesperadas.

La más conocida y demoledora fue la Gran Peste que llegó a Europa a mediados del siglo XIV después de un enrevesado periplo. Según la arqueología y el estudio de ADN de cadáveres antiguos, en 1338, cerca del lago Issyk Kul, en el actual Kirguistán, surgió una nueva y letal variante de la bacteria *Yersinia pestis*.[8] No había aparecido en humanos ni en ratas, sino en marmotas, que, para las gentes de la zona, entraban entre sus opciones de alimentación. De ellas, la enfermedad pasó a los humanos y comenzó a extenderse de unos a otros, a veces, con la intermediación de pulgas y otros roedores más ubicuos como las ratas. En Asia no tardó en convertirse en un problema, pero algunos avispados quisieron convertirla en una oportunidad. En concreto, el ejército mongol que asedió el puerto genovés de Caffa en 1346 cuando, para hacerse con la ciudad, decidió catapultar un cadáver infectado dentro de sus murallas y, además de diezmar su población, logró que la estampida de contagiados que empezó a huir hacia otras ciudades próximas diseminara más aún la plaga.[9] Las redes comerciales y unas cuantas ratas y pulgas más hicieron el resto; igual que lo hizo la costumbre de mucha gente de acudir en masa a las iglesias para pedir protección al Altísimo y reunirse, sin saberlo, con más de un infectado. La población europea antes de la peste negra era de, al menos, ochenta millones de habitantes. La epidemia «eliminó algo así como veinticinco millones de personas».[10] La moraleja parece evidente para cualquier sociedad con ansias conquistadoras: cuanto más te expandas, por una mera cuestión de vasos comunicantes y estadística, más probable es que entres en contacto con alguna desgracia inesperada. La reciente pandemia de covid y los casi siete millones de muertes que dejó a su paso demuestran que el aviso sigue vigente.

Una sociedad expansiva también puede enfermar de un modo menos literal pero igual de destructivo, incluso en contextos económicos favorables. Encontramos un caso de lo más didáctico siglo y medio después de la Gran Peste, cuando la llegada accidental de los españoles a América mientras buscaban rutas alternativas a las Indias les descubrió un filón de bonanza en forma, entre otros, de minas de oro y plata. No tardaron en invadir el territorio y en controlar esa fortuna. De modo que pasaron a convertirse en la primera potencia europea «como un heredero enriquecido por el accidente de un excéntrico testamento».[11] Para extraer esos metales preciosos, fue necesario invertir recursos en forma de esclavos que trabajaran en las minas y, para depurar el oro y la plata por el método de fundición, de madera que ardiera en los hornos. Respecto a lo primero, las leyes contra la esclavización de los nativos americanos de 1542 solo proporcionaron dos salidas: ofrecerles un salario para que siguieran trabajando o recurrir a esclavos africanos. Pero ninguna de las dos opciones fue barata para los propietarios de las minas y, a medida que la producción bajaba por el agotamiento de los filones, sus gastos se hicieron inasumibles. Respecto a lo segundo, la introducción en América del procedimiento de amalgamación por el metalurgista Bartolomé de Medina[12] facilitó la extracción de plata incluso de pequeñas porciones gracias a un viejo conocido: el mercurio. Pero ni esa tóxica alianza impidió la lenta agonía de las grandes empresas mineras ante el agotamiento de sus recursos.

Mientras, en España...

> un siglo de artificial prosperidad había inducido a muchos a abandonar el campo; las escuelas se habían multiplicado, pero habían servido para producir un semieducado proletariado intelectual que rechazaba las industrias productivas y el trabajo manual y buscaba puestos en el clero y en la hinchada burocracia estatal, los cuales servían sobre todo para disfrazar la desocupación.[13]

O sea que, puestos a elegir, la mayoría sentía vocación por trabajos que requirieran poco esfuerzo y que ofrecieran el máximo estatus, como tantísimos aspirantes a *influencers* y *youtubers* de hoy en día. El Siglo de Oro, con su deslumbrante arrogancia y sus grandes celebraciones públicas, fue perdiendo su brillo a través de una hipertrofia estructural pero no productiva que aumentó el número de integrantes y sus expectativas, pero no los recursos para mantener el sistema operativo, por lo que, a excepción de unos cuantos acaparadores de riqueza, el resto asistió a un paulatino proceso de precarización de su *modus vivendi* mientras todo un imperio implosionaba. Seguro que el esquema te resulta familiar.

Otros imperios tomaron el relevo al español, pero su estrategia de subsistencia siguió siendo la misma: extraer la riqueza de territorios invadidos a los que preferían llamar «colonias». Incluso cuando aparecieron nuevas invenciones como las primeras máquinas de vapor o el ferrocarril, la intención siguió siendo la misma: exprimir al máximo los recursos disponibles con la excusa de civilizar culturas presuntamente inferiores. Así, las aventuras de míticos exploradores como Henry Morton Stanley y su conocida búsqueda del doctor Livingston, estuvieron motivadas por el propósito de descubrir la trayectoria del río Congo hasta el mar y, a través de ella, una vía de acceso más practicable hacia el África central. Una vía tan prometedora que llevó al esclavista Leopoldo II de Bélgica a contratar a Stanley para aprovecharla al máximo y, así, poder llevar a cabo sus planes de explotación del caucho de la zona tras la coartada de la Asociación Internacional del Congo.[14] De manera que, impulsada con ese espíritu,

> la Revolución Industrial abrió las puertas a un mundo completamente nuevo, un mundo de nuevas e inexplicables fuentes de energía, como el carbón, el petróleo, la electricidad y el átomo; un mundo en el cual el hombre se encontró capacitado para manejar enormes masas de energía en una medida inconcebible en el bucólico mundo anterior.[15]

Lástima que ese potencial tecnológico y esa aceleración del progreso siguieron en manos de la misma mentalidad rentabilista, competitiva, codiciosa y sacrificial. Nadie quedó a salvo de su avidez. Como señaló Virginia Woolf, hasta los privilegiados patriarcas sufrieron sus exigencias porque:

> Cierto, tenían dinero y poder, pero solo a costa de alojar en su pecho un águila, un buitre, dedicado a desgarrarles el hígado y los pulmones por toda la eternidad: el instinto de la posesión, la ira de la adquisición que los lleva a desear de continuo los campos y los bienes de otras personas; a establecer fronteras y banderas; a buques de guerra y gas mostaza; a sacrificar sus vidas y las de sus hijos.[16]

Sin llegar al extremo del genocidio que vivieron algunos territorios invadidos como el Congo, la situación para las clases más humildes de las sociedades industrializadas tampoco fue halagüeña. Accidentes mortales por el manejo de maquinarias, enfermedades laborales, hacinamiento, trabajo infantil... Si tomamos como referencia la población obrera que vivió la industrialización de la ría de Vizcaya desde finales del siglo XIX, veremos que sus circunstancias fueron deprimentes.[17] Su capacidad adquisitiva empeoró y, cuando empezó a mejorar años después, solo lo hizo para los trabajadores menos prescindibles porque tenían algún grado de especialización. Pese a ello, hasta los mejor pagados tuvieron problemas para encontrar viviendas saludables por culpa de una urbanización inadecuada. Así que la mala nutrición por falta de recursos, el hacinamiento, la sobrecarga de trabajo y la exposición a partículas contaminantes produjeron un aumento de las enfermedades infecciosas y de la mortalidad infantil por culpa de epidemias de viruela, sarampión y tosferina. Como suele ocurrir en tales casos, la intervención sanitaria institucional fue tardía y solo se preocupó del control de las aguas mientras las fábricas seguían contaminando a pleno rendimiento y exprimiendo a sus trabajadores.

La palabra mágica para justificar esa y otras muchas atrocidades históricas siempre ha sido la misma: «progreso», una especie de comodín sagrado con el que muchos justifican toda clase de abusos con la promesa de un futuro en que la tecnología nos hará la vida más fácil. Pero, como nos recordó la artista y cantante Laurie Anderson: «Si crees que la tecnología resolverá tus problemas, no entiendes la tecnología, y no entiendes tus problemas».[18] Porque, actualmente, lo único que hemos visto en naciones de distinto color político es cómo el aceleramiento de la tecnología ha llevado a un aceleramiento del consumo de recursos, a la generación de más residuos y a un aumento de riesgos potenciales que explican el calentamiento global que amenaza nuestro planeta, la contaminación ambiental que daña tanto la biosfera como nuestra salud y, peor todavía, la inquietante posibilidad de que algunos países puedan hacer uso de armas apocalípticas en cualquier momento si lo creen oportuno.

Desde una perspectiva más cotidiana, las intenciones que ha demostrado ese presunto progreso son más que sospechosas. Por un lado, si ha habido un uso pionero para la inteligencia artificial y los *chatbots* ha sido el de eliminar los intermediarios humanos en los servicios de reclamaciones y atención al cliente de muchas empresas para que los matices y las excepcionalidades de cada caso personal deban enfrentarse, en una situación de notable desventaja, contra un impasible muro algorítmico. Por otro lado, además de reducir costes materiales sin responsabilizarse de los efectos causados al medioambiente, muchas «mejoras» han aplicado el mismo esquema a los trabajadores y, así, han reducido sus sueldos y el número de contrataciones sin crear alternativas sostenibles para que puedan permitirse una vida cada vez más cara por culpa de la especulación de los acaparadores. Fruto de esa dinámica, tenemos ejemplos muy elocuentes sobre qué podemos esperar de esas innovaciones; como las declaraciones del secretario de Trabajo y Pensiones británico en las que animaba a los mayores de cincuenta años a trabajar como repartidores a domicilio para complementar sus sueldos y poder llegar a fin de mes;[19] o las cláusulas abusivas de muchos contratos de locutores y actores de doblaje que, aprovechando la lentitud gubernamental para regular nuevos escenarios tecnológicos, fueron presionados para que cedieran los derechos de su voz a las mismas empresas que pretendían sustituirlos por inteligencias artificiales.[20]

Llámame desconfiado, pero a mí me da que ese futuro que nos ofrecen con el reclamo del progreso no debe de estar tan cerca si nos dicen que hay que retrasar la edad de jubilación y obligar a los más mayores a trabajar en empleos precarios para que el sistema actual se mantenga; ni igual resulta tan maravilloso si la presunta tecnología que debe asistirnos, además de ser insensible a las problemáticas personales, no tiene un planeta donde hacerlo o sí lo tiene, pero es uno tan desolado que necesitaremos diferentes clases de filtros para realizar actividades tan básicas como respirar, comer o beber sin miedo a enfermar. Por no mencionar otras muchas dudas que plantea ese escenario: ¿hay recursos suficientes para que esos cambios se desarrollen a nivel mundial e igualitario? ¿Se usarán para aligerar esfuerzos a los trabajadores o para que los productores reduzcan, más aún, costes y número de empleados? ¿Estarán dispuestos sus creadores a compartirlos gratis o tendremos que pagar algún precio? ¿Y quienes pierdan su trabajo? ¿Serán ellos los únicos responsables de recolocarse en otras ocupaciones o alguien los ayudará a hacerlo? No hace falta esperar al futuro para conocer las respuestas a esas preguntas. Todas han sido contestadas desde el inicio mismo de la civilización con la irrupción de cada innovación tecnológica.

Pero reducir la ambición del ser humano a una cuestión de codicia es simplificar demasiado un impulso mucho más complejo. Porque es el mismo que está detrás del afán de superación de muchísimas personas admirables; entre ellas, las que sienten la vocación de ir más allá en lo geográfico (como exploradores o astronautas), en algún campo de conocimiento (como investigadores o inventores), en la expresión de lo humano (como artistas o actores) o en los límites de nuestras capacidades físicas (como acróbatas o deportistas). De hecho, en todos nosotros, en mayor o menor medida y dirigida en una dirección u otra, existe esa aspiración a ser mejores. A fin de cuentas, proviene de nuestro instinto de supervivencia y de la convicción de que, cuanto mejor preparados estemos, mejor sabremos aprovechar las oportunidades y afrontar los desafíos. Otro tema es en qué promesas de mejora decidamos invertir a nivel individual y colectivo, con qué intenciones, con qué grado de respeto por los derechos ajenos y asumiendo qué tipo de riesgos.

Por la misma razón instintiva, lo nuevo despierta nuestra curiosidad. Eso sí, desde la ambivalencia que nos genera cualquier elemento aún pendiente de etiquetar que lo mismo podría ocultar grandes ventajas como terribles peligros. Así que resulta natural que no todos partamos del mismo nivel de osadía a la hora de lanzarnos a lo ignoto. La genética con la que hayamos nacido y nuestro manejo cerebral de dopamina ante situaciones arriesgadas definirán nuestro grado de intrepidez de base; una actitud que, en general y según el contexto en que vivamos, tiende a disminuir con la edad y nos vuelve más conservadores.[21] Por la parte hereditaria, algunos investigadores se han atrevido a señalar un «gen aventurero», el genotipo DRD4-7R, como inductor de una audacia que, llevada al extremo, podría explicar comportamientos adictivos o autodestructivos. Pero lo cierto es que, aunque las personas adictas destaquen como «buscadores de novedades» por encima de la media, no presentan con mayor frecuencia el famoso DRD4-7R.[22] Más bien parece que tienen un «síndrome de deficiencia de recompensa»;[23] es decir, cerebros con niveles de dopamina bajos de base que recurren a estímulos externos para alcanzar esas descargas placenteras que no son capaces de producir por sí mismos a través de recompensas más sencillas y naturales.

De modo que, para sentir algo parecido a la satisfacción, los cerebros con niveles de dopamina más bajos suelen recurrir a una sucesión de gratificaciones a corto plazo. Sea a través del consumo de sustancias psicoactivas o del incremento de otras actividades que nos producen placer, como comer, beber, el sexo, los subidones de riesgo para aquellos que los disfruten o esos *likes* de las redes sociales que interpretamos como reconocimiento social. El abanico de opciones es amplio y diverso, pero todas ellas implican dos consecuencias indeseables: por un lado, la aparición de «tolerancia» a esos estímulos placenteros que, con el tiempo, deberán ser cada vez mayores para causar el mismo placer; y, por otro lado, la disminución de sensibilidad a los estímulos placenteros más sencillos. Por lo que, fuera de esas «inyecciones» de placer, lo habitual es un estado apático (un psicólogo lo llamaría de «anhedonia») en que disminuye el disfrute tanto de lo cotidiano como el de las auténticas novedades, que ya no resultan tan impactantes.[24] En otras palabras, la búsqueda de hiperestímulos conduce al embotamiento de nuestra capacidad de sentir placer y nos convierte en autómatas desmotivados que solo reaccionan a lo extremo. De modo que la primera amenaza de una búsqueda de novedad constante y sin límite sería hacia nosotros mismos.

Pero tampoco nos pongamos tremendistas porque, aunque resulte innegable que un entorno que potencie las adicciones y las conductas compulsivas empuja a las personas a desarrollarlas, es igual de cierto que salir de ese entorno puede revertir buena parte del problema. Sobre todo, si han tenido la suerte de no haber pasado las fases iniciales de su neurodesarrollo en ese ambiente tan poco favorable. Así lo demostró la famosa secuencia de experimentos *Rat Park*[25] (o «parque de ratas»), que mostró que, cuando los roedores estaban aislados de contacto social y con una fuente de morfina a su disposición, eran más proclives a elegir la droga que la comida o el agua. Incluso hubo ratas que murieron por llevar al extremo esa preferencia. Pero, cuando estaban expuestas a esa misma tentación en un entorno espacioso y naturalista con la posibilidad de interactuar con otros congéneres, su interés por la droga caía en picado. Es decir, que una de las mejores estrategias para evitar hábitos adictivos es evitar fuentes de placer que nos aíslen y elegir, en su lugar, el goce de las interacciones sociales en entornos físicos agradables que estimulen nuestros sentidos.

Del mismo modo, también el placer vocacional puede vivirse desde lo excesivo. En el caso de algunos emprendedores multimillonarios hasta podría decirse que han caído en el «síndrome de Victor Frankenstein» al pretender que la humanidad evolucione con implantes cerebrales que prometen potenciar sus capacidades porque, así, «una nueva especie me bendeciría como a su creador, muchos seres felices y maravillosos me deberían su existencia».[26] Por desgracia, el límite entre la genialidad y la megalomanía resulta difuso a veces y, entre los muchos asuntos que el capitalismo aún debe resolver, quizá este sea uno de los más preocupantes. Por el contrario, en vez de poner límites, el libre mercado anima a trasladar el discurso de lo extremo a todos y cada uno de los ámbitos laborales a través de una retorcida interpretación del concepto de «excelencia» que recuerda al lema olímpico «Más rápido, más alto, más fuerte». Bajo su mandato, solo la vocación heroica vivida con implicación absoluta y aun a costa de sacrificios personales es considerada como valiosa en diversos ámbitos profesionales. Pero, como escribió Bertolt Brecht: «Infeliz la tierra que necesita héroes».[27] Y más infelices aún los trabajadores a los que se les reclama heroicidad cada día en empresas que exprimen su salud física y mental por haber normalizado lo excepcional como si fuera lo ordinario.

Algunas organizaciones incluso han desarrollado estrategias más sutiles para empujar a sus empleados a sacrificar horas extralaborales a su favor, casi siempre, aprovechando lo difícil que resulta medir el esfuerzo intelectual. Por ejemplo, quienes aspiren a una vocación académica en la universidad tras haber pagado las correspondientes diplomaturas o licenciaturas, másteres, trabajos de investigación, tesinas y tesis, si quieren optar a una plaza docente o investigadora, aún deberán invertir buena parte de su tiempo personal en conseguir un número suficiente de publicaciones en revistas de impacto sobre la disciplina a la que pretendan dedicarse y, más importante aún, comprometerse a acrecentar esa producción para que el número de publicaciones de su centro de trabajo aumente y, con él, su reputación. Pero, como la investigación meticulosa y de calidad es lenta y no acostumbra a ofrecer grandes hallazgos y contribuciones todos los días, el resultado de ese alarde de productividad es un aluvión de publicaciones poco relevantes o reiterativas que, en vez de perfilar con más claridad la información más confiable o novedosa, la diluye en un maremágnum confuso que fomenta la producción cuantitativa poco ética, el ego de algunos investigadores y la competencia entre profesionales que podrían aportar mucho más a sus campos si trabajaran en equipo con sus presuntos rivales. Tampoco ayudan a la calidad de esos *papers* la falta de financiación o la escasez de tiempo con los que se producen. Ni mucho menos, las dinámicas de poder de algunas instituciones y su tendencia a defender, más que la innovación, unas líneas de trabajo impulsadas por sus producciones previas.[28]

La presión del *publish or perish* («publicar o perecer») es tan grande que hasta existen editoriales especializadas en tentar a los investigadores de menos prestigio para que publiquen artículos mediocres con ellas a cambio de un módico pago y, en el extremo opuesto, un mercado oculto de compraventa de artículos científicos al que acuden algunas universidades para captar a autores reputados dispuestos a firmar sus trabajos en colaboración con ellas para mejorar su reputación en los *rankings* de publicaciones.[29] Es la cultura del postureo trasladada al mundo académico, pero a costa de asfixiar la calidad de su producción y su prestigio; por si aún no habías entendido en qué consiste una implosión. Pero una investigación rentabilista impulsada por el «cuanto más, mejor» y regulada por el libre mercado supone un mayor peligro: el de desplazar la confianza social hacia otras fuentes de certezas que, en vez de preocuparse por su calidad, solo buscan hacer negocio. La evolución de los medios de comunicación actuales a canales informativos adaptados para calmar la sed ideológica de sectores concretos ejemplifica a la perfección ese fenómeno; o la existencia de *fake news* que no se conforman con distorsionar el enfoque de determinadas noticias y van más allá inventándose otras de la nada para favorecer los intereses de determinados grupos de poder.

En la misma línea de aspiraciones olímpicas, la velocidad con la que se trabaja también se ha convertido en un parámetro que optimizar, incluso en sectores en que disponer de tiempo de calidad resulta básico para ofrecer el servicio que se espera de ellos. Así, mientras la mayoría de los sanitarios públicos reivindica una atención humanística de calidad en la que cada persona sea atendida de forma personalizada y con un tiempo adaptado a los matices y peculiaridades de sus condiciones de salud, muchos gestores tienen otro objetivo: obligarlos a trabajar con agendas que regatean el tiempo de atención por paciente y circuitos basados en medias estadísticas colectivas pensadas para «no malgastar el tiempo» a favor de una «medicina rápida» donde poco importa la titulación o la experiencia de quien aplique un algoritmo, ni cuántas veces la peligrosa simplificación que supone pensar que «el diagnóstico más probable es el más frecuente» acabe pasándole factura a alguien que tenga la mala suerte de encarnar la excepción a alguna presunta regla. En caso de que eso ocurra, no será un sistema abstracto quien tenga que dar la cara, sino el profesional que haya tenido la mala suerte de seguir sus órdenes.

Con tanta gente yendo y viniendo a la carrera y tantísima producción cuya calidad resulta imposible de evaluar con calma, el espejismo del trabajo cada vez más rápido y mejor parece real. Más aún, cuando los responsables de alentarlo se esfuerzan por publicitar el más mínimo avance como si fuera un gran éxito. Ya ni hace falta haber encontrado una nueva cura para algún tipo de cáncer para ser noticia. Haber encontrado una nueva molécula que «podría» serlo ya es suficiente motivo para arrogarse el mismo mérito, como si quisiera esconderse la decepcionante escasez de resultados al gran esfuerzo invertido con un bombardeo constante de buenas intenciones. De forma que el verdadero triunfo del *marketing* no está en la venta de productos sino en la venta del sistema mismo, en su estrategia calculada para esconder su insostenibilidad vaciando de significado palabras como «progreso», «bienestar» o «sostenibilidad» y llenándolas con un abanico de promesas inminentes, propuestas de ocio inabarcable, servicios rápidos y productos hechos con materiales presuntamente respetuosos con la naturaleza para aplacar la mala conciencia de los más reticentes. «Parece que solo nos importara esa parte vendible y bonita, porque es la que se puede pintar de verde. En la que podemos disimular la suciedad y el dolor que engrasan la maquinaria de nuestro sistema productivo»[30] que, por explotar, no duda en explotar a sus presuntos favorecidos.

Al fin y al cabo, aunque los recursos materiales escaseen, mientras haya humanos, siempre habrá mentes que colonizar y material explotable; y que será más fácil de manipular y explotar cuanto más hostil sea el contexto. La herramienta para lograrlo es sencilla: la mera retórica en forma de discurso enfervorizante, la congregación de voluntades alrededor de un objeto de deseo común, no importa que acabe siendo una zanahoria inalcanzable de cualidades imprecisas o utópicas. Porque, gracias a una dialéctica hipertrofiada y autocomplaciente, la idea de «progreso» puede reducirse a un simple elemento narrativo, el equivalente de un *Macguffin* en una película de Alfred Hitchcock,[31] una excusa argumental para que la acción se ponga en marcha, pero que parece importantísima solo porque el protagonista y sus oponentes lo persiguen a toda costa. Así, la definición real de «progreso» pasa a un plano secundario y la épica del esfuerzo sustenta por sí misma una narrativa en la que el más difícil todavía acaba convirtiéndose en su auténtica razón de ser. Algunos pensadores, como el psiquiatra y filósofo Frantz Omar Fanon, ya señalaron a dónde conduce ese discurso vacío autoimpulsado: al desastre.

> Un diálogo permanente consigo mismo, un narcisismo cada vez más obsceno no han dejado de preparar el terreno a un cuasidelirio donde el trabajo cerebral se convierte en un sufrimiento, donde las realidades no son ya las del hombre vivo, que trabaja y se fabrica a sí mismo, sino palabras, diversos conjuntos de palabras, las tensiones surgidas de los significados contenidos en las palabras.[32]

Es decir, la épica más resonante y aturdidora que podríamos oír precisamente porque está hueca.

El deseo, el miedo, los complejos, la pereza, la desesperación... Todo es rentabilizable en el mercado libre con aplicaciones de citas, seguros multirriesgo, filtros y avatares para sentirnos otros, reparto exprés a domicilio o casinos en línea y créditos ultrarrápidos. La represión de eras anteriores ha sido sustituida por la expresión (tanto en su sentido expresivo como exprimidor). «¿Los girasoles de Van Gogh no te dicen nada? Prueba nuestra experiencia inmersiva 3D que te hará sentir que paseas entre sus pétalos. ¡Hasta podrás hacerte selfis! Qué importa si es falso o verdadero. Lo importante es que es "más", más Van Gogh que Van Gogh mismo, más nuevo, más actual, más original...» El sucedáneo hipervitaminado ha desplazado la sencillez sensorial del modelo auténtico. Pero, ay, como dijo el personaje de Elizabeth Lavenza, la prometida del doctor Victor Frankenstein: «Cuando la mentira se parece tanto a la verdad, ¿quién puede creer en la felicidad?»;[33] o, más espinoso aún, en la existencia de límites.

Cuando el infinito es la meta, ningún esfuerzo humano es suficiente. Pero, en un intento de añadir otros muchos a los que habrán de invertirse a lo largo de una «vida profesional», hay quienes deciden optimizar la educación de sus hijos desde sus primeras etapas para que estén mejor preparados para cualquier futuro y, de paso, bajo vigilancia de otros adultos mientras ellos rematan su jornada de trabajo. De ese modo, las horas de juego libre se han ido reduciendo a favor de otras actividades más «provechosas» y, junto a ellas, se han perdido magníficas ocasiones para desarrollar la creatividad, la autonomía y la exploración de las propias capacidades y las del entorno. Todo por esa obsesión nuestra por la optimización y el rendimiento profesional que nos convierte en una especie de atletas laborales obsesos.

Tampoco los adultos nos hemos librado de esa pérdida progresiva de nuestro tiempo de ocio. Pese a las antiguas promesas de un futuro donde reinaría el sosiego y las labores placenteras, la realidad actual es más bien la contraria. Porque, al margen del teletrabajo oficial o extraoficial, la hiperconectividad tecnológica y la expectativa de inmediatez de empleadores y clientes ha abierto una gran brecha por la que el trabajo se cuela en los entornos domésticos en los momentos más inesperados; sea a través de llamadas telefónicas o mensajes de grupos de WhatsApp. De forma que no solo hemos perdido tiempo por tener que responder a una mayor exigencia desde nuestros entornos laborales, también hemos perdido espacios mentales de desconexión en los que recuperarnos.

14

Todo a la vez en todas partes... y a todas horas

La identidad frente al consumo, la hiperexposición digital y el multitasking

La sociedad de consumo no se conforma con envolvernos en su torbellino perpetuo de ofertas. Para mantenerse en movimiento, necesita arrastrarnos a él. Su combustible son nuestros deseos; pero no solo los que apelan a nuestras necesidades más o menos fisiológicas (comer, beber, abrigarnos, descansar...). Su carburante fundamental son nuestras expectativas emocionales (conectar con otros, sentirnos reconocidos, pertenecer a una comunidad...) porque, a través de ellas, puede vendernos narrativas sobre quiénes somos y cuál es el sentido de nuestra existencia, incluyendo, por supuesto, nuestra contribución laboral dentro de su estructura. Encontramos el ejemplo más paradigmático en el propio *marketing*, que, desde hace mucho tiempo, no publicita los productos y servicios que vende por sus cualidades intrínsecas, sino a través de promesas de experiencias emocionales que nos harán sentir mejor. Los automóviles nos prometen aventuras a través de paisajes espectaculares, aunque dañen el medioambiente y, con demasiada frecuencia, nos conduzcan a atascos masivos durante la hora punta; los bancos nos ofrecen un hombro amigo en que apoyarnos, aunque luego se muestren rígidos y abusivos con sus condiciones; y muchas ofertas de empleo nos aseguran que encontraremos una nueva familia, aunque nunca especifiquen con qué grado de disfuncionalidad.

En conjunto, el libre mercado nos vende la idea de que somos dueños de nuestros destinos y que, para moldearlos a voluntad, solo necesitamos escoger lo que más nos guste dentro de su vasto catálogo. Nuestra compañía telefónica, la marca de nuestro móvil, el desodorante que usemos, la ropa que llevemos, nuestra bebida favorita, los destinos vacacionales que escojamos... Todos aportan diferentes mensajes con los que adornar nuestra propia narrativa y hacernos creer que para «ser» basta con «tener» y «mostrar», previo pago, por supuesto. La inmensa mayoría acepta esa propuesta porque sabe que lucir algunos productos o los logos de ciertas marcas hace que seamos etiquetados por los demás dentro de determinadas categorías: pudiente, moderno, *geek*, friki, alternativo, ecologista, clásico... Y, como especie curtida en el juego de la supervivencia, intentamos sacar el mayor provecho de esas imposturas según las circunstancias, aunque solo sea para que «los nuestros» nos reconozcan con más facilidad. Por la misma razón, entendemos que nuestro trabajo es una etiqueta usada por muchos como síntesis de quiénes somos y que nosotros mismos basamos buena parte de nuestra autoestima en nuestros logros profesionales. Ya lo dijo la profesora de Evolución y Comportamiento Nichola J. Raihani: «Preocuparse por lo que otros piensen de nosotros es parte de nuestra psicología que ha sido perfeccionada por selección, pero ¿por qué?».[1]

Para empezar, porque nuestro instinto de animales sociales nos dice que, tarde o temprano, necesitaremos a nuestros semejantes y que, para conseguir alianzas favorables, nuestra reputación es tan importante como los recursos materiales que podamos ofrecer. Así, igual que el dolor físico que sentimos al acercarnos demasiado a una llama nos advierte de los límites de nuestra corporalidad, el dolor emocional que sentimos al vernos rechazados por nuestros semejantes nos advierte de los límites de nuestra sociabilidad. Y poca broma, que, según los estudios, esas dos experiencias producen en nuestro organismo una respuesta comparable.[2] De hecho, la del rechazo social es tan intensa que, igual que ocurre con el sufrimiento físico, intentamos evitarla y, cuando intuimos que no seremos capaces de lograrlo, nuestro cuerpo pone en marcha diversos mecanismos fisiológicos para encajar lo mejor posible ese dolor que está a punto de llegar.[3] Es decir, solo con anticipar la posibilidad de un rechazo ya nos estresamos y sufrimos y, por eso, durante la infancia y la adolescencia, cuando asentamos las bases de nuestro funcionamiento social futuro, es tan importante crecer en ambientes inclusivos que eviten la aparición de trastornos afectivos posteriores por culpa de la soledad, el *bullying* o el rechazo social.[4]

Por otro lado, como supo ver el escritor Marcel Proust, nos preocupa la opinión de los demás «porque no nos es dado conocer más que las pasiones ajenas, y lo que llegamos a conocer de las nuestras lo sabemos por los demás».[5] Al fin y al cabo, en su búsqueda constante de información veraz, nuestro cerebro sabe que solemos recurrir a autoengaños y trampas mentales para preservar la imagen que tenemos de nosotros mismos y, para recalibrar sus conclusiones parciales, le gusta contrastarlas con las que nos aportan nuestros semejantes más próximos, que suelen ser más fiables, para usarlas como espejo. Y es una táctica arriesgada, porque lo mismo puede darnos placer con la caricia de un cumplido[6] que despertar nuestra ira con la bofetada léxica de algún insulto inesperado.[7]

No todos dependemos por igual de la imagen que pensamos que tienen los demás de nosotros, ni tan siquiera nacemos con la misma predisposición a depender de ella. Como ya observó la psicoterapeuta Virginia Satir, madre de la terapia familiar:

> Los niños no son simplemente hojas en blanco. Llegan al mundo con diferencias constitucionales bien definidas. Simplemente, en términos de su «capacidad corporal de reaccionar» los niños recién nacidos son muy diferentes entre sí.[8]

Más diferentes aún son sus progenitores y, en función del estilo educativo y la validación que ofrezcan a sus hijos, la autoestima que desarrollarán a partir de su genética de nacimiento. Esa influencia familiar es determinante entre los dieciocho meses y los tres años de vida, durante lo que el psicólogo Erik Erikson denominó la segunda etapa de desarrollo psicosocial: «autonomía frente a vergüenza y duda».[9] La fase en la que el pequeño William Erasmus Darwin tuvo que luchar entre la imagen que quería dar a su padre y su pasión por los pepinillos. Después, una vez que los pequeños integran unas cuantas pinceladas sobre las normas de comportamiento de su entorno, esa batalla será entre la «iniciativa» y la «culpabilidad» y, más tarde, al llegar la adolescencia, pasará a convertirse en un conflicto global que lo cuestionará todo para perfilar una identidad propia y su encaje dentro de una comunidad y el mundo en conjunto.

No hay otra manera. Para descubrir nuestra identidad debemos contextualizarnos, poner a prueba nuestras convicciones interiores frente a la realidad exterior. Así, según el resultado de cada uno de nuestros actos de «autoafirmación», recibiremos diferentes mensajes sobre cómo nos perciben los demás y, al contrastarlos con nuestras expectativas, sobre cómo nos etiquetamos a nosotros mismos. Es un proceso de construcción y erosión constantes cuyos pilares se cimentan durante la infancia en nuestro entorno familiar, pero que dura toda la vida. De ahí que una de las principales estructuras cerebrales relacionadas con nuestra autoestima esté relacionada también con nuestra memoria, nuestra orientación temporoespacial y la construcción de narrativas: el hipocampo.[10] Y no solo se trata de situarnos físicamente en un momento y en un lugar revisando la mochila vital que hemos ido llenando de experiencias. En esa ubicación mental, tan importante como saber en qué punto de nuestro viaje estamos es conocer nuestra distancia emocional respecto a aquellos que se cruzan en nuestro camino y nuestro grado de alianza o rivalidad con ellos. De modo que, en conjunto, nuestra autoestima es la suma de nuestro grado de satisfacción interior con una estimación de la validación externa que suponemos que nos dan los demás a partir del apoyo social que percibimos de su parte. Que hasta los más ególatras y narcisistas necesitan algunos aduladores que aplaudan sus presuntos méritos.

Como seres espaciotemporales que somos, necesitamos ese contraste constante entre lo interno y lo externo para entender nuestras propias dimensiones y sentirnos ubicados, tanto en lo físico como en lo emocional. Respecto a las dimensiones físicas, resulta de lo más elocuente que los primeros sistemas de medición humanos cuantificaran el mundo tomando como referencia partes de su propia anatomía al menos en 186 culturas diferentes:[11] palmos, codos, pies... Y, en cuanto a las dimensiones emocionales, que muchos fenómenos de la naturaleza fueran interpretados en la era precientífica como manifestaciones del estado de ánimo de entidades sobrenaturales: alegría, enfado, compasión... O que, ya en la era científica, conservemos esa proyección en las creaciones artísticas a través de la denominada «falacia patética o antropomórfica»,[12] por la que los autores suelen alinear los sucesos meteorológicos y otros fenómenos naturales con los sentimientos de sus personajes. Por ejemplo, cuando usan la lluvia como trasfondo habitual en los funerales de numerosas ficciones para que el cielo llore como los asistentes o cuando algunos publicistas, para vender un suplemento vitamínico, nos muestran a alguien exultante de energía durante una jornada de sol esplendoroso mientras suena de fondo *Walking on Sunshine* de Katrina and the Waves.

El lenguaje cognitivo con el que intentamos descifrar el mundo y a nosotros mismos es el resultado de ese constante proceso de proyección e interiorización. Y, como cualquier otro idioma, tiene un fuerte componente cultural y exige un aprendizaje. Hasta podríamos decir que, en primer lugar, nos exponemos a una lengua materna o doméstica, que es la que nos cala con mayor profundidad, y que encontramos fenómenos equiparables al bilingüismo. De modo que hacia los cinco años y medio, una vez que aprendemos el uso social de las mentiras más o menos corteses y más o menos estratégicas,[13] aprendemos a relativizar la información que recibimos del exterior; aunque, como cualquier otra habilidad, a unos les lleve más tiempo que a otros asimilar esas recalibraciones y no todos alcancen la misma habilidad para detectar cuándo activarlas. Así, conscientes de la diferencia entre la información veraz y la dudosa y empujados por nuestro instinto animal de supervivencia que nos hace perseguir lo beneficioso y huir de lo dañino,[14] pronto descubrimos el valor de las fuentes fidedignas y de los «referentes sociales», esos que buscamos cuando necesitamos que alguien ilumine nuestra ignorancia. Pero buscar no equivale a encontrar y, menos aún, cuando no hemos desarrollado todavía la capacidad crítica suficiente para saber cómo elegir a nuestros informadores o cuando, pese a haberla desarrollado, nos engulle un tsunami de datos donde la verdad está diluida entre la propaganda comercial e ideológica y las *fake news*. Entonces, ¿cómo evaluar nuestro entorno y a nosotros mismos para entenderlo y entendernos en la era de la posverdad y la sobrecarga informativa?

Existen distintas opciones. Las personalidades más ansiosas suelen tender a una búsqueda de información casi obsesiva de la mano del «síndrome FOMO»,[15] del inglés *fear of missing out* («temor a perderse algo»), y, además de la inversión excesiva de su capital horario navegando en el océano digital para estar al tanto de cualquier novedad, reciben un alud de datos redundantes, contradictorios e inasimilables para su capacidad cerebral que puede producirles una «infoxicación».[16] Pero también los hay que caen en lo opuesto: la «tacañería cognitiva»,[17] una especie de rendición psicológica para no malgastar energía mental en batallas que se dan por perdidas de antemano; por lo que, en vez de contrastar mínimamente la información a su alcance, los más suspicaces prefieren guiarse por los datos que ya tienen y por sus propios prejuicios. Entre esas dos reacciones extremas, encontramos una amplia graduación de actitudes diferentes. Pero hasta las personas más reflexivas y equilibradas deben enfrentar el mismo problema en el mundo digital: orientarse en un entorno nebuloso sin claras referencias temporoespaciales donde el límite entre lo real y lo falso se desdibuja y fluye en constante movimiento.

Ese transitar entre la niebla digital y la sensación de que cualquier información está a nuestro alcance en un solo clic en cualquier momento también empaña la actividad de nuestro hipocampo y, con ella, aspectos tan importantes como nuestra memoria[18] o nuestra autoestima.[19] Pero los peligros continúan en los entornos tangibles, donde la percepción de incoherencias, hipocresías y gansterismos en distintas estructuras sociales y laborales empujan a muchos a buscar alivio en lo ficticio, sea a través de contenido literario, audiovisual o digital; o en amagos de huidas más o menos prolongadas, tengan la forma de viajes de ocio intermitentes a otros entornos para acabar regresando al mismo escenario frustrante o de idílicos planes B con los que uno puede consolarse siempre porque nunca se ponen en marcha. A fin de cuentas, vivimos tanto de nuestra realidad cotidiana como de nuestras aspiraciones y deseos, y esas dos fuentes nutren por igual nuestra autoestima. Interactuar con lo real y concreto nos cohesiona como individuos, aunque el placer y el dolor se entremezclen durante la experiencia; flotar en lo virtual e hipotético nos expande, pero, en exceso, con el riesgo de diluirnos.

Nuestra vida extralaboral, imprescindible para construir nuestra identidad más allá de nuestra profesión, hace tiempo que fue colonizada por la exigencia de rentabilidad de los tiempos modernos. El nuevo imperio económico global ordena que nos mantengamos productivos, como nos recuerdan los grupos de trabajo de WhatsApp, el teletrabajo, el *freelancismo*, el *afterwork*, el *networking* y la llamada a la formación continua para poder posicionarse mejor como trabajadores en un mercado hiperexigente e hipercompetitivo. Los cursos en línea se han multiplicado, pese a que la evidencia señala que una sobreexposición a los entornos virtuales de aprendizaje, más que contribuir al desarrollo intelectual, fomenta su agotamiento.[20] En buena parte, por perderse la calidez emocional del trato directo con profesores y compañeros que, además de favorecer el aprendizaje,[21] cuando se pregunta a los estudiantes más jóvenes, es lo que prefieren.[22] Incluso el ocio más «libre» es rentabilizado por muchos a través de las redes sociales con tuits, publicaciones y fotografías con los que pretenden vender sus productos o servicios, mantener el trabajo que ya tienen o aspirar a otro mejor pagado o más deseado. Sí, detrás del llamado «postureo», también puede intuirse la alargada sombra de las aspiraciones laborales. En algunos casos, hasta el extremo de querer convertirlo en una profesión como «facilitador», *coach*, *influencer*, *instagramer*, *streamer* o *podcaster*.

Pocos escapan a la tentación constante de asomarse al mundo digital cuando están descansando a solas. Cualquiera con un teléfono conectado a internet en el bolsillo lo sabe bien. Lo hemos convertido en un «chupete dopaminérgico» con el que calmar nuestra inquietud a través de *likes* e interacciones, pero a cambio de que nuestro cerebro vaya saltando de un estímulo a otro sin un objetivo claro y respondiendo de forma azarosa y reactiva cuando se lo interpela. Cualquier amago de reflexión es desviado al instante por el que despierta el siguiente estímulo. El imperio de lo digital ha colonizado nuestros pensamientos. De forma que, hoy, es más cierta que nunca la afirmación de la filósofa María Zambrano: «La soledad es una conquista metafísica, porque nadie está solo, sino que ha de llegar a hacer la soledad dentro de sí».[23] Y qué necesaria es la soledad para darnos tiempo de digerir toda la información con la que nos bombardean y ofrecerle una respuesta meditada y propia.

El libre mercado, siempre dispuesto a eludir responsabilidades, acostumbra a trasladar el problema del potencial adictivo de lo digital al uso que hacen los propios consumidores y a cómo gestionan su «firmeza de carácter». Incluso ofrece alternativas a los más débiles, como aplicaciones con las que pueden bloquear temporalmente el acceso a internet o a las redes sociales para concentrar su atención en lo que desean hacer de verdad. De forma parecida, aplica ese mismo discurso cuando los usuarios son menores y, en vez de advertir de los peligros de la tecnología que promociona, para transmitir un mensaje de seguridad, ofrece filtros parentales y contenidos presuntamente estimulantes para el desarrollo infantil que deben ser administrados por los progenitores. Por desgracia, la evidencia científica muestra una realidad muy diferente. Lejos de favorecer el desarrollo cognitivo, la exposición digital en los primeros años de vida lo empeora y fomenta comportamientos adictivos,[24] como demuestra el hecho de que, año tras año, cada vez sean más las personas que los manifiestan.[25]

No es casual que el capitalismo nos insista tanto en que desarrollemos firmeza de carácter. Es una de las piedras angulares de su culto al progreso, una exigencia básica para cualquier trabajador donde convergen la perseverancia y la pasión por los objetivos a largo plazo y que, cómo no, muchos gurús aseguran poder potenciar. Desde un enfoque científico, su tentadora oferta resulta poco creíble; porque, al examinar las intervenciones que pretenden mejorar esa anhelada firmeza, no se observan grandes cambios en cuanto al rendimiento o al éxito que implican y sí que el factor determinante para alcanzar cualquier logro es la simple tozudez de insistir tantas veces que, por pura probabilidad, aumenten las posibilidades de conseguirlo.[26] Respecto a esa testarudez, como ocurre con otros rasgos temperamentales, existen variaciones genéticas entre diferentes individuos; pero, para que los más tenaces desarrollen su potencial, resulta igual de determinante un entorno familiar que cubra sus necesidades psicológicas y materiales desde su infancia hasta su independencia económica y que les ofrezca modelos de adultos autónomos y perseverantes que puedan admirar e imitar.[27]

La motivación, la actitud positiva y la fiabilidad que esperan muchas empresas de sus empleados tienen mucho que ver con esa perseverancia y esa firmeza de carácter que suelen interpretarse como la base de la vocación. Unos cimientos que, tarde o temprano, sufrirán las acometidas de las fricciones del trabajo en equipo, la presión de la finitud del tiempo y toda clase de problemas y conflictos a los que se espera que los empleados respondan con compromiso (casi siempre un eufemismo de «sacrificio») y adaptabilidad. Normal que el capitalismo venere la firmeza de carácter y la vocación, siempre y cuando se someta a sus reglas de juego. El problema reside en que, así como puede establecerse un salario mínimo bajo el que sería ilegal contratar a un trabajador, resulta más complicado establecer unos criterios mínimos bajo los cuales el compromiso y la adaptabilidad exigidos a un trabajador puedan considerarse abusivos. Por eso, no es extraño que, en un contexto de oferta y demanda en que los empleados deben hacer frente a aumentos periódicos de inflación y los empleadores buscan mayores beneficios, la tendencia haya sido y siga siendo la de pedir cada vez más compromiso y adaptabilidad a cambio de un salario peor adaptado al coste de vida y la de hacerlo en progresión exponencial.

Ya que pagar por debajo del salario mínimo implica exponerse al castigo de los inspectores de trabajo, muchos empleadores prefieren rentabilizar el esfuerzo de sus empleados con una estrategia menos arriesgada y del todo legal: transformar determinados puestos de plantilla en «colaboraciones» con diferentes profesionales externos que, además de ahorrarles costes, les permiten regatear más aún el precio de cada uno de sus servicios. Otros, más atrevidos, deciden pagar en negro y los más altaneros, no pagar en absoluto a cambio de una presunta proyección profesional por codearse con los sumos sacerdotes de su sector o participar en determinados proyectos mediáticos. De ese modo, «colaborar» se ha convertido en el principal sinónimo de «trabajar en precario» para los autónomos; mientras que, para los trabajadores contratados en plantilla, ha aparecido otro término igual de nefasto: el *multitasking*.

Un simple vistazo a cualquier portal de empleo ilustra a la perfección el negocio de agrupar las responsabilidades de diferentes puestos de trabajo bajo un único salario mucho menor de lo que costaría pagar a varios trabajadores. Para cualquier contable, se trata de una solución maravillosa; pero, a ojos de la ética laboral y de la neurociencia..., de una decisión pésima. Porque someter a un trabajador a más carga de la que puede asumir no solo perjudica su salud; razón más que suficiente para censurar esa práctica. Es que, incluso por razones egoístas, las empresas deberían erradicar ese abuso ante la evidencia de que nuestro cerebro no está pensado para ocuparse de varios problemas a la vez. Nuestra capacidad de atención es única y, a lo sumo, puede dirigirse hacia distintas tareas de forma sucesiva.[28] Cuanto mayor sea el número de esos retos o el tiempo que transcurra hasta que pasemos de uno a otro, más se dispersará nuestra atención, más fácil será que ignoremos o detectemos demasiado tarde aspectos relevantes para algunos de ellos y, por lo tanto, que cometamos errores que nos hagan fracasar.[29] Y no, las mujeres no se libran de los efectos negativos de la multitarea simultánea. Las presuntas diferencias de género que algunos pregonan son más un estereotipo que una realidad.[30]

Puede que existan mujeres y hombres capaces de dar el pego mientras trabajan en modo «atención parcial continua»,[31] una expresión acuñada por Linda Stone, escritora y exconsultora de Apple y Microsoft. Pero lo que están haciendo en realidad no es resolver problemas de forma eficiente, sino reaccionar sobre la marcha de modo superficial a las múltiples y distintas demandas que van recibiendo. Lo cual perjudica en especial la ejecución de tareas que exigen coordinación simultánea entre lo físico y lo psíquico, sea algo tan complejo y delicado como operar una apendicitis en un quirófano[32] o algo tan sencillo y habitual como escribir en un teclado de ordenador para responder a un correo electrónico.[33] Así pues, la multitarea paralela no solo fatiga al trabajador, sino que repercute en una menor productividad y un mayor riesgo de equivocaciones. Un desastre completo, vamos; más aún si tenemos en cuenta que la exposición continua a esa exigencia produce en los empleados mayores niveles de estrés y un deterioro cerebral que perjudica su memoria,[34] su capacidad cognitiva general[35] y la gestión de sus emociones y de su propia autoestima.[36]

Si eres de los que piensan que cuantas más tareas puedas atender a la vez más inteligencia tienes, permite que te corrija. Las personas inteligentes de verdad no se diferencian por ser capaces de resolver varios problemas a la vez con su cerebro, sino por ser capaces de coordinar a la vez áreas cerebrales muy distintas para centrarse en la resolución de un problema particular[37] y, después, si hace falta, de otros muchos sucesivamente. Y hay otra característica que diferencia a esas mentes privilegiadas: ser lo bastante listas como para saber que no todos los problemas necesitan ser solucionados al instante, que el descanso es uno de los tesoros más preciosos de cualquier trabajador y que aspirar al control absoluto y constante de todos los factores que determinan nuestro devenir profesional o personal solo puede conducir al neuroticismo y al colapso.

Aun así, muchos jefes continúan esperando de sus trabajadores una implicación casi absoluta que rebasa la lógica e, incluso, la legalidad; mientras que otros tantos que trabajan por cuenta propia y luchan por posicionarse en un entorno hipercompetitivo acaban convirtiéndose en sus propios verdugos por autoexplotarse sin límites con tal de mejorar su presencia y su visibilidad en el mercado. Resulta fácil identificarlos, porque todos ellos, como describe la ensayista Remedios Zafra, están «envueltos en precariedad y travestidos de un entusiasmo fingido, usado para aumentar su productividad a cambio de pagos simbólicos o de esperanza de vida pospuesta».[38] No vaya a ser que una mala cara o no verbalizar lo suficiente lo muy atareados que están pueda hacerles perder su reputación de trabajadores modélicos y alguna oportunidad extra para seguir autoexplotándose con más intensidad aún.

Como resultado de esa actitud de servilismo y de la dilución de la barrera entre la vida privada y la pública, la imagen proyectada y la interiorizada han adquirido nuevas dimensiones desde que nos sabemos vigilados a través de nuestro rastro digital. La espontaneidad y la curiosidad por experimentar están ahora bajo el escrutinio de los otros y deben someterse a los códigos pseudomorales del mercado laboral, incluso fuera del trabajo. No compartir esa «intimidad» en las redes sociales se ha vuelto hasta sospechoso y, en cambio, cometer cualquier desliz de incorrección al mostrarla puede cerrar las puertas a más de una oferta de empleo. Cada persona es vista como una «marca personal»,[39] una especie de empresa unipersonal autónoma que debe cuidar su reputación y ser prudente con las fotografías que comparte o los comentarios que hace para no herir la susceptibilidad de posibles aliados o empleadores mientras aspira a acumular el máximo reconocimiento en forma de *likes.* Porque el mercado exige que todo se puntúe para que todo resulte controlable, desde el estado de los baños de un centro comercial (y, por extensión, el trabajo del responsable de limpiarlos) a la atención recibida por un camarero o un repartidor a domicilio.

De forma paralela, todos nos hemos convertido en capataces circunstanciales del trabajo ajeno y hasta podemos proyectar nuestras filias, fobias y demás subjetividades sobre cualquiera que se ponga a nuestro alcance. Una oportunidad que algunos aprovechan para regodearse en el placer sádico que les produce dejar por un momento su papel de víctimas del sistema para convertirse en verdugos fugaces; que el libre mercado también ha sabido rentabilizar nuestras frustraciones abriéndoles la válvula de escape del sadismo. Incluso en áreas donde las empresas no se molestan en crear esos «meritómetros» públicos para sus trabajadores, suelen aparecer otras que lo hacen por negocio, como las que desarrollan páginas webs donde se reseña la calidad del servicio de profesionales de lo más variopintos: vendedores, doctores, abogados... Y, sin necesidad de recurrir a esas páginas, cualquier destinatario de un producto o servicio puede expresar su grado de satisfacción o decepción a través de las redes sociales. Un privilegio que algunos viven como una obligación moral cuando ven atacados sus posicionamientos ideológicos y los lleva a convertirse en severos *haters* que, a veces, se conforman con descargar su indignación de forma puntual y otras no paran hasta reclutar hordas digitales contra su objeto de odio exigiendo un «boicot de atención» tan de moda que ha desarrollado toda una «cultura de la cancelación».[40] En la mayoría de los casos, no se trata de una crítica a las cualidades de un trabajo en particular, sino de un intento de anular la presencia social de su autor por haber traspasado por acción u opinión los límites de lo considerado «políticamente correcto». Por lo que, en el fondo, es el mismo patrón del *argumentum ad hominem*, que pretende desautorizar la validez de lo dicho por alguien cuestionando su moral o su reputación. Solo que, en este caso, lo que se pretende desautorizar es toda la producción de una persona concreta.

La cancelación, como cualquier otra táctica, puede emplearse por distintos grupos con propósitos diferentes. Los organismos autoritarios suelen usarla para atacar a los disidentes; las minorías, para defender sus derechos; los defensores de ciertos códigos sociales, para imponer sus valores... Pero, en todos los casos, lo interesante del fenómeno es cómo proyectamos la identidad de algún individuo sobre el resultado de su trabajo y añadimos sus valores morales e ideológicos incluso a productos que, objetivamente, no manifiestan esos principios que rechazamos. Para demostrártelo, imagina que te regalo un óleo sobre lienzo que representa al Niño Jesús en brazos de su madre María en medio de un campo florido pintado por cierta celebridad histórica en 1913. Dependiendo de tu credo religioso, quizá no te interese demasiado el cuadro en cuestión, pero, aun así, la expectativa de poder vender semejante antigüedad a la persona adecuada podría aumentar tu interés. Lo que no lo aumentaría quizá es el nombre del autor de esa obra concreta que, de hecho, existe; porque se trata de una de las pinturas que aún se conservan de Adolf Hitler. ¿Y quién querría nada de ese genocida? Pero... ¿y si te digo que otro trabajo suyo llegó a venderse por cien mil euros?[41] ¿Seguirías rechazándolo? ¿Y si fuera una transacción secreta y jamás se supiera que lo habías aceptado y vendido después?

No hace falta un ejemplo tan extremo para ver nuestra laxitud moral sobre cómo valoramos un producto en función de la catadura moral de su productor. Mucha de la ropa que vestimos proviene de empresas que abusan de sus trabajadores malpagándoles o usando mano de obra infantil, buena parte de los alimentos que consumimos proceden de explotaciones que fomentan la deforestación del planeta o de macrogranjas donde los animales crecen hacinados hasta su sacrificio, nuestra obsesión por viajar o recibir en casa productos de cualquier parte del mundo ha convertido los transportes en una de las principales fuentes de emisiones contaminantes y de efecto invernadero... Y, sí, la precariedad salarial que ha instalado la mentalidad capitalista como norma también entraría en ese listado de injusticias. Pero las asumimos porque hay un acuerdo tácito mayoritario en la sociedad de mirar hacia otra parte, eso que la politóloga Elisabeth Noelle-Neumann denominó la «espiral del silencio».[42] No es que falten personas que denuncien esas y otras inmoralidades. Es que no se les da respuesta porque el conformismo predominante en los sistemas capitalistas se escuda en su superioridad numérica como único argumento. Así, cada nueva reivindicación es interpretada como una excentricidad, una excepción aislada que pronto quedará disuelta entre un ruido de fondo marginal de quejas diversas, mientras los resignados, los temerosos, los desbordados por sus propios problemas y quienes prefieren mantener su estilo de vida se agrupan en esa «mayoría silenciosa» que tanto le gustaba invocar a la dictadura franquista para dar por supuesto el apoyo de la sociedad.

De ese modo, la abstracción llamada «opinión pública» se moldea tanto a través de manifestaciones explícitas como de silencios que provienen de ciudadanos concretos que, antes de posicionarse, sondean el clima ideológico de cada época para intentar prever las consecuencias de sus palabras en su propia reputación social. Por supuesto, hay quienes disfrutan de su fama de *outsiders* y contestatarios, pero la mayoría prefiere evitar el riesgo del rechazo social.

> Ese temor al aislamiento (no solo el temor que tiene el individuo de que lo aparten sino también la duda sobre su propia capacidad de juicio) forma parte integrante [...] de todos los procesos de opinión pública. Aquí reside el punto vulnerable del individuo; en esto los grupos sociales pueden castigarlo por no haber sabido adaptarse. Hay un vínculo estrecho entre los conceptos de opinión pública, sanción y castigo.[43]

Puede tratarse de un castigo virtual pero igual de dañino, como la pérdida de seguidores en redes sociales o de la reputación en línea; o de un ataque aún más notorio, como que algún referente social haga públicas acusaciones perjudiciales o invoque la famosa cancelación. El sistema es aplicable tanto a personas particulares como a empresas o instituciones de cualquier tipo. Hasta puede llegar a convertirse en «extorsión mediática», otra forma de gansterismo porque, por más que pueda usarse para defender intereses legítimos o justos, solo permite que unos pocos con suficiente influencia mediática tengan el privilegio de lograr sus objetivos por el atajo de la presión social, mientras que la mayoría sin ese posicionamiento deberá enfrentarse a un costoso proceso burocrático para hacer valer esos mismos derechos. Sí, también existe el «clasismo digital». Y, como ocurre con otros tipos de clasismo, también ha repercutido en los entornos laborales. Priorizar a los candidatos con mayor número de seguidores en redes sociales para obtener mayor rentabilidad mediática es una práctica común tanto en la industria audiovisual y publicitaria a la hora de elegir a los representantes de sus producciones y campañas como en muchas editoriales y grupos de comunicación al elegir a los escritores que publican o a los presentadores que contratan. Como reacción a esa nueva exigencia, muchos de los afectados han desarrollado sus propias técnicas para optimizar su estatus digital con la esperanza de estar mejor posicionados. Los más sociables, mediante alianzas «sígueme y te sigo» con otros que comparten su mismo problema; los más astutos, aprovechando la expectativa anterior para usar a su favor el «te sigo para que me sigas, pero luego dejo de seguirte» y los más desesperados, acudiendo a empresas que ofrecen seguidores falsos a cambio de un módico precio.

Sin necesidad de recurrir a esa presión externa, el océano digital tiene otras formas igual de eficaces para arrastrarnos a sus corrientes. Con solo sumergirnos en él, sus algoritmos empezarán a arrullarnos con oleadas de contenidos adaptados a nuestras preferencias como espectadores y, a poco que nos animemos a participar generando nuestras propias publicaciones, enseguida experimentaremos la descarga de dopamina de cada *like* recibido y de cada nuevo seguidor. Un efecto que no solo tiene que ver con la estimulación de las áreas de recompensa y placer de nuestro cerebro, ya que alimenta, además, nuestro deseo de pertenencia al hacernos sentir que, más que espectadores, somos protagonistas de ese espectáculo que está en todo el mundo sin estar en ningún lugar y que nos hace presentes incluso cuando nos desconectamos. Es el espejismo de creerse en todas partes a la vez y a todas horas, la apoteosis de la autoafirmación, la euforia del artista que disfruta más como parte del espectáculo que como espectador...[44] aunque, al lanzarnos a esa inmensidad, nuestras expectativas se amplíen tanto que siempre nos quedemos con ganas de más y, a menudo, encallemos en la frustración.

La hiperexposición social, el *multitasking*, la precariedad laboral y el tiempo excesivo dentro de nebulosas digitales no solo perjudican nuestra salud psíquica. Afectan por igual a nuestro bienestar físico de forma directa. Porque todas esas horas frente a pantallas o dedicadas a largas jornadas de trabajo extenuantes se traducen en un mayor sedentarismo. Por la misma razón, la reducción del tiempo extralaboral disminuye la probabilidad de practicar ejercicio físico o de dedicarse a otras tareas y aumenta la de recurrir a alimentos precocinados o a menús no siempre saludables; mientras que aquellos que son capaces de hacer un hueco en sus agendas para comprar y cocinar alimentos de forma sana se encuentran con que los precios de los productos de calidad están tan disparados que deben hacer malabarismos con sus exiguos sueldos. Así que ya no vale atribuir el incremento global de los índices de obesidad a un simple problema de «firmeza de carácter» y de malas elecciones de la población.[45] Los factores desencadenantes son mucho más complejos y, para empezar, muchos provienen de estilos de vida impuestos o promovidos por la propia industria alimentaria a través de la publicidad y sus ofertas. No solo se trata de un problema biológico, también es un problema social y debe abordarse a la vez desde esos dos mismos frentes.[46] Más aún, cuando sabemos que existe la «herencia transgeneracional epigenética»[47] y que, por el mero hecho de tener padres obesos en el momento de ser concebido, el riesgo de desarrollar obesidad a lo largo de la vida y sus correspondientes complicaciones resultará mayor.

No se trata de una cuestión estética. Tenemos evidencias suficientes de que el ejercicio beneficia tanto nuestra salud corporal como la cognitiva. Porque, sin que haga falta seguir la vocación del atletismo de élite, mantener un nivel suficiente de actividad física previene diversas enfermedades, también neurodegenerativas y psiquiátricas,[48] y mejora de forma notable nuestra autoestima, que, por otra parte, es una excelente protectora contra el nefasto estrés[49] que nos impone el actual ritmo del juego capitalista. El quid de la cuestión es: ¿jugamos todos bajo las mismas reglas?

15

Hablemos de privilegios

Cuando el juego de la meritocracia está trucado

Si consideramos el desarrollo laboral de cualquiera como una «carrera profesional» está claro que no todos la comienzan en el mismo punto de salida ni deben avanzar con idéntico lastre a sus espaldas. Todavía más, ni tan siquiera compiten bajo las mismas normas ni a todos se les ofrece la oportunidad de alcanzar según qué metas. El libre mercado, vulnerable al sesgo del favoritismo de endogrupo y a diversos tipos de gansterismo, impide la igualdad de oportunidades a efectos prácticos y, por tanto, la meritocracia es un mero subterfugio para publicitar la idea del «si te esfuerzas lo bastante, conseguirás lo que quieras». Gracias a ese eslogan, los más favorecidos pueden calmar su mala conciencia mientras quienes no lo son pero aún creen en la imparcialidad de esa competición tienen dos únicas opciones: autoculparse por su falta de firmeza o esforzarse con más ahínco tras la zanahoria del reconocimiento.

Los estudios lo confirman. A nivel global y al margen de algunas excepciones, el auténtico predictor del éxito profesional no es otro que el respaldo socioeconómico que puedan ofrecer los padres.[1] Sin dinero familiar suficiente, el soporte material que necesita cualquier ser humano durante su desarrollo inicial se deteriora y repercute después tanto en su rendimiento cognitivo como en una mayor probabilidad de padecer trastornos mentales.[2] No solo porque lo corporal sustente lo psíquico. La precariedad laboral, además de reducir el caudal económico de las familias, reduce su tiempo para ofrecer apoyo emocional y psicológico a los miembros que más lo necesitan y cuanta mayor sobrecarga laboral sufran, menor serenidad tendrán para ofrecer una ayuda constructiva. Cualquiera que haya tenido que hacer frente a alguna crisis doméstica después de un día de trabajo agotador entenderá a qué me refiero.

Además, el hiperdesarrollo de la tecnología y la especialización ha aumentado de forma notable la cuantía de ese respaldo económico que deben invertir las familias en el futuro de las nuevas generaciones. Por un lado, la formación académica se ha expandido en una ramificación sobredimensionada de itinerarios, másteres y cursos que ofrecen certificados, diplomas y toda clase de títulos con los que lograr currículums más competitivos; pero, por supuesto, a costa de un mayor desembolso. Por otro lado, la espiral de acaparamiento de recursos impulsada por el capitalismo ha aumentado la brecha entre clases sociales y ha alejado a las más modestas del acceso a determinadas titulaciones. Para financiar sus carreras, algunos estudiantes audaces recurren a trabajos precarios que no exigen formación específica o a préstamos bancarios que les pasarán factura más adelante. Pero, aun con una voluntad de hierro, sin respaldo económico familiar, el riesgo de enfangarse en una sucesión de trabajos precarios que exprimen la energía física y mental de sus empleados es elevado, incluso una vez obtenida cierta formación. Se trata de una realidad tan innegable que el inversor Warren Buffett, la tercera persona más rica de la lista Forbes, llegó a declarar ante el Congreso de Estados Unidos:

> La riqueza dinástica, el enemigo de la meritocracia, está aumentando. La igualdad de oportunidades está disminuyendo. Es necesario un impuesto de sucesiones progresivo y significativo para impedir que la democracia siga avanzando hacia la plutocracia.[3]

Y fue coherente con lo que dijo. En vez de transmitir su fortuna a sus descendientes, la donó a obras benéficas y pagó escrupulosamente sus impuestos.

La mayoría de los millonarios no suelen experimentar ese tipo de epifanías. Por muy altruistas que sean, su instinto biológico, igual que el de la mayoría de los animales, los predispone a favorecer los intereses de su progenie por encima del de los demás. Una tendencia que se suaviza en situaciones de bonanza o necesidad de alianzas estratégicas, pero que se acentúa en situaciones de carestía o competición. Basta acudir a un partido de cualquier deporte de la liga infantil para contemplar en acción ese efecto. Adultos que podrían competir entre ellos sin una especial agresividad se transforman de pronto en suspicaces detectores de presuntas injusticias que encienden una ira que acaban proyectando sobre los padres de los jugadores del equipo contrario o del pobre árbitro de turno. Las agresiones físicas son frecuentes, igual que el número de renuncias de quienes sintieron la vocación del arbitraje, pero prefirieron proteger su integridad mental y física. Algunas ligas infantiles, como la de Deptford Township, en Filadelfia, han llegado a imponer una norma para que los parientes más agresivos aprendan a empatizar con la difícil tarea de los colegiados mientras prueban su propia medicina: obligarlos a ejercer de árbitros durante tres partidos seguidos en caso de que se propasen como espectadores.[4]

La historia nos ofrece ejemplos aún más evidentes de esas descarnadas competiciones entre familias por obtener el máximo reconocimiento para sus vástagos. A veces, incluso en áreas profesionales donde, en principio, las luchas entre estirpes deberían quedar al margen. Es lo que ocurrió durante siglos con el cargo de líder de la Iglesia católica como sucesor de san Pedro; porque, desde la Edad Media, disponemos de abundante documentación sobre las maquinaciones que hubo para convertir el papado en un negocio familiar. Los Teofilactos de Túsculo, acaudalados nobles romanos, lo lograron en ocho ocasiones entre el año 904 y el 1073 y con el récord de haber promocionado a dos de los papas más jóvenes de la historia: Juan XII, nombrado pontífice con dieciocho años, considerado por sus vicios un «Calígula cristiano»[5] y que, honrando su apodo, murió mientras cometía adulterio; y Benedicto IX, coronado con doce años según unos y con veinte según otros, pero igual de disoluto y famoso por haber renunciado a su cargo para casarse y, una vez arrepentido del cambio, por recuperar la tiara papal para, luego, acabar siendo expulsado de Roma.[6] Durante el Renacimiento, otras familias siguieron esa estrategia del nepotismo y las alianzas matrimoniales con linajes poderosos para liderar el catolicismo. Borgia, Della Rovere, Medici, Farnese, Carafa... son apellidos emblemáticos que demuestran que, desde siempre, los papas han sido grandes defensores de la familia, aunque no del mismo modo en que lo predican los sacerdotes actuales.

Fuera de la esfera religiosa y del caso evidente de la aristocracia y las monarquías, disponemos de más ejemplos de familias que ocuparon determinadas áreas de poder que les permitieron defender sus intereses de generación en generación: en la política, los Borgia o los Kennedy; en la banca, los Fugger o los Rothschild; en la industria automovilística, los Piëch-Porsche o los Ford; en conglomerados de empresas, los Ambani o los Lee; y, en el entretenimiento y la moda, los Beckham o las Kardashian. Allí donde hay alguna ventaja para prosperar y favorecer a las siguientes generaciones es fácil que se manifieste el instinto humano de querer echar raíces dinásticas. Lo cual explica que cuantas más oportunidades ofrezca un trabajo concreto, más fácil es que intenten acapararlo grupos familiares o que sea usado para crear alianzas estratégicas. Véase el caso paradigmático de la banca, acaparador monetario, y su tendencia a crear vínculos con otros acaparadores como las empresas energéticas, las inmobiliarias o aquellos que acaparan patrimonio o poder institucional de cualquier otro modo.

La globalización ha ofrecido a los acaparadores «premium» la oportunidad de aliarse con sus iguales de otros territorios y los ha llevado hasta cotas nunca conocidas y a ser mucho más sibaritas con sus relaciones. Resulta hasta lógico. A mayor acopio de recursos, va quedando menos que acaparar y la élite se concentra alrededor de unas pocas familias que monopolizan esos bienes que todos necesitan para, así, controlar su demanda y rentabilizar la vulnerabilidad de la sociedad entera. Estar bien conectado con esa élite es un requisito para cualquier aspirante al Olimpo económico. Tanto que esas conexiones acaban convirtiéndose en un recurso aún más preciado que el oro, el petróleo o las propiedades inmobiliarias. El sociólogo Pierre Bourdieu lo llamó «capital social»: «La acumulación de recursos reales o potenciales que están unidos a la posesión de una red duradera de relaciones más o menos institucionalizadas de reconocimiento mutuo».[7] O sea, otra riqueza más que acaparar.

Pero incluso en ocupaciones menos especulativas, como la de catedrático, podemos encontrar la misma dinámica. Por ejemplo, en padres que, antes de que su hijo comience siquiera su carrera académica, ya lo ayudan a aparecer como firmante de 73 *papers* publicados en revistas de alto impacto científico[8] para que pueda impulsarse desde un punto de partida privilegiado. Sí, también existen los acaparadores de futuro profesional. La sociedad los conoce desde hace siglos y la actual hasta ha creado un término para referirse a ellos: *nepo babies*[9] o «bebés del nepotismo», aquellos con un respaldo familiar tan grande o progenitores de tal influencia que se presupone que tendrán que esforzarse mucho menos para encontrar un buen trabajo. En una época que ensalza el éxito mediático por encima de otros logros, los primeros en recibir esa etiqueta han sido los hijos de las celebridades del mundo audiovisual, musical y del entretenimiento. Pero quienes se la asignaron harían bien en recordar que, junto a esa facilidad mayor para que se les abran ciertas puertas, van parejas unas mayores expectativas del talento esperado, como también ocurre con muchos intérpretes musicales que dieron el salto al mundo de la interpretación o viceversa. Pero el efecto halo heredado por vía familiar está ahí y tener parentesco con alguien con suficiente fama, dinero o poder como para tener un séquito de admiradores o aspirantes a aliados multiplica las posibilidades de que te consideren antes que a otros para ciertos puestos.

Para los que no disponen de un respaldo familiar destacable o para quienes aspiran a mejorarlo más aún, existe otra estrategia para posicionarse en el mundo profesional: el *networking*. Lo que toda la vida se ha llamado «hacer contactos». Como animales sociales que somos, las ventajas de colaborar en equipo nos resultan evidentes; igual que los peligros de depositar nuestra confianza en las personas equivocadas y acabar traicionados. Para minimizar esa posibilidad, las personas en busca de nuevas alianzas usan diferentes técnicas: desde fiarse de su instinto o de las estimaciones de las redes sociales sobre la honradez de un camarada potencial, confiar en quienes ya confían sus contactos previos o acudir a determinados entornos de *networking*, como asociaciones o clubs, que ya aplican alguna clase de proceso selectivo para escoger a sus socios. Algunos de esos filtros son muy específicos, como facturar una determinada cantidad al año o estar vinculado a un área geográfica o profesional muy concreta; otros recurren a filtros más sutiles, como pedir la recomendación de un socio sénior para poder ingresar; y algunos más enarbolan con deliberación valores atrayentes para unos y disuasorios para otros, como la vinculación a determinadas ideologías políticas o religiosas.

Son estrategias antiguas que podemos reconocer entre los legionarios romanos del siglo I d. C. que adoptaron una versión propia del mitraísmo oriental como religión y forma de vida.[10] Porque no solo se trataba de rendir culto al dios Mitra a través de ritos secretos y comidas rituales comunitarias que realizaban en templos subterráneos bajo una estricta jerarquía de siete niveles de iniciación. Eran los «unidos por el apretón de manos» y sus lazos con otros hermanos de fe, como ocurre con la mayoría de los credos, continuaban más allá de sus celebraciones mistéricas restringidas únicamente a varones. Es decir que, en la práctica, los adeptos funcionaban como un club masculino de soporte mutuo tan eficaz que, con el paso de los años, fue abriéndose a otros estratos sociales, desde esclavos hasta funcionarios, y que llegó a reclutar al mismísimo emperador Cómodo.

Seguro que reconoces el esquema que emparenta a los seguidores de Mitra con otras asociaciones machistas de objetivos compartidos amparadas en el secretismo: francmasones, rosacruces, illuminati de Baviera... y, en épocas más modernas, clubs universitarios elitistas como el Skull and Bones de la Universidad de Yale,[11] el Pitt Club de la Universidad de Cambridge,[12] el Bullingdon Club de la Universidad de Oxford[13] o diferentes asociaciones de antiguos alumnos de muchas universidades. Si te fijas, es el mismo patrón que explica también la existencia de diferentes *lobbies*, «grupos de cabildeo» o «grupos de presión» que congregan a personas con intereses comunes que usan estrategias más o menos disimuladas fuera de los cauces oficiales para favorecer sus objetivos y, por extensión, a sus integrantes. Porque se trata de llevar la idea del camuflaje al ecosistema sociopolítico para ocultar sus movimientos a posibles oponentes y que les resulte más fácil alcanzar sus objetivos sin despertar envidias en otros ni recibir ataques. Y, más importante aún, para colocar al máximo número de sus adeptos entre los cargos con mayor influencia pública y que les sea más fácil controlar a su favor la sociedad en conjunto o difundir bulos contra sus rivales, se trate de falsificaciones como *Los protocolos de los sabios de Sion*[14] para promover el antisemitismo, cazas de brujas literales como las del Medievo o metafóricas como las del macartismo, a mediados del siglo XX, contra presuntos traidores a Estados Unidos por simpatizar con cualquier idea próxima al comunismo.

Pero si existe un camuflaje que ha amparado a los mayores gánsteres del sistema capitalista actual es el famoso concepto de la «mano invisible» del filósofo y economista Adam Smith, una fuerza abstracta que se supone que empuja al mercado a regularse por sí mismo frente a cualquier injusticia. Escudándose en su presunta influencia, los liberales acérrimos rechazan cualquier intento de control del libre mercado y defienden que cualquier inversor pueda actuar como mejor le parezca, porque «al perseguir su propio interés frecuentemente fomentará el de la sociedad mucho más eficazmente que si deliberadamente intentara fomentarlo».[15] El problema aparece cuando esa mística mano pierde de vista su función social y se convierte en una marioneta controlada por los hilos de intereses particulares y, en vez de redistribuir la riqueza creada en beneficio del bien colectivo, la desvía a favor de unos pocos que han desarrollado sus propias estructuras paralelas para mantener e incluso aumentar sus privilegios.

Lástima que el liberalismo más radical, aficionado a citar a Adam Smith como referente, haya olvidado que, en su obra más célebre, defendía por igual la obligación del sistema de «suministrar al pueblo un abundante ingreso o subsistencia o, hablando con más propiedad, habilitar a sus individuos y ponerlos en condiciones de lograr por sí mismos ambas cosas» y la idea de que «ninguna sociedad puede ser próspera ni feliz si la mayor parte de sus miembros son pobres y miserables».[16] Contra ese enfoque fraternal, los más inflexibles invocan el contraargumento pseudodarwiniano de que solo deberían prosperar los más fuertes. Un planteamiento que nos devuelve a un enfoque social competitivo y de dominación que suelen defender quienes parten de una posición más avanzada en su carrera profesional, están más seguros de sus capacidades, confían más en su buena suerte o carecen de empatía por los demás y están dispuestos a repartir codazos a diestro y siniestro con tal de alcanzar su meta. Pero la defensa del mérito propio resulta paradójica. Porque, si nos ponemos puntillosos, la mayoría de los logros humanos que nos han permitido sobrevivir y progresar en la vida no provienen de nosotros mismos, sean descubrimientos procedentes de diferentes países y épocas, como la escritura o los antibióticos, o de una arquitectura social formada por personas ajenas a nuestras familias, pero que trabajan por nuestro bienestar desde sectores tan distintos como el del suministro de alimentos al de las comunicaciones y porque, en última instancia, como afirma el filósofo Michael J. Sandel: «Nadie es merecedor ni de su dotación genética ni de la familia que lo acoge. Precisamente por eso tenemos el deber inexcusable de la solidaridad».[17]

Otra prueba de que el capitalismo no se rige por una meritocracia auténtica es que los salarios no reflejan el esfuerzo invertido por los empleados para lograr sus puestos, ni el grado de responsabilidad que asumen en ellos, ni lo necesario o productivo que resulta su trabajo; ni tan siquiera, la ley de la oferta y la demanda. Por eso, si durante un invierno de crudeza anómala el uso de las calefacciones se dispara, el precio de la electricidad y el gas subirá de forma automática para regocijo de los empresarios de esos sectores. Pero si, durante una crisis pandémica, determinados profesionales, sanitarios y no sanitarios, hacen un sobresfuerzo mientras ponen en riesgo sus vidas, quienes deben pagarles ni se plantearán aumentarles el salario porque les dirán que se trata de una situación excepcional y que deben hacerlo por vocación.

Entonces, ¿qué criterio determina el salario de una ocupación concreta? Uno que nada tiene que ver con el mérito: el miedo de los empleadores a perder a sus trabajadores y no encontrar sustitutos. Por eso, los gestores sanitarios escuchan con indolencia las quejas de los médicos, por más razón que tengan al plantearlas. Saben que han estudiado muchos años para formarse en un campo muy específico y que se lo pensarán mucho antes de dejar su oficio y embarcarse en una nueva aventura profesional. Y, por eso, en el extremo opuesto, profesionales jóvenes más versátiles como los abogados lo tienen mucho más fácil para cambiar de empleo y obligar a reaccionar a los bufetes en que trabajan con aumentos de salario para retenerlos.[18] Los más expuestos a ese regateo salarial son aquellos que se dedican a labores con exceso de demanda por no requerir demasiada preparación o ser el último recurso de aquellos a quienes se les niega el acceso a otros empleos. No digamos cuando sus empleadores los obligan a cobrar en negro o gratis «por ahora» con la promesa de que, en un futuro próximo, podrán empezar a pagarles «algo».

Lo más terrible del asunto es que, cuantos más sacrificios se hayan hecho con la esperanza de alcanzar un determinado estatus profesional o cualquier logro en otro ámbito, más cuesta detener la espiral de esas inversiones por un futuro deseado pero incierto. Se trata de un fenómeno tan habitual que hasta tiene un nombre: «falacia del costo irrecuperable» o «efecto Concorde»,[19] en honor del célebre aeroplano que, pese a no ser rentable, estuvo en servicio de 1976 a 2003 solo por el gran coste previo que supuso diseñar su moderna e innovadora tecnología. De forma similar, muchos trabajadores siguen en sus puestos no por auténtica vocación, ni tan siquiera por pragmatismo, sino porque, aunque tengan que recurrir a otros empleos para llegar a fin de mes o su salud mental o física empiece a dañarse, les cuesta renunciar a un objetivo por el que lucharon tanto, como si el eco del deseo que sintieron tiempo atrás continuara impulsándolos con la suficiente inercia como para no detenerse.

Para proteger a los trabajadores de esas dinámicas e impedir que reciban ofertas demasiado bajas por su labor, muchos gobiernos adoptan medidas. La más frecuente es establecer un salario mínimo, que, como cabía esperar, algunos empleadores denuncian como una intrusión a las leyes del libre mercado y al que achacan la destrucción de empleos. Otros, como el periodista Antonio Maestre, entienden a la perfección el porqué de su existencia:

> El salario mínimo interprofesional solo destruye los empleos que no tienen que existir. Igual que la abolición del trabajo infantil destruyó los empleos de los niños. Si alguien no puede

pagar el salario mínimo digno a una empleada del hogar para que limpie su casa, que aprenda a limpiarse su propia mierda.[20]

Más difícil es proteger a los trabajadores de la autoexplotación que, con mucha más sutileza, estimulan distintos empleadores. En los más altruistas, a través del chantaje emocional de hacerles creer que la sociedad se hundiría sin su sacrificio constante y, en los más individualistas y competitivos, con la promesa de mayores privilegios e ingresos si aceptan y ayudan a justificar los sacrificios que les exigen. Los titiriteros de la «mano invisible» del libre mercado conocen a la perfección la existencia de esos dos perfiles opuestos, pero tientan a ambos con la misma invitación: convertirse en protagonistas que marquen la diferencia. Una oferta lo bastante ambigua como para que pueda adaptarse a los valores de cada cual y pueda ser vista como una oportunidad para crear una sociedad más justa para todos o para llegar a lo más alto de su estructura. Así, la competición, también contra uno mismo, se convierte en el motor del culto al trabajo, el engranaje que debe mantener nuestra insatisfacción siempre en marcha para hacernos creer que aún debemos esforzarnos más para ser «la mejor versión de nosotros mismos».

El modelo de esa aspiración pseudoespiritual son los emprendedores exitosos. Aquellos que escucharon la divina llamada para salir de la zona de confort y, tras un largo éxodo, alcanzaron la tierra prometida de unas pingües ganancias o un gran reconocimiento. Lo que no explican los sumos sacerdotes de esa fe es que, cuanto mejor pertrechado de ahorros comiences tu aventura, más probable es que puedas resistir los inevitables reveses que aparecerán en tan ardua travesía y que, si no has oído hablar de los muchos cadáveres que hay en el desierto que deberás atravesar, es porque el silencioso viento de la vergüenza los ha sepultado bajo su arena. De nada te servirá en ese viaje invocar el poder de la firmeza de carácter o de un presunto «gen emprendedor» que la ciencia ha repudiado hace tiempo.[21] Tu única salvación cuando debas enfrentarte a la devastación será poder refrescarte con un flujo de efectivo suficiente. No te engañes, la mayor parte de la financiación de los nuevos negocios proviene de ahorros personales o de préstamos de amigos y familiares. Conque, antes de lanzarte a la aventura como emprendedor, haz un ejercicio de realismo económico para que tus sueños no acaben convirtiéndose en una pesadilla.

Quien logre resistirse al perverso eslogan del «si quieres, puedes» aún tendrá que enfrentarse a otro cebo que los publicistas del libre mercado saben usar a la perfección: el «sesgo del superviviente»,[22] todos esos testimonios de héroes vocacionales que lograron sus sueños con esfuerzo y perseverancia y que son difundidos con entusiasmo a bombo y platillo mientras muchísimas más historias de fracaso y frustración son silenciadas. ¡Pero qué difícil resistirse a la épica heroica del esfuerzo! Todavía más en una era en que los superhéroes y superheroínas que se sacrifican por los demás hasta el límite y sin esperar nada a cambio son referentes culturales centrales a través de cómics, series, películas y toda clase de *merchandising*. En la misma línea de seres extraordinarios que emular, tenemos a los genios, dispuestos a encerrarse en una burbuja para exprimir sus neuronas y ofrecer a la humanidad su talento sobresaliente o sorprenderla con nuevos avances.

Hoy en día, tenemos bastante claro que «el genio es inspiración, talento y transpiración», como ya señaló en 1893 la profesora y escritora Kate Sanborn.[23] Pero debería haber añadido a su fórmula la «estimulación» y la «financiación». Porque, para optimizar el talento de los futuros genios, desde un enfoque global y sabiendo que pueden aparecer en todos los estratos sociales, hay que cuidarlos desde sus primeras etapas y luchar contra la pobreza en general y más aún contra la infantil, un lastre para el desarrollo psicocognitivo y causa frecuente de exclusión. Después de todo, la pobreza no solo implica la escasez de medios de subsistencia, incluso cuando la supervivencia biológica está asegurada, también supone un maltrato psicológico para quienes han sido relegados a lo más bajo de la pirámide social y etiquetados como parias.

Decía el escritor Lucio Apuleyo que «la pobreza es la inventora de todas las artes»[24] y, sin duda, cuando la necesidad aprieta, toca ingeniárselas como sea. Pero tampoco deberíamos romantizar la miseria como ingrediente necesario para que aflore el talento. Porque no es menos cierta la advertencia de Virginia Woolf de que «no se puede pensar bien, amar bien, dormir bien si no se ha cenado bien»[25] o la del pintor Willem de Kooning que iba al meollo del asunto: «El problema de ser pobre es que te ocupa todo el tiempo».[26] Porque esa carencia horaria es la que más daño está haciendo a nuestra sociedad y la que está abriendo una mayor brecha entre privilegiados y no privilegiados. Por una parte, aquellos con trabajos que les permiten cubrir sus necesidades y tener tiempo suficiente para cuidarse y cuidar de los suyos y, por otra, aquellos que, para llegar a fin de mes, deben regatear horas a sus tiempos de descanso y cuidado de la salud o de su vida familiar para cumplir con lo que se les exige y que acaban cayendo en una espiral donde los problemas se multiplican por no haberlos prevenido y cada vez hay más tiempo que sacrificar hasta que ya no queda quien lo sacrifique. No se trata de casos esporádicos, sino de una epidemia psicológica fruto de los tiempos de exigencia y precariedad que vivimos y que nos ofrecen una prueba irrefutable de su peligrosidad: el constante aumento en los últimos años de diferentes trastornos mentales relacionados con el trabajo o la falta de él.

16

Cómo inmolarse en el altar de la vocación

Ingenuidad, perfeccionismo, positivismo tóxico, burnout *y carbonización*

La fe en la omnipotencia de la voluntad viene de lejos. En el siglo IV a. C., Menandro de Atenas afirmó que «la perseverancia lleva a término toda obra».[1] Pero quizá deberíamos tomarnos sus palabras con ciertas reservas, porque fue un escritor de comedias y autor de otras sentencias igual de contundentes como «bienaventurado el que tiene talento y dinero, porque empleará bien este último»[2] o «el ocuparse de muchas cosas produce siempre frutos podridos».[3] Conque incluso Menandro tenía claro que, por necesaria que fuera la perseverancia para avanzar en nuestras aspiraciones, debíamos considerar otros dos factores no menos importantes: las exigencias más apremiantes de la vida cotidiana y el número de retos que pretendamos abordar a la vez. Una consideración esta última muy presente también en el imaginario colectivo a través de refranes como «quien mucho abarca, poco aprieta» y que ha confirmado diversos estudios modernos sobre cómo disminuye nuestro rendimiento cuando estamos en modo multitarea.[4] No importa lo inteligentes que seamos. Incluso los profesionales mejor dotados y polifacéticos, como Leonardo da Vinci, pueden experimentar una abrumadora sensación de fracaso por la mera anticipación de esa montaña de proyectos que jamás podremos realizar y de otros tantos que dejaremos pendientes. «Todo lo intentó, todo lo quiso, lo que podía y lo que no podía. Y le quedaba un desencanto melancólico que luego inyectaba en los labios de sus figuras, como en la Gioconda.»[5] O eso pensó el filósofo José Ortega y Gasset del carácter del genio florentino.

Pero hasta concentrándonos en una única tarea podemos dirigirnos hacia un fracaso igual de abrumador. Por ejemplo, si escogemos un objetivo fuera de nuestro alcance por haber confundido la ambición con la falta de realismo. Cuanto antes lo entendamos, mejor nos irá: somos seres limitados al espacio-tiempo, como los recursos materiales que empleamos para trasladar cualquier proyecto de la dimensión de las ideas al mundo tangible y como la fisiología cerebral que necesitamos para movernos en ambos. Por eso, desde hace décadas, los expertos en gestión de proyectos hablan de la «triple restricción» o «triángulo de hierro».[6] Un término que agrupa los tres factores que, en combinación, determinan la calidad del resultado de cualquier trabajo: cuánto pretende abarcarse, el tiempo disponible para hacerlo y los costes que pueden asumirse. O en palabras atribuidas a James M. Wallace que muchos trabajadores comparten al ofrecer sus servicios: «Velocidad, calidad, precio. Elige solo dos».[7] Algunos más precavidos añaden a esos tres factores otro más para que no pueda recriminárseles nada: la posibilidad de imprevistos. Es decir, una estimación más o menos aproximada del nivel de riesgos que supone asumir determinadas condiciones de trabajo; que no es lo mismo enviar a cien bomberos a apagar un fuego con camiones surtidores bien abastecidos que a diez pertrechados tan solo con baldes de agua.

Aun así, abundan quienes confunden tener un deseo con tener un plan, ni que sea uno esquemático para llegar a sus objetivos vitales o profesionales. De modo que ignoran la advertencia que puso Shakespeare en boca de la inteligentísima Portia en *El mercader de Venecia*: «Si hacer fuera tan fácil como saber lo que hay que hacer, las capillas serían iglesias y las casas de los pobres, palacios de ricos».[8] Lo que sí resulta demasiado fácil es dejarse cegar por el optimismo. Según el carácter de cada persona, de dos modos distintos. Los más egocéntricos, por sucumbir al famoso «efecto Dunning-Kruger»,[9] esa trampa mental que los hace sobrestimar sus capacidades; y algunos de los más autocríticos, por acabar cediendo al coro de sirenas que les prometen una mejor vida a cambio de una muestra de auténtico compromiso que suele formularse de forma recurrente como «salir de la zona de confort».

La otra cara de la moneda de un optimismo poco ajustado a la realidad es el perfeccionismo, entendiéndolo como una necesidad excesiva de control por los detalles que, a menudo, se convierte en una espiral interminable de mejora que considera cualquier trabajo aún por ultimar o, al menos, en una inversión de tiempo excesiva en su desarrollo. Según la ciencia, detrás del perfeccionismo, lo que se esconde es un alto sentimiento de vulnerabilidad personal con pocas habilidades para buscar ayuda en quienes nos rodean; por lo que quienes lo sufren suelen elaborar una narrativa de «personas hechas a sí mismas», como si intentaran proteger su angustia por los aspectos más incontrolables de nuestra existencia tras una muralla psicológica construida con sus propios logros. El problema está en que esa barrera es tan solo un talismán imaginario contra los imprevistos inevitables de la vida, pero con una contrapartida muy real: nos aleja de posibles aliados que podrían ayudarnos con las partes más arduas de nuestras labores. De ahí que haya quien piense que «la perfección es un lugar triste y solitario».[10]

El sobresfuerzo mental de querer controlarlo todo no solo alarga el tiempo invertido en cualquier proyecto. También dispersa nuestra atención hacia varios focos distintos con todas las desventajas que implica la multitarea simultánea y, al malgastar buena parte de nuestra concentración en aspectos tangenciales, como resultado final, disminuye nuestro control de errores en los aspectos realmente importantes.[11] Por otro lado, la tensión psíquica que genera el perfeccionismo acaba transformándose a menudo en una tensión física capaz de producir contracturas, dolores musculares y, de una forma muy característica, sobrecarga de la articulación de la mandíbula;[12] mientras que, a nivel psicológico, multiplica el riesgo de sufrir diversos trastornos mentales[13] y de desarrollar *burnout.*[14] Sobre todo, en perfiles profesionales de los que se espera una constante amabilidad hacia quienes prestan servicio y que deben autocontrolar cualquier indicio externo de mal humor o cansancio.[15]

La sobrecarga mental o física no es el único camino para calcinar una vocación *ad majorem gloriam laboris.* La convicción de que el trabajo realizado carece de sentido puede resultar igual de devastadora. Así ocurre en los trabajos que el antropólogo y activista David Graeber denomina sin ambages «trabajos de mierda: una forma de empleo remunerado que es tan completamente inútil, innecesaria o perniciosa que ni siquiera el trabajador puede justificar su existencia aunque, como parte de las condiciones de empleo, se sienta obligado a fingir que no es así».[16] Resulta complicado pensar que alguna persona sienta vocación por un empleo de ese tipo, a no ser que su principal vocación sea la de medrar económica o socialmente o no supiera en qué se estaba metiendo. Pero, según Graeber, dichos trabajos existen y en tal categoría incluye a los «lacayos» que solo sirven para que sus superiores se sientan importantes (recepcionistas, porteros...), a los «matones» que actúan para perjudicar o engañar a otros en nombre de sus empleadores (abogados corporativos, algunos teleoperadores, integrantes de grupos de presión...), a los «parcheadores» que resuelven temporalmente problemas que podrían arreglarse de forma permanente (programadores que reparan y ajustan equipos desfasados, recepcionistas de aerolíneas que calman a los pasajeros cuando sus maletas no llegan...), a los «burócratas» que fingen hacer algo útil cuando no es así (administradores de encuestas inútiles, periodistas de revistas internas, gestores de servicios de calidad...) y a los «capataces» que gestionan o crean trabajo extra para quienes no lo necesitan (mandos intermedios, profesionales de dirección...). ¿De verdad puede autorrealizarse alguien en medio de semejante marrón?

Lo irónico del *burnout*, «síndrome del trabajador quemado» o «síndrome de desgaste profesional», es que acostumbra a presentarse como un problema del empleado y no de su ámbito laboral. «Te has quemado», suele decirse; pero no «te han quemado», como si hubiera sido el propio trabajador quien hubiera cometido una imprudencia deliberada lanzándose al fuego o acercándosele demasiado. Por supuesto, existen personas que confunden la profesionalidad con el perfeccionismo y, por no poner límites a su entrega, encienden por sí mismas la chispa que hace entrar su salud mental en combustión. Pero lo habitual es que sea el entorno social y laboral el que fomente esa entrega patológica tras la coartada de conceptos como «excelencia», «compromiso» y, por supuesto, «vocación». Así lo entiende la Organización Mundial de la Salud y, por eso, sus recomendaciones para evitar enfermedades psicológicas derivadas del trabajo ponen el foco en el factor que más las determina: el entorno laboral.[17] Pese a ello, el libre mercado ha seguido ensalzando la imagen del trabajador perfecto como aquel que sacrifica sus necesidades en aras de un bien mayor. Es decir, como un mártir.

Por si esa inmolación no fuera suficiente, la épica laboral exige otro atributo en quienes pretendan demostrar su compromiso: la alegría con la que uno debe encaminarse al martirio. Porque, aunque la expectativa de un más allá místico gobernado por Dios haya sido sustituida por la de un futuro más pragmático gobernado por el progreso, el optimismo como acto de fe impuesto y la aceptación de todo tipo de sacrificios para alcanzar ese paraíso continúan siendo idénticos. Hasta abundan los aforismos y las arengas que sacralizan el trabajo como principal herramienta de trascendencia. A modo de demostración, he aquí uno de los ejemplos históricos más representativos:

> He visto personas que descubrieron un gran significado en sus trabajos y se absorbieron tanto en eso que no tuvieron tiempo para volverse egocéntricos. Les encantaba su trabajo. Y la gran oración que cualquiera podría rezar en ese momento es: «Oh, Dios, ayúdame a amar mi trabajo como este individuo ama el suyo». [...] Y esto se convierte en un punto de equilibrio cuando puedes olvidarte de ti mismo en la inmortalidad. No estás tan absorto en ti mismo, pero estás absorto en algo más allá de ti mismo.[18]

No son palabras de un malvado empresario embaucador, sino del activista Martin Luther King Junior. Su discurso equiparó la vocación laboral con una vocación espiritual y, décadas después, otros muchos asumieron la misma equivalencia, como la multifacética Oprah Winfrey al decir: «Todo el mundo tiene una vocación. Y tu verdadero trabajo en la vida es descubrir lo antes posible qué es eso, quién estabas destinado a ser, y comenzar a honrar eso de la mejor manera posible para ti mismo».[19]

Pero, como cabía esperar de la épica del martirio, no basta con seguir la vocación sin más. Debe hacerse con una entrega ardorosa, como dejó claro el carismático emprendedor tecnológico Steve Jobs. Según él:

> Tu trabajo va a llenar gran parte de tu vida, y la única manera de estar verdaderamente satisfecho es haciendo lo que crees que es un gran trabajo. Y la única manera de hacer un gran trabajo es amar lo que haces. Si aún no lo has encontrado, sigue buscando. No te conformes.[20]

Porque, para Jobs y sus seguidores, se trata de una llamada externa en el sentido más tradicional y primigenio de la vocación, una renuncia a uno mismo en pos de una trascendencia que, en primer lugar, exige sacrificar el yo pasado, como hacían los religiosos que cambiaban de nombre al entrar al servicio de Dios. Según esa doctrina, «si quieres vivir tu vida de una manera creativa, como artista, no tienes que mirar demasiado hacia atrás. Tienes que estar dispuesto a tomar lo que has hecho y lo que eras y tirarlo a la basura».[21] Siempre en movimiento, siempre a la búsqueda de más. En palabras de Jobs: «Creo que si haces algo y resulta bastante bueno, entonces deberías hacer otra cosa maravillosa, no pensar demasiado en eso. Solo averiguar qué sigue».[22] De modo que, desde su punto de vista, ni hacer las cosas bien es suficiente. Hay que surfear la cresta de la ola a cada instante. «La innovación es lo que distingue a un líder de la gente común»,[23] la clase de líder que convierte el progreso en un gancho espiritual para captar acólitos, esas «personas que están lo bastante locas como para pensar que pueden cambiar el mundo»;[24] aunque no quede demasiado claro en qué dirección concreta ni asumiendo qué costes. Para Jobs, hasta la relación entre empleadores y empleados pasa a un segundo plano con el argumento implícito de que el fin justifica los medios: «Mi trabajo no es ser fácil con la gente. Mi trabajo es hacerlos mejores».[25] Por lo que tampoco sorprende que se mostrara despreciativo con aquellos que lo criticaban y los acusara de ser miembros no productivos de la sociedad impulsados por el simple rencor.[26] En resumen, como su biógrafo Jeffrey S. Young observó, el profeta Jobs «tenía la fe del vendedor que creía en lo que estaba produciendo, la pasión apostólica de un promotor de biblias, la singularidad de propósito de un fanático y la determinación de un chico pobre de convertir su negocio en un éxito».[27]

Dentro de ese nuevo culto, poner en duda cualquier sacrificio en honor del progreso o mostrarse pesimista o desanimado respecto a las reglas para perseguirlo son percibidos como herejías y quienes muestran tales conductas, como individuos «tóxicos». Lo cual supone una paradoja cínica del más alto nivel. Porque el auténtico problema es el «positivismo tóxico» (término acuñado por el filósofo *queer* Jack Halberstam)[28] de ese ideario que presenta la felicidad como una elección personal deliberada y exige un optimismo sin fisuras sin importar lo duras que sean las circunstancias o cuánto se esté sufriendo a nivel individual. Por lo que no extraña que, ya en 2011, la crítica cultural Lauren Berlant comenzara a hablar de «optimismo cruel»[29] o que, tiempo después, hayan aparecido nuevos términos que han seguido explorando esa misma realidad, como el de «happycracia»[30] del psicólogo Edgar Cabanas y la socióloga Eva Illouz.

El problema de penalizar la tristeza es que implica desoír una señal de alarma que nos informa de que algo no va bien y nos ofrece la oportunidad de cambiarlo o, como poco, de sacar alguna conclusión al respecto. Así le pareció al neurólogo, psiquiatra y filósofo Viktor Frankl, superviviente del Holocausto y creador del término «optimismo trágico», que enfoca el sufrimiento y los sentimientos negativos como oportunidades de aprendizaje. A él debemos también una de las frases más lúcidas y consoladoras para aquellos que hayan experimentado en primera persona qué significa el desbordamiento emocional porque, en algún momento, perdieron el control: «Una reacción anormal a una situación anormal es un comportamiento normal».[31] Por otra parte, penalizar la expresión pública de la tristeza o la frustración es quitarnos la principal válvula de escape que tenemos a nuestra disposición para descomprimirlas a través de verbalizaciones catárticas. De forma que negarnos espacios sociales donde compartirlas con otras personas en nuestra misma situación o con amigos y pretender que cada cual digiera las suyas propias en privado solo conduce al aislamiento, la implosión emocional y, en última instancia, al agotamiento, la depresión o el suicidio.

Incluso los acólitos más entusiastas de la dictadura de la productividad deberían estar atentos a la gestión de sus emociones, porque su colaboracionismo es otro ejemplo más de altruismo patológico que antepone las necesidades ajenas a las propias hasta límites poco saludables. En su caso, por parchear con sobresfuerzos gratuitos las demandas interminables de una dinámica abusiva y animar al sistema a aumentar la presión que ejerce sobre ellos hasta el punto de que, como resultado último, empeoran el escenario que pretendían mejorar.[32] Los gestores de proyectos conocen bien ese fenómeno. Lo llaman *scope creep*, «corrupción de alcance» o «síndrome del lavadero».[33] Una tendencia que podemos identificar en muchos clientes y empleadores que piden «pequeños añadidos excepcionales» dentro de un presupuesto o acuerdo preestablecido y que resultan no ser tan pequeños ni excepcionales, por lo que los recursos temporales, materiales y humanos acaban resintiéndose. En especial, si el trabajador en cuestión depende a largo plazo de ese socio y teme perderlo o que dañe su frágil reputación con sus comentarios negativos. En culturas hacendosas, como la japonesa, donde el arquetipo de buen trabajador es el complaciente, las consecuencias de ese efecto son bien conocidas y un problema de salud pública por su alta letalidad; hasta tienen una palabra para definirlo: *karoshi*[34] o muerte por exceso de trabajo.

Antes incluso de la pandemia, muchos profesionales altruistas públicos y privados ya habían experimentado el «síndrome del lavadero»[35] a través del añadido de nuevas tareas a sus funciones, casi siempre con el argumento de la tecnología y el progreso, pero sin ofrecerles más tiempo para poder integrarlas junto a las previas. El resultado fue obvio: menos tiempo para las funciones que realizaban antes. Una realidad indiscutible contra la que no pueden luchar ni los trabajadores mejor predispuestos o con mayor vocación, como los médicos, y que, al no poder eliminar la inversión de tiempo en las partes más burocráticas de la atención que ofrecen en sus consultas, ha acabado quitándolo de la parte más humana y del tiempo de escucha. Por lo que, en general, se acaban pidiendo más pruebas innecesarias o enviando al especialista pacientes que se podrían controlar ambulatoriamente y, lo que es peor, se aumenta el riesgo de diagnósticos y tratamientos erróneos. Luchar contra la percepción de esa inercia supone una sobrecarga mental añadida al estrés crónico que ya sufren muchos sanitarios. El agotamiento generalizado, la presión social y las expectativas insaciables y cambiantes del sistema de salud han ido minando la capacidad de muchos médicos para ofrecer una atención compasiva.[36] Y, aun así, la mayoría continúa esforzándose para hacerlo.

La pandemia llegó como una tormenta sobre un terreno profesional ya inundado. No solo se trató de la asunción de un riesgo letal al que, por desgracia, no todos sobrevivieron. Aparte del sobresfuerzo asumido por trabajadores sanitarios y no sanitarios, se invocó una y otra vez durante años el argumento de la «excepcionalidad» y la «vocación» para justificar imposiciones abusivas, obviar la redacción de actas para no dejar rastro de numerosas irregularidades e incumplir cualquier acuerdo verbal... y con el agravante de que esas decisiones provenían de superiores que, en muchos casos, eran sanitarios que exigían a otros que trabajaran por encima de sus posibilidades por el bien de los pacientes pese a ver sus evidentes muestras de cansancio y claros síntomas psicológicos de enfermedad como alteraciones de memoria, ira, ansiedad o depresión. Unos síntomas que, por lo menos, los coordinadores con formación médica eran perfectamente capaces de reconocer.

A muchos de los que expresaron su agotamiento, se les trasladó la responsabilidad de «saber descansar» cuando, en pocas horas, se les exigiría retomar la misma situación desbordante y, durante ese supuesto descanso, se les enviaban numerosos mensajes con avisos, actualizaciones y solicitudes para cambiar turnos o doblarlos que, por supuesto, se esperaba que revisaran en su tiempo libre. Meses después, cuando esa hiperdemanda constante superó el límite humano de muchos profesionales, algunos perjudicados acudieron a los servicios de salud laboral pidiendo ayuda. En los pocos casos en que se les ofreció una respuesta, acostumbró a ser la aplicación de valoraciones grupales que parecían querer diluir el daño recibido por trabajadores concretos en una estadística global. Pero ni eso logró ocultar la magnitud del problema: un estrés extremo generalizado que fue asumido como necesario para que los equipos se mantuvieran productivos.

El cinismo de la respuesta es ejemplar; por estar hecho a medida para las necesidades de las empresas sanitarias y por negar la evidencia de la «ley de Yerkes-Dodson»,[37] conocida desde 1908 por cualquiera con un mínimo de formación psicológica y que advierte de que, pasado un límite, un nivel de exigencia alto perjudica la productividad por perjudicar la mente de los trabajadores. De modo que, en vez de buscar estrategias para aligerar la causa de su sufrimiento, continuó exigiéndoseles la misma dinámica de sobresfuerzo constante y, en algunos casos, a lo sumo, se les ofrecieron talleres grupales de «ventilación emocional». Es decir, ante una sobrecarga continua que había mermado su salud psicológica sin ninguna sombra de duda, la responsabilidad de manejarla y evitar que volviera a repetirse se desplazó hacia las víctimas con una prescripción más bien insultante: que aprendieran a ventilar mejor sus emociones. Así, mientras a los sanitarios se les exigía implicarse sin límite para cuidar de la salud de la población a la que atendían y se apelaba a su vocación, a esos mismos sanitarios se les negó la protección de la suya.

Por suerte para miles de profesionales, otros especialistas, instituciones y fundaciones les ofrecieron la ayuda que necesitaban. Pero, cuando regresaron a los servicios de salud laboral con informes que corroboraban la causa laboral de sus trastornos, de nuevo fueron recibidos en su mayoría con un encogimiento de hombros cínico. Sus bajas por enfermedad, emitidas desde Atención Primaria, habían sido por «enfermedad común» (ya que solo salud laboral tiene el poder de otorgar la etiqueta administrativa de «enfermedad laboral») y, si el Instituto Nacional de la Seguridad Social no las reconocía como laborales, ¿qué podían hacer ellos? Un trabajador bien informado podría haberles respondido que investigar la posibilidad de que se hubiera tratado de accidentes laborales en vista de los informes aportados y los protocolos que debían seguirse. Pero, aun así, seguro que habrían encontrado nuevos argumentos para justificar que tales indicios no existían en aquel caso concreto.

Las víctimas que tuvieron que solicitar ese cambio se encontraron con un proceso burocrático parsimonioso que las condujo a reuniones con inspectores de trabajo y esos mismos responsables de sus empresas que, ya sin la máscara de la amabilidad impostada, pretendieron minimizar lo ocurrido unas veces y, otras, acusarlas de haber exagerado sus síntomas. Poco importó que su estrategia fracasara contra las evidencias y que el mensaje de los inspectores fuera que debían tomarse medidas personalizadas en aquellas situaciones de daño individual comprobado. La respuesta de demasiados responsables de salud laboral fue ignorar sus directrices, sabedores de que no se les aplicarían criterios tan rígidos como los de las empresas privadas. Ni tan siquiera se creyó necesario tomar ninguna medida para proteger a los trabajadores de nuevas situaciones de desbordamiento, como si los extintores y las puertas de emergencia fueran innecesarios mientras no se declarara un incendio, y hasta cuestionables en caso de que llegara a declararse alguno.

Lo más triste de que el trabajo incinere el cerebro de alguien viene después de las llamas, cuando recupera la claridad mental, mira a su alrededor y ve que quienes pudieron haber intervenido para salvarlo continúan justificándose con los mismos argumentos de «excepcionalidad» y «compromiso» para normalizar ese «optimismo cruel» del sistema con el clásico «todos lo hemos pasado mal», como si todos los sufrimientos fueran el mismo sufrimiento y nadie tuviera derecho a alzar sus quejas por encima de los demás. La ensayista Remedios Zafra describió con suma lucidez las consecuencias de esa táctica evasiva: «Lo singular se hace compartido y el agotamiento no es efecto de un cuerpo sino de una estructura social y laboral cosida por economía y por máquinas».[38] No puede existir una crueldad más cínica: trasladar la responsabilidad personal a abstracciones culturales para ignorar a las víctimas concretas y seguir sacrificando a más trabajadores sin permitir distinciones siquiera entre quienes han recibido un daño más grande que otros. Eso sería reconocerse como verdugo o cómplice del sistema y nadie quiere recibir semejante título. Por eso, como bien apuntó la filósofa Simone Weil:

> Nada es tan raro como ver la desgracia justamente retratada; la tendencia es o bien tratar a la persona desgraciada como si la catástrofe fuera su vocación natural, o bien ignorar los efectos de la desgracia sobre el alma, suponer, es decir, que el alma puede sufrir y permanecer sin ser marcada por ella, puede fracasar, de hecho, para ser refundida en la imagen de la desgracia.[39]

Esa niebla mística de fatalidad que pretende difuminar los daños humanos de las «vidas-trabajo»[40] y los sacrificios de la «autoexplotación» es deliberada; el mismo lugar común del «valle de lágrimas» que debe atravesarse para llegar a un paraíso ultraterreno. Solo que, en este caso, se trata de una utopía social futura a la que nunca llegamos, según los gurús del progreso, porque hay demasiados escépticos aún y los creyentes no se esfuerzan lo bastante. Ya no basta con cumplir unas obligaciones laborales básicas. Hay que demostrar compromiso refulgiendo de implicación entre la oscuridad de las dudas y convirtiéndose en faros sociales que señalen el camino a los demás desde la cima de la innovación o el éxito. Quién no lo consigue es despreciado como un pobre de carácter, un paria que enseguida nota el dedo acusador de la multitud que lo señala y lo hace dudar de su condición de víctima. Según el filósofo Byung-Chul Han:

> Quien fracasa en la sociedad neoliberal del rendimiento se hace a sí mismo responsable y se avergüenza, en lugar de poner en duda a la sociedad o al sistema. En esto consiste la especial inteligencia del régimen neoliberal. [...] En el régimen neoliberal de la autoexplotación uno dirige la agresión hacia sí mismo. Esta autoagresividad no convierte al explotado en revolucionario, sino en depresivo.[41]

Y para tranquilidad del sistema, en un depresivo dispuesto a implosionar en silencio y en privado, siguiendo el mismo trato que se da a los productos que ya no funcionan y que no merece la pena arreglar porque hay sobreabundancia de otros dispuestos a hacer el mismo servicio, y a acabar igual.

El culto al progreso y sus sacerdotes normalizan que se dañe a los trabajadores porque lo ven como un «mal necesario» asumido. Al verlos como productos, presuponen que también son vulnerables a la «obsolescencia programada», bien porque su batería mental se agotará tarde o temprano de tanto necesitar recargarse, bien porque quedarán desfasados por su año de fabricación respecto a los gustos del momento y las expectativas de quienes los usen. En eso consiste el «edadismo».[42] No solo implica prejuicios sobre una presunta disminución de la productividad al ir envejeciendo. También implica una mayor resistencia a contratar personas más instruidas sobre sus derechos, que están más prevenidas contra las estratagemas promisorias de algunos empleadores maliciosos y que, por su mayor formación y experiencia, deberían recibir un mayor sueldo. Así, el empleado perfecto es el empleado atrapado; sea porque aún mantiene la fe en el sistema y está dispuesto a autoexplotarse o porque ha adquirido suficientes hábitos u obligaciones (vivienda, ocio, bienestar, hijos...) como para no poder permitirse el desengancharse de la eterna espiral del sobresfuerzo. El sistema nos necesita desbordados para que la revolución sea siempre ese plan que debe demorarse a la espera de resolver, primero, un alud de menudencias mucho más apremiantes. No le importa que algunos caigan por el camino hacia una idea de progreso más que dudosa; ni que muchos avancen más por inercia que por convicción. Un leve socarramiento hasta puede ser beneficioso para disponer de trabajadores mejor integrados en esa cultura de sonrisas vacías.

La razón la dieron las psicólogas Christina Maslach y Susan E. Jackson[43] al describir en 1981 las fases del *burnout*. La primera, un agotamiento físico y mental causado, además de por la sobrecarga de trabajo, por la frustración de ver cómo cualquier intento de razonar con quienes la imponen choca contra un muro de negación cínica; la segunda, un intento de protegerse mediante un autoaislamiento que acaba traduciéndose en un menor compromiso laboral como respuesta cínica al cinismo recibido; y la tercera, una sensación de ineficacia y falta de realización por sentirse como una pieza deshumanizada de un mecanismo sin empatía. Pero el daño psicológico que pueden infligir los trabajos va mucho más allá del síndrome del desgaste profesional. Además de un chamuscamiento de mayor o menor grado, un estrés excesivo continuo puede llevar a la carbonización mental absoluta, a la oscuridad en todos y cada uno de los ámbitos vitales por no quedar en el alma ni un destello de esperanza que perseguir, a un pozo de sinsentido del que uno no sabe cómo escapar por más que lo intente; y con tanta angustia que, a menudo, pueden aparecer comportamientos anómalos.

Ahí es donde suelen esgrimir una sonrisa ladeada los lacayos del sistema, expertos en traspasar responsabilidades a otros y en hacer que los más afectados por las sobrecargas impuestas se culpabilicen por haber perdido los papeles. Porque, en la dictadura de la «happycracia», gritar, enfadarse, patalear o dar muestras de ira que no vayan dirigidas hacia algún enemigo del progreso no solo es visto con malos ojos. Hace perder al instante la credibilidad. La razón es simple. Como en cualquier cultura cínica, a falta de contenido moral auténtico, se sobrevaloran las formas y una presunta diplomacia que no es más que otra estrategia de control social para castigar a los disidentes. Quien intenta exponer sus objeciones con mesura es ignorado. Quien pierde la paciencia y eleva el tono o gesticula mucho es señalado al instante como problemático o enfermo y sin que exista ningún interés en contextualizar esa reacción en función de la presión mental sufrida.

¡Cuánto daño ha hecho y sigue haciendo la idea de la vocación como una magia invencible contra cualquier desafío, por desbordante que sea! La compositora Clara Schumann lo expresó en los términos propios de la era romántica en que vivió: «Mi salud podría conservarse mejor si me esforzara menos, pero al final, ¿no da cada uno su vida por su vocación? No puedo ser tan mala cuando todos me tienen tanto cariño».[44] Hasta el cerebral Friedrich Nietzsche nos dejó otra de las frases más usadas para invocar los presuntos superpoderes de la voluntad, la que afirma que «con un objetivo, uno tiene su porqué en la vida, entonces soporta casi cualquier cómo».[45] Eso sí, el «casi» de ese eslogan resulta fundamental porque muestra la existencia de límites incluso para el impulso vocacional. Por eso, tal vez, no es raro que ese adverbio haya desaparecido en muchas colecciones de citas sobre cultura laboral de recopiladores que prefirieron sacrificar la fidelidad a las palabras de Nietzsche en aras del «positivismo tóxico».

No seré yo quien defienda que los logros más importantes que podamos alcanzar en nuestra vida estén exentos de largos caminos, dificultades o sufrimientos. Placer y dolor son las dos caras de la misma moneda: nuestra existencia. Pero inducir un sufrimiento innecesario a otros y animarlos a digerirlo en soledad bajo la amenaza del rechazo laboral o social solo puede entenderse como un acto de sadismo. Es ir en contra de la naturaleza humana, de la empatía y de la esencia misma de lo que debería significar la idea de propósito vital; más aún, en el caso de los trabajadores que no tienen más remedio que seguir en los mismos puestos que les robaron su salud mental. Como expresó Graham Greene en su novela *Un caso acabado*: «Una vocación es un acto de amor: no es una carrera profesional. Cuando el deseo muere, es imposible seguir haciendo el amor. He llegado al fin del deseo y al fin de mi vocación».[46] Y, contra esa muerte, no hay frases positivas ni fármacos ni terapias que valgan.

17

Mejor (y más económico) prevenir que tratar

La factura mental, física, económica y social del cinismo, las psicoterapias y los fármacos

El culto al trabajo como medio para trascender y ser feliz está lleno de paradojas. Una de las más inquietantes es que, en el año 2030, según algunas estimaciones, la depresión será la primera causa de discapacidad en jóvenes y adultos.[1] Lo cual no significa que nuestras expectativas laborales y nuestros empleos sean la única causa de ese trastorno cada vez más frecuente que nos roba la ilusión y nos lanza a las arenas movedizas de la desesperanza. Pero sí quiere decir que encomendarse al trabajo para huir de los problemas propios aferrándose a algo más grande que uno mismo, como proponía Martin Luther King Junior,[2] no ha servido para evitar el hundimiento gradual de los índices de salud psicológica en la supuesta cultura del bienestar y el progreso.

Muchos han encontrado en la pandemia de la covid-19 el chivo expiatorio perfecto para desviar las responsabilidades del empeoramiento global de la salud psicológica en todo el mundo e intentar hacer borrón y cuenta nueva con un «todos lo hemos pasado muy mal» que busca, desde algunos sectores, anular cualquier amago de reivindicación de quienes recibieron mayor daño por ser desatendidos o verse obligados a asumir más riesgos o carga emocional. Lo irónico del asunto es que, al analizar la población mundial en conjunto, los números indican lo contrario. Como media y tras la lógica conmoción inicial, mantuvimos un alto nivel de resiliencia durante la pandemia y el aumento de síntomas ansiosos o depresivos en la salud general fue escaso.[3] Eso sí, hubo de todo: personas que sufrieron lo indecible, otras que se adaptaron por puro pragmatismo y no pocas que aprovecharon la situación para reorganizar su inventario mental de prioridades vitales o reconectar con sus seres queridos o su propio yo. Por eso, globalmente, la salud mental salió mejor parada de lo que algunos auguraban en un principio; pero sin que eso quiera decir que no hubiera sectores concretos que resultaron más perjudicados, como los niños y los jóvenes,[4] las personas con trastornos mentales previos[5] y los profesionales que estuvieron en primera línea;[6] entre los que no debemos olvidar a los «trabajadores esenciales» sanitarios y no sanitarios:[7] los encargados de cadenas de abastecimiento, distribución y venta de alimentos y productos básicos, los cuerpos y fuerzas de seguridad, aquellos que mantuvieron en funcionamiento instituciones administrativas y judiciales y, por supuesto, quienes enfrentaron la limpieza y la gestión de residuos de todo lo anterior. Y, aun así, ninguna administración desarrolló programas específicos que velaran por su salud mental cuando más lo necesitaron, que aseguraran su recuperación ni, mucho menos, que evitaran que puedan volver a verse bajo la misma presión ante una crisis similar futura. Y eso que existen evidencias suficientes de que haber atendido de forma específica a todas las personas de esos sectores más vulnerables habría evitado los mayores costes del impacto de la pandemia sobre la salud mental.[8]

Si, además de patologías psicológicas, hablamos de mortalidad, resulta aún más innegable que los «trabajadores esenciales» sufrieron tasas más altas que la población media. 115.000 sanitarios fallecieron por la covid-19 entre enero de 2020 y mayo de 2021 según la Organización Mundial de la Salud;[9] pero quienes tuvieron las tasas más elevadas fueron otros: los empleados del sector del transporte (conductores de camiones, metros, autobuses, taxis...), seguidos de los servicios de limpieza,[10] que, en ambos casos y en su mayoría, trabajaron sin los medios de protección que tenían los profesionales sanitarios. Destacarlo es necesario y justo. Igual que debemos reconocer que las mayores diferencias de mortalidad durante la pandemia en función del nivel socioeconómico o la etnia estuvieron relacionadas con el empleo que realizaban quienes fallecieron. De modo que aquellos que aceptaron trabajos más expuestos por necesidad o discriminación laboral asumieron más peligros y murieron más.

En Estados Unidos, por ejemplo, los varones hispanos de bajo nivel socioeconómico multiplicaron por 27 su riesgo de morir frente a las mujeres caucásicas de alto nivel socieconómico; y el 72 % de esa diferencia de mortalidad estuvo asociada a otro factor profesional: la imposibilidad de trabajar en remoto.[11] Es decir, la precariedad laboral daña la salud física y mental no solo por una vía económica al reducir el tiempo y el dinero disponibles para acceder a determinados servicios sanitarios; además, obliga a muchos trabajadores a asumir más riesgos que la población general y a aceptar empleos más laxos con los estándares de prevención laboral por el simple miedo a quedarse sin una fuente de ingresos. Y, aun así, pese a estar dispuestos a asumir ese peligro durante la pandemia, numerosos profesionales de los sectores más vulnerables que no pudieron trabajar en remoto perdieron su trabajo. Lo cual añade otra razón más para entender por qué la población inmigrante ha sido la más afectada por la crisis pandémica y la que más está tardando en recuperarse de ella.[12]

Se trata de una verdad incómoda: la tipología laboral estructurada por la discriminación, el clasismo y el uso torticero de las aspiraciones vocacionales de los más altruistas determinó el riesgo individual de enfermar y morir durante la pandemia mucho más que la propia biología. Pero, mucho antes de la sacudida planetaria que produjo el coronavirus, el sistema sociolaboral del libre mercado ya se sustentaba en ese modelo de explotación de los más precarios y altruistas a costa de su salud física y mental. La crisis pandémica solo resaltó el verdadero espíritu de un sistema impulsado por el «progreso cruel». Luego, una vez levantado el estado de alarma, el silencio y el negacionismo de muchos sobre los costes humanos de lo sucedido están sirviendo para dejar en evidencia otro rasgo igual de nefasto de nuestro modelo económico actual: el cinismo. Es decir, la defensa a ultranza de mentiras descaradas.

A los seres humanos nos cuesta admitir nuestros errores y, por conservar nuestra propia autoimagen, estamos dispuestos a hacer malabarismos mentales hasta levantar un muro de argumentos tras el que esconder nuestras responsabilidades o proteger nuestros intereses. Esas disonancias cognitivas explican desde las excusas que ponemos a nuestras limitaciones, como la de la mítica zorra de la fábula de Esopo que no podía alcanzar las uvas de una parra y renunció a ellas porque «estaban verdes»,[13] hasta injusticias globales, como imponer condiciones abusivas a determinados grupos laborales o sociales porque la que está aún verde es una fábula sobre un progreso inalcanzable. ¿La explicación? Evitar el sentimiento de culpa. Porque a nadie le gusta autoetiquetarse como gánster o colaboracionista y, antes de reconocer una prueba que delate nuestro lado más egocéntrico y nos haga sentir mal, preferimos sepultarla bajo una montaña de justificaciones tangenciales. Y, como saben bien los psicólogos Carol Tavris y Elliot Aronson, «cuanto más grande es el error, mayor es la resistencia a reconocerlo».[14] En especial, en aquellos que están vigilados por una autoridad que podría sancionarlos o la simple opinión pública, cuyo juicio podría sentenciarlos a una pérdida de reputación dentro de su ámbito laboral o su comunidad entera. De modo que la era de la sobreexposición y la vulnerabilidad reputacional también se ha convertido en la era del culto a las apariencias, aunque deban mantenerse a costa de mentiras inconscientes y, con frecuencia, cínicas y deliberadas.

Pero repetir muchas veces una mentira no la convierte en realidad, ni tan siquiera a los ojos de los más comprensivos. Por el contrario, en lo que a entornos laborales se refiere, el silencio ante los abusos o las injusticias no debería interpretarse como una validación, ni tan siquiera como resignación. Porque, a nivel psicológico, ese incumplimiento de un pacto de honradez implícito es percibido como una traición por los perjudicados y, por mucho que escondan la frustración y el estrés que les genera, la mayoría acabará desarrollando agotamiento emocional, pérdida del orgullo profesional, menor implicación y actitudes más cínicas.[15] Tampoco lo tendrán mejor quienes cedan a la presión externa y se autoculpen enfocando esa negatividad hacia ellos mismos en vez de hacia su entorno abusivo. El estrés crónico los alcanzará por igual y acabará pasándoles factura a nivel cerebral con una reducción anatómica de su hipocampo y, con él, de su capacidad memorística;[16] a la vez que también sufrirán una reducción de su córtex frontal que los volverá más lentos a la hora de anticiparse a las intenciones, buenas o malas, de quienes los rodean y más proclives a ponerse a la defensiva ante falsas alarmas.[17] Es decir, muchos se convertirán en una especie de zombis desmemoriados que alternarán la falta de respuesta ante algunas demandas ineludibles con algunas otras respuestas exageradas ante estímulos anodinos y, en general, sufrirán un riesgo mayor de deprimirse o presentar conductas anómalas,[18] con las lógicas consecuencias para las empresas en las que trabajen.

Todos salen perdiendo: las víctimas del cinismo por razones obvias, la empresa porque tanto los cínicos como sus víctimas resultan menos eficientes y los propios cínicos porque, según diversas investigaciones, también tienen un mayor riesgo de depresión y enfermedades cardíacas[19] e, incluso, de desarrollar demencia.[20] Por no ganar, con la desconfianza excesiva que genera el cinismo, ni gana el rendimiento de una compañía; porque, aunque podría pensarse que reduce la probabilidad de sufrir estafas o engaños, atribuye una malicia ubicua a todos sus posibles aliados y, en conjunto, hace perder fantásticas oportunidades de negocio. Y eso que las personas cínicas suelen considerarse a sí mismas mejores que los demás a la hora de identificar a los mentirosos y acusan de pardillos a quienes muestran una mayor confianza hacia sus semejantes. Pero, en realidad, son los individuos más cordiales quienes diferencian mejor a los cooperadores de los tramposos, mientras que los cínicos desconfían de todos por igual y sin matices y, por tanto, se equivocan más.[21] De modo que tampoco podemos justificar el estereotipo del «genio cínico» que tanto ha exaltado cierta literatura con el refinado envoltorio del dandismo. Por más que algunas culturas elitistas, como la anglosajona, lo hayan convertido en una especie de embajador diplomático del éxito social, los estudios muestran que, en conjunto, las personas cínicas obtienen peores resultados cuando se comparan sus habilidades cognitivas y sus competencias frente a aquellas que no lo son.[22]

Hasta las mentiras que pasan desapercibidas para los engañados tienen un precio; porque quedan en la conciencia de los tramposos y, a no ser que se trate de narcisistas patológicos, mentirosos compulsivos o psicópatas, provocan culpa y amargan esa supuesta sensación de éxito haciéndola mucho menos satisfactoria. Ni tan siquiera importa si las mentiras surgen *motu proprio* o son ejecutadas como órdenes de superiores. La incomodidad por haber recurrido a mentiras afecta a cómo se relacionan después los tramposos con aquellos a quienes engañaron y los lleva a evitar nuevas interacciones con esas personas y, en caso de verse forzados a tenerlas, aumenta su incomodidad en futuras negociaciones; más cuanto más grandes fueran las ganancias a costa del primer engaño.[23] Sobre todo, por su miedo a ser descubiertos y a que, una vez conocidas sus artimañas, puedan ser castigados o proscritos de su ámbito profesional y social al perder su reputación, la base fundamental sobre la que se construye la confianza.

Muchos estudios han investigado la complejidad de la reputación. Algunos hasta diferencian dos componentes que la definen: la honestidad y la simpatía; que, si te fijas, nos remiten a la «dominancia» (respetabilidad) y la «valencia» (atractivo) con las que nuestro cerebro etiqueta cualquier estímulo, interacción o persona.[24] En el caso de los acuerdos de negocios, la más determinante parece ser la primera. De modo que, en general, la probabilidad de mentir a alguien con reputación de honestidad es menor que la de mentir a alguien con reputación de simpatía; y, en lo que respecta a la confianza, también solemos confiar más en las propuestas de negocios de las personas con fama de honestas que en las de las atractivas.[25] Pero el motivo por el que nos cuesta mentir a las personas honestas no está en ellas en realidad, sino en la anticipación de mala conciencia que nos genera la idea de no corresponder de forma recíproca a quienes tienen ese prestigio. Eso sí, la ventaja que les otorga la honestidad desaparece en cuanto alguien la pone en duda. Un fenómeno psicológico conocido muchos siglos antes de desarrollarse la neurociencia y por el que Medio de Larisa, oficial de la flota de Alejandro Magno y líder de su coro de aduladores, animaba a sus secuaces a no tener miedo de atacar y morder a sus rivales con difamaciones, enseñándoles que, aunque la herida de la mordedura sane, la cicatriz de la calumnia permanecerá.[26] Una convicción que comparte el refranero de distintos países; sea el español con su «calumnia, que algo queda» o el alemán con su «quien una vez llega a la boca de la gente, difícilmente vuelve a salir».

El peligro de la maledicencia es que es un fuego tan difícil de manejar que puede tener consecuencias imprevistas; y que, si se dispara desde distintos frentes sociales, puede acabar arrasando la credibilidad de todos ellos hasta dejar un ágora publica donde solo queden las cenizas del cinismo institucionalizado. Con solo respirar esas partículas de deshonestidad en el ambiente comunitario o laboral, hasta la actitud de las personas mejor predispuestas comienza a ennegrecerse y, cuanto más tiempo estén expuestas a ellas, más probable es que acaben afectándoles. Así lo confirman algunos estudios realizados entre profesores universitarios para valorar los efectos del cinismo en su profesión y que lo señalan como principal causa de un riesgo creciente de agotamiento psicológico con el paso de los años y de desarrollar actitudes igual de cínicas; en especial, entre las personas más ninguneadas: las mujeres y las encargadas de las actividades de gestión.[27] Según esos mismos estudios, la inteligencia emocional podría actuar como un factor protector contra ese adversario mental de la vocación en algunos casos, pero no siempre; porque los profesores de Arte y Humanidades, por ejemplo, pese a presentar niveles más altos de inteligencia emocional, acabaron mostrando las mismas señales de agotamiento psicológico y de cinismo.

No, promocionar y entrenar la inteligencia emocional no es la panacea contra el *burnout* y otros trastornos mentales aún más graves causados por el trabajo. Por más que alguien aprenda a gestionar sus emociones de frustración e ira ante la injusticia o la explotación a nivel *jedi*, cuando las exigencias físicas y emocionales llegan a un límite lo que hace falta es apoyo externo para poder salir de ese escenario de sobrecarga hasta que se recuperen las condiciones idóneas para reincorporarse. Así lo han visto también estudios realizados en residentes de Medicina durante la pandemia en los que pudo verse que el habitual efecto protector contra el estrés de la inteligencia emocional desapareció por completo en ellos ante el contexto desbordante en que tuvieron que trabajar justo en el momento en que se estrenaban como profesionales.[28] Un hallazgo que refuerza la idea de las limitaciones de la psicoterapia y otras técnicas como el *mindfulness* (o «meditación de atención plena») cuando el principal problema proviene del propio entorno laboral.

El *mindfulness* en concreto hasta puede empeorar el manejo emocional ante situaciones excepcionales en muchas personas. En primer lugar, porque huir de los problemas en vez de enfrentarlos para refugiarse en un espacio mental de positivismo autoimpuesto no es más que otra clase de autoengaño o disonancia cognitiva, tan frecuente que algunos ya lo llaman «*bypass* espiritual»[29] o «hedonismo espiritual»,[30] en el que, en vez de recurrir a compulsiones placenteras como la comida, la bebida, las drogas, los viajes, las fiestas o el deporte, a uno le da por chutarse pensamientos positivos. Una huida a la imaginación muy parecida a la que ocurre mientras soñamos y que explica también que, en ambos casos, se favorezca la aparición de falsos recuerdos.[31] Pero, en segundo lugar, porque, de tanto empeñarse en forzar los pensamientos y las sensaciones corporales, puede favorecerse un aumento de la tensión muscular, las obsesiones y la rigidez mental,[32] que, paradójicamente, conducen a la ansiedad,[33] y reacciones emocionales descontroladas que pueden acabar en autolesiones y hospitalización.[34] Seguro que te resulta familiar esa secuencia: ofrecer placer evasivo para calmar la ansiedad, producir «mono» si se prolonga demasiado la siguiente dosis y crear tolerancia para que haga falta recibir un mayor estímulo cada vez y aumente la dependencia. Por último, quienes ya han sufrido daño mental por culpa de su trabajo tienen una alta probabilidad de desarrollar síntomas de despersonalización que los llevan a percibir con extrañeza su propio yo y su entorno, como si fueran autómatas en un decorado de cartón piedra siguiendo un guion sin ningún sentido. En tales casos, el *mindfulness* puede contribuir a hacerlos más conscientes de cuanto sucede a su alrededor, cierto; pero, como lo enfocan desde la disociación emocional y la resignación como única respuesta, también puede fomentar su vivencia interior de irrealidad y su sufrimiento.[35]

Ante semejante panorama de cinismo que culpabiliza a los trabajadores por no ser capaces de gestionar sus emociones en vez de evitarles la sobrecarga y los entornos laborales tóxicos, no es extraño que el trabajo se haya convertido en una de las principales causas de desarrollo de enfermedad mental o de empeoramiento de patologías previas. Ni sorprende que la Organización Mundial de la Salud y la Organización Internacional del Trabajo hayan exhortado a todos los gobiernos a adoptar medidas concretas que aborden con urgencia este problema global, aunque solo sea por razones egoístas para los liberales más pragmáticos. Porque, a nivel mundial, se pierden cada año doce mil millones de días de trabajo por culpa de trastornos ansiosos y depresivos que se traducen, por otro lado, en un coste anual de casi un billón de dólares.[36] Las directrices de la Organización Mundial de la Salud para evitar esas pérdidas humanas y económicas son claras: implementar medidas para prevenir y evitar las sobrecargas laborales, las dinámicas tóxicas en los entornos de trabajo y cualquier factor que genere angustia.[37] Ese será uno de los grandes retos del siglo XXI. Sobre todo, teniendo en cuenta lo difícil que resulta identificar la frontera donde acaba la cultura del esfuerzo y comienza la del abuso, la intimidación, el acoso laboral o la violencia institucional.

Basta de frivolizar sobre trastornos tan invalidantes como la ansiedad y la depresión y de achacarlos a las pocas ganas de esforzarse de algunos. En España, hay más muertes por suicidio que nunca en la historia y, solo en 2022, hubo 4.097 personas que decidieron tomar esa vía.[38] La depresión estuvo detrás de muchas de esas muertes; hasta el punto de que un 60% de quienes tienen ideas suicidas han tenido antes síntomas depresivos.[39] Y, como suele ocurrir con otras desgracias, también en este caso existe una relación bidireccional entre tener bajos ingresos y tener problemas psicológicos. De modo que la tensión entre salud mental y trabajo es otra de las brechas por las que la desigualdad acaba fracturando la sociedad y, atención a los economistas, dañando la producción y el progreso de cualquier país, en especial, de los más desarrollados.

Prueba de ello es que, al analizar cómo se perdieron cinco billones de dólares en 2019 por culpa de las enfermedades mentales y sus consecuencias en diferentes regiones, el 4% que supuso para el producto interior bruto del África subsahariana oriental se dobló al 8 % que le costó a la América del Norte de ingresos altos.[40] Un dato aún más preocupante si tenemos en cuenta que, según un estudio del Foro Económico Mundial y la Escuela de Salud Pública de Harvard,[41] la previsión es que ese gasto global, que fue de 2,5 billones de dólares en 2010, ascienda a seis billones en 2030 manteniéndose el hecho de que el 65 % de ese importe tendrá que ser asumido por los países de mayores ingresos. De confirmarse esas previsiones, las pérdidas por culpa de la falta de prevención de las enfermedades mentales serán mayores que si sumáramos las del cáncer, la diabetes y las enfermedades respiratorias. Y con el agravante de saber que, en los problemas psiquiátricos, tanto los costes directos (atención ambulatoria, hospitalaria y social) como los indirectos (bajas por enfermedad, desempleo y jubilación anticipada) aumentan más cuanto más tarde se interviene para tratarlos.[42]

Quienes piensen que el problema tiene una fácil solución con la administración masiva de antidepresivos y ansiolíticos está muy equivocado. No solo porque esos tratamientos deben combinarse con el seguimiento de profesionales especializados y numerosas sesiones de psicoterapia. A los efectos secundarios más obvios que experimentan quienes los toman, como la pérdida de libido o la ganancia de peso, hay que añadir otras consecuencias más sutiles y preocupantes; porque afectan al funcionamiento cerebral más básico. Por un lado, producen un «embotamiento» psicológico que, si bien funciona como un muro contra las emociones desagradables, también bloquea el uso mental de esas emociones como refuerzo negativo en el aprendizaje, igual que ocurre con las emociones agradables y el refuerzo positivo.[43] Es decir, al atenuar el sufrimiento y el disfrute emocional de quienes toman esos tratamientos se atenúan las dos motivaciones básicas e instintivas que tienen para aprender y su capacidad memorística empeora. Por otro lado, aunque no afectan a la percepción del dolor propio, los antidepresivos sí reducen la sensación de malestar que produce el ver sufrir a los demás. Es decir, disminuyen la empatía hacia otros mientras se está bajo su efecto.[44]

Así que los cínicos que piensen que todo se soluciona reincorporando a los pardillos altruistas al trabajo atiborrándolos de pastillas deberían pensárselo dos veces. Porque esas personas volverán con una actitud de colaboración muy distinta de la que tenían antes y, a nivel operativo, con cierto embotamiento que también afectará a su productividad. O sea que, en conjunto, estarán más cerca del *modus operandi* de los cínicos que del de los sacrificados y empeorarán el desequilibrio que ya existía en sus entornos laborales. Ni siquiera podemos consolarnos con la expectativa de que esos trabajadores dejarán su medicación en algún momento y recuperarán su antigua predisposición altruista. Porque el estilo de relación social de aquellos que han superado una depresión cambia y se vuelve más distante, con menos capacidad para reconocer sentimientos en las expresiones faciales ajenas y un aumento en la percepción por el dolor propio[45] que, en conjunto, hacen que quienes antes eran más proactivos a la hora de colaborar se vuelvan más reservados.

Incluso un medicamento tan inocuo en apariencia como el paracetamol afecta a nuestro comportamiento social porque, aparte de calmar nuestro dolor, disminuye nuestra empatía hacia el de los otros,[46] reduce nuestra alegría por los logros ajenos[47] y aumenta la asunción de riesgos a la hora de tomar decisiones.[48] El efecto combinado resulta inquietante: imprudencia sin miramientos sobre cómo puedan sentirse los demás. De manera que, aparte de preocuparse por no angustiar ni deprimir a sus trabajadores, las empresas también deberían evitarles demasiados dolores de cabeza. Más aún, cuando las farmacias españolas dispensaron más de 43,5 millones de unidades solo en 2020, la mitad de todos los genéricos vendidos con receta y el segundo medicamento más demandado.[49]

El fármaco más vendido en España ese mismo año nos ofrece información igual de relevante. De omeprazol, usado como antiácido para combatir molestias estomacales, se vendieron 48,5 millones de unidades. Quienes recurren a él lo hacen por múltiples factores, pero, entre otros muchos, están algunos relacionados con los efectos colaterales de diversas conductas evasivas contra el dolor emocional o físico, como el abuso de alcohol o el de analgésicos tipo ibuprofeno, y el tratamiento de la gastritis producida por el estrés extremo o el abuso del café. En su caso, el precio que hay que pagar por sus efectos favorables es un aumento del riesgo de demencia si se usa de forma prolongada. Un inconveniente que ha sido discutido durante años, pero que los estudios más recientes parecen confirmar.[50] En un sentido similar, existe otra familia de medicamentos de uso común que produce alteraciones psicológicas y que está muy relacionado con el estilo de vida sedentario que impone la precariedad laboral: las estatinas, empleadas para reducir los niveles de colesterol y prevenir enfermedades cardiovasculares. Respecto a su ingesta, no solo pueden causar irritabilidad severa en algunas personas,[51] con su correspondiente repercusión en el entorno familiar y laboral, sino un riesgo incrementado de tener ideas violentas, depresión y pensamientos suicidas que desaparecen al dejar de tomar ese fármaco y reaparecen al reintroducirlo.[52]

De modo que, en conjunto, las dinámicas cínicas y la sobremedicación psiquiátrica y no psiquiátrica que fomentan el culto al «progreso cruel» atacan la salud mental general con una especial erosión de uno de los pilares que más carga soporta por sus excesos: los más altruistas y empáticos, que acaban desplazando su actitud mental hacia el distanciamiento y abandonan las filas de quienes están dispuestos a sacrificarse por los demás para sumarse al creciente volumen de perfiles individualistas que van añadiendo más tensión a nuestro frágil equilibrio social. La tormenta sociológica y farmacológica perfecta para que empecemos a sentir los primeros temblores de una inminente implosión.

18

¿Alguien quiere explicarme por qué aguantamos todo esto?

Entre el colaboracionismo envidioso, la búsqueda de orden y la indefensión aprendida

Si muchas personas soportan numerosos sinsabores y abusos en sus trabajos es porque no ven otra opción o porque los consideran sacrificios necesarios para mejorar sus circunstancias o disfrutar de más privilegios. Es decir, porque envidian a los que viven mejor que ellos y creen que podrán emularlos.

> Esta disposición a admirar y casi a idolatrar a los ricos y poderosos, y a despreciar o como mínimo ignorar a las personas pobres y de modesta condición [...] es al mismo tiempo la mayor y más extendida causa de corrupción de nuestros sentimientos morales. Que la riqueza y la grandeza suelen ser contempladas con el respeto y la admiración que solo se deben a la sabiduría y la virtud [...] ha sido la queja de los moralistas de todos los tiempos.[1]

No son palabras de ningún anarquista, ni de ningún predicador sensiblero. Proceden de Adam Smith, el venerable padre del liberalismo económico. Hasta él supo ver que la famosa mano invisible que regula el libre mercado está sesgada por inclinaciones muy visibles. Pero, muchos siglos antes que él, la joven Scheherazade de *Las mil y una noches* percibió, además, que esa admiración ciega que conduce a la envidia también entiende de clases; al menos, en lo que se refiere a cómo de libres se sienten los envidiosos para expresarla. «Cada hombre envidia, el fuerte abiertamente, el débil en secreto.»[2] Por lo que, cuanto mayor es la envidia y menor el estatus en la escala social, mayor es la probabilidad de mostrarse servil con los poderosos en las formas y taimado en el fondo, tanto con los más favorecidos como con aquellos que podrían serlo. O, en términos del doctor Frantz Omar Fanon más acordes con la era neocolonizadora en que vivimos, «el colonizado es un envidioso. [...] No hay colonizado que no sueñe cuando menos una vez al día en instalarse en el lugar del colono»; «Está dominado, pero no domesticado. Está inferiorizado, pero no convencido de su inferioridad. Espera pacientemente que el colono descuide su vigilancia para echársele encima. [...] Siempre está presto a abandonar el papel de presa y asumir el de cazador. El colonizado es un perseguido que sueña permanentemente en transformarse en perseguidor».[3]

No todos los trabajadores viven devorados por esa codicia. Muchos se conforman con alguna vía que les ofrezca una mínima esperanza de poder prosperar por sí mismos sin necesidad de atacar a nadie. La fe en la meritocracia suele ser el consuelo que analgesia su sufrimiento y mejora su bienestar físico y mental al darles la sensación de que tienen control sobre su futuro.[4] Pero se trata de una confianza que implica un gran peligro, porque los titiriteros de la mano invisible del libre mercado cuentan con ella y tan es así que, de forma paradójica, allí donde las clases más pobres están más convencidas de la existencia de una meritocracia real, es decir, donde aquellos que no logran prosperar lo atribuyen a que no se esfuerzan lo suficiente, es donde mayores desigualdades económicas hay.[5] En otras palabras, los ecosistemas sociales donde abundan los creyentes en la meritocracia son los que más explotan los cínicos oportunistas con pocos escrúpulos porque su población es más servil.

Otro escritor en las antípodas ideológicas de Adam Smith supo ver más problemas en esas sociedades más crédulas y dispuestas a colaborar con el orden establecido. Joseph Déjacque, un anarquista que creó el neologismo «libertario»[6] en 1857 como contraposición al de «liberal» de Smith, destacó la indolencia en que suelen caer los responsables últimos de sistemas jerarquizados donde los subordinados ascienden en función de sus servicios. Porque

> el mayor vicio de la delegación de la autoridad no es solo las intrigas y las codicias que suscita y que pone en guerra a los aspirantes contra los aspirantes, camarillas contra camarillas, y amontona dilapidación sobre dilapidación; es sobre todo la apatía en la que sume al mandante, que [...] descarga enteramente sobre su mandatario la tarea de salvaguardar sus intereses [...] no conservando para sí más que derecho de obedecer.[7]

A fin de cuentas, cuando los colaboracionistas alcanzan un número suficiente, los poderosos no necesitan esforzarse para mantener el *statu quo*, ni tan siquiera para marginar a los ciudadanos más díscolos y someterlos a la «ley del silencio». La mayoría servil asume por igual esa función sin que nadie se lo pida, por puro instinto de eliminar a quienes gritan demasiado y podrían hacer estallar la burbuja de sus idílicos sueños de prosperidad. En 1574, con solo dieciocho años, el joven filósofo Étienne de La Boétie comprendió la importancia de ese colaboracionismo en la perpetuación de cualquier modelo de poder y la expresó de forma enfática en su *Discurso de la servidumbre voluntaria*, donde arremetía contra la figura del tirano:

> No tiene nada más de lo que [tiene] el menor hombre del gran e infinito número de vuestras ciudades, a no ser las facilidades que vosotros le dais para destruiros. ¿De dónde ha sacado tantos ojos con que espiaros, si no se los dais vosotros? ¿Cómo tiene tantas manos para golpearos si no las toma de

vosotros? Los pies con que pisotea vuestras ciudades, ¿de dónde los ha sacado si no son los vuestros? ¿Cómo es que tiene algún poder sobre vosotros, si no es por vosotros? ¿Cómo osaría atacaros si no fueseis sus cómplices?[8]

De hecho, como afirma el filósofo Giorgio Agamben, «una sociedad de cómplices es más opresiva y asfixiante que cualquier dictadura, porque quienes no participan en la complicidad —los no cómplices— están pura y simplemente excluidos del pacto social, ya no tienen cabida en la ciudad»;[9] y sin necesidad de llegar a expulsiones literales. Porque ningunear a los más rebeldes en el ámbito público o laboral, o abrumarlos con un alud de airadas reacciones, es otra forma de exilio menos evidente, pero igual de eficaz. No hace falta ni enfrentarse cara a cara. Basta con un móvil desde que vivimos en lo que algunos estudiosos, como la socióloga Shoshana Zuboff, denominan el «capitalismo de la vigilancia»,[10] un entorno donde el comportamiento humano no solo recibe la presión y la manipulación individuales de los algoritmos de las grandes compañías y grupos de poder, sino la presión y la manipulación de multitudes de humanos que, ya presionados y manipulados, ejercen de verdugos sin que nadie se lo pida.

Ni tan siquiera hace falta que haya un ojo supremo supervisando esa vigilancia mutua. Es suficiente con que la mayoría lo crea. Ahí reside el poder de muchas abstracciones colectivas. Es pura magia mental. Algunos estudiosos lo llaman «efecto Campanilla»,[11] en referencia a la celosa hada amiga de Peter Pan que moría a menos que el público aplaudiera su existencia con encendido entusiasmo. Pero, antes que ellos, la sociología ya alertó sobre el peligro de esos actos de fe a través del «teorema de Thomas», que advierte que «si las personas definen las situaciones como reales, estas son reales en sus consecuencias».[12] Un axioma cuyo origen demuestra su propia veracidad; porque, pese a haber sido formulado en 1928 por el sociólogo William Isaac Thomas y la socióloga y economista Dorothy Swaine, en vez de reconocer el mérito de ambos, solo reconoció el del varón de ese binomio por una simple costumbre social del momento: la de que las mujeres estadounidenses perdieran su apellido a favor de sus parejas masculinas. Algo que, en el caso de Swaine, para más inri, ocurrió siete años antes de que se casaran y siendo ella, además de economista, una socióloga con sobrada reputación como para convertirse, tiempo después, en la primera mujer en presidir la American Sociological Association. Lo dicho, la demostración del propio teorema en acción: si definimos como real que las mujeres pierden su apellido al casarse con sus esposos, la consecuencia real es que, junto a él, también pierden la autoría de sus logros, como en el caso del «teorema de Thomas-Swaine» o «teorema de Swaine-Thomas», porque, a estas alturas, es un misterio quién contribuyó más a esa formulación concreta de sus investigaciones.

Lo que resulta evidente es el motivo de que muchas culturas laborales estén basadas en la narrativa del optimismo ciego y la «actitud positiva»: para estimular el colaboracionismo gracias a esa magia campanillesca de creer que algo existe solo por celebrar su presunta existencia. Porque esos aplausos son el auténtico combustible que lleva a muchos trabajadores explotados o autoexplotados a inmolarse en el altar de un progreso divinizado y a muchos emprendedores a saltar a un vacío de incertidumbre pertrechados tan solo con un puñado de polvo de hadas de la ilusión en sus apurados bolsillos. La mayoría se estrellan antes del despegue por culpa de la inexorable gravedad que domina el escarpado desfiladero del libre mercado, pero el sonido de sus colisiones queda oculto bajo la atronadora reverberación de los gritos de algarabía de los pocos privilegiados que logran mantener el vuelo gracias a la propulsión de un depósito de patrimonio inicial bien abastecido, y de la entusiasta ovación de aquellos que los envidian y felicitan.

Así que se trata de una magia mucho más oscura de lo que parece. Exige derramar sangre, sudor y lágrimas. Debe pagarse un precio para que funcione, aunque no a todos se les exija el mismo grado de sacrificio. De algunos, hasta se espera que sean las víctimas a sacrificar mientras otros ejercen de sacerdotes sacrificantes. Buscar chivos expiatorios entre los sectores donde abundan los rebeldes a la mentalidad mayoritaria siempre fue una opción tentadora, como hicieron los antiguos mexicas al ofrecer la vida de sus enemigos al dios solar Huitzilopochtli para que el cosmos mantuviera ese «equilibrio» en que ellos seguían dominando a otros pueblos. Pero, en nuestro presente, donde la violencia laboral e institucional resulta más alambicada, las víctimas suelen formar parte de los estratos más humildes o altruistas de la sociedad. La razón la dio el antropólogo, historiador y crítico literario René Girard en su ensayo *La violencia y lo sagrado.* Todos los seres sacrificables se diferencian de los no sacrificables por una cualidad básica: sus ejecutores saben que pueden dañarlos e incluso matarlos sin exponerse a las represalias de sus parientes y defensores, que, en otros casos, sentirían el deber de vengarlos. Por lo que «el sacrificio es una violencia sin riesgo de venganza».[13] Es decir, se sacrifica a quien no se teme, a quien es poco probable que se defienda porque no tiene medios ni respaldo social para ello o porque presenta un perfil más resignado por tener una baja autoestima, un alto altruismo o estar bajo la presión social del chantaje de la vocación o la vergüenza de haber fracasado donde otros sobresalieron.

Al tratarse de agresiones sin respuesta hasta da la sensación de que son toleradas por sus víctimas. Lo cual suele animar a los verdugos a crecerse y a recurrir a ellas con más frecuencia cada vez, incluso cuando existen alternativas menos drásticas. Para ello, basta con presentar cualquier situación a la comunidad con el suficiente dramatismo, como una anormalidad extrema que permita desdibujar el límite de «lo justo» para traspasarlo según las necesidades. No importan las leyes ni los convenios ni los contratos. Gracias al conjuro de lo excepcional, los acuerdos vinculantes se convierten en pautas orientativas o pendientes de adaptación *sine die* que despojan a los empleados de sus derechos legales y los exponen a toda clase de abusos. Por eso, a tantos jefes les gusta invocar la excepcionalidad, para presionar a sus trabajadores sin miedo a ser castigados por su conducta; y, por eso, muchos grupos de poder fomentan la incertidumbre social hasta el punto de que, como defiende el filósofo Giorgio Agamben, el estado de excepción se ha transformado en «un instrumento normal de gobierno».[14]

Además, la incertidumbre enciende nuestro deseo de certezas y de buscar la opinión de referentes sociales. Pero no con la intención de conocer el máximo de información sobre lo que nos preocupa para reflexionar sobre ella y sacar nuestras propias conclusiones. A lo que nos impulsa es a aceptar las explicaciones más compactas y fáciles de entender porque el exceso de información desconcierta y aturde a nuestro cerebro.[15] Tan es así que, de la mano del franciscano Guillermo de Ockham, hemos asimilado, desde el siglo XIV, su famoso principio de la navaja[16] que nos hace pensar que «en igualdad de condiciones, la explicación más simple suele ser la más probable». Pero no tiene por qué ser así. De hecho, grandes pensadores pusieron en duda ese espíritu de sencillez argumentativa que solo podía provenir de un franciscano. Lo rebatieron grandes eminencias como el astrónomo Galileo Galilei[17] o el físico Albert Einstein, quien propuso en contrapartida un acercamiento a la realidad «simple, pero no más simple».[18]

Otra de las razones por las que somos tan vulnerables a los argumentos sencillos y repetitivos de quienes muestran un mínimo de autoridad y arrogancia es que nos ofrecen sensación de control, aunque no sea real. Y que priorizamos el placer que nos da la percepción de un patrón cognitivo falso pero complaciente al estrés que nos produce la exposición constante a lo incierto; igual que priorizamos la agradable sensación de ese cúmulo de pequeñas gratificaciones en forma de descargas de dopamina[19] que la economía de casino nos ofrece como ansiolíticos en vez de enfrentarnos a la difícil y dolorosa tarea de encontrar alternativas justas para resolver nuestra compleja situación colectiva. Así, en general, preferimos nuestra autoimagen de clientes vip de un bufé libre de placer y entretenimiento donde nos dejan elegir entre infinidad de opciones que la de aguafiestas saboteadores que tratan de hundir ese deleitoso emporio. Hasta en eso se manifiesta nuestro deseo de reconocimiento social que implica, cómo no, el de querer agradar al mayor número de personas y de no fastidiar lo que divierte a la mayoría, por cuestionable que sea.

Por la misma ansia psicológica de aceptación, nos mostramos amables e incluso serviles con las personas con las que creamos mayores vínculos de admiración o dependencia. El filósofo Friedrich Hegel denominó a ese efecto «la dialéctica del amo y el esclavo»[20] y, apoyándose en él, defendió una interpretación de la historia universal basada en la expansión de esa actitud interpersonal a relaciones más complejas como las laborales o las políticas. No hace falta mucho para activar esa dinámica. Basta con que un líder carismático obtenga una masa crítica de seguidores lo bastante grande como para generar una camarilla a su alrededor que lo respalde y favorezca una «jurisprudencia» informal que, después, vaya fortaleciéndose, día tras día, por la ley de la costumbre. Porque somos animales sociales y nuestro impulso de asumir objetivos ajenos se activa, sobre todo, cuando percibimos una gran inversión de esfuerzo en las multitudes que los persiguen,[21] aunque debamos sacrificarnos para mayor gloria de algún líder cuestionable o solo vayamos tras el tintineo promisorio de alguna hada imaginaria.

Nuestro impulso de querer ser «dominados» (o, como poco, «liderados») aumenta en situaciones de incertidumbre. De manera que, en conjunto, existe una relación bidireccional entre la sensación de control que tenemos sobre nuestras vidas y la rigidez o laxitud de nuestros entornos culturales. Según un estudio de la Universidad Politécnica de Hong Kong, las normas sociales sólidas, una característica central de las culturas estrictas, ayudan a las personas a ver el mundo como algo simple y coherente y, al ayudar a predecir mejor los comportamientos de los demás, proporcionan mayor percepción de orden en la vida social cotidiana.[22] Además, quienes se consideran menos capaces de controlar sus propios impulsos son más propensos a preferir entornos culturales y laborales con una mayor rigidez normativa, como si buscaran en un orden exterior ese otro que echan en falta dentro de ellos. Es un dato de extrema relevancia, porque señala la razón por la que muchos grupos de poder y corporaciones nos bombardean con una oferta descomunal de propuestas placenteras que, en exceso, dañan nuestra salud o roban nuestro tiempo, para, luego, achacar la adicción que nos despiertan a nuestra presunta falta de control y minar nuestra autoestima. Así, construyen el discurso de que cada uno de nosotros es su peor enemigo y, por supuesto, de que ellos, en vez de ser los causantes de nuestro desbordamiento, son los héroes que podrán salvarnos gracias a su prodigiosa firmeza de carácter y su inteligencia.

Se trata de una dinámica paralela a la que usan muchos maltratadores: destruir la autoestima de sus víctimas para tenerlas a su entera disposición a cambio de breves lunas de miel en que las desbordan con un *love bombing*[23] de falso cariño al estilo de muchas sectas o les van dosificando pequeñas atenciones para hacerlas creer que se preocupan por ellas de verdad. Así, las hacen sentir que son las únicas capaces de ver el potencial pendiente de explotar que esconden bajo su supuesto cúmulo de defectos y que solo ellas tendrán la suficiente paciencia para esperar a que aflore. En sintonía con la misma estrategia de maltrato, muchas dinámicas laborales abusivas pretenden aislar a sus trabajadores y alejarlos de la posibilidad de huir a entornos más amables. Para ello, su estrategia habitual es simple: hacerlos creer que no existen alternativas mejores en su panorama profesional. Quizá la frase que mejor condense esa actitud sea la famosa «ahí fuera hace mucho frío», con la que numerosos empleadores tratan de boicotear los anhelos de justicia de sus empleados apelando a la hostilidad general del libre mercado tanto hacia los asalariados como hacia los autónomos y a la crudeza aún mayor de poder ser despedido o verse sin ingresos.

La consecuencia más terrible de normalizar los abusos laborales es la «indefensión aprendida»[24] que describieron los psicólogos Martin Seligman y Steven Maier. Porque, sin la expectativa de escapatoria ni la capacidad de influir en el entorno profesional, la sucesión de atropellos y negaciones de derechos va generando una pasividad desadaptativa como única respuesta posible a la impotencia vivida. De modo que el principal problema, aparte de lo injusto de la situación, es la sensación de descontrol sostenido que empuja a los trabajadores a actuar como si nada importara. El resultado final perjudica tanto a los empleados como a sus empleadores; porque, por más que a algunos pueda tentarles la idea de tener una tropa de dóciles zombis a su servicio, su producción resultará mediocre y desapasionada y acabarán sufriendo, tarde o temprano, los efectos del *burnout*, cayendo en conductas evasivas o adictivas o enfermando de forma aún más grave.

Pero los días de inmolarse por el trabajo están contados y las señales son claras. Aparte de «la gran renuncia»[25] que sacudió el mercado laboral en 2021, el dato más elocuente es que, tras la crisis pandémica, buena parte de los trabajadores más altruistas y vocacionales ha comenzado a migrar hacia ocupaciones con menos carga laboral. En el caso de los médicos españoles, resulta de lo más esclarecedor el cambio en las especialidades más solicitadas tras el famoso examen MIR. Mientras que, en 2013, la especialidad más anhelada entre los cien primeros con mejores notas fue cardiología, seguida de otras como cirugía plástica, neurología, pediatría, dermatología y traumatología;[26] en 2023, la especialidad más solicitada fue medicina forense, seguida de cirugía plástica y dermatología.[27] Semejante cambio hace pensar que, si antes se mezclaban especialidades de perfiles diversos donde predominaba el servicio al paciente, ahora la prioridad parece ser la de tomar distancia de los vivos, quedándose en su superficie anatómica u ocupándose de ellos cuando ya son incapaces de interactuar o de meter prisa. Incluso ha habido cambios respecto a la especialidad más sacrificada, medicina de familia, que supone en sí misma una criba psicológica de los profesionales más inclinados a ofrecer un trato más comprometido, íntimo y a largo plazo a sus pacientes. Por segundo año consecutivo, en 2023, pese a haber muchos más candidatos que plazas ofertadas, aumentó el número de ellas que quedaron sin ocupar: 131, y eso pese a haberlas ofrecido en dos convocatorias.[28] A lo que deberíamos añadir que medicina de familia es la especialidad con mayor índice de abandonos para intentar acceder luego a otras especialidades. Lo cual hizo que la cifra final de plazas desocupadas que dejaron a numerosos centros sanitarios sin médicos que los atendieran fuera de 290.

Abordar un problema tan grave exige responsabilidad, empatía y una reforma de la Atención Primaria con medidas reales que mejoren las condiciones de sus exhaustos trabajadores y conviertan su especialidad en una opción digna y atrayente tanto para los nuevos médicos como para quienes se plantean abandonarla. En vez de eso, la propuesta que hizo el ministro de Sanidad, José Miñones, decepcionó a muchos sanitarios: castigar a los residentes que renuncien a la plaza que hubieran escogido sin dejarlos volver a presentarse al MIR en los años siguientes.[29] Donde unos vieron una «coacción» el ministro vio una simple «disuasión», pero el resultado práctico, al margen de malabares semánticos, es que una medida de ese tipo limitaría la libertad de los futuros especialistas para elegir la vocación que mejor les parezca. ¿Y podrían ejercerla entonces con esa entrega casi mística que se espera que demuestren? Una voluntad encadenada difícilmente podrá elevarse para desplegar todo su talento, ni con todo el polvo de hadas de Nunca Jamás. Eso solo ocurre en los cuentos con los que pretende adormecernos la cultura del cinismo.

19

Trabajar contra el cinismo

Cómo defender la vocación en la era de la posverdad

Si el cinismo resulta tan tentador es porque señala una verdad indiscutible sobre el mundo en que vivimos: gran parte del dolor y la maldad que encontramos en él lo causan seres humanos que ocultan o niegan su responsabilidad. Pero podemos afirmar con la misma contundencia otra certeza igual de irrebatible: gran parte de la alegría y la bondad que encontramos en nuestro mundo proviene de seres humanos que esperan poco o nada a cambio de su maravillosa contribución. Aun así, nuestro cerebro suele prestar más atención a lo primero. En parte, por el famoso «sesgo pesimista» que nos empuja a resaltar las posibilidades negativas para prepararnos mejor contra ellas y tener más probabilidades de sobrevivir. Y, en parte, porque, para calmar nuestra mala conciencia cuando somos nosotros quienes cometemos actos reprobables, apelar a un entorno de maldad global ofrece a nuestros mecanismos mentales de disonancia cognitiva la coartada perfecta para relativizar nuestros actos y construir una tupida red argumentativa tras la que justificarlos y autoengañarnos. De modo que el cinismo es la opción del verdugo que prefiere disfrazarse de víctima, una coraza de pesimismo no tanto para protegerse de un mal exterior omnipresente y desbordante, sino para ocultar responsabilidades sobre pequeñas vilezas cotidianas. El verdadero dolor que pretende evitar el cínico es su mala conciencia, resentida consigo misma por pusilánime.

Resulta fácil reconocer a las personas cínicas. En las discusiones, suelen estar más pendientes de las formas dialécticas que de los conceptos que pretenden contrastarse. Vamos, que son la clase de tuiteros que considerarán un desliz ortográfico como una demostración palmaria de lo errado que está su oponente sobre las ideas que defiende. Por el contrario, cuando a los cínicos se les rebaten sus argumentos con datos objetivos o poniendo en evidencia sus contradicciones, enseguida lo convierten todo en una cuestión subjetiva y atacan la reputación o la moral de cualquier fuente que los contradiga con el clásico *argumentum ad hominem*. O, si la presión aumenta y se les recrimina su propia conducta, pasarán a victimizarse con un aluvión de presuntas ofensas recibidas que, en su mayoría, no tendrán nada que ver con la discusión en concreto, pero con el que pretenderán igualar su dolor al que ellos han causado para defender luego que soportaron el suyo con estoica resignación. Lo cual, dentro de sus engranajes mentales, les otorga una presunta superioridad moral que los exime de cualquier responsabilidad o empatía hacia el sufrimiento de otros a quienes consideran débiles por no demostrar tanta firmeza de carácter. O eso creen ellos.

Los cínicos no quieren llegar a ninguna conclusión ni aprender para acercarse a la verdad, menos aún si eso les exige un ejercicio de autocrítica. Lo único que pretenden es repeler a quienes los incomodan con un despliegue de aspavientos dialécticos; a veces, ejecutados con una biliosa agresividad; otras, con corrosivo sarcasmo; y, no pocas veces, con un desprecio meloso que busca que el oponente se canse o pierda la paciencia y rompa el protocolo para descalificarlo por maleducado o, si eleva la voz, pueda decírsele aquello de que «todos los que no tienen nada que decir hablan a gritos».[1] Una frase cuyo artífice, al parecer, nunca necesitó gritar de desesperación.

El cinismo no es de derechas ni de izquierdas y, con independencia de las convicciones políticas de quienes lo adoptan como actitud vital, puede encontrarse tanto en empleados como en empleadores y hasta en los responsables de vigilar a ambos y de regular el mercado laboral. Por ejemplo, resulta cínico quejarse de las políticas laborales y no ir a votar cuando llegan las elecciones alegando que todos los partidos son «casta» y defienden sus propios intereses en vez de a los trabajadores; y lo es por igual que algunos empleadores se nieguen a soluciones pactadas con sus empleados con el pretexto de que se muestran agresivos e impacientes cuando negocian. En ambas situaciones, la dialéctica cínica recurre al boicot para fabricar una profecía autocumplida. En el primer caso, cuantos más trabajadores renuncien a su derecho al voto, más representación parlamentaria tendrán quienes no estén interesados en defender sus derechos; y, en el segundo, cuanto menos diálogo haya con los trabajadores, más probable es que muestren su disconformidad y sus reivindicaciones con más énfasis.

Así pues, el cinismo es inmovilismo estratégico que rehúye el compromiso y la autocrítica envolviéndose en un disfraz de víctima. A efectos prácticos, es un parasitismo semejante al de los huevos de los cucos, que imitan los colores de los puestos por aquellos de quienes se aprovechan; esos que sus polluelos lanzan al suelo en cuanto nacen para eliminar la competencia a la hora de recibir atenciones. O sea, los cínicos actúan como los gánsteres de la vulnerabilidad. No solo infiltran su discurso cargado de victimismo e indignación entre el de los auténticos damnificados por la desigualdad; sino que, al proyectar una imagen negativa del ser humano, convierten a todos aquellos que alcen su voz para exigir sus derechos en presuntos oportunistas que podrían esconder intenciones cuestionables. Porque los cínicos no buscan el progreso ni resolver problema alguno. Por no esperar, ni esperan que se les concedan prebendas especiales por su falsa condición de víctimas. Les basta con que los verdaderos necesitados no las reciban y, así, mantener el *statu quo* en que ellos han logrado encontrar un refugio lo bastante confortable. Por eso, el cinismo es narcisismo perezoso que disimula sus complejos con una pose que combina la arrogancia y la ofensa.

El cinismo ni tan siquiera es inteligente. Al menos, si hacemos caso a *Las leyes fundamentales de la estupidez humana* que elaboró el historiador y ensayista Carlo Maria Cipolla y cuyo tercer principio asegura: «Una persona estúpida es una persona que causa un daño a otra persona o grupo de personas sin obtener, al mismo tiempo, un provecho para sí, o incluso obteniendo un perjuicio».[2] Porque el cínico puede engañar a numerosos incautos, incluso engañarse a sí mismo, pero jamás modificará las verdades reales que explican cuanto sucede a su alrededor y, cuanto más imponga su versión falsa de la realidad, más expondrá a todos, incluido a sí mismo, a ignorar peligros que podrían resultar devastadores. Es decir, los cínicos anteponen la preservación de su ego y sus privilegios a la defensa del bien colectivo. Por lo que no existe nada más opuesto al progreso que las personas cínicas; porque, además de inhibirse ante los retos sociales, erosionan poco a poco la estructura comunitaria que sostiene sus torres de egocentrismo y acaban propiciando su propia caída. No en vano, la quinta ley fundamental de la estupidez humana del maestro Cipolla ya advertía del gran riesgo que supone para la humanidad minusvalorar la estupidez: «La persona estúpida es el tipo de persona más peligrosa que existe. El estúpido es más peligroso que el malvado».[3]

Para combatir el cinismo, el primer paso es abrazar la parte de verdad que encierra y reconocer, como ya hizo el escritor Francisco Umbral, que

> hemos llegado —he llegado yo, y me parece que también el mundo— a esa edad en que todo está tan claro que ya no cabe seguir engañándose. Todos sabemos, unos y otros, dónde está el bien y cómo tendría que ser el mundo para resultar menos

> indigno y menos injusto. Ya no hay de por medio ideologías confusas ni teologías complicantes, como en el pasado. Estamos todos cara a cara con la verdad. El hombre explota al hombre y eso es todo. [...] La injusticia ha perdido ya todas sus coartadas y su patrística. Hoy se mantiene por las buenas, como tal injusticia y nada más. Ni tan siquiera necesita de los códices del pasado. Si esto no se arregla es porque al hombre no le da la gana.[4]

Pero, una vez asimilada esa dolorosa certeza y desacralizada la ilusión del culto sacrificial al progreso cruel, deberíamos festejar que, por fin, volvemos a tener una base objetiva sobre la que reconstruir nuestra sociedad precarizada y, así, sumarnos a Virginia Woolf cuando exclamó: «¿Por qué, si era una ilusión, no alabar la catástrofe, cualquiera que fuese, que destrozó la ilusión y la sustituyó con la verdad?».[5]

Asumido ese amargo punto de partida, el siguiente desafío es encontrar estrategias efectivas para desmontar el perverso entramado de la cultura cínica. El principal revulsivo contra ella es la responsabilidad y, para hacerla efectiva, son básicas unas reglas de juego justas y claras que castiguen con contundencia las infracciones. Sin ellas, los trabajadores más perezosos podrían escaquearse de sus obligaciones y otros muchos, quedar expuestos al caciquismo de ciertos jefes. Además, la dureza de esa vigilancia debería ser proporcional al poder ostentado y traducirse en más y mejores estrategias de control cuanta mayor responsabilidad se tenga sobre el bienestar de otras personas. La primera medida para lograrlo es obvia: dejar constancia fidedigna de las decisiones tomadas para que puedan ser evaluadas después en función de sus consecuencias. Suena fácil, pero no lo es. Porque, muy al contrario, los cínicos prefieren no dejar pruebas incriminatorias de sus mentiras y contradicciones y, por eso, prefieren la comunicación verbal y eluden al máximo la escrita, especialmente la redacción de informes o actas. Y, cuando se ven forzados a emitir esa clase de documentos, no suelen tener ningún reparo en tergiversar lo dicho a su favor y en eliminar cualquier consideración que pueda perjudicarlos. Una conducta que, en el caso de las personas que ocupan cargos directivos, supone un abuso de poder del que difícilmente pueden protegerse sus subordinados. Por lo que, en una época en que la ley exige que muchas conversaciones que implican transacciones y acuerdos comerciales sean grabadas, llama la atención que a ninguna organización se le haya ocurrido usar esa técnica en los entornos laborales más vulnerables para que lo acordado no pueda distorsionarse con mentiras cínicas de cualquiera de los implicados o ser manipulado en los documentos redactados *a posteriori*.

Quien piense que se trata de una medida exagerada debería recordar la advertencia popular difundida en numerosas culturas de que «la ocasión hace al ladrón». Al fin y al cabo, no existen las personas de perfección ética inquebrantable y lo habitual es que todos podamos caer en alguna práctica de moralidad, e incluso legalidad, más que discutible. Las identificamos a la perfección gracias a nuestro cerebro, aunque otro asunto es cómo actuemos después. Porque, cuando tenemos la oportunidad de beneficiarnos de una posible transgresión de las normas sociales, pero existe un castigo a quien se atreva a cometerla, nuestro córtex prefrontal se activará para intentar ahorrarnos disgustos. Por supuesto, esa área cerebral funciona mejor en unos que en otros. Pero, hasta en las personas más sanas, puede desregularse cuando el entorno social fomenta las transgresiones que quedan impunes y normaliza el cinismo. De modo que, a la hora de incumplir normas, entran en juego los tres factores que describió el criminalista Donald Cressey[6] y que algunos denominan «el triángulo del fraude»: una oportunidad que se podría aprovechar, un incentivo que supone una mejora y un proceso mental de racionalización que, además de examinar riesgos y ventajas, busca justificaciones para legitimar esa transgresión, ni que sea con un simple «¡pero si todo el mundo hace lo mismo!».

Cuanto más poder se ostente, más oportunidades se tendrán para cometer fraudes y abusos, aunque no se aprovechen al final. Y el peligro no solo reside en que, de sucumbirse a esa tentación, las consecuencias serán más relevantes que las de una transgresión cometida a un nivel de menor influencia. Dependiendo de la posición social que ocupe una persona, el modo en que su cerebro calibra las ventajas y desventajas de consumar una infracción es distinto y, por tanto, también lo es la presión que siente para quebrantar las normas y la probabilidad de que acabe sucumbiendo. Para alguien acostumbrado a vivir con modestia y que aspira a ascender en la escala social, la tentación consiste en una oportunidad de mejora que podría aprovechar o no. Para alguien instalado en la cúspide del sistema y que tiene grandes necesidades para mantenerse en su puesto frente a rivales y advenedizos, la presión de ceder aumenta porque desaprovechar esa ocasión supondría tener menos opciones para defender sus privilegios acumulados.[7]

Por supuesto, no todas las personas con poder son igual de cínicas ni están igual de predispuestas a endiosarse. Aquellas con enfoques políticos más extremos suelen estar más convencidas de la superioridad de sus opiniones[8] y aquellas más apegadas a sus creencias porque las sienten como una posesión valiosa (algunos lo llaman «materialismo mental») son más combativas frente a quienes las contradicen y acaban desarrollando una marcada «territorialidad ideológica».[9] Véase el ejemplo de las guerras de fe que ha sufrido y sigue sufriendo la humanidad desde sus primeros tiempos. Pero ni tan siquiera hace falta grandes ideales para que la arrogancia se le suba a la cabeza a un ser humano. Los temperamentos tercos, narcisistas y con exceso de confianza también están en la lista de mayor riesgo de endiosarse y, en su caso, hasta podemos encontrar un rasgo en su forma de relacionarse con los demás que los identifica sin ninguna duda: el desdén con el que tratan a sus semejantes[10] y, por supuesto, sus absurdas expectativas de recibir el reconocimiento de aquellos a quienes desprecian para alcanzar algún puesto de poder.

¿Y los buenos y empáticos líderes que trabajan por el bien común en cargos privados o públicos de autoridad? Los hay también. Pero la neurociencia advierte que están en peligro de sufrir cambios en su cerebro por el simple hecho de haber obtenido una posición de influencia y no solo por ese principio, acuñado por el filósofo y jurista Montesquieu, que afirma que «todo hombre revestido de poder siente una inclinación a abusar de él, yendo hasta donde encuentra límites».[11] Porque, según los estudios, la mera ascensión a las altas esferas de una persona corriente embota sus reacciones de empatía hacia otros y disminuye su capacidad para reconocer sus expresiones faciales. De manera que alguien con un cargo de responsabilidad reacciona menos ante personas con caras temerosas en comparación a como lo hacen los individuos sin ese estatus especial y, en cambio, sobrerreacciona ante personas que muestran caras felices;[12] por si aún tenías alguna duda de que el ascenso político acostumbra a asociarse con un alejamiento de las bases sociales. Algunos estudiosos, como el profesor de psicología Dacher Keltner, van más lejos y llegan a hablar de la «paradoja del poder»,[13] que explica que algunas personas, una vez que alcanzan ciertos puestos de importancia, pierdan las capacidades que les habían permitido alcanzarlos, como la modestia o la empatía, y, en cambio, se vuelvan más impulsivas, menos conscientes de los riesgos que asumen y con menor capacidad para tomar la perspectiva mental de otros.

No podemos permitirnos un modelo de liderazgo así. Necesitamos volver a entenderlo como la vocación con mayor componente de servicio hacia los demás y a la que más humildad y responsabilidad, sobre todo moral, debería exigírsele. Sabiendo que el poder es incapaz de gobernarse a sí mismo de modo imparcial, necesitamos mecanismos para alejarlo del monólogo personalista, tan poco dado a la autocrítica. Como primera opción, tenemos los liderazgos compartidos. No solo porque distribuyen la autoridad para que sus tentaciones sean menores y resulte más fácil ejercerla a nivel práctico. También obliga a los colíderes a razonar fuera de su ensimismamiento individual para abrirse a la complejidad de otros puntos de vista. Gracias a ello, las obsesiones y limitaciones personales se relativizan y surge un diálogo que enriquece la búsqueda de alternativas para hacer frente a los retos colectivos. Además, compartir los liderazgos los enriquecería con perspectivas neurodiversas y sería una gran oportunidad para que la igualdad de géneros se manifestara de forma efectiva desde las estructuras de mayor poder.

Hasta la propia idea de jerarquía podría ser revisada si tuviéramos el suficiente valor para considerar nuevos modelos sociales como el que propone la «gilania»,[14] que, frente a las dinámicas estratificadas que bajan desde el más dominador al más dominado, propone patrones relacionales más orgánicos donde, aunque las tareas se distribuyan, no tienen por qué suponer una jerarquización. Véase lo que ocurre con las diferentes células del cuerpo humano, que pueden trabajar en grupo con otras para realizar una misma función sin que ninguna esté por encima de las demás y sin que quede claro siquiera qué es más importante: si el tejido cardíaco que permite fluir la sangre, los pulmones que la oxigenan o el cerebro que usa ese oxígeno para infinidad de tareas que no podría realizar sin la ayuda de otras muchas estructuras anatómicas.

Para los liberales acérrimos, semejante planteamiento resulta aberrante. Sobre todo, porque eliminaría la dinámica capitalista de ganadores y perdedores que ofrece grandes premios a unos pocos a costa de dejar en la precariedad a una gran mayoría. Pero es que uno de los principales retos a los que nos enfrentamos como sociedad tiene que ver con desmontar esa competición por el estatus que se nos ha ido de las manos y en la que ya no queda nada claro si aspiramos a objetivos realmente preciosos o solo a símbolos huecos que hace tiempo que perdieron su valor. Atrapados en la niebla de posverdad del vórtice tecnocapitalista, necesitamos reconquistar nuestros pensamientos o, como dijo el sociólogo Boaventura de Sousa: «Descolonizar nuestras mentes para poder producir algo que distinga [...] lo que es producto de la jerarquía y lo que no lo es. Solamente debemos aceptar las diferencias que queden después de que las jerarquías sean desechadas».[15]

Aprender a administrar de forma colectiva espacios de propiedad comunitaria es una buena manera de implementar ese nuevo paradigma. Y, sí, como señaló la premio Nobel de Economía Elinor Ostrom, habría que desarrollar modelos mucho más desafiantes que los basados en la mera sumisión a alguna autoridad y, primero, serían necesarios acuerdos básicos para definir muchos aspectos,[16] como quiénes tendrían acceso legítimo a esos recursos compartidos, con qué límites en lo social y en lo ambiental, cómo se equilibrarían y asumirían los costes y beneficios, quiénes tendrían voz para decidir sobre las normas que es preciso seguir y sus eventuales cambios, quiénes vigilarían que se cumpliera lo acordado, cuáles serían las sanciones para los incumplimientos y los métodos para resolver conflictos... Es una larga lista de cuestiones por considerar y existen tantos modelos posibles para articularlas como respuestas a cada una de ellas. Algunos funcionarán mejor que otros y, seguro que más de uno fracasará o deberá redefinirse. Pero lo importante, como señaló también el sociólogo Boaventura de Sousa, es «la recuperación y valorización de los sistemas alternativos de producción, de las organizaciones económicas populares, de las cooperativas obreras, de las empresas autogestionadas, de la economía solidaria, etc., que la ortodoxia productivista capitalista ocultó o desacreditó».[17]

Y aún hay más alternativas a esos sistemas. Algunas, ni tan siquiera se han plasmado todavía. Como dijo la filósofa y escritora Susan Sontag: «Hay formas de pensar que no conocemos aún. Nada puede ser más importante, más precioso que este conocimiento, aunque no exista todavía».[18] Pero mejor no confiarnos demasiado mientras esperamos a que se nos ocurran esas nuevas opciones y empezar a combatir, desde todos los frentes posibles, la epidemia de cinismo que ha enfermado nuestra sociedad. Las nuevas generaciones, que reconocen el regusto sintético de su falso optimismo porque las han obligado a consumirlo desde su nacimiento, ya están en ello y, tras la presunta falta de compromiso que algunos les achacan, lo que hacen es castigar con su indiferencia a esa decrépita Campanilla ficticia que, por mucho que sonría y gesticule para animarlas a que aplaudan los sacrificios del progreso cruel, prefieren dejar que su mágica existencia se extinga sobre las tablas de un escenario que ya empieza a agrietarse.

Es una noticia esperanzadora: la generación Z matará el *marketing*,[19] porque su épica impostada y hueca no hace vibrar a sus integrantes. Quieren trabajar menos y dedicar parte de su tiempo a hacer de este mundo parasitado por la codicia un lugar mejor. Están ansiosos y estresados porque sienten el vértigo del desafío que tienen delante y no saben muy bien por dónde empezar. Pero, quizá sin darse cuenta, de forma instintiva o porque su capacidad de atención ha sido bombardeada y arrasada por la hiperoferta digital, han arrancado su legado de un modo fantástico para cambiar las reglas de juego: dejando de aplaudir el discurso de la inmolación por una idea de futuro idealizado que cada vez resulta más dudoso. No importa cuánto se esfuercen los sacerdotes del progreso en lanzarles promesas diversas para que se acerquen a su altar. Ellos saben que les mienten y que lo único que pretenden es sacrificarlos como sacrificaron antes a sus progenitores. Lo que ellos quieren es empatía auténtica, es decir, compasiva.

A otros tantos tampoco los convence la rigidez de algunos entornos educativos y profesionales que les proponen larguísimos recorridos de títulos y acreditaciones y que, además de obligarlos a sacrificar buena parte de sus ahorros y su tiempo libre, los convierten en competidores, siempre al límite, obsesionados por sacar la máxima ventaja a los demás en una carrera dudosa en cuanto a la distancia que recorrer hasta la meta y la clase de premio que recibirán si la cruzan. Es decir, su desconfianza es doble: la de cuestionar si semejante esfuerzo merecerá la pena y si una hiperespecialización tan exagerada tiene sentido en un presente cambiante que no les ofrece demasiadas garantías. Por otro lado, la frecuente necesidad de tener que redirigir la vocación y la formación académica en función de los vaivenes del mercado ha hecho aflorar el potencial de los currículums heterogéneos y multidisciplinares. En realidad, no es un descubrimiento tan reciente. Hasta el doctor Huarte de San Juan, tan obsesionado en clasificar el talento humano en el Renacimiento, reconoció en su famoso tratado las ventajas de enfocar cualquier materia desde perspectivas novedosas. Porque

> así como a una gran manada de ovejas suelen los pastores echar una docena de cabras que las levanten y lleven con paso apresurado a gozar de nuevos pastos y que no estén hollados, de la misma manera conviene que haya en las letras humanas algunos ingenios caprichosos que descubran a los entendimientos oviles nuevos secretos de naturaleza y les den contemplaciones nunca oídas en que ejercitarse.[20]

En especial, cuando se trata de esas ovejas comodonas con tendencia a refugiarse en el centro del rebaño para ahorrarse problemas y a las que les viene bien seguir con las viejas inercias. Ya lo dijo el físico, investigador y escritor Jorge Wagensberg: «Cambiar de respuesta es evolución, cambiar de pregunta es revolución».[21] Y qué mejor que una cabra para que una oveja tenga que plantearse preguntas nuevas que hasta entonces nunca se había hecho.

Con las profesiones ocurre como con las personas que las ejercen. Cuanto más se pliegan sobre sí mismas y menos se abren a las opiniones externas, más tercas y arrogantes se vuelven y, además, menos flexibles y autocríticas. ¡Y qué fácil se transforma la arrogancia en cinismo cuando alguien ignora a conciencia la posibilidad de estar equivocado! Si el cinismo es pereza y atrincheramiento, la humildad es diligencia y valentía, audacia autoconstruida que, por no temer, no teme ni la posibilidad de verse obligada a deshacerse de convicciones erróneas para buscar otras alternativas. De nuevo, Adam Smith, el padre del libre mercado, puede orientarnos al respecto con su opinión sobre el significado del auténtico coraje: «Se dice que el cirujano más audaz es aquel al que no le tiembla la mano cuando practica una operación sobre su propia persona; a menudo resulta igualmente audaz el que no titubea en correr el velo misterioso de la autoilusión que le impide ver las deformidades de su propia conducta».[22]

Ni las profesiones científicas, casi divinizadas por algunos, deberían olvidar la necesidad de la humildad y la autocrítica. Quienes las ejercen con verdadero rigor siempre lo tienen presente. Porque, como advirtió el dramaturgo Bertolt Brecht: «Su objetivo no es abrir la puerta a la sabiduría infinita, sino poner un límite al error infinito».[23] Una función que no es exclusiva de la ciencia y que ejercen de un modo muy distinto pero igual de eficaz otras disciplinas como la filosofía, el periodismo, la historia e incluso las artes. Y de una forma mucho más amena en el último caso; sobre todo, cuando la luz para iluminar las sombras de la ignorancia o el cinismo es la inefable chispa del humor. Razón por la que los poderosos más cínicos suelen temer tanto a los artistas y acostumbran a censurarlos a la menor oportunidad y motivo por el que nosotros deberíamos defender la libertad de expresión a toda costa.

Nuestra sociedad necesita tanto a los sabios como a los bufones (en el sentido más profesional del término) para que iluminen con sus fogonazos de verdad tanto la estupidez humana como las maquinaciones en la sombra de codiciosos y cínicos. Es una tarea tan importante y necesaria que algunos deciden convertirlo en su propósito vital, como el compositor y músico Elvis Costello, que llegó a decir: «Mi máxima vocación en la vida es ser un irritante, alguien que interrumpe el ajetreo diario de la vida lo suficiente como para dejar a la víctima pensando que tal vez hay más en todo esto que la mera cualidad monótona de la existencia».[24] Semejante descubrimiento vocacional es más antiguo de lo que parece. Entre los primeros en hacerlo estuvieron quienes recibieron por primera vez el apelativo de «cínicos», o más bien, *kynikós* (algo así como «cánidos» o «perrunos») en la Grecia del siglo IV a. C. Fueron filósofos que lo cuestionaban todo con descaro, en especial, las ideas mayoritarias y la enseñanza más académica, y que decidieron vivir con la sencillez y libertad de los perros sin dueño.

Uno de los más populares fue Diógenes de Sinope, ese que dicen que vivía en una tinaja y salió en pleno día con una linterna encendida en busca de un hombre de verdad. Sobre él se cuentan numerosas anécdotas y todas nos remiten a esa vocación cuestionadora que hoy necesitamos más que nunca. Una de sus ocurrencias en concreto nos ofrece una gran pista sobre cómo nos hemos puesto nosotros mismos la correa al cuello para rendirnos al mercado laboral. Un día, mientras estaba solazándose en su pobreza y comiendo la verdura que otros habían tirado, pasó junto a él otro filósofo mucho más pudiente que le dijo: «Si trabajaras para los nobles como yo, no tendrías que comer verduras». A lo que él ladró: «Si comieras verduras como yo, no tendrías que trabajar para los nobles».[25] Así, de primeras, puede sonar como un alegato a vivir en la penuria. Pero, como señaló Peter Sloterdijk: «No se trata de una dogmática de la pobreza, aunque sí de un soltar falsos lastres que roban a uno la movilidad. La mortificación le parece a Diógenes, por supuesto, una tontería, pero bajo su mirada son, obviamente, más tontos aquellos que durante toda su vida corren tras algo que él sin más ya posee».[26]

La dirección del deseo lo cambia todo, porque la fuerza que mueve a la humanidad es la motivación. Por eso, tendemos a divinizarla y a considerarla omnipotente. Pero ¡ojo con idealizar cualquier concepto! Porque, cuanto más abstracta se vuelve una idea, más difícil es argumentar contra ella e impedir que acabe usándose para justificar cualquier fin. No importan las buenas intenciones desde las que se partan. Cuanto más conceptual e idealista se vuelve una cultura, más riesgo corre de volverse inhumana y de sacrificar a las personas en aras de meras creencias. Para evitarlo, necesitamos límites y el lugar donde encontrarlos es obvio: en el mundo de lo tangible y los matices de lo individual. Porque, como nos recuerda el filósofo Peter Sloterdijk: «Al atender a aquello que es encarnable, estamos protegidos de la demagogia moral y del terror de las abstracciones radicales no visibles».[27] Sin esos límites, para los trabajadores, todo conduce a la explotación, sea impuesta desde fuera como abuso o la haya interiorizado uno mismo como autoexplotación; esa de cuyos peligros ya advirtió Graham Greene porque «la autoexpresión es algo duro y egoísta. Lo odia todo, inclusive el yo. Al fin descubre uno que ni siquiera tiene un yo que expresar».[28] Quizá porque dentro de cada uno de nosotros hay un sinfín de posibilidades que podrían fraguarse de muchas y diferentes maneras y acabar mostrando muchas y diferentes personalidades, también laborales, a ojos de los demás.

Entender que la diversidad habita dentro de cada uno de nosotros es la mejor manera de ser más empáticos y comprensivos ante la diversidad de los demás. De hecho, asimilarlo nos libera de esa pérfida perspectiva de la vocación como destino único pendiente de descubrir que pretende convertirnos en soldados jerarquizados al servicio de alguna ideología dominadora. Como alternativa, podemos entender la vocación como búsqueda constante, como ese «el que no pueda hacer lo que quiera, que quiera lo que pueda»[29] que defendía el multifacético Leonardo da Vinci y que, lejos de predicar el conformismo, nos animaba a dejar de darnos cabezazos contra las paredes para poder buscar puertas de salida hacia otros lugares en los que crecer. No existen planos con itinerarios ni guías de viaje para un camino tan personal donde las expectativas laborales son importantes pero secundarias. Como nos avisó el escritor Marcel Proust: «La sabiduría no se transmite, es menester que la descubra uno mismo después de un recorrido que nadie puede hacer en nuestro lugar, y que no nos puede evitar nadie porque la sabiduría es una manera de ver las cosas».[30] Nuestro enfoque de la vida es nuestra auténtica vocación; o, en palabras de la multipremiada escritora Elena Poniatowska: «La finalidad de la vida no es prosperar sino transformarse».[31]

«¡Basta!» es el exorcismo para acabar con las prestidigitaciones de quienes engatusan a los trabajadores para arrebatarles sus derechos con la excusa de la excepcionalidad constante persiguiendo la prosperidad de un mañana que nunca llega porque siempre vivimos en el hoy. Ha llegado la hora de aplicar el tratamiento de choque que aconsejó el sociólogo Boaventura de Sousa: «Ampliar el presente y contraer el futuro».[32] Hacer oídos sordos a presuntos beneficios venideros y centrarnos en proteger todo lo que está en riesgo ante nuestros ojos aquí y ahora. La naturaleza abusiva del culto al trabajo ha parasitado el corazón de nuestros hogares, que deberían ser templos del descanso y la recuperación, para convertir nuestras vidas en un empleo continuo. Las tecnologías, en vez de usarse para aligerar nuestras cargas, han sido usadas como herramientas de colonización, presión y control. Poco a poco, nos han ido obligando a asumir más sin facilitarnos tiempo extra para hacerlo y el trabajo ha acabado consumiendo nuestras vidas extralaborales. Es hora de un nuevo contrato social que ponga límites a lo que ha devenido ilimitado y que lo haga dentro del «marco moral» que reclamaba el filósofo Karl Popper porque «nada es más peligroso que la destrucción de ese marco tradicional. [...] Su destrucción conduce, finalmente, al cinismo y al nihilismo, es decir, al desprecio y la disolución de todos los valores humanos».[33] Sin ese marco, que expresa el compromiso de la sociedad entera con la justicia, es imposible lograr un equilibrio sostenible entre intereses tan antagónicos como los que genera la economía de casino entre los empleadores y los empleados.

La épica del sacrificio en aras de un futuro colectivo mayor que los derechos individuales ha quedado obsoleta. No importa cuál sea la enésima capa de barniz tecnológico que quiera añadírsele esta vez. Ya vivimos el paso de los combustibles fósiles a la era atómica y de un mundo analógico a otro supervisado por lo digital sin que el fondo del problema, la codicia acaparadora de unos pocos, haya variado lo más mínimo. También conocemos la estrategia de manipulación que usan los titiriteros del libre mercado. Los premios Nobel de Economía George Akerlof y Robert Shiller la expresaron a la perfección: «Hacer que los incautos injerten nuevas historias (ventajosas para los embaucadores) dentro de las antiguas».[34] Sí, queremos creer en algo más grande que nosotros, pero ya no nos valen las arengas de líderes arrogantes que solo nos venden los mismos argumentos antiguos con nuevos malabares verbales para que sigamos persiguiendo la zanahoria del progreso cada vez más exhaustos, pobres y enfermos. Hace tiempo que llegamos a la misma conclusión a la que llegó Joseph Déjacque:

> El día en que se comprenda que el organismo social no debe ser modificado sobrecargándolo de complicaciones, sino simplificándolo; el día en que ya no se trate de demoler una cosa para sustituirla por otra similar, aunque rebautizada y multiplicada, ese día habremos destruido de arriba abajo el viejo mecanismo autoritario y propietario y reconocido la insuficiencia y la nocividad tanto del contrato individual como del contrato social. [...] Esa maquinación sobrecargada de intermediarios y de signos representativos se hundirá, solitaria y abandonada, en el lecho desecado de la antigua arbitrariedad.[35]

Puede sonar ingenuo, arriesgado incluso; pero replantear toda la estructura laboral que hemos desarrollado durante siglos mientras éramos parasitados por la codicia es la única manera de eliminar las deformaciones, sobredimensiones, imposturas, cinismos y especulaciones que nos impiden reclamar el verdadero valor de nuestros trabajos y nuestro derecho al descanso y a un salario económico y emocional digno. Después de todo, nuestra auténtica vocación como *sapiens*, una inacabable y capaz de darnos grandes momentos de alegría mientras la buscamos, es el reto de adaptarnos a los cambios del entorno en sociedad, juntos. Llevamos haciéndolo milenios y tenemos la suficiente inteligencia como para aprender de los errores cometidos. Así podremos expandir nuestro espíritu de tribu hasta recuperar a todos nuestros familiares dispersos por el planeta y, desde la empatía y la autocrítica, multiplicar nuestras herramientas culturales y nuestras perspectivas personales y mentales. Las necesitamos todas. No importa el género de las personas de las que provengan, sus inclinaciones sexoafectivas, la diversidad de sus cerebros o sus cuerpos, su clase social, su etnia, su credo si lo tienen ni ninguna otra circunstancia que las haga parecer diferentes de otras. Todas esas diferencias ampliarán nuestros recursos y nuestras posibilidades de éxito serán máximas. Estamos a tiempo de recuperar nuestro presente y, entre todos, de evitar más sacrificios innecesarios para preservar nuestros recursos naturales y humanos con una estrategia sostenible que nos permita seguir coexistiendo durante muchos más siglos como orgullosos «maestros de la flexibilidad». Nuestra nueva meta dejará de estar en el futuro y la traeremos al presente. Será la que ya propuso la filósofa María Zambrano:

> Que allí donde nos agrupemos —y no podemos vivir sin agruparnos— deje de existir un ídolo y una víctima; que la sociedad en todas sus formas pierda su constitución idolátrica; que lleguemos a amar, creer y obedecer sin idolatría; que la sociedad cese de regirse por las leyes del sacrificio, o más bien, por un sacrificio sin ley.[36]

A modo de agradecimientos

Cuando yo solo era un bebé de diez meses y medio, en plena Transición española tras la muerte del dictador Franco, ocurrió una tragedia en el barrio de Vitoria-Gasteiz donde vivía. Las «fuerzas del orden» lanzaron gases lacrimógenos al interior de una iglesia donde se habían reunido en asamblea unos cuatro mil trabajadores, mataron a cinco de ellos e hirieron de gravedad a setenta más, la mayoría por disparos de bala. Aún seguían vigentes las prohibiciones del régimen a los derechos de reunión, manifestación y huelga. Pero, aun así, diversas asociaciones ya habían tenido el coraje de convocar movilizaciones por todo el país desde meses antes para exigir mejoras laborales y un sueldo justo. Por supuesto, el gobierno del momento no había cedido ni un milímetro ante esas reivindicaciones y el 3 de marzo de 1976, a falta de argumentos lógicos con los que defender sus abusos, usó los dos recursos habituales de cualquier estructura de poder arrogante: la crueldad y la violencia.

Lo que no cuenta la hemeroteca es con qué fuerza y cuántas veces sonaron los timbres de los bloques de viviendas del barrio obrero de Zaramaga aquella tarde. Ni cuántas veces, conmovidos por la desesperación de los cuatro mil trabajadores perseguidos que buscaron refugio allí donde pudieron, los vecinos abrieron las puertas de sus portales y de sus casas. Fue una tarde de grandes pérdidas y de muchas pequeñas victorias, de lamentos desgarradores pero también de bondad salvadora, de la maldición de una autoridad cruel que se sintió desafiada y del milagro de la empatía que dejó a un lado el miedo a la acusación de complicidad sediciosa y evitó que miles de personas acabaran heridas o muertas porque, para ellos, no eran sacrificables; y, menos aún, por la arrogancia sanguinaria de un régimen explotador.

Mi infancia estuvo marcada por los ecos de ese suceso, que resonaron en el barrio largo tiempo a través de pequeñas referencias y comentarios que, aunque no entendería hasta mucho después, señalaban la cicatriz de una comunidad que había conocido de primera mano qué significa el abuso de autoridad. No solo por el golpe asesino que recibió. También por la represión férrea que sufrió días después para castigar cualquier nuevo amago de insurgencia. Porque, paranoicos como solo pueden estarlo quienes saben que no tienen razón, los «agentes del orden» se desplegaron por el barrio durante semanas. Policías armados ocuparon el mercado del barrio para asegurarse de que la actividad y las conversaciones se ciñeran estrictamente a lo comercial y los ancianos que acostumbraban a ocupar los bancos de la calle para sociabilizar como siempre fueron obligados a levantarse y enviados a sus casas con un golpe de porra en el trasero. Al poder no le bastaba con controlar el espacio físico. Lo que le preocupaba de verdad era el espacio mental comunitario y, por eso, actuó raudo para prevenir cualquier indicio de diálogo libre.

También por mi historia familiar, fui consciente muy pronto de cómo tratan los déspotas a quienes cuestionan su poder. A mi abuelo paterno Teodoro, el cura de Campo Grande de Aliste lo amenazó con no darle sepultura en el cementerio local por no asistir a la iglesia y, tiempo después, cuando apareció un estraperlista asesinado en las inmediaciones del pueblo, fue detenido sin pruebas como presunto culpable porque, como todo el mundo sabe, los díscolos siempre son los más sacrificables como chivos expiatorios. Tuvieron que liberarlo al final, pero la advertencia ya había sido hecha en forma de detención ilícita. En otro lugar y en otro momento, desde mi rama materna, mi abuelo Juan Aurelio también fue señalado como sospechoso. En su caso, de oportunismo, por haber sufrido un accidente laboral que lo dejó cojo y haberse atrevido a solicitar un reconocimiento de invalidez. Las trabas administrativas que tuvo que enfrentar durante años fueron un gran ejemplo para mí sobre qué significa la violencia institucional y sobre cómo, en los entornos abusivos, las víctimas son obligadas a pasar por largos procesos burocráticos que intentan contener sus reivindicaciones con justificaciones cínicas, tecnicismos legales y un peaje monetario en costas jurídicas que muchos no pueden permitirse. Pero luchó y obtuvo, aunque fuera con retraso, el reconocimiento que le correspondía. Una testigo de su larga lucha, mi abuela Carmen, también vivió la suya propia. Hija de una época y unas circunstancias que le negaron una educación básica y sin saber leer ni escribir, tuvo que trabajar como sirvienta desde muy joven y como conclusión de aquella experiencia y de la que vivió como emigrante después, sin querer entrar en demasiados detalles, el consejo recurrente que solía ofrecerme era: «Donde no te quieran, no vayas», refiriéndose más al querer de la empatía que a la compatibilidad entre el currículum de un empleado con las necesidades de su empleador.

Como no podía ser de otra manera, también estoy muy agradecido por todos los sacrificios que hicieron mi padre Juan y mi madre Manuela. Los dos son grandes ejemplos de toda una generación de trabajadores que aceptaron empleos de lo más diverso y renunciaron a comodidades y horas de descanso por darles un futuro mejor a sus hijos. Aún recuerdo el cuidado con el que debíamos jugar de pequeños para no hacer demasiado ruido y despertar a mi padre, que dormía de día para poder trabajar en el turno de noche en la fábrica, y a mi madre, siempre ocupada y exprimiendo cualquier oportunidad de sacar un dinero extra o de ahorrar el que teníamos. Como el pequeño de tres hermanos, mi ropa fue, en su mayoría, heredada, remendada y ajustada hasta que llegué a la adolescencia. Pero no lucía las rodilleras de mis pantalones y las coderas de mis jerséis con vergüenza por señalarme como un niño de menor estatus. Éramos muchos los que estábamos en esa situación en la España de los ochenta como para sentirnos demasiado diferentes. Las lucía con orgullo, porque cada una de las puntadas que tapaban los rotos y desgastes de mi ropa era un recordatorio del amor y del esfuerzo que hacían mis padres por mí.

Después de seis años de carrera universitaria, otro para preparar el famoso examen MIR y cuatro años de especialidad, logré mi título de pediatra tras once años de formación. También podría citar numerosos abusos laborales sufridos en mi propia carne en distintos puestos en los que he trabajado, pero, para agradecerle sus esfuerzos a mi abogado Juanjo Pérez-Montes sin sobrecargarlo demasiado, los resumiré de una forma diplomática: fueron los mismos que han sufrido otros muchos sanitarios en diversos centros privados y públicos por culpa del aumento progresivo de exigencias y tareas junto al regateo de sus derechos con el argumento cínico de la épica vocacional; pero solo para esconder un rentabilismo cuyo única prioridad es y sigue siendo que un mínimo número de empleados realice el máximo trabajo posible, aunque eso dañe su salud física y psíquica.

Mi vocación literaria, que siempre he vivido en paralelo con la médica, ha sido parte de mi terapia durante este largo recorrido de enfermedad mental por culpa de un accidente laboral y de desdén por parte de quienes se negaron a asumir sus responsabilidades. Escribir este libro ha sido un proceso doloroso que me costó mucho arrancar y conformar. Mi editor Emili Albi, que me ha visto sufrir con ojos de amigo, supo ver el potencial de todo lo que se removía en mi interior y de darme tiempo y apoyo para que pudiera expresarlo de una forma constructiva que pudiera ayudar y consolar a otros muchos. A él y a Caterina Da Lisca, de optimismo razonado y contagioso, les doy las gracias por defender mi propuesta y ofrecerme cobijo en su sello; igual que agradezco al Obrador de Filosofía de la Sala Beckett de Barcelona el haberme acogido en un espacio de reflexión colectiva donde, mientras me recuperaba del daño mental sufrido y escribía este ensayo, me he sentido arropado y estimulado por el talento artístico y la profundidad de pensamiento de mentes excepcionales como las de Jordi Alsina, Francina Caules, Anna Maurel, Pere Ruiz, Laia Monforte y Júlia Coma. Con su camaradería, su compromiso por el trabajo en equipo, su honestidad, su creatividad y su humor inteligente, me han demostrado que los coliderazgos y la priorización del bien común por encima de los egos no solo son posibles sino más enriquecedores y eficaces. A todos ellos les doy las gracias y, más aún, a Rosa Gil y a José Antonio Trujillo por sus aportaciones como primeros lectores y trabajadores que conocen de primera mano lo difícil que resulta articular los deseos vocacionales con la realidad cotidiana. Quizá entre todos hayamos hecho una pequeña aportación para que las cosas cambien y el presente laboral empiece a recuperar la empatía perdida para que, como sociedad, no sigamos sacrificando a personas que deberían ser insacrificables.

Notas

El lado oscuro de la vocación

1. Organización Internacional del Trabajo (2022, 28 de septiembre), «La OMS y la OIT piden nuevas medidas para abordar los problemas de salud mental en el trabajo». <https://www.ilo.org/global/about-the-ilo/newsroom/news/WCMS_856931/lang--es/index.htm>

2. Olías, Laura (2023, 19 de junio), «Inma era teleoperadora, murió en la oficina y "no se paró el trabajo": "Es un síntoma de deshumanización"», en *elDiario.es*. <https://www.eldiario.es/economia/inma-teleoperadora-murio-oficina-no-paro-trabajo-sintoma-deshumanizacion_1_10307362.html>

3. Curtis, Lisa (2021, 16 de julio), «Why the Big Quit Is Happening and Why Every Boss Should Embrace It», en *Forbes*. <https://www.forbes.com/sites/lisacurtis/2021/06/30/why-the-big-quit-is-happening-and-why-every-boss-should-embrace-it/>

4. Cadenas, Julia F. (2021, 25 de noviembre), «La "Gran Dimisión" no llega a España a pesar del cambio de mentalidad de los trabajadores», en *Newtral*. <https://www.newtral.es/gran-dimision-espana-dimisiones-pandemia/20211125/>

5. Instituto Nacional de Estadística, Tasas de desempleo por año. <www.ine.es>

6. Montero Alía, J. J.; A. Casanova Uclés, G. Seda Gombau *et*

al. (2021), «Observatori de la medicina familiar i comunitària al Maresme (OMFaM): Impacte de la pandèmia COVID-19 sobre el *burnout* professional», p. 16.

7. Marañón, Gregorio (1966), *Vocación y ética y otros ensayos.*

1. Los orígenes del espíritu de sacrificio

1. Vidal, C. M.; C. S. Lane, A. Asrat *et al.* (2022), «Age of the oldest known *Homo sapiens* from eastern Africa».

2. Pinson, A.; L. Xing, T. Namba *et al.* (2022), «Human TKTL1 implies greater neurogenesis in frontal neocortex of modern humans than Neanderthals».

3. Pereira-Pedro, A. S.; E. Bruner, P. Gunz y S. Neubauer (2020), «A morphometric comparison of the parietal lobe in modern humans and Neanderthals».

4. Li, H.; P. Namburi, J. M. Olson, M. Borio *et al.* (2022), «Neurotensin orchestrates valence assignment in the amygdala».

5. Fu, X.; E. Teboul, G. L. Weiss *et al.* (2022), «Gq neuromodulation of BLA parvalbumin interneurons induces burst firing and mediates fear-associated network and behavioral state transition in mice».

6. Dennett, Daniel (1995), *La conciencia explicada: una teoría interdisciplinar.*

7. Matei, D.; D. Trofin, D. A. Iordan *et al.* (2023), «The Endocannabinoid System and Physical Exercise».

8. Borland, J. M.; K. N. Grantham, L. M. Aiani *et al.* (2018), «Role of oxytocin in the ventral tegmental area in social reinforcement».

9. Amir, O.; I. Biederman, Z. Wang y X. Xu (2013), «Ha Ha! Versus Aha! A Direct Comparison of Humor to Nonhumorous Insight for Determining the Neural Correlates of Mirth».

10. Mayer, F. P.; M. Niello, D. Cintulova *et al.* (2023), «Serotonin-releasing agents with reduced off-target effects».

11. Aarts, Henk; Peter M. Gollwitzer y Ran R. Hassin (2004), «Goal contagion: perceiving is for pursuing».

12. Hatfield, E.; L. Bensman, P. D. Thornton y R. L. Rapson

(2014), «New Perspectives on Emotional Contagion: A Review of Classic and Recent Research on Facial Mimicry and Contagion».

13. BACAB PÉREZ, A. I. y A. Canto (2020), «La abeja melipona en la cultura maya».

14. ORTEGA Y GASSET, José (2004), *Meditación de la técnica y otros ensayos.*

15. NATH PAL, Amar (1996), «The Sacred Cow in India: A Reappraisal».

16. WU, C. C.; M. D. Sacchet y B. Knutson (2012), «Toward an affective neuroscience account of financial risk taking».

17. RAIHANI, Nichola (2021), *The Social Instinct: What Nature Can TEach Us About Working Together.*

18. BATESON, Gregory (1935), «Culture Contact and Schismogenesis».

19. BATESON, Gregory (1936), *Naven: A Survey of the Problems Suggested by a Composite Picture of the Culture of a New Guinea Tribe Drawn from Three Points of View.*

20. THURNWALD, Richard (1937), *Lehrbuch der Voelkerkunde.*

21. ANDERSON, A. Sophia Chilczuk, Kaylie Nelson *et al.* (2023), «The Myth of Man the Hunter: Women's contribution to the hunt across ethnographic contexts».

2. ¿Y A QUIÉN LE VA A TOCAR SACRIFICARSE?

1. KAHNEMAN, Daniel y Amos Tversky (1972), «Subjective Probability: A Judgment of Representativeness».

2. TVERSKY, Amos y Daniel Kahneman (1973), «Availability: A heuristic for judging frequency and probability».

3. CARUSO, E. M.; N. Epley y M. H. Bazerman (2006), «The consequences of considering other's contribution in groups».

4. CHAE, J.; K. Kim, Y. Kim *et al.* (2022), «Ingroup favoritism overrides fairness when resources are limited».

5. PUZO, Mario (2019), *El padrino.*

6. ZWIRNER, E.; y N. J. Raihani (2020), «Neighbourhood wealth, not urbanicity, predicts prosociality towards strangers».

7. Kramer, Samuel Noah (1985), *La historia comienza en Sumer.*

8. Thorndike, Edward L. (1920), «A constant error in psychological ratings».

9. Cook, G. I.; R. L. Marsh y J. L. Hicks (2003), «Halo and devil effects demonstrate valenced-based influences on source-monitoring decisions».

10. Twenge, J. M.; R. F. Baumeister, D. M. Tice y T. S. Stucke (2001), «If you can't join them, beat them: effects of social exclusion on aggressive behavior».

11. Crockett, M. J. (2017), «Moral outrage in the digital age».

12. Bellucci, G.; J. A. Camilleri, V. Iyengar *et al.* (2020), «The emerging neuroscience of social punishment: Meta-analytic evidence».

13. Chen, H.; Z. Zeng y J. Ma (2020), «The source of punishment matters: Third-party punishment restrains observers from selfish behaviors better than does second-party punishment by shaping norm perceptions».

14. Génesis, 3: 1-24.

15. Génesis, 4: 1-26.

16. Éxodo, 20: 4-5.

17. Poebel, Arno (1909), *Babylonian Legal and Business Socuments From the Time of the First Dynasty of Babylon Chiefly From Nippur.*

18. *Aitareya Brahmana,* 7: 13-18.

19. Graves, Robert (2012), *Los mitos griegos.*

20. Zeuske, Michael (2018), *Esclavitud: una historia de la humanidad.*

21. Spatzier, A. y F. Bertemes (2018), «The ring sanctuary of Pömmelte, Germany: A monumental, multi-layered metaphor of the late third millennium BC».

22. Turck, R.; Andrea Zeeb-Lanz, R. M. Arbogast *et al.* (2016), «Human Sacrifices as "Crisis Management"? The Case of the Early Neolithic Site of Herxheim, Palatinate, Germany».

23. Sun, Z.; J. Shao, L. Liu *et al.* (2018), «The first Neolithic urban center on China's north Loess Plateau: The rise and fall of Shimao».

24. Sugiyama, S. y R. Cabrera Castro (2007), «The Moon Pyramid Project and the Teotihuacan State Polity».

25. Caprariello, P. A.; A. J. Cuddy y S. T. Fiske (2009), «Social Structure Shapes Cultural Stereotypes and Emotions: A Causal Test of the Stereotype Content Model».

26. Vaughn, D. A.; R. R. Savjani, M. S. Cohen y D. M. Eagleman (2018), «Empathic Neural Responses Predict Group Allegiance».

27. Trinkaus, E. (2018), «An abundance of developmental anomalies and abnormalities in Pleistocene people».

28. Chester, D. S.; D. R. Lynam, R. Milich y C. N. DeWall (2018), «Neural mechanisms of the rejection-aggression link».

29. Dyneley Prince, J. (1904), «The Code of Hammurabi».

30. Salcedo Flores, Antonio (2009), «El derecho maya prehispánico, un acercamiento a su fundamentación socio-política».

31. Éxodo, 21: 23-25.

32. Quote Investigator (2010, 27 de diciembre), «An Eye for an Eye Will Make the Whole World Blind», en *Quote Investigator.* <https://quoteinvestigator.com/2010/12/27/eye-for-eye-blind/>.

33. Raihani, Nichola (2021), *op. cit.*

34. Kolbert, Elizabeth (2018, 4 de abril), «There's No Scientific Basis for Race—It's a Made-Up Label», en *National Geographic.* <https://www.nationalgeographic.com/magazine/article/race-genetics-science-africa>.

35. National Human Genome Research Institute, «First Survey of the Entire Human Genome», 6 de enero de 2013. <http://www.genome.gov/10001356>

36. Penn, Arthur (1967), *Bonnie & Clyde.*

37. Rodríguez-Hidalgo, A.; J. I. Morales, A. Cebrià *et al.* (2019), «The Châtelperronian Neanderthals of Cova Foradada (Calafell, Spain) used imperial eagle phalanges for symbolic purposes».

38. Cirotteau, Thomas; Jennifer Kerner y Éric Pincas (2022), *Lady Sapiens: la mujer en tiempos de la prehistoria.*

39. Anónimo, *El libro secreto de los mongoles.*

40. Ujwala, P. (2019, 30 de diciembre), «Limpiar heces a mano: una historia de casta y discriminación en la India», en *Huffpost.* <https://www.huffingtonpost.es/entry/limpiar-heces-a-mano-una-historia-de-casta-y-discriminacion-en-la-india_es_5e09c203c5b6b5a713b0eea5.html>

41. Cortijo, Dani (2010), *Històries de la Història de Barcelona.*

42. Ghalioungui, Paul (1987), *The Ebers Papyrus: A New English Translation, Commentaries and Glossaries.*

43. Hamlin, J. K.; K. Wynn y P. Bloom (2010), «Three-month-olds show a negativity bias in their social evaluations».

44. Asher-Greve, Julia M. y Joan G. Westenholz (2013), *On Divine Powers, Roles, Relationships and Gender in Mesopotamian Textual and Visual Sources.*

45. Lara Peinado, Federico (2011), *Textos para la historia del Próximo Oriente antiguo.*

46. Böck, Barbara (2000), «Die babylonisch-assyrische Morphoskopie».

47. Rochberg, Francesca (2004), *The Heavenly Writing: Divination, Horoscopy, and Astronomy in Mesopotamian Culture.*

48. *Rigveda,* 10: 90.

49. The Constitution of India, 26 de enero de 1950. <https://www.refworld.org/docid/3ae6b5e20.html>

50. Shelley, Mary (2022), *Frankenstein o el moderno Prometeo.*

51. Ovidio (2006), *Amores. Arte de amar.*

3. Envidiosos y envidiables

1. Ramachandran, V. S. y B. Jalal (2017), «The Evolutionary Psychology of Envy and Jealousy».

2. Paul, E. S.; S. Sher, M. Tamietto *et al.* (2020), «Towards a comparative science of emotion: Affect and consciousness in humans and animals».

3. Dvash, J.; G. Gilam, A. Ben-Ze'ev *et al.* (2010), «The envious brain: the neural basis of social comparison».

4. Bolló, H.; D. R. Háger, M. Galvan y G. Orosz (2020), «The

Role of Subjective and Objective Social Status in the Generation of Envy».

5. ARISTÓTELES (2022), *Retórica.*

6. JANKOWSKI, K. F. y H. Takahashi (2014), «Cognitive neuroscience of social emotions and implications for psychopathology: examining embarrassment, guilt, envy, and Schadenfreude».

7. JORDAN, C.; S. Vitoratou, Y. Siew y T. Chalder (2020), «Cognitive behavioural responses to envy: development of a new measure».

8. TOLKIEN, J. R. R. (2016), *El Señor de los Anillos.*

9. Génesis, 4: 1-26.

10. *Popol Vuh* (2017).

11. RODRÍGUEZ CARRILLO, Dunaashii y María José Retana Betancourt (2023), *Del Biguidibela a la Xabentún: breve recopilación de leyendas mayas, zapotecas y nahuas sobre la flora y fauna.*

12. ABREU, Víctor Yosvany (2014), *Mitos, cuentos y leyendas de África.*

13. VYĀSA (2020), *El Mahâbhârata.*

14. ELWORTHY, Frederick Thomas (2003), *The Evil Eye: The Classic Account of an Ancient Superstition.*

15. OATES, David; Joan Oates y Helen McDonald (2001), *Excavations at Tell Brak: Vol. 2: Nagar in the Third Millennium BC.*

16. THOMPSEN, M. L. (1992), «The evil eye in Mesopotamia».

17. ORIHUELA GALLARDO, María del Carmen (2015), *El simbolismo agrícola en la narrativa maya.*

18. Levítico, 16: 9-10.

19. VARIOS AUTORES (1996), *Zhuang Zi, Maestro Chuang Tsé.*

20. COBLIN, W. South (1993), «Erh ya».

21. SHUFANG, Wu (2013), *Perspectives on the Zhouli.*

22. OVIDIO (1995), *Metamorfosis.*

23. ESQUILO (1987), *Orestíada.*

24. LAO-TSE, Tao Te Ching (2006), *Los libros del Tao.*

25. DHAMMAPADA.

26. USUL AL-KAFI.

27. KONSTAN, David y N. Keith Rutter (2003), *Envy, Spite and Jealousy: The Rivalrous Emotions in Ancient Greece.*

28. HERÓDOTO (2006), *Historia.*

29. Epicarmo de Siracusa (1996), *Testimonios y fragmentos.*

30. Clance, Pauline R. y Suzanne A. Imes (1978), «The Impostor Phenomenon in High Achieving Women: Dynamics and Therapeutic Intervention».

31. Miller, D. T. y M. Ross (1975), «Self-serving biases in the attribution of causality: Fact or fiction?».

32. Kruger, J. y D. Dunning (1999), «Unskilled and Unaware of It: How Difficulties in Recognizing One's Own Incompetence Lead to Inflated Self-Assessments».

33. Lewicki, R. J.; B. Polin y R. B. Lount (2016), «An Exploration of the Structure of Effective Apologies».

34. Crusius, J. y J. Lange (2017), «How do people respond to threatened social status? Moderators of benign versus malicious envy».

35. Sayers, Dorothy (1969), «The Other Six Deadly Sins».

36. Apolodoro (1985), *Biblioteca.*

37. Sherif, Muzafer (1956), «Experiments in group conflict».

38. Cherry, Frances E. (1995), *The 'Stubborn Particulars' of Social Psychology: Essays on the Research Process.*

39. Aristóteles (1988), *Política.*

40. Shamay-Tsoory, S. G.; M. Fischer, J. Dvash *et al.* (2009), «Intranasal administration of oxytocin increases envy and schadenfreude (gloating)».

41. Ledoux, Joseph (1999), *El cerebro emocional.*

42. Goleman, Daniel (1996), *Inteligencia emocional.*

43. Josefo, Flavio (2015), *Autobiografía: sobre la antigüedad de los judíos.*

44. Perceval, José María (1993), «Un crimen sin cadáver: el Santo Niño de la Guardia».

45. Poliakov, Leon (1968), *Los banqueros judíos y la Santa Sede.*

46. Plassmann, Thomas Bernard (1907), «Barnabas of Terni».

47. Concilio de Letrán V, *Sobre las reformas de las instituciones de crédito (Montes de piedad)*, 10.

48. Pacioli, Luca (2011), *De las cuentas y las escrituras. Título noveno, Tratado XI de su Summa de Arithmetica, Geometria, Proportioni et Proportionalita.*

49. Ehrenreich, Barbara y Deirdre English (1981), *Brujas, parteras y enfermeras: una historia de las sanadoras.*

50. Green, Monica H. (2006), «Getting to the Source: The Case of Jacoba Felicie and the Impact».

51. Kramer, Heinrich y Jacob Sprenger (2004), *Martillo de las brujas: para golpear a las brujas con poderosa maza (Malleus Maleficarum).*

52. Green, Monica H. (2000), *Women's Healthcare in the Medieval West: Texts and Contexts.*

53. Pernoud, Régine (2012), *Hildegard de Bingen.*

54. Boyd, Julia (2013), *The Excellent Doctor Blackwell: The Life of the First Woman Physician.*

55. Freud, Sigmund (2012), *Tres ensayos sobre teoría sexual y otros escritos.*

56. Horney, Karen (1977), *Psicología femenina.*

57. Horney, Karen (1926), «The Flight from Womanhood: The Masculinity-Complex in Women, as Viewed by Men and by Women».

58. Klein, Melanie (1928), «Early Stages of the Oedipus conflict», p. 167.

59. Mead, Margaret (2013), *Masculino y femenino.*

60. Groddeck, Georg (1981), *El libro del ello: cartas psicoanalíticas a una amiga.*

61. Kofman, Sarah (1982), *El enigma de la mujer: ¿con Freud o contra Freud?*

62. Tolstói, Lev (2011), *¿Cuánta tierra necesita un hombre?*

63. Wu, C. C. *et al.* (2012), *op. cit.*

64. Epstein, Joseph (2005), *Envidia: los siete pecados capitales.*

65. Issawi, Charles Philip (1973), *Issawi's Laws of Social Motion.*

66. Minorsky, P. V. (2021), «American racism and the lost legacy of Sir Jagadis Chandra Bose, the father of plant neurobiology».

67. Gage, Matilda Joslyn (1883), «Woman as an Inventor».

68. Eco, Umberto (2012), *Construir al enemigo.*

69. Hodges, Andrew (2015), *Alan Turing: The Enigma.*

70. Woolf, Virginia (2022), *Un cuarto propio.*

71. Goulding, Georgia (2022, 6 de octubre), «NBA: Denver Nuggets mascot wage is £350,000 more than WNBA's highest earners», en *Give Me Sports.* <https://www.givemesport.com/88067740-nba-denver-nuggets-mascot-wage-is-350000-more-than-wnbas-highest-earners/>

4. Mejor tomárselo con un poco de calma

1. Cheval, B.; R. Radel, J. L. Neva *et al.* (2018), «Behavioral and Neural Evidence of the Rewarding Value of Exercise Behaviors: A Systematic Review».

2. Cheval, B.; Z. Csajbók, T. Formánek T *et al.* (2021), «Association between physical-activity trajectories and cognitive decline in adults 50 years of age or older».

3. Aquino, Tomás de (2010), «Tratado sobre la caridad».

4. Müller, Norbert (2012), «Das olympische Motto 'citius, altius, fortius' und sein Autor Henri Didon».

5. Ortega y Gasset, José (1946), «Meditación del Escorial», en *Obras Completas.*

6. Beecher Stowe, Harriet (1865), *Household Papers and Stories.*

7. Génesis, 2: 2-3.

8. Mateo, 6: 25-26.

9. Virgilio (2004), *Bucólicas y Geórgicas.*

10. Nuwás, Abu (2010), *Cantar al vino.*

11. Varios autores (1996), *Zhuang Zi, Maestro Chuang Tsé, op. cit.*

12. Borel, Henri (2012), *Wu wei.*

13. Ryookan, Daigu (2006), *Los 99 jaikus.*

14. Zambrano, María (2019), *La tumba de Antígona.*

15. Christie, Agatha (2019), *Autobiografía.*

16. Sanborn, Kate (1892, 4 de diciembre), «Men, Women and Affairs», en *Springfield Sunday Republican*, p. 4.

17. Amabile, T. M.; C. N. Hadley y S. J. Kramer (2002), «Creativity under the gun».

18. Batson, C. Daniel; Pamela J. Cochran, Marshall F. Bieder-

man *et al.* (1978), «Failure to help when in a hurry: Callousness or conflict?».

19. Jarke-Neuert, J. y J. Lohse (2022), «I'm in a hurry, I don't want to know! Strategic ignorance under time pressure».

20. McGoey, Linsey (2019), *The Unknowers: How Strategic Ignorance Rules the World.*

21. Cabeza, R.; M. Becker y S. W. Davis (2020), «Are the hippocampus and its network necessary for creativity?».

22. Ortega y Gasset, José (1939), *El hombre y la gente.*

23. Lafargue, Paul (2016), *El derecho a la pereza.*

24. Pereira-Pedro, A. S. *et al.* (2020), *op. cit.*

25. Gorchetchnikov, A. y S. Grossberg (2007), «Space, time and learning in the hippocampus: how fine spatial and temporal scales are expanded into population codes for behavioral control».

26. Schilhab, T.; Balling, G. y A. Kuzmičová (2018), «Decreasing materiality from print to screen reading».

27. Bauman, Zygmunt (2022), *Tiempos líquidos.*

28. Sparrow, Betsy, Jenny Liu y Daniel M. Wegner (2011), «Google Effects on Memory: Cognitive Consequences of Having Information at Our Fingertips».

29. Iyengar, S. S. y M. R. Lepper (2000), «When choice is demotivating».

30. Vara, E. (2014), «Dieta tecnològica adaptada per a infants: recomanacions per a un consum racional i segur de pantalles».

31. Schulte, E. M.; N. M. Avena y A. N. Gearhardt (2015), «Which foods may be addictive? The roles of processing, fat content, and glycemic load».

32. Abdella, H. M.; H. O. El Farssi, D. R. Broom *et al.* (2019), «Eating Behaviours and Food Cravings; Influence of Age, Sex, BMI and FTO Genotype».

33. Sirois, F. y T. Pychyl (2013), «Procrastination and the Priority of Short-Term Mood Regulation: Consequences for Future Self».

34. Haghbin, M.; A. McCaffrey y T. A. Pychyl (2012), «The complexity of the relation between fear of failure and procrastination».

35. Flett, G. L.; M. Stainton, P. L. Hewitt. *et al.* (2012), «Pro-

crastination Automatic Thoughts as a Personality Construct: An Analysis of the Procrastinatory Cognitions Inventory».

36. Johansson, F.; A. Rozental, K. Edlund *et al.* (2023), «Associations Between Procrastination and Subsequent Health Outcomes Among University Students in Sweden».

37. Isaacson, Walter (2018), *Leonardo da Vinci: la biografía.*

38. Slotten, Ross A. (2004), *The Heretic in Darwin's Court: The Life of Alfred Russel Wallace.*

39. Owen, Richard (1839), *The Zoology of the Voyage of H.M.S. Beagle [vol. 1 of 5]: Fossil Mammalia.*

40. Hartston, William (2020), *Sloths: A Celebration of the World's Most Misunderstood Mammal.*

41. Bustos, David; Jackson Jakeway, Tommy M. Urban *et al.* (2018), «Footprints preserve terminal Pleistocene hunt? Human-sloth interactions in North America».

42. Cicerón (2016), *Los deberes.*

43. Cicerón (2016), *op. cit.*

44. Cicerón (2016), *op. cit.*

45. Real Academia Española (2014), *Diccionario de la lengua española.*

46. Azam, Lila, «The Art of Fiction n.º 197».

47. Hollings, Christopher, Ursula Martin y Adrian Rice (2019), *Ada Lovelace: la formación de una científica informática.*

48. García Barnés, Héctor (2022, 11 de diciembre), «La gente que trabaja contra la que escucha a los demás hablar de su trabajo», en *El Confidencial.* <https://www.elconfidencial.com/cultura/2022-12-11/contra-reuniones-gente-trabaja-escucha-trabajo_3537405/>

49. García Barnés, Héctor (2022, 11 de diciembre), *op. cit.*

50. García Barnés, Héctor (2022, 11 de diciembre), *op. cit.*

5. *Follow the leader… or not*

1. Raihani, Nichola (2021), *op. cit.*

2. Trenholm, Virginia Cole y Maurine Carley (1973), *The Shoshonis: Sentinels of the Rockies.*

3. Fortes, M. y E. Evans-Pritchard (eds.) (1940), *African Political Systems and the Nuer.*

4. Epley, N.; E. M. Caruso y M. H. Bazerman (2006), «When perspective taking increases taking: Reactive egoism in social interaction».

5. Raihani, Nichola (2021), *op. cit.*

6. Chae, J.; K. Kim, Y. Kim *et al.* (2022), *op. cit.*

7. Price, Neil (2022), *Vikingos: la historia definitiva de los pueblos del norte.*

8. Knippenberg, B. van (2005), «Leader self-sacrifice and leadership effectiveness: The moderating role of leader prototypicality».

9. Slater, M. J.; P. Coffee, J. B. Barker *et al.* (2019), «Shared social identity content is the basis for leaders' mobilization of followers».

10. Neve, J. E. de; S. Mikhaylov, C. T. Dawes *et al.* (2013), «Born to Lead? A Twin Design and Genetic Association Study of Leadership Role Occupancy».

11. Li, W., Nan Wang, Richard D. Arvey *et al.* (2015), «A mixed blessing? Dual mediating mechanisms in the relationship between dopamine transporter gene DAT1 and leadership role occupancy».

12. Adler, Alfred (1927), *Menschenkenntnis.*

13. Kristensen, P. y T. Bjerkedal (2007), «Explaining the relation between birth order and intelligence».

14. Trent, K. y G. D. Spitze (2011), «Growing up without siblings and adult sociability behaviors».

15. Andeweg, Rudy B. y Steef B. Van Den Berg (2003), «Linking Birth Order to Political Leadership: The Impact of Parents or Sibling Interaction?».

16. Tricarichi, C. y D. S. Jalajas (2019), «The Effect of Birth Order on Personality and Leadership».

17. Song, Z.; W. D. Li, X. Jin *et al.* (2022), «Genetics, leadership position, and well-being: An investigation with a large-scale GWAS».

18. Smith, J. E.; S. Gavrilets, M. B. Mulder *et al.* (2016), «Leadership in Mammalian Societies: Emergence, Distribution, Power, and Payoff».

19. Hamlin, J. K.; N. Mahajan, Z. Liberman y K. Wynn (2013), «Not Like Me = Bad: Infants Prefer Those Who Harm Dissimilar Others».

20. Silani, Giorgia; Claus Lamm, Christian C. Ruff y Tania Singer (2013), «Right Supramarginal Gyrus Is Crucial to Overcome Emotional Egocentricity Bias in Social Judgements».

21. Berns, G. S.; J. Chappelow; C. F. Zink *et al.* (2005), «Neurobiological correlates of social conformity and independence during mental rotation».

22. Eisenberger, N. I. (2012), «The pain of social disconnection: examining the shared neural underpinnings of physical and social pain».

23. Asch, S. E. (1958), «Studies of independence and conformity: A minority of one against a unanimous majority».

24. Neville, F. G.; D. Novelli, J. Drury y S. D. Reicher (2022), «Shared social identity transforms social relations in imaginary crowds».

25. Lagerlöf, Selma (2006), *El maravilloso viaje de Nils Holgersson.*

26. Izuma, K.; D. N. Saito y N. Sadato (2008), «Processing of social and monetary rewards in the human striatum».

27. Izuma, K.; D. N. Saito y N. Sadato (2010), «Processing of the incentive for social approval in the ventral striatum during charitable donation».

28. Struiksma, Marijn E. *et al.* (2022), «Do People Get Used to Insulting Language?».

29. Progovac, L. y A. Benítez-Burraco (2019), «From Physical Aggression to Verbal Behavior: Language Evolution and Self-Domestication Feedback Loop».

30. Stephens, R. y C. Umland (2011), «Swearing as a response to pain-effect of daily swearing frequency».

31. Robertson, O.; S. J. Robinson y R. Stephens (2017), «Swearing as a response to pain: A cross-cultural comparison of British and Japanese participants».

32. Cieri, R. L.; S. E. Churchill, R. G. Franciscus *et al.* (2014), «Craniofacial feminization, social tolerance, and the origins of behavioral modernity».

33. Wrangham, Richard (2019), *En llamas: cómo la cocina nos hizo humanos.*

34. Wittig, R. M.; C. Crockford, T. Deschner *et al.* (2014), «Food sharing is linked to urinary oxytocin levels and bonding in related and unrelated wild chimpanzees».

35. Thanarajah, S. E.; H. Backes, A. G. DiFeliceantonio *et al.* (2019), «Food Intake Recruits Orosensory and Post-ingestive Dopaminergic Circuits to Affect Eating Desire in Humans».

36. Freud, Sigmund y Josef Breuer (1883), *Ueber den psychischen Mechanismus hysterischer Phänomene.*

37. Braudel, Fernand (1967), *Capitalism and Material Life, 1400-1800.*

38. Progovac, L. y J. L. Locke (2009), «The urge to merge: ritual insult and the evolution of syntax».

39. Zeng, T. C.; A. J. Aw y M. W. Feldman (2018), «Cultural hitchhiking and competition between patrilineal kin groups explain the post-Neolithic Y-chromosome bottleneck».

40. Humphrey, Nicholas (1992), *A History of the Mind.*

41. Zalocusky, K.; C. Ramakrishnan, T. Lerner *et al.* (2016), «Nucleus *accumbens* D2R cells signal prior outcomes and control risky decision-making».

42. Beyer, D. K. E.; L. Horn, N. Klinker y N. Freund (2021), «Risky decision-making following prefrontal D1 receptor manipulation».

43. Waal, Frans B. M. de (1997), «The Chimpanzee's service economy: Food for grooming».

44. Tiedemann, Dietrich (1897), *Beobachtungen über die Entwicklung der Seelenfähigkeiten bei Kindern.*

45. Darwin, C. (1877), «A biographical sketch of an infant».

46. Tiedemann, Friedrich (1837), *Das Hirn Des Negers Mit Dem Des Europäers Und Orang-Outangs Verglichen: Mit sechs Tafeln.*

47. Evans, A. D. y K. Lee (2013), «Emergence of lying in very young children».

48. Lee, K. (2013), «Little Liars: Development of Verbal Deception in Children».

49. Genyue, Fu y K. Lee (2007), «Social grooming in the kindergarten: the emergence of flattery behavior».

50. Jakubowska, J.; A. Filip y M. Białecka-Pikul (2021), «The coin that is most current is flattery? Stability and discontinuity of false praise-telling from 5 to 7 years of life».

51. Plutarco (2016), *Sobre el inconveniente de tener muchos amigos.*

52. Leece, P.; M. Bhandari, S. Sprague *et al.* (2006), «Does flattery work? A comparison of 2 different cover letters for an international survey of orthopedic surgeons».

53. Real Academia Española (2014), *op. cit.*

54. Bascandziev, I. y P. L. Harris (2014), «In beauty we trust: Children prefer information from more attractive informants».

55. Bax, Rolf (2021, 14 de mayo), «¿Un candidato atractivo tiene más posibilidades de conseguir un empleo?», en *CVApp.es.* <https://cvapp.es/blog/candidato-atractivo-empleo>

56. Caprariello, P. A. *et al.* (2009), *op. cit.*

57. Archaeo News, «4,000-year-old copper crown unearthed in India», *Stone Pages,* 7 de enero de 2015. <https://www.stonepages.com/news/archives/005435.html>

58. Feldman, G.; H. Lian, M. Kosinski y D. Stillwell (2017), «Frankly, we do give a damn: The relationship between profanity and honesty».

59. Vries, R. E. de; B. E. Hilbig, I. Zettler *et al.* (2018), «Honest People Tend to Use Less-Not More-Profanity: Comment on Feldman *et al.* (2017) Study 1».

60. Damme, C. van; E. Deschrijver, E. Van Geert y V. Hoorens (2017), «When Praising Yourself Insults Others: Self-Superiority Claims Provoke Aggression».

61. Hippel, W. von; R. Ronay, E. Baker *et al.* (2016), «Quick Thinkers Are Smooth Talkers: Mental Speed Facilitates Charisma».

62. Schirner, M.; G. Deco y P. Ritter (2023), «Learning how network structure shapes decision-making for bio-inspired computing».

63. Jack, A. I.; R. E. Boyatzis, M. S. Khawaja *et al.* (2013), «Visioning in the brain: an fMRI study of inspirational coaching and mentoring».

6. ¡Con lo divino hemos topado!

1. Anónimo, «Jonah and the Whale», en *St. Louis Post-Dispatch*, 2 de diciembre de 1882, p. 4, columna 2.

2. Hamer, Dean (2006), *El gen de Dios.*

3. Zimmer, Carl (2004), «Faith-Boosting Genes: A search for the genetic basis of spirituality».

4. Kandler, C. (2021), «A meta-analytic review of nature and nurture in religiousness across the lifespan».

5. Ferguson, M. A.; F. L. W. V. J. Schaper, A. Cohen *et al.* (2022), «A Neural Circuit for Spirituality and Religiosity Derived from Patients With Brain Lesions».

6. Blanchard, D. C.; G. Williams, E. M. Lee y R. J. Blanchard (1981), «Taming of wild Rattus norvegicus by lesions of the mesencephalic central gray».

7. Marx, Karl (2010), *Crítica de la filosofía del Estado de Hegel.*

8. Moreira-Almeida, A.; F. L. Neto y H. G. Koenig (2006), «Religiousness and mental health: a review».

9. Weber, S. R. y K. I. Pargament (2014), «The role of religion and spirituality in mental health».

10. Koenig, H. G. (2009), «Research on religion, spirituality, and mental health: a review».

11. Schjoedt, U.; H. Stødkilde-Jørgensen, A. W. Geertz y A. Roepstorff (2009), «Highly religious participants recruit areas of social cognition in personal prayer».

12. Nichols, A. D.; M. Lang, C. Kavanagh *et al.* (2020), «Replicating and extending the effects of auditory religious cues on dishonest behavior».

13. Orwell, George (2013), *1984.*

14. Rielo Carballo, Isaac (ed.) (1980), *Cancioneiro da Terra Cha (Pol).*

15. Mahr, J. B.; P. van Bergen, J. Sutton *et al.* (2023), «Mnemicity: A Cognitive Gadget?».

16. Blanco, F.; I. Barberia y H. Matute (2015), «Individuals Who Believe in the Paranormal Expose Themselves to Biased In-

formation and Develop More Causal Illusions than Nonbelievers in the Laboratory».

17. Clottes, Jean y David Lewis-Williams (2010), *Los chamanes de la prehistoria.*

18. Guerra-Doce, E.; C. Rihuete-Herrada, R. Micó *et al.* (2023), «Direct evidence of the use of multiple drugs in Bronze Age Menorca (Western Mediterranean) from human hair analysis».

19. Garza, Mercedes de la (2012), *Sueño y éxtasis: visión chamánica de los nahuas y los mayas.*

20. Heródoto (2006), *op. cit.*

21. Ren, M.; Z. Tang, X. Wu *et al.* (2019), «The origins of cannabis smoking: chemical residue evidence from the first millennium BCE in the Pamirs».

22. Lewis-Williams, J. D. (1987), «A Dream of Eland: An Unexplored Component of San Shamanism and Rock Art».

23. Iyer, R. N.; D. Favela, G. Zhang y D. E. Olson (2021), «The iboga enigma: the chemistry and neuropharmacology of iboga alkaloids and related analogs».

24. Sobiecki, J. F. (2012), «Psychoactive ubulawu spiritual medicines and healing dynamics in the initiation process of Southern Bantu diviners».

25. Sten, Sabine *et al.*, (2000), «Barumkvinnan. Nya forskningsrön».

26. Wilkinson, Endymion (2012), *Chinese History: A New Manual.*

27. Yoshie, Akiko *et al.* (2013), «Gendered Interpretations of Female Rule: The Case of Himiko, Ruler of Yamatai».

28. Eliade, Mircea (2013), *El chamanismo y las técnicas arcaicas de éxtasis.*

29. Caprariello, P. A. *et al.* (2009), *op. cit.*

30. Harris, L. y S. T. Fiske (2006), «Dehumanizing the Lowest of the Low: Neuroimaging Responses to Extreme Outgroups».

31. Bremmer, Jan (1983), «Scapegoat Rituals in Ancient Greece».

32. Laín Entralgo, Pedro (1998), *Historia de la medicina.*

33. *La Vanguardia* (2020, 15 de abril), «La Policía avisa que en-

enviar anónimos o acosar a sanitarios o cajeras es un "delito de odio perseguible"», *La Vanguardia.* <https://www.lavanguardia.com/vida/20200415/48530349811/policia-avisa-enviar-anonimos-acosar-sanitarios-cajeras-delito-odio-perseguible.html>

34. González Torres, Yolotl (1995), «El sacrificio humano entre los mexicas».

35. Swedo, S. E.; J. L. Rapoport, H. L. Leonard *et al.* (1989), «Obsessive-compulsive disorder in children and adolescents».

36. Canals, J.; C. Hernández-Martínez, S. Cosi y N. Voltas (2012), «The epidemiology of obsessive-compulsive disorder in Spanish school children».

37. Jackson, Shirley (2017), *Siempre hemos vivido en el castillo.*

38. Day, John (2000), *Yahweh and the Gods and Goddesses of Canaan.*

39. Mellaart, James (1967), *Catal Huyuk: A Neolithic Town in Anatolia.*

40. Rubio Rivera, Rebeca (1993), «Collegium dendrophorum: corporación profesional y cofradía metróaca».

41. Hipona, Agustín de (1999), *La ciudad de Dios.*

42. Caner, Daniel F. (1997), «The Practice and Prohibition of Self-Castration in Early Christianity».

43. Mateo, 19: 12.

44. Moran, Neil (2002), «Byzantine castrati».

45. Barbier, Patrick (1996), *The World of Castrati.*

46. Dallapiccola, Anna (2002), *Dictionary of Hindu Lore and Legend.*

47. Menon, Madhavi (2018), *Infinite Variety: A History of Desire in India.*

48. Stone, Merlin (2021), *Cuando Dios era mujer.*

49. Mellaart, James (1967), *op. cit.*

50. Guerrero Perales, María Dolores (2016), «Dar y mantener vida en las representaciones figurativas femeninas de Valdivia (Ecuador). Un análisis crítico».

51. Londeiro Seijos, César *et al.* (2018), «Breve historia del spondylus en el Pacífico Suramericano: un símbolo que retorna al presente».

52. Gottlieb, Alma (1982), «Sex, Fertility and Menstruation among the Beng of the Ivory Coast: A Symbolic Analysis».

53. Graves, Robert y Raphael Patai (2000), *Los mitos hebreos.*

54. Génesis 2: 23.

55. *Popol Vuh* (2017), *op. cit.*

56. Rubio, Carlos (2012), *Los mitos de Japón: entre la historia y la leyenda.*

57. Conard, Nicholas J. y Maria Malina (2015), «Eine mögliche Frauenfigurine vom Hohle Fels und Neues zur Höhlennutzung im Mittel- und Jungpaläolithikum».

58. Floss, Harald (2006), «Phalliformer Retuscheur aus dem Gravettien des Hohle Fels, Baden-Württemberg (Deutschland)».

59. Lenzi, Alan (2008), «The Uruk List of Kings and Sages and Late Mesopotamian Scholarship».

60. Báez-Jorge, Félix (1990), «Las seductoras macabras (Imágenes numinosas de la sexualidad femenina en Mesoamérica)».

61. Verrier, Elwin (1943), «The Vagina Dentata Legend».

62. Erdoes, Richard (1984), *American Indian Myths and Legends.*

63. Báez-Jorge, Félix (2000), «Kauymáli y las vaginas dentadas (Aproximación a la mitología huichol desde la perspectiva de un héroe civilizatorio)».

64. Báez-Jorge, Félix (2010), «Mitología y simbolismo de la vagina dentada».

65. Aquino, Tomás de (2010), «Tratado de los ángeles».

66. Díaz Miranda, Elena (2017), «Las tentaciones de la carne».

67. Cruz, Sor Juana Inés de la (1992), *Poesía lírica.*

68. Alatorre, Antonio y Martha Lilia Tenorio (1998), *Serafina y Sor Juana (con tres apéndices).*

69. Vidal, C. M.; Christine S. Lane, A. Asrat *et al.* (2022), *op. cit.*

70. Arriaza, Bernardo (2003), *Cultura chinchorro: las momias artificiales más antiguas del mundo.*

71. Byrne, Sam; Dula Amarasiriwardena, Basel Bandak *et al.* (2010), «Were Chinchorros exposed to arsenic? Arsenic determi-

nation in Chinchorro mummies' hair by laser ablation inductively coupled plasma-mass spectrometry (LA-ICP-MS)».

72. Saha, J. C.; A. K. Dikshit, M. Bandyopadhyay y K. C. Saha (1999), «A Review of Arsenic Poisoning and its Effects on Human Health».

73. Alarashi, H.; M. Benz, J. Gresky *et al.* (2023), «Threads of memory: Reviving the ornament of a dead child at the Neolithic village of Ba'ja (Jordan)».

74. Miguélez Domínguez, Lorenzo; Sabino Alonso Morán y Marcelino Cabreros de Anta (1980), *Código de Derecho Canónico (1917) y legislación complementaria.*

75. Schellhas, Paul (1904), *Representation of Deities of the Maya Manuscripts, Papers of the Peabody Museum of American Archaeology and Ethnology Vol IV,* N.º 1.

76. Sófocles (2019), *Antígona.*

77. Alighieri, Dante (2014), *Divina comedia.*

78. Brooke-Hitching, Edward (2002), *Atlas del cielo, del infierno y del más allá.*

79. Matos Moctezuma, Eduardo (2014), *La muerte entre los mexicas.*

80. Dallapiccola, Anna (2002), *op. cit.*

81. McPhetres, J. y M. Zuckerman (2018), «Religiosity predicts negative attitudes towards science and lower levels of science literacy».

82. Marañón, Gregorio (1966), *op. cit.*

83. Helliwell, J. F.; Layard, R.; Sachs, J. D. *et al.* (eds.) (2022), *World Happiness Report 2022.*

84. Molière (1966), *Obras completas.*

7. Cuando la bondad se transforma en estupidez

1. West, S. A.; A. S. Griffin y A. Gardner (2007), «Evolutionary explanations for cooperation».

2. Wright, Sewall (1922), «Coefficients of inbreeding and relationship».

3. Hamilton, W. D. (1964), «The general theory of social behaviour».

4. Behrenfeld, Michael J. (2014), «Climate-mediated dance of the plankton».

5. Plauto (2014), *Anfitrión / La comedia de los asnos / La comedia de la olla.*

6. Séneca (2022), *Cartas a Lucilio.*

7. Hobbes, Thomas (2000), *De Cive.*

8. Wilson, David S. y Edward O. Wilson (2007), «Rethinking the Theoretical Foundation of Sociobiology».

9. King, A. J.; A. M. Wilson, S. D. Wilshin *et al.* (2012), «Selfish-herd behaviour of sheep under threat».

10. Alados, C. L. y J. Escos (1988), «Alarm calls and flight behaviour in Spanish ibex (Capra pyrencaica)».

11. Hipona, Agustín de (2021), *Obras completas de San Agustín, X: Sermones (2.º): 51-116.*

12. Boterberg, S. y P. Warreyn (2016), «Making sense of it all: The impact of sensory processing sensitivity on daily functioning of children».

13. Rizzolatti, G.; L. Fadiga, V. Gallese y L. Fogassi (1996), «Premotor cortex and the recognition of motor actions».

14. Kahneman, Daniel (2013), *Pensar rápido, pensar despacio.*

15. Schimmack, U.; M. Heene y K. Kesavan (2017, febrero) «Reconstruction of a train wreck: How priming research went off the rails», en *Replicability Index.* <https://replicationindex.wordpress.com/2017/02/02/reconstruction-of-a-train-wreck-howpriming-research-went-of-the-rails>

16. Guzmán, R. A.; M. T. Barbato, D. Sznycer y L. Cosmides (2022), «A moral trade-off system produces intuitive judgments that are rational and coherent and strike a balance between conflicting moral values».

17. Foot, Philippa (1967), «The problem of abortion and the doctrine of the double effect»,

18. Vaughn, D. A.; R. R. Savjani, M. S. Cohen y D. M. Eagleman (2018), *op. cit.*

19. Hashimoto, H.; K. Maeda y K. Matsumura (2022), «Fickle

Judgments in Moral Dilemmas: Time Pressure and Utilitarian Judgments in an Interdependent Culture».

20. Kahneman, Daniel; Olivier Sibony, y Cass R. Sunstein (2022), *Ruido.*

21. Molden, Daniel C. (2014), «Understanding Priming Effects in Social Psychology: What is "Social Priming" and How does it Occur?».

22. Qiang, Yang; Lin Yanqing, Li Hongxiu y Huo Jiale (2022), «Disentangling the impact of temperature on consumers' attitudes toward nostalgic advertising».

23. Hadi, R. y L. Block (2019), «Warm hearts and cool heads: Uncomfortable temperature influences reliance on affect in decision-making».

24. Yining, Yu y Wang Lei (2021), «Need to warm up! Ambient coldness increases vice inclinations».

25. Kolb, Peter, Christine Gockel y Lioba Werth (2012), «The Effects of Temperature on Service Employees' Customer Orientation: An Experimental Approach».

26. Danziger, S.; J. Levav y L. Avnaim-Pessoa (2011), «Extraneous factors in judicial decisions».

27. Natal, Gerald y Barbara Saltzman (2022), «Decisions, decisions, decisions: decision fatigue in academic librarianship».

28. Freudenberger, H. J. (1974), «Staff burnout».

29. Vohs, K. D.; R. F. Baumeister, B. J. Schmeichel *et al.* (2008), «Making choices impairs subsequent self-control: A limited resource account of decision making, self-regulation, and active initiative».

30. Hickman Jr., R. L.; G. A. Pignatiello y S. Tahir (2018), «Evaluation of the decisional fatigue scale among surrogate decision makers of the critically ill».

31. Oakley, Barbara; Ariel Knafo, Guruprasad Madhavan y David Sloan Wilson (2011), *Pathological Altruism.*

32. Forcellino, Antonio (2018), *Miguel Ángel. Una vida inquieta.*

33. Pfeiffer, Henrich X. (2007), *La capilla Sixtina: iconografía de una obra maestra.*

34. Dear, G. E.; C. M. Roberts y L. Lange (2004), «Defining codependency: An analysis of published definitions».

35. Jenner, Edward (1788), «Observations on the Natural History of the Cuckoo. In a Letter to John Hunter, Esq. F. R. S.».

36. Schmidbauer, Wolfgang (1977), *Die hilflosen Helfer. Über die seelische Problematik der helfenden Berufe.*

37. Dowling, Colette (1993), *El complejo de Cenicienta.*

38. Christie, Agatha (1998), *Asesinato en la calle Hickory.*

39. Barbot de Villeneuve, Gabrielle-Suzanne (2022), *La bella y la bestia.*

40. Andersen, Hans Christian (2012), *Cuentos completos.*

41. Cermak, T. L. (1986), «Diagnostic criteria or codependency».

42. Oakley, Barbara *et al.* (2011), *op. cit.*

43. Cermak, T. L. (1991), «The relationship between codependence and narcissism».

44. Kiley, Dan (1987), *El síndrome de Peter Pan: los hombres que nunca crecieron.*

45. Bernstein, Albert J. (2012), *Vampiros emocionales: cómo reconocer y tratar con personas que manipulan nuestros sentimientos.*

46. Shamay-Tsoory, S. G. (2011), «The neural bases for empathy».

47. Le Petit, Marine; F. Eustache, J. Perrier *et al.* (2022), «Functional connectivity of the medial prefrontal cortex related to mindreading abilities».

48. Marañón, Gregorio (1966), *op. cit.*

49. Ramón y Cajal, Santiago (1954), *La psicología de los artistas.*

50. Soler, M.; J. J. Soler, J. G. Martínez y A. P. Moller (1995), «Magpie Host Manipulation by Great Spotted Cuckoos: Evidence for an Avian Mafia?».

8. Los gánsteres contra la vocación

1. Christie, Agatha (2019), *Autobiografía, op. cit.*

2. Hitchcock, Alfred (1963), *Los pájaros.*

3. Enríquez, Carmen (2012), *Carmen Polo, señora de El Pardo.*

4. Alemán, Mateo (2013), *Guzmán de Alfarache.*

5. Focílides de Mileto (2018), *Sentencias.*

6. Hochschild, Adam (2017), *El fantasma del rey Leopoldo.*

7. Novás Calvo, Lino (1933), *Pedro Blanco, el negrero.*

8. Piqueras, José Antonio (2021), *Negreros: españoles en el tráfico y en los capitales esclavistas.*

9. Festinger, L. y J. M Carlsmith (1959), «Cognitive consequences of forced compliance».

10. Mandelbaum, Eric (2019), «Troubles with Bayesianism: An introduction to the psychological immune system».

11. Quilty-Dunn, J. (2020), «Rationalization is irrational and self-serving, but useful».

12. Richard, Y.; N. Tazi, D. Frydecka *et al.* (2022), «A systematic review of neural, cognitive, and clinical studies of anger and aggression».

13. Organización Internacional del Trabajo, Walk Free y Organización Internacional para las Migraciones (2002, septiembre), *Global Estimates of Modern Slavery, Forced Labour and Forced Marriage.* <https://www.ilo.org/wcmsp5/groups/public/—ed_norm/—ipec/documents/publication/wcms_854733.pdf>

14. Taha, P. H. y S. Slewa-Younan (2020), «Measures of depression, generalized anxiety, and posttraumatic stress disorders amongst Yazidi female survivors of ISIS slavery and violence».

15. Robjant, K.; S. Schmitt, A. Chibashimba *et al.* (2020), «Trauma, Aggression, and Post Conflict Perpetration of Community Violence in Female Former Child Soldiers—A Study in Eastern DR Congo».

16. Boroujerdi, F. G.; S. A. Kimiaee, S. A. A. Yazdi y M. Safa (2019), «Attachment style and history of childhood abuse in suicide attempters».

17. Olweus, Dan (1998), *Conductas de acoso y amenaza entre escolares.*

18. Hamlin, J. K.; K. Wynn y P. Bloom (2010), *op. cit.*

19. Hamlin, J. K.; N. Mahajan, Z. Liberman y K. Wynn (2013), *op. cit.*

20. Senzaki, S.; J. M. Cowell, Y. Shimizu y D. Calma-Birling (2022), «Emotion or Evaluation: Cultural Differences in the Parental Socialization of Moral Judgement».

21. Hirai, Motoko (2004), «El silencio como medio de expresión en la comunicación y su influencia en la enseñanza».

22. Organización Mundial de la Salud (2021, 16 de junio), *Suicide worldwide in 2019: global health estimates.* <https://apps.who.int/iris/rest/bitstreams/1350975/retrieve>

23. Instituto Nacional de Estadística, *Tasas de suicidio por año.* <www.ine.es>

24. Limbana, T.; F. Khan, N. Eskander *et al.* (2020), «The Association of Bullying and Suicidality: Does it Affect the Pediatric Population?».

25. Bottin, S. M. B.; C. M. C. Bottino, C. G. Regina *et al.* (2015), «Cyberbullying and adolescent mental health: systematic review».

26. Feldman Barrett, Lisa (2020), *Siete lecciones y media sobre el cerebro.*

27. Columba Jerez, Alexia (2023, 17 de julio), «Una niña víctima de *bullying* se suicida y sus compañeros lo celebran: "Por fin está muerta"», en *ABC.* <https://www-abc-es.cdn.ampproject.org/c/s/www.abc.es/sociedad/nina-victima-bullying-suicida-companeros-celebran-fin-20230603154545-nt_amp.html>

28. Collodi, Carlo (2011), *Las aventuras de Pinocho.*

29. Izuma, K.; D. N. Saito y N. Sadato (2008), *op. cit.*

30. Herrmann, B.; C. Thoni y S. Gachter (2008), «Antisocial punishment across societies».

31. Olivier, J. L.; C. McCall, Y. Dunham y H. Over (2022), «Procedural (in)justice in children: Children choose procedures that favor their ingroup».

32. Sudo, M. (2021), «Blurred boundaries between us and them: Do young children affiliate with outgroup members with shared preferences?».

33. Vaughn, D. A.; R. R. Savjani, M. S. Cohen y D. M. Eagleman (2018), *op. cit.*

34. Diekhof, E. K.; S. Wittmer y L. Reimers (2014), «Does

competition really bring out the worst? Testosterone, social distance and inter-male competition shape parochial altruism in human males».

35. Silani, Giorgia; Claus Lamm, Christian C. Ruff y Tania Singer (2013), *op. cit.*

36. Richins, M. T.; M. Barreto, A. Karl y N. Lawrence (2019), «Empathic responses are reduced to competitive but not non-competitive outgroups».

37. Zuo, Y.; B. Chen y Y. Zhao (2018), «The Destructive Effect of Ingroup Competition on Ingroup Favoritism».

38. Zhang, L.; Y. Jin, L. Xia *et al.* (2022), «The Effects of Social Distance and Asymmetric Reward and Punishment on Individual Cooperative Behavior in Dilemma Situations».

39. Milinski, M. (2022), «Extortion. A voracious prosocial strategy».

40. Zhang, Z.; H. Zhao, R. Liu y C. Qi (2021), «Victim Sensitivity and Proposal Size Modulate the Ingroup Favoritism During Fairness Norm Enforcement».

41. Yazdi, H.; G. D. Heyman y D. Barner (2020), «Children are sensitive to reputation when giving to both ingroup and outgroup members».

42. Klafka, M. y U. Liszkowski (2021), «The Emergence of Lying for Reputational Concerns in 5-Year-Olds».

43. Royo-García, P.; C. Laorden Gutiérrez, M. Giménez-Hernández y C. Serrano-García (2020), «¿Existe el *bullying* en la universidad? Aproximación a esta realidad con una muestra española de estudiantes de grado».

44. Leyman, Heinz (1990), «Mobbing and Psychological Terror at Workplaces».

45. Da Cunha-Bang, S.; P. M. Fisher, L. V. Hjordt *et al.* (2017), «Violent offenders respond to provocations with high amygdala and striatal reactivity».

46. Siep, N.; F. Tonnaer, V. van de Ven *et al.* (2019), «Anger provocation increases limbic and decreases medial prefrontal cortex connectivity with the left amygdala in reactive aggressive violent offenders».

47. Arendt, Hannah (2018), *Sobre la violencia.*

48. Sousa Santos, Boaventura de (2006), *Renovar la teoría crítica y reinventar la emancipación social (encuentros en Buenos Aires).*

49. Epley, N.; E. M. Caruso y M. H. Bazerman (2006), *op. cit.*

50. Wilson, David S. y Edward O. Wilson (2007), *op. cit.*

51. Twenge J. M. *et al.* (2001), *op. cit.*

52. Li, X.; H. Sun, Y. Zhu *et al.* (2022), «Dysregulation of prefrontal parvalbumin interneurons leads to adult aggression induced by social isolation stress during adolescence».

53. Shelley, Mary (2022), *op. cit.*

54. Moll, J.; J. H. Weingartner, P. Bado *et al.* (2014), «Voluntary Enhancement of Neural Signatures of Affiliative Emotion Using fMRI Neurofeedback».

9. Invierte en tu futuro, pero... ¿en cuál de todos?

1. Lispector, Clarice (2007), *Aprendiendo a vivir y otras crónicas.*

2. Plutarco (2011), *Demóstenes-Cicerón. Vidas paralelas.*

3. Huarte de San Juan, Juan (1991), *Examen de ingenios para las ciencias.*

4. Huarte de San Juan, Juan (1991), *op. cit.*

5. Pope, Mark y Maria Sveinsdottir (2005), «Frank, we hardly knew ye: the very personal side of Frank Parsons».

6. Parsons, Frank (1909), *Choosing a Vocation.*

7. Kamiya, Mieko (1966), *Ikigai ni tsuite.*

8. Clance, Pauline R. y Suzanne A. Imes (1978), *op. cit.*

9. Benziger, Katherine (1994), *The BTSA User Manual: A Guide to the Development, Validation, and Use of the Benziger Thinking Styles Assessment.*

10. Jung, Carl Gustav (2013), *Tipos psicológicos.*

11. Felmer, Rehbein; Lucio Martínez Pol, Gloria Rose Fisher *et al.* (2009), «Los estilos epistémicos y tipos de personalidad como factores asociados a la elección de carrera».

12. Nielsen, Jared A.; Brandon A. Zielinski, Michael Ferguson

et al. (2013), «An Evaluation of the Left-Brain vs. Right-Brain Hypothesis with Resting State Functional Connectivity Magnetic Resonance Imaging».

13. Gardner, Howard (1983), *Inteligencias múltiples.*

14. Howard-Jones, Paul A. (2014), «Neuroscience and education: myths and messages».

15. Scott, Sophie Kerttu (2020), *Understanding Cognitive Neuroscience: A Guide to Theory and Method.*

16. Anders Ericsson, Karl; Ralf Krampe y Clemens Tesch-Roemer (1993), «The Role of Deliberate Practice in the Acquisition of Expert Performance».

17. Gladwell, Malcolm (2013), *Fueras de serie (Outliers): por qué unas personas tienen éxito y otras no.*

18. Macnamara, B. N.; D. Z. Hambrick y F. L. Oswald (2014), «Deliberate Practice and Performance in Music, Games, Sports, Education, and Professions: A Meta-Analysis».

19. Simonton, D. K. (2014), «Creative performance, expertise acquisition, individual differences, and developmental antecedents: An integrative research agenda».

20. Tyng; C. M.; H. U. Amin, M. N. M. Saad y A. S. Malik (2017), «The Influences of Emotion on Learning and Memory».

21. Bell, R.; L. Mieth y A. Buchner (2017), «Emotional Memory: No Source Memory Without Old-new Recognition».

22. Urban, E. *et al.* (2019), «Misremembering Pain: A Memory Blindness Approach to Adding a Better End».

23. Rizzolatti, G.; L. Fadiga, V. Gallese y L. Fogassi (1996), *op. cit.*

24. Ray, E. y C. Heyes (2011), «Imitation in Infancy: the Wealth of the Stimulus».

25. Profita, J. y T. G. Bidder (1998), «Perfect pitch».

26. Deutsch, E. O. (1990), *Mozart: A Documentary Biography.*

27. Bevan, Clifford J. (1961), «Marianne Mozart, Sister of a Genius».

28. Holland, J. G. y B. F. Skinner (1961), *The Analysis of Behavior.*

29. Harris, Thomas (2017), *El silencio de los corderos.*

30. SORIA, M.; M. Guerra, I. Giménez y J. Fernando Escanero (2006), «La decisión de estudiar medicina: características».

31. GOEL, S.; F. Angeli, N. Dhirar *et al.* (2018), «What motivates medical students to select medical studies: a systematic literature review».

32. HOMERO (1908), *Ilíada.*

33. TERENCIO (2021), *Heautontimorumenos (El atormentado).*

34. PROTZKO, John y Jonathan W. Schooler (2019), «Kids these days: Why the youth of today seem lacking».

35. FLYNN, J. R. (1984), «The mean IQ of Americans: Massive gains 1932 to 1978».

36. COSTA, L. G.; T. B. Cole, K. Dao *et al.* (2020), «Effects of air pollution on the nervous system and its possible role in neurodevelopmental and neurodegenerative disorders».

37. GIEDD, J. N.; J. Blumenthal, N. O. Jeffries *et al.* (1999), «Brain development during childhood and adolescence: a longitudinal MRI study».

38. VIJAYAKUMAR, N.; Z. Op de Macks, E. A. Shirtcliff y J. H. Pfeifer (2018), «Puberty and the human brain: Insights into adolescent development».

39. ARISTÓTELES (2014), *Ética a Nicómaco.*

40. HIPONA, Agustín de (2006), *Obras completas V: escritos apologéticos (2.º): la Trinidad.*

41. FURUYA, S.; O. Chimed-Ochir, K. Takahashi *et al.* (2018), «Global Asbestos Disaster».

42. WESTMACOTT, Mary (1994), *La rosa de sangre.*

43. U. S. CIVIL SERVICE COMMISSION, Bureau of Training, 1968, *Instructional Systems and Technology: An Introduction to the Field and Its Use in Federal Training.*

10. ¿EXISTEN LAS VOCACIONES AZULES Y LAS VOCACIONES ROSAS?

1. WOOLF, Virginia (2022), *op. cit.*

2. BEAUVOIR, Simone de (2017), *El segundo sexo.*

3. IRIGARAY, Luce (2007), *Espéculo de la otra mujer.*

4. Cruz, Sor Juana Inés de la (1992), *op. cit.*

5. Shih, Chuan-kang (2010), *Quest for Harmony: The Moso Traditions of Sexual Union and Family Life.*

6. Stacey, Judith (2011), *Unhitched: Love, Marriage, and Family Values from West Hollywood to Western China.*

7. *Catecismo de la Iglesia Católica* (2005).

8. Jacobs, S.; Thomas, W. y S. Lang, S. (1997), *Two-spirit People: Native American Gender Identity, Sexuality, and Spirituality.*

9. McElduff, Siobhán (2021), *UnRoman Romans.*

10. Ovidio (1995), *op. cit.*

11. Wollstonecraft, Mary (2019), *Vindicación de los derechos de la mujer.*

12. May Alcott, Louisa (2019), *Mujercitas.*

13. Hamilton, Cicely (1909), *Marriage as a Trade.*

14. Barton, Cynthia H. (1996), *Transcendental Wife: The Life of Abigail May Alcott.*

15. Pérez Galdós, Benito (1984), *Fortunata y Jacinta.*

16. Sánchez Romero, Marga (2022), *Prehistorias de mujeres.*

17. Rich, Adrienne (2019), *Nacemos de mujer: la maternidad como experiencia e institución.*

18. Loudon, Irvine (2000), «Maternal mortality in the past and its relevance to developing countries today».

19. Husain, Aliza N.; David A. Matsa y Amalia R. Miller (2018, 6 de noviembre), «Do Male Workers Prefer Male Leaders? An Analysis of Principals' Effects on Teacher Retention».

20. Tricarichi, C. y D. S. Jalajas (2019), *op. cit.*

21. Eagly, Alice H.; Mary C. Johannesen-Schmidt y M. V. van Engen (2003), «Transformational, transactional, and laissez-faire leadership styles: a meta-analysis comparing women and men».

22. An, Seung-ho y Kenneth J. Meier (2020), «Gender and the Effectiveness of Leadership Training: Results From a Field Experiment».

23. Raihani, N. J. y S. Smith (2015), «Competitive Helping in Online Giving».

24. Raihani, Nichola (2021), *op. cit.*

25. Buss, D. M. y D. P. Schmitt (2017), «Sexual strategies theory».

26. HERNANDO, Almudena (2018), *La fantasía de la individualidad: sobre la construcción sociohistórica del sujeto moderno.*

27. JING, Shennong Bencao (2017), *The Divine Farmer's Classic of Materia Medica.*

28. MERIAN, Maria Sibylla (2016), *Metamorphosis Insectorum.*

29. KENNAIR, L. E. O.; T. V. Grøntvedt y M. Bendixen (2021), «The Function of Casual Sex Action and Inaction Regret: A Longitudinal Investigation».

30. BOZOYAN, C. y C. Schmiedeberg (2022), «What is Infidelity? A Vignette Study on Norms and Attitudes toward Infidelity».

31. WALKER, Alicia M. (2020), *Chasing Masculinity: Men, Validation, and Infidelity.*

32. WALKER, Alicia M. (2017), *The Secret Life of the Cheating Wife: Power, Pragmatism, and Pleasure in Women's Infidelity.*

33. ANDERSON, Eric (2009), «"At least with cheating there is an attempt at monogamy": cheating and monogamism among undergraduate heterosexual men».

34. BIRNBAUM, G. E.; K. Zholtack y S. Ayal (2022), «Is Infidelity Contagious? Online Exposure to Norms of Adultery and Its Effect on Expressions of Desire for Current and Alternative Partners».

35. WELLS, Michael B., Lieny Jeon y Olov Aronson (2023), «Bidirectional associations between paternal postpartum depression symptoms and coparenting: A cross-lagged panel model of fathers of infants and toddlers».

36. ALAMI, S.; C. von Rueden, E. Seabright *et al.* (2020), «Mother's social status is associated with child health in a horticulturalist population».

37. BHALOTRA, Sonia e Irma Clots-Figueras (2014), «Health and the Political Agency of Women».

38. JARABO, Sylvia (2021), *Es la hora de las directivas: por qué las mujeres no ascienden en la pirámide corporativa y qué hacer para conseguirlo.*

39. ELIOT, Lise; Adnan Ahmed, Hiba Khan y Julie Patel (2021), «Dump the "dimorphism": Comprehensive synthesis of human brain studies reveals few male-female differences beyond size».

40. ELIOT, Lise *et al.* (2021), *op. cit.*

41. Fombonne, E. (2009), «Epidemiology of pervasive developmental disorders».

42. Alemán, A.; R. S. Kahn y J. P. Selten (2003), «Sex differences in the risk of schizophrenia: evidence from meta-analysis».

43. Wilhelm, K.; K. Roy, P. Mitchell *et al.* (2002), «Gender differences in depression risk and coping factors in a clinical sample».

44. Mangold, C. A.; B. Wronowski, M. Du *et al.* (2017), «Sexually divergent induction of microglial-associated neuroinflammation with hippocampal aging».

45. Clayton, J. A. (2016), «Sex influences in neurological disorders: case studies and perspectives».

46. Galaburda, A. M. y M. Habib (1987), «Cerebral dominance: biological associations and pathology».

47. Nisbett, Richard E.; Joshua Aronson, Clancy Blair *et al.* (2012), «Intelligence: New findings and theoretical developments».

48. Ostatníková, D.; Z. Putz, P. Matejka y M. Országh (1995), «The variation of the level of salivary testosterone in men and women during a year».

49. Shute, J. V.; J. W. Pellegrino, L. Hubert y R. W. Reynolds (1983), «The relationship between androgen levels and human spatial abilities».

50. Celec, P.; D. Ostatnikova, Z. Putz y M. Kudela (2002), «The circalunar cycle of salivary testosterone and the visual-spatial performance».

51. Hampson, E. y D. Kimura (1992), «Sex differences and hormonal influences on cognitive function in humans».

52. Leeners, B.; T. H. C. Krüger, K. Geraedts *et al.* (2017), «Lack of Associations between Female Hormone Levels and Visuospatial Working Memory, Divided Attention and Cognitive Bias across Two Consecutive Menstrual Cycles», p. 120.

53. Leeners, B.; T. H. C. Krüger, K. Geraedts *et al.* (2021), «Cognitive function in association with high estradiol levels resulting from fertility treatment».

54. Havlicek, J.; R. Dvorakova, L. Bartos y J. Flegr (2006),

«Non-advertized does not mean concealed: Body odour changes across the human menstrual cycle».

55. Fales, M. R.; K. A. Gildersleeve, M. G. Haselton (2014), «Exposure to perceived male rivals raises men's testosterone on fertile relative to nonfertile days of their partner's ovulatory cycle».

56. Zugman, A.; L. M. Alliende, V. Medel *et al.* (2023), «Country-level gender inequality is associated with structural differences in the brains of women and men».

57. Woolf, Virginia (2022), *op. cit.*

58. Irigaray, Luce (1992), *Yo, tú, nosotras.*

59. Suetonio (2010), *Vida del divino Augusto.*

60. Suetonio (2010), *Vida de Tiberio.*

61. Fernández Vázquez, A. y R. Mañá Ares (2016), «El legado islámico en los cuidados psiquiátricos. El Maristán de Granada».

62. Cochran, S. D.; J. Drescher, E. Kismodi *et al.* (2014), «Proposed declassification of disease categories related to sexual orientation in ICD-11: Rationale and evidence from the Working Group on Sexual Disorders and Sexual Health».

11. ¡Piensa diferente! Al menos, sobre cómo piensan los cerebros

1. Rosnay, Joel de (2019), *Epigenética: la ciencia que cambiará tu vida.*

2. Manning, Kenneth R. (1983), *Black Apollo of Science: The Life of Ernest Everett Just.*

3. Liao, Q.; J. Yang, S. Ge *et al.* (2023), «Novel insights into histone lysine methyltransferases in cancer therapy: From epigenetic regulation to selective drugs».

4. Bhamidipati, T.; M. Kumar, S. S. Verma *et al.* (2022), «Epigenetic basis of diabetic vasculopathy».

5. Xu, X.; Y. Zhang, Z. Pan *et al.* (2022), «Genome-wide DNA methylation of Munro's microabscess reveals the epigenetic regulation in the pathogenesis of psoriasis».

6. Rothi, M. H. y E. L. Greer (2023), «From correlation to

causation: The new frontier of transgenerational epigenetic inheritance».

7. KING, S. E. y M. K. Skinner (2020), «Epigenetic Transgenerational Inheritance of Obesity Susceptibility».

8. SINGER, Judy (2017), *NeuroDiversity: The Birth of an Idea.*

9. DOYLE, N. (2020), «Neurodiversity at work: a biopsychosocial model and the impact on working adults».

10. *Spectrum Suite*, «Meet Judy Singer a NeuroDiversity Pioneer». <http://www.myspectrumsuite.com/meet-judy-singer/> (consultado el 20 de marzo de 2023).

11. DETHORNE, Laura (2020), «Revealing the Double Empathy Problem: It's not that autistic people lack empathy. Rather, their different neurotypes and experiences may make it harder for nonautisic people to understand them-and vice versa».

12. BARNETT, Kristine (2016), *La chispa: un relato materno sobre educación, genialidad y autismo.*

13. GRANDIN, Temple (2006), *Pensar con imágenes: mi vida con el autismo.*

14. THUNBERG, Greta (2019), *Cambiemos el mundo.*

15. ISAACSON, Walter (2011), *Steve Jobs.*

16. RELLO, Luz (2018), *Superar la dislexia: una experiencia personal a través de la investigación.*

17. SOMÉ, Malidoma Patrice (1999), *The Healing Wisdom of Africa: Finding Life Purpose Through Nature, Ritual, and Community.*

18. CASTILLO, R. J. (2003), «Trance, functional psychosis, and culture».

19. PIGEON-GAGNÉ, E.; T. Vigu, K. Kadio *et al.* (2022), «Explanatory models of psychotic-like experiences in rural Burkina Faso: A qualitative study among indigents and their community».

20. BOTELLO MÉNDEZ, David y José María Rodríguez Albendea (2015), *Felipe el Hermoso: anatomía de un crimen.*

21. MIZOCK, Lauren y Erika Carr (2021), «History of the Mistreatment of Women with Serious Mental Illness».

22. HUERTAS ZARCO, María (2021), *Nueve nombres.*

23. MONSALVE, Sergio (2003), «John Nash y la teoría de juegos».

24. Howard, Ron (2001), *Una mente maravillosa.*

25. Séneca (2014), *Sobre la tranquilidad del alma.*

26. Power, R. A.; S. Steinberg, G. Bjornsdottir *et al.* (2015), «Polygenic risk scores for schizophrenia and bipolar disorder predict creativity».

27. Crump, C.; K. Sundquist, M. A. Winkleby y J. Sundquist (2013), «Comorbidities and mortality in bipolar disorder: a Swedish national cohort study».

28. Crump, C.; M. A. Winkleby, K. Sundquist y J. Sundquist (2013), «Comorbidities and mortality in persons with schizophrenia: a Swedish national cohort study».

29. Verneert, F.; L. Nijs y T. de Baets (2021), «A Space for Collaborative Creativity. How Collective Improvising Shapes "a Sense of Belonging"».

30. Gogh, Vincent van (2012), *Cartas a Theo.*

31. Smith, I. (2015), «Psychostimulants and Artistic, Musical, and Literary Creativity».

32. Hutten, N. R. P. W.; L. Steenbergen, L. S. Colzato *et al.* (2019), «Cocaine enhances figural, but impairs verbal 'flexible' divergent thinking».

33. Heng, Y. T.; C. M. Barnes y K. C. Yam (2023), «Cannabis use does not increase actual creativity but biases evaluations of creativity».

34. Lapp, W. M.; R. L. Collins y C. V. Izzo (1994), «On the enhancement of creativity by alcohol: pharmacology or expectation?».

35. Cavanna, F.; S. Muller, L. A. de la Fuente *et al.* (2022), «Microdosing with psilocybin mushrooms: a double-blind placebo-controlled study».

36. Hubbard, Ruth (1990), *The Politics of Women's Biology.*

37. Watson, J. D. y F. H. Crick (1953), «Molecular structure of nucleic acids; a structure for deoxyribose nucleic acid».

38. Miller, D. T. y M. Ross (1975), *op. cit.*

39. Baird, B.; J. Smallwood, M. D. Mrazek *et al.* (2012), «Inspired by distraction: mind wandering facilitates creative incubation».

40. Vartanian, O.; S. A. Saint, N. Herz y P. Suedfeld (2020), «The Creative Brain Under Stress: Considerations for Performance in Extreme Environments».

41. Lacaux, C.; C. Izabelle, G. Santantonio *et al.* (2019), «Increased creative thinking in narcolepsy».

42. Barrett, D. (2017), «Dreams and creative problem-solving».

43. Lacaux, C.; C. Izabelle, G. Santantonio *et al.* (2019), *op. cit.*

44. Brodt, S.; D. Pöhlchen, E. Täumer *et al.* (2018), «Incubation, not sleep, aids problem-solving».

45. Ferry, Georgina (2019), *Dorothy Crowfoot Hodgkin: Patterns, Proteins and Peace: A Life in Science.*

46. Bender, Emily M.; Timnit Gebru, Angelina McMillan-Major y Shmargaret Shmitchell (2021), «On the Dangers of Stochastic Parrots: Can Language Models Be Too Big?».

47. Ainsworth, G. C. (1976), *Introduction to the History of Mycology*, cita de la p. 219.

48. Amir, O.; I. Biederman, Z. Wang y X. Xu (2013), *op. cit.*

49. Patin, A.; D. Scheele, D. y R. Hurlemann (2018), «Oxytocin and Interpersonal Relationships».

50. Izuma, K.; D. N. Saito y N. Sadato (2008), *op. cit.*

51. Lee, Harper (2021), *Matar a un ruiseñor.*

12. En fase de negación de un duelo teológico

1. Génesis, 3: 19.

2. Hesíodo (2013), *Teogonía / Trabajos y días / Escudo / Certamen.*

3. *Rigveda*, 10: 90.

4. *Mitología clásica china* (2004).

5. *Popol Vuh* (2017), *op. cit.*

6. González Torres, Yolotl (1995), *op. cit.*

7. Aarts, Henk *et al.* (2004), *op. cit.*

8. Mt, 24: 24.

9. 2 Tes, 3: 10.

10. Lenin (2012), *El Estado y la revolución.*

11. Snell, Tee Loftin (1974), *The Wild Shores: America's Beginnings.*

12. Bateson, Gregory (1935), *op. cit.*

13. Ortega y Gasset, José (2004), *op. cit.*

14. Cheval, B. *et al.* (2018), *op. cit.*

15. Brown, Peter (2021), *El mundo de la Antigüedad tardía.*

16. Syndicus, Eduard (1962), *Early Christian Art.*

17. Woolf, Virginia (2022), *op. cit.*

18. Cipolla, Carlo Maria (1981), *Historia económica de la Europa preindustrial.*

19. Génesis, 1: 28.

20. Romero Jaramillo, Dolcey (2006), «El problema de la esclavitud en la Ilustración, la Revolución Francesa, las Cortes de Cádiz y su recepcion por los ilustrados neogranadinos».

21. Nietzsche, Friedrich (2001), *La gaya ciencia.*

22. Eco, Umberto (1983), *El nombre de la rosa.*

23. Smith, Adam (2019), *La riqueza de las naciones.*

13. *Homo ad extremum*

1. Vela, Corsino (2022), *La sociedad implosiva.*

2. Cipolla, Carlo Maria (1981), *op. cit.*

3. Yaworsky, P. M.; S. T. Hussain y F. Riede (2023), «Climate-driven habitat shifts of high-ranked prey species structure Late Upper Paleolithic hunting».

4. Coogan, Michael D. y Mark S. Smith (2012), *Stories from Ancient Canaan.*

5. David Ellison, Cindy E. Morris, Bruno Locatelli *et al.* (2017), «Trees, forests and water: Cool insights for a hot world».

6. Lentz, D. L.; T. L. Hamilton y N. P. Dunning *et al.* (2020), «Molecular genetic and geochemical assays reveal severe contamination of drinking water reservoirs at the ancient Maya city of Tikal».

7. Cipolla, Carlo Maria (1981), *op. cit.*

8. Spyrou, M. A.; L. Musralina, G. A. Gnecchi Ruscone *et al.* (2022), «The source of the Black Death in fourteenth-century central Eurasia».

9. Croddy, Eric A.; James J. Wirtz y Jeffrey Arthur Larsen (2004), *Weapons of Mass Destruction: An Encyclopedia of Worldwide Policy, Technology, and History I: Chemical and Biological Weapons.*

10. Cipolla, Carlo Maria (1981), *op. cit.*

11. Tawney, R. H. (1958), *Business and Politics under James I: Lionel Cranfield as Merchant and Minister.*

12. Castillo Martos, Manuel (2006), *Bartolomé de Medina y el siglo* xvi.

13. Cipolla, Carlo Maria (1981), *op. cit.*

14. Hochschild, Adam (2017), *op. cit.*

15. Cipolla, Carlo Maria (1981), *op. cit.*

16. Woolf, Virginia (2022), *op. cit.*

17. Arbaiza Vilallonga, Mercedes (1997), «Causas sociales de la mortalidad durante la industrialización vizcaína (1877-1930)».

18. Sterling, Bruce (2020, 12 de marzo), «Laurie Anderson, machine learning artist-in-residence», en *Wired.* <https://www.wired.com/beyond-the-beyond/2020/03/laurie-anderson-machine-learning-artist-residence/>

19. Hall, Rachel (2023, 3 de agosto), «Over-50s could deliver takeaways, says work and pensions secretary», en *The Guardian.* <https://www.theguardian.com/society/2023/aug/03/over-50s-could-deliver-takeaways-says-work-and-pensions-secretary-mel-stride>

20. Armero, Ramón (2023, 9 de febrero), «Los actores de doblaje denuncian que se les está pidiendo que cedan los derechos de sus voces a la IA: unas cláusulas cada vez más frecuentes en sus contratos», en *Business Insider.* <https://www.businessinsider.es/locutores-denuncian-pidiendo-cedan-derechos-ia-1197790>

21. Zald, D. H.; R. L. Cowan, P. Riccardi *et al.* (2008), «Midbrain dopamine receptor availability is inversely associated with novelty-seeking traits in humans».

22. Gelernter, J.; H. Kranzler, E. Coccaro *et al.* (1997), «D4

dopamine-receptor (DRD4) alleles and novelty seeking in substance-dependent, personality-disorder, and control subjects».

23. Blum, K.; T. McLaughlin, A, Bowirrat *et al.* (2022), «Reward Deficiency Syndrome (RDS) Surprisingly Is Evolutionary and Found Everywhere: Is It "Blowin' in the Wind"?», p. 321.

24. Bevins R. A. y J. Besheer (2005), «Novelty reward as a measure of anhedonia».

25. Alexander, B. K.; R. B. Coambs y P. F. Hadaway (1978), «The effect of housing and gender on morphine self-administration in rats».

26. Shelley, Mary (2022), *op. cit.*

27. Brecht, Bertolt (2012), *Vida de Galileo.*

28. Hammer, Jessica; Alexandra To y Erica Principe Cruz (2020, 25 de abril), «CHI '20: CHI Conference on Human Factors in Computing Systems», en *Honolulu HI USA.* <https://doi.org/10.1145/3334480.3381824>

29. Ansede, Manuel (2023, 31 de marzo), «Suspendido de empleo y sueldo por 13 años uno de los científicos más citados del mundo, el español Rafael Luque», en *El País.* <https://elpais.com/ciencia/2023-03-31/suspendido-de-empleo-y-sueldo-por-13-anos-uno-de-los-cientificos-mas-citados-del-mundo-el-espanol-rafael-luque.html>

30. Escrivà, Andreu (2023), *Contra la sostenibilidad.*

31. Montagu, Ivor, «Working with Hitchcock».

32. Fanon, Frantz (1999), *Los condenados de la tierra.*

33. Shelley, Mary (2022), *op. cit.*

14. Todo a la vez en todas partes... y a todas horas

1. Raihani, Nichola (2021), *op. cit.*

2. Chae, Y.; H. J. Park e I. S. Lee (2022), «Pain modalities in the body and brain: Current knowledge and future perspectives».

3. Migeot, J.; E. Hesse, S. Fittipaldi *et al.* (2023), «Allostatic-interoceptive anticipation of social rejection».

4. Orben, A.; L. Tomova y S. J. Blakemore (2020), «The

effects of social deprivation on adolescent development and mental health».

5. PROUST, Marcel (2016), *En busca del tiempo perdido 1: Por el camino de Swann.*

6. IZUMA, K.; D. N. Saito y N. Sadato (2008), *op. cit.*

7. STRUIKSMA, Marijn E. *et al.* (2022), *op. cit.*

8. SATIR, Virginia (2005), *Nuevas relaciones humanas en el núcleo familiar.*

9. ERIKSON, Erik H. (2009), *Infancia y sociedad.*

10. LU, H.; X. Li, Y. Wang *et al.* (2023), «Hippocampus links perceived social support with self-esteem».

11. KAARONEN, R. O., Mikael A. Manninen y Jussi T. Eronen (2023), «Body-based units of measure in cultural evolution».

12. RUSKIN, John (1913), *Los pintores modernos: el paisaje.*

13. JAKUBOWSKA, J. *et al.*, *op. cit.*

14. HUMPHREY, Nicholas (1992), *op. cit.*

15. PRZYBYLSKI, Andrew K.; Kou Murayama, Cody R. DeHaan y Valerie Gladwell (2013), «Motivational, emotional, and behavioral correlates of fear of missing out».

16. DIAS, Patrícia (2014), «From "infoxication" to "infosaturation": a theoretical overview of the cognitive and social effects of digital immersion».

17. KANG, E. (2022), «Easily accessible but easily forgettable: How ease of access to information online affects cognitive miserliness».

18. NAGAM, Vishruth M. (2023), «Internet use, users, and cognition: on the cognitive relationships between Internet-based technology and Internet users».

19. POP, L. M.; M. Iorga y R. Iurcov (2022), «Body-Esteem, Self-Esteem and Loneliness among Social Media Young Users».

20. HUNT, S.; J. Simpson, L. Letwin y B. MacLeod (2023), «Is online learning during the COVID-19 pandemic associated with increased burnout in medical learners?: A medical school's experience».

21. HUK, T. y S. Ludwigs (2009), «Combining cognitive and affective support in order to promote learning».

22. Educo (2021), «Encuesta global 2021: la voz de 8.000 niñas y niños. El derecho a la educación y a la participación poscovid-19 explicado por niñas y niños del mundo. Una exploración desde la escucha y el bienestar de la infancia y la adolescencia». <https://educo.org.sv/wp-content/uploads/2021/11/encuesta-global-covid19-informe-tecnico.pdf>

23. Zambrano, María (2020), *El hombre y lo divino.*

24. Bozzola, E.; G. Spina, R. Agostiniani *et al.* (2022), «The Use of Social Media in Children and Adolescents: Scoping Review on the Potential Risks».

25. Pan, Y. C.; Y. C. Chiu y Y. H. Lin (2020), «Systematic review and meta-analysis of epidemiology of internet addiction».

26. Credé, M.; M. C. Tynan y P. D. Harms (2017), «Much ado about grit: A meta-analytic synthesis of the grit literature».

27. Du, W.; Z. Li, Y. Xu y C. Chen (2023), «The Effect of Parental Autonomy Support on Grit: The Mediating Role of Basic Psychological Needs and the Moderating Role of Achievement Motivation».

28. Garner, K. G., y P. E. Dux (2023), «Knowledge generalization and the costs of multitasking».

29. Al-Hashimi, O.; T. P. Zanto y A. Gazzaley (2015), «Neural sources of performance decline during continuous multitasking».

30. Hirsch, Patricia; Iring Koch y Julia Karbach (2019), «Putting a stereotype to the test: The case of gender differences in multitasking costs in task-switching and dual-task situations».

31. Stone, Linda (2009, 30 de noviembre), «Beyond Simple Multi-Tasking: Continuous Partial Attention». <https://lindastone.net/2009/11/30/beyond-simple-multi-tasking-continuous-partial-attention/>

32. Modi, H. N.; H. Singh, A. Darzi y D. R. Leff (2020), «Multitasking and Time Pressure in the Operating Room: Impact on Surgeons' Brain Function».

33. Wetherell, M. A.; S. H. Lau y R A. Maxion (2023), «The effect of socially evaluated multitasking stress on typing rhythms».

34. Uncapher, M. R.; M. K. Thieu y A. D. Wagner (2016), «Media multitasking and memory: Differences in working memory and long-term memory».

35. Li, G.; Y. Xu, Y. Jiang *et al.* (2020), «Mental Fatigue Has Great Impact on the Fractal Dimension of Brain Functional Network».

36. Shukla, S. (2023), «High media multitasking habit influences self-referential emotional memory».

37. Thiele, J. A.; J. Faskowitz, O. Sporns y K. Hilger (2022), «Multitask brain network reconfiguration is inversely associated with human intelligence».

38. Zafra, Remedios (2017), *El entusiasmo.*

39. Peters, Tom (1999), *The Brand You 50: Or: Fifty Ways to Transform Yourself from an "Employee" into a Brand That Shouts Distinction, Commitment, and Passion!*

40. Torné, Gonzalo (2022), *La cancelación y sus enemigos.*

41. BBC News (2015, 22 de junio), «Adolf Hitler artworks fetch £286,000 at auction in Nuremberg». <https://www.bbc.com/news/entertainment-arts-33222486>

42. Noelle-Neumann, Elisabeth (1995), *La espiral del silencio. Opinión pública: nuestra piel social.*

43. Noelle-Neumann, Elisabeth (1995), *op. cit.*

44. Nakahara, H.; S. Furuya, T. Masuko *et al.* (2011), «Performing music can induce greater modulation of emotion-related psychophysiological responses than listening to music».

45. Kukulu, K.; S. Sarvan, L. Muslu y S. G. Yirmibesoglu (2010), «Dietary habits, economic status, academic performance and body mass index in school children: a comparative study».

46. Tufford, A. R.; C. Diou, D. A. Lucassen *et al.* (2022), «Toward Systems Models for Obesity Prevention: A Big Role for Big Data».

47. King, S. E. y M. K. Skinner (2020), *op. cit.*

48. Sun, L.; T. Liu, J. Liu *et al.* (2022), «Physical exercise and mitochondrial function: New therapeutic interventions for psychiatric and neurodegenerative disorders».

49. Lu, H.; X. Li, Y. Wang *et al.* (2018), «The hippocampus underlies the association between self-esteem and physical health».

15. Hablemos de privilegios

1. Qiu, Y. y P. Ye (2023), «The influence of family socio-economic status on learning engagement of college students majoring in preschool education: The mediating role of parental autonomy support and the moderating effect of psychological capital».

2. Williams Shanks, Trina R. (2007), «The Impacts of Household Wealth on Child Development».

3. Drawbaugh, Kevin (2007, 14 de noviembre), «Buffer backs estate tax, decries wealth gap», en *Reuters*. <https://www.reuters.com/article/buffett-congress-idUSN1418102620071114>

4. Celaya, G., Ana Karen (2023, 30 de abril), «Suburbio de EU obligará a padres a ser árbitros en los juegos de las Pequeñas Ligas», en *El Imparcial*. <https://www.elimparcial.com/mundo/Suburbio-de-EU-obligara-a-padres-a-ser-arbitros-en-los-juegos-de-las-Pequenas-Ligas-20230430-0028.html>

5. Chamberlin, E. R. (1976), *Los malos papas*.

6. Mann, Horace (1907), «Pope Benedict IX».

7. Bourdieu, Pierre (2001), «El capital social. Apuntes provisionales».

8. Sanmartín, Olga R. (2023, 17 de julio), «Así se infla una carrera académica: cómo firmar artículos científicos desde el Bachillerato gracias a unos padres catedráticos», en *El Mundo*. <https://www.elmundo.es/espana/2023/07/17/64b03c43e9cf4aac508b4583.html>

9. Andrew, Scottie (2022, 22 de diciembre), «Why everyone's talking about "nepo babies"», en *CNN*. <https://edition.cnn.com/2022/12/22/entertainment/nepo-baby-vulture-new-york-magazine-cec/index.html>

10. Burkert, Walter (2018), *Cultos mistéricos antiguos*.

11. Millegan, Kris (2004), *Fleshing Out Skull & Bones: Investigations into America's Most Powerful Secret Society*.

12. Powney, Cecil (1925), *History of the London Pitt Club 1793-1925*.

13. Bright, Sam (2023), *Bullingdon Club Britain: The Ransacking of a Nation*.

14. Cohn, Norman (2010), *El mito de la conspiración judía mundial: los Protocolos de los Sabios de Sion.*

15. Smith, Adam (2019), *op. cit.*

16. Smith, Adam (2019), *op. cit.*

17. Sandel, Michael J. (2020), *La tiranía del mérito: ¿qué ha sido del bien común?*

18. *El Confidencial* (2023, 17 de febrero), «Los bufetes de abogados disparan el sueldo de becarios y júniors para evitar fuga de talento»; en *El Confidencial.* <https://www.elconfidencial.com/juridico/2023-02-17/sequia-abogados-bufetes-subir-sueldo-becarios-juniors_3577310/?utm_source=newsletter&utm_medium=email&utm_campaign=mejorsemana>

19. Arkes, Hal R. y Peter Ayton (1999), «The sunk cost and Concorde effects: Are humans less rational than lower animals?».

20. Maestre, Antonio (2023, 19 de febrero), tuit de su intervención en la cadena de televisión La Sexta. <https://twitter.com/AntonioMaestre/status/1627244939225571328?lang=es>

21. Black, S. E.; P. J. Devereux, P. Lundborg y K. Majlesi (2017), «On the Origins of Risk-Taking in Financial Markets».

22. Wald, Abraham (1943), *A Method of Estimating Plane Vulnerability Based on Damage of Survivors.*

23. Riverside Daily Press (1893, 21 de abril), «Miss Sanborn's Lecture», en *Riverside Daily Press,* p. 4.

24. Apuleyo, Lucio (2003), *Apología o Discurso sobre la magia en defensa propia.*

25. Woolf, Virginia (2022), *op. cit.*

26. Kooning, Willem de (1988), *Collected Writings.*

16. Cómo inmolarse en el altar de la vocación

1. Menandro (1999), *Proverbios griegos. Sentencias.*
2. Señor González, Luis (1999), *Diccionario de citas.*
3. Menandro (1999), *op. cit.*
4. O. Al-Hashimi, T. P. Zanto y A. Gazzaley (2015), *op. cit.*
5. Ortega y Gasset, José (1946), *La Gioconda.*

6. Oisen, R. P. (1971), «Can project management be defined?».

7. Dickson, Paul (1980), *The Official Explanations.*

8. Shakespeare, William (1993), *El mercader de Venecia.*

9. Kruger, J. y D. Dunning (1999), *op. cit.*

10. Binder, P. E.; V. I. Woodfin y A. Hjeltnes (2023), «Perfection is a sad and lonely place: A study of existential vulnerability in the life stories of persons struggling with perfectionism».

11. Mattes, A. M. Mück y J. Stahl (2023), «Perfectionism-related variations in error processing in a task with increased response selection complexity».

12. Xiong, X.; S. Y. Zhang, J. Zhang *et al.* (2023, mayo), «Exploring the Relationship between Perfectionism and Pain in Patients with Temporomandibular Disorders: A Cross-Sectional Study».

13. Limburg, K.; U. Watson, M. S. Hagger y S. J. Egan (2017), «The Relationship Between Perfectionism and Psychopathology: A Meta-Analysis».

14. Martin, S. R.; M. A. Fortier, T. W. Heyming *et al.* (2022), «Perfectionism as a predictor of physician burnout».

15. Brown, P. A.; M. Slater y A. Lofters (2019), «Personality and burnout among primary care physicians: an international study».

16. Graeber, David (2018), *Trabajos de mierda: una teoría.*

17. Organización Mundial de la Salud, (2022, 16 de junio), «Informe mundial sobre salud mental: Transformar la salud mental para todos». <https://apps.who.int/iris/rest/bitstreams/1433519/retrieve>

18. Carson, Clayborne; Susan Carson, Adrienne Clay *et al.* (eds.) (2000), *The Papers of Martin Luther King, Jr. Volume IV: Symbol of the Movement, January 1957-December 1958.*

19. Okura, Lynn (2013, 11 de septiembre), «Oprah: "Everybody Has A Calling"», en *Huffpost.* <https://www.huffpost.com/entry/oprah-true-calling_n_3902154>

20. Jobs, Steve, discurso de graduación de Stanford, 12 de junio de 2005. <https://news.stanford.edu/2005/06/12/youve-got-find-love-jobs-says/>

21. Sheff, David (1985, 1 de febrero), entrevista a Steve Jobs para *Playboy*. <https://archive.org/details/jobs-playboy/page/n11/mode/2up>

22. Williams, Brian (2006, 25 de mayo), «Steve Jobs: Iconoclast and salesman», entrevista a Steve Jobs para *NBCNews*. <https://www.nbcnews.com/id/wbna12974884>

23. Gallo, Carmine 2011, *Los secretos de Steve Jobs: ideas innovadoras que cambiaron el mundo.*

24. «Think different», campaña publicitaria de Apple, Inc., 1997.

25. Morris, Betsy (2008, 17 de marzo), «What Makes Apple Golden», entrevista a Steve Jobs para *Fortune*. <https://fortune.com/2008/03/17/what-makes-apple-golden/>

26. Correo electrónico de Steve Jobs a Gawker Ryan Tate, 15 de mayo de 2010.

27. Young, Jeffrey S. (1988), *The Journey is the Reward.*

28. Halberstam, Jack (2018), *El arte queer del fracaso.*

29. Berlant, Lauren (2020), *El optimismo cruel.*

30. Cabanas, Edgar y Eva Illouz (2019), *Happycracia: cómo la ciencia y la industria de la felicidad controlan nuestras vidas.*

31. Frankl, Viktor (2015), *El hombre en busca de sentido.*

32. Oakley, Barbara *et al.* (2011), *op. cit.*

33. Lewis, James P. (2004), *Las claves de la gestión de proyectos.*

34. Shibata, Yoshio (2012), «Governing Employees: A Foucaul dian Analysis of Deaths from Overwork in Japan».

35. Lewis, James P. (2004), *op. cit.*

36. Desveaux, L.; K. Wu, G. Rouleau *et al.* (2023), «Building Compassionate Experience Through Compassionate Action: Qualitative Behavioral Analysis».

37. Yerkes, R. M. y J. D. Dodson (1908), «The Relation of Strength of Stimulus to Rapidity of Habit Formation».

38. Zafra, Remedios (2022), *El bucle invisible.*

39. Weil, Simone (2023), *La Ilíada, o el poema de la fuerza.*

40. Zafra, Remedios (2021), *Frágiles: cartas sobre la ansiedad y la esperanza en la nueva cultura.*

41. Han, Byung-Chul (2021), *Psicopolítica.*

42. Vern Bengtson, L. y Frank J. Whittington (2014), «From Ageism to the Longevity Revolution: Robert Butler, Pioneer».

43. Maslach, C. y S. E. Jackson (1981), «The measurement of experienced burnout».

44. Varios Autores (1969), *Papeles íntimos de Clara y Roberto Schumann.*

45. Nietzsche, Friedrich (2015), *El ocaso de los ídolos: cómo se filosofa a martillazos.*

46. Greene, Graham (1961), *Un caso acabado.*

17. Mejor (y más económico) prevenir que tratar

1. Rojín, Noemí y Henar Fernández (2020, 13 de enero), «La depresión será en 2030 la primera causa de discapacidad en jóvenes y adultos», en EFE. <https://efesalud.com/depresion-2030-primera-causa-discapacidad-jovenes-adultos/>

2. Carson, Clayborne *et al.* (2000), *op. cit.*

3. Sun, Y.; Y. Wu, S. Fan *et al.* (2023), «Comparison of mental health symptoms before and during the COVID-19 pandemic: evidence from a systematic review and meta-analysis of 134 cohorts».

4. Ahmed, N.; P. Barnett, A. Greenburgh *et al.* (2023), «Mental health in Europe during the COVID-19 pandemic: a systematic review».

5. Aragonès, E.; I. D. Cura-González, L. Hernández-Rivas *et al.*, MINDCOVID-19 Research Group (2022), «Psychological impact of the COVID-19 pandemic on primary care workers: a cross-sectional study».

6. Dragioti, E.; D. Tsartsalis, M. Mentis *et al.* (2022), «Impact of the COVID-19 pandemic on the mental health of hospital staff: An umbrella review of 44 meta-analyses».

7. Li, Z.; J. Ge, M. Yang *et al.* (2020), «Vicarious traumatization in the general public, members, and non-members of medical teams aiding in COVID-19 control».

8. Alonso, J.; G. Vilagut, I. Alayo *et al.*, Mindcovid Working

Group (2022), «Mental impact of COVID-19 among Spanish healthcare workers. A large longitudinal survey».

9. Organización Mundial de la Salud (2021, septiembre) «The impact of COVID-19 on health and care workers: a closer look at deaths». <https://apps.who.int/iris/handle/10665/345300>

10. Organización Internacional del Trabajo (2023, marzo), «The risk and strain of working during the COVID-19 pandemic», en *World Employment and Social Outlook 2023: The Value of Essential Work.* <https://www.ilo.org/wcmsp5/groups/public/—dgreports/—dcomm/—publ/documents/publication/wcms_871016.pdf>

11. Pathak, E. B.; J. M. Menard, R. B. García *et al.* (2022), «Joint Effects of Socioeconomic Position, Race/Ethnicity, and Gender on COVID-19 Mortality among Working-Age Adults in the United States».

12. Organización para la Cooperación y el Desarrollo Económicos (2022, 17 de marzo), «The unequal impact of COVID-19: A spotlight on frontline workers, migrants and racial/ethnic minorities». <https://www.oecd.org/coronavirus/policy-responses/the-unequal-impact-of-COVID-19-a-spotlight-on-frontline-workers-migrants-and-racial-ethnic-minorities-f36e931e/>

13. Esopo (2015), *Fábulas.*

14. Tavris, Carol y Elliot Aronson (2020), *Mistakes Were Made (but Not by Me): Why We Justify Foolish Beliefs, Bad Decisions and Hurtful Acts.*

15. Máynez Guaderrama, A. I.; J. Cavazos Arroyo y G. Reyes Flores (2017), «Efecto de la violación del contrato psicológico y el agotamiento emocional sobre el cinismo del empleado».

16. Shin, L. M.; P. S. Shin, S. Heckers *et al.* (2004), «Hippocampal function in posttraumatic stress disorder».

17. Festini, S. B.; y B. A. Katz (2021), «A Frontal Account of False Alarms».

18. Bremner, J. D. y M. T. Wittbrodt (2020), «Stress, the brain, and trauma spectrum disorders».

19. Chen, S. X.; B. C. Lam, W. C. Wu *et al.* (2016), «Do people's world views matter? The why and how».

20. Neuvonen, E.; M. Rusanen, A. Solomon *et al.* (2014), «Late-life cynical distrust, risk of incident dementia, and mortality in a population-based cohort».

21. Carter, N. L. y J. Mark Weber (2010), «Not Pollyannas: Higher Generalized Trust Predicts Lie Detection Ability».

22. Stavrova, O. y D. Ehlebracht (2019), «The Cynical Genius Illusion: Exploring and Debunking Lay Beliefs About Cynicism and Competence».

23. Zant, A. B. van; J. A. Kennedy y L. J. Kray (2023), «Does hoodwinking others pay? The psychological and relational consequences of undetected negotiator deception».

24. Caprariello, P. A. *et al.* (2009), *op. cit.*

25. Siman Tov-Nachlieli, I.; L. Har-Vardi y S. Moran (2020), «When negotiators with honest reputations are less (and more) likely to be deceived».

26. Plutarco (1992), *Obras morales y de costumbres I.*

27. Suárez Martel, M. J. y J. D. Martín Santana (2019), «Influencia del perfil sociodemográfico del profesor universitario sobre la inteligencia emocional y el *burnout*».

28. Kirkpatrick, H.; T. Wasfie, A. Laykova *et al.* (2022), «Emotional Intelligence, Burnout, and Wellbeing Among Residents as a Result of the COVID-19 Pandemic».

29. Welwood, John (1999), «Realization and embodiment: Psychological work in the service of spiritual development».

30. Hermosilla Canessa, Antonio (2014), «Práctica espiritual en el Osho International Meditation Resort: ¿crecimiento o hedonismo espiritual?».

31. Konjedi, S. y R. Maleeh (2020), «Sleep and mindfulness meditation as they relate to false memory».

32. Epstein, Mark (2007), *Psychotherapy without the Self: A Buddhist Perspective.*

33. Epstein, M. y J. Lieff (1981), «Psychiatric complications of meditation practice».

34. Dam, N. T. van; M. K. van Vugt, D. R. Vago *et al.* (2018), «Mind the Hype: A Critical Evaluation and Prescriptive Agenda for Research on Mindfulness and Meditation».

35. LEVIN, K. K.; A. Gornish y L. Quigley (2022), «Mindfulness and Depersonalization: a Nuanced Relationship».

36. ORGANIZACIÓN INTERNACIONAL DEL TRABAJO (2022, 28 de septiembre), *op. cit.*

37. ORGANIZACIÓN MUNDIAL DE LA SALUD (2022, 16 de junio), *op. cit.*

38. GÓMEZ, J. A. (2023, 27 de junio), «Los suicidios siguen al alza en España: 4.097 personas se quitaron la vida en 2022, un 2,3 % más», en *El Español*. <https://www.elespanol.com/ciencia/salud/20230627/suicidios-siguen-alza-espana-personas-quitaron-vida/774672895_0.html>

39. FERNÁNDEZ-RODRIGUES, V.; Y. Sanchez-Carro, L. N. Lagunas *et al.* (2022), «Risk factors for suicidal behaviour in late-life depression: A systematic review».

40. ARIAS, Daniel; Shekhar Saxena y Stephane Verguet (2022), «Quantifying the global burden of mental disorders and their economic value».

41. BLOOM, D. E.; E. T. Cafiero, E. Jané-Llopis *et al.* (2011), *The Global Economic Burden of Noncommunicable Diseases.*

42. KÖNIG, H.; H.-H. König, J. Gallinat *et al.* (2023), «Excess costs of mental disorders by level of severity».

43. LANGLEY, C.; S. Armand, Q. Luo *et al.* (2023), «Chronic escitalopram in healthy volunteers has specific effects on reinforcement sensitivity: a double-blind, placebo-controlled semi-randomised study».

44. RÜTGEN, M.; C. Pletti, M. Tik *et al.* (2019), «Antidepressant treatment, not depression, leads to reductions in behavioral and neural responses to pain empathy».

45. RÜTGEN, M.; D. M. Pfabigan, M. Tik *et al.* (2021), «Detached empathic experience of others' pain in remitted states of depression – An fMRI study».

46. MISCHKOWSKI, D.; J. Crocker y B. M. Way (2016), «From painkiller to empathy killer: acetaminophen (paracetamol) reduces empathy for pain».

47. MISCHKOWSKI, D.; J. Crocker y B. M. Way (2019), «A Social Analgesic? Acetaminophen (Paracetamol) Reduces Positive Empathy».

48. Keaveney, A.; E. Peters y B. Way (2020), «Effects of acetaminophen on risk taking».

49. Ministerio de Sanidad del Gobierno de España, «Informe anual del Sistema Nacional de Salud 2020-2021», 19 de abril de 2022. <https://www.sanidad.gob.es/estadEstudios/estadisticas/sisInfSanSNS/tablasEstadisticas/InfAnualSNS2020_21/INFORME_ANUAL_2020_21.pdf>

50. Ahn, N.; N. Wawro, S. E. Baumeister *et al.* (2023), «Time-Varying Use of Proton Pump Inhibitors and Cognitive Impairment and Dementia: A Real-World Analysis from Germany».

51. Golomb, B. A.; T. Kane y J. E. Dimsdale (2004), «Severe irritability associated with statin cholesterol-lowering drugs».

52. Cham, S.; H. J. Koslik y B. A. Golomb (2016), «Mood, Personality, and Behavior Changes During Treatment with Statins: A Case Series».

18. ¿Alguien quiere explicarme por qué aguantamos todo esto?

1. Smith, Adam (1997), *La teoría de los sentimientos morales.*

2. *Las mil y una noches.* Según el manuscrito más antiguo conocido (1998).

3. Fanon, Frantz (1999), *op. cit.*

4. Hadarics, M.; A. Kende y Z. P. Szabó (2021), «Relationship Between Income Inequality and the Palliative Function of Meritocracy Belief: The Micro- and the Macro-Levels Both Count».

5. Morris, K.; F. Bühlmann, N. Sommet y L. Vandecasteele (2022), «The paradox of local inequality: Meritocratic beliefs in unequal localities».

6. Déjacque, Joseph (2023), *¡Abajo los jefes!: escritos libertarios (1857-1861).*

7. Déjacque, Joseph (2023), *op. cit.*

8. Boétie, Étienne de la (2019), *Discurso de la servidumbre voluntaria.*

9. Arroyo, Francesc (2016, 23 de abril), «Giorgio Agamben:

"El ciudadano es para el Estado un terrorista virtual"», en *El País*. <https://elpais.com/cultura/2016/04/19/babelia/1461061660_628743.html>

10. Zuboff, Shoshana (2020), *La era del capitalismo de la vigilancia: la lucha por un futuro humano frente a las nuevas fronteras del poder.*

11. H. Durgin, Frank, «The Tinkerbell Effect: Motion Perception and Illusion».

12. Thomas, William I. y Dorothy Swaine Thomas (1928), *The Child in America.*

13. Girard, René (2023), *La violencia y lo sagrado.*

14. Arroyo, Francesc (2016, 23 de abril), *op. cit.*

15. Dias, Patrícia (2014), *op. cit.*

16. Fromondus, Libertus (1649), *Philosophia Christiana de Anima.*

17. Galilei, Galileo (2011), *Diálogo sobre los dos máximos sistemas del mundo ptolemaico y copernicano.*

18. Einstein, Albert (1934), «On the Method of Theoretical Physics».

19. Lustig, Robert (2017), *The Hacking of the American Mind: The Science Behind the Corporate Takeover of Our Bodies and Brains.*

20. Hegel, Georg Wilhelm Friedrich (2022), *Fenomenología del espíritu.*

21. Aarts, Henk *et al.* (2004), *op. cit.*

22. Ma, A.; K. Savani, F. Liu *et al.* (2013), «The Mutual Constitution of Culture and Psyche: The Bidirectional Relationship Between Individuals' Perceived Control and Cultural Tightness–Looseness».

23. Singer, Margaret Thaler (2003), *Cults in Our Midst: The Continuing Fight Against Their Hidden Menace.*

24. Seligman, M. E. P. y S. F. Maier (1967), «Failure to escape traumatic shock».

25. Curtis, Lisa, *op. cit.*

26. Sindicato Médico Andaluz (2013, 16 de abril), «Distribución de plazas MIR del año 2013 adjudicadas el día 16 de abril». <https://simeg.org/wp/wp-content/uploads/2013/04/Informe-MIR-primer-dia-131.pdf>

27. Camacho, Laura (2023, 2 de abril), «Las especialidades MIR con más demanda: Plástica, Derma y una "sorpresa"», en *Redacción Médica.* <https://www.redaccionmedica.com/secciones/formacion/las-especialidades-mir-con-mas-demanda-plastica-derma-y-una-sorpresa–6186>

28. Montó, Nuria (2023, 13 de mayo), «MIR 2023: cierra con 131 vacantes en Medicina Familiar», en *El Mundo* <https://www.elmundo.es/ciencia-y-salud/salud/2023/05/13/645e66cefc6c8352678b45d6.html>

29. Arroyo, Jesús y Paula Urrutia (2023, 29 de junio), «Sanidad valora una ley para "disuadir" a quienes renuncian a su plaza MIR», en *Redacción Médica.* <https://www.redaccionmedica.com/secciones/formacion/sanidad-valora-una-ley-para-disuadir-a-quienes-renuncian-a-su-plaza-mir-6515>

19. Trabajar contra el cinismo

1. Albaigès, José María (1997), *Un siglo de citas.*

2. Cipolla, Carlo Maria (1991), *Allegro ma non troppo.*

3. Cipolla, Carlo Maria (1991), *op. cit.*

4. Umbral, Francisco (1975), *Mortal y rosa.*

5. Woolf, Virginia (2022), *op. cit.*

6. Cressey, Donald (1969), *Theft of the Nation: The Structure and Operations of Organized Crime in America.*

7. Yaple, Z. A. y R. Yu (2020), «Upward and downward comparisons across monetary and status domains».

8. Toner, K.; M. R. Leary, M. W. Asher y K. P. Jongman-Sereno (2013), «Feeling superior is a bipartisan issue: Extremity (not direction) of political views predicts perceived belief superiority».

9. Gregg, A. P. y N. Mahadevan (2014), «Intellectual arrogance and intellectual humility: An evolutionary-epistemological account».

10. Milyavsky, M.; A. W. Kruglanski, M. Chernikova y N. Schori-Eyal (2017), «Evidence for arrogance: On the relative importance of expertise, outcome, and manner».

11. Montesquieu (2021), *La separación de poderes.*

12. Ma, X. y E. Zhang (2021), «The influence of social power on neural responses to emotional conflict».

13. Keltner, Dacher (2016), *The Power Paradox: How We Gain and Lose Influence.*

14. Eisler, Riane (2021), *El cáliz y la espada.*

15. Sousa Santos, Boaventura de (2006), *op. cit.*

16. Ostrom, Elinor (2011), *El gobierno de los bienes comunes.*

17. Sousa Santos, Boaventura de (2006), *op. cit.*

18. Sontag, Susan (2007), *Estilos radicales.*

19. Lastra, Esther, (2021, 25 de octubre) «El *marketing* se muere y la Generación Z será su verdugo (o su redentora)», en *Marketing Directo.* <https://www-marketingdirecto-com.cdn.ampproject.org/c/s/www.marketingdirecto.com/marketing-general/marketing/marketing-muere-generacion-z-sera-verdugo-redentora/amp>

20. Huarte de San Juan, Juan, (1991) *op. cit.*

21. Wagensberg, Jorge (2012), «El derecho de toda respuesta a cambiar de pregunta».

22. Smith, Adam (1997), *op. cit.*

23. Brecht, Bertolt (2012), *op. cit.*

24. Kent, Nick (1978, 11 de marzo), «Elvis Costello: This Year's Model (Radar Records)», en *New Music Express*, 37.

25. Diógenes de Sinope (2012), *Frases y anécdotas de Diógenes el Cínico.*

26. Sloterdijk, Peter (2019), *Crítica de la razón cínica.*

27. Sloterdijk, Peter, *op. cit.*

28. Greene, Graham (1961), *op. cit.*

29. Lomazzo, Giovanni Paolo (1584), *Trattato dell'arte de la pittura di Gio. Paolo Lomazzo milanese pittore. Diuiso in sette libri. Ne' quali si contiene tutta la theorica, & la prattica d'essa pittura.*

30. Proust, Marcel (2016), *En busca del tiempo perdido 2: A la sombra de las muchachas en flor.*

31. Poniatowska, Elena (2011), *Leonora.*

32. Sousa Santos, Boaventura de (2006), *op. cit.*

33. Popper, Karl (1983), *Conjeturas y refutaciones.*

34. Akerlof, George y Robert J. Shiller (2016), *La economía de la manipulación: cómo caemos como incautos en las trampas del mercado.*

35. Déjacque, Joseph (2023), *op. cit.*

36. Zambrano, María (2019), *Persona y democracia.*

Bibliografía

Aarts, Henk; Peter M. Gollwitzer y Ran R. Hassin (2004), «Goal contagion: perceiving is for pursuing», *Journal of Personality and Social Psychology* 87, pp. 23-37.

Abdella, H. M.; H. O. El Farssi, D. R. Broom *et al.* (2019), «Eating Behaviours and Food Cravings; Influence of Age, Sex, BMI and FTO Genotype», *Nutrients* 11, p. 377. <doi: 10.3390/nu11020377>

Abreu, Víctor Yosvany (2014), *Mitos, cuentos y leyendas de África*, Verbum, Arganda del Rey.

Adler, Alfred (1927), *Menschenkenntnis*, Vandenhoeck & Ruprecht, Gotinga.

Ahmed, N.; P. Barnett, A. Greenburgh *et al.* (2023), «Mental health in Europe during the COVID-19 pandemic: a systematic review», *Lancet Psychiatry*, S2215-0366(23)00113-X. <doi: 10.1016/S2215-0366(23)00113-X>

Ahn, N.; N. Wawro, S. E. Baumeister *et al.* (2023), «Time-Varying Use of Proton Pump Inhibitors and Cognitive Impairment and Dementia: A Real-World Analysis from Germany», *Drugs Aging* 40, pp. 653-663.

Ainsworth, G. C. (1976), *Introduction to the History of Mycology*, Cambridge University Press, Cambridge.

Akerlof, George y Robert J. Shiller (2016), *La economía de la manipulación: cómo caemos como incautos en las trampas del mercado*, Deusto, Zalla. Traducción de Gustavo Teruel Prieto.

Al-Hashimi, O.; T. P. Zanto y A. Gazzaley (2015), «Neural sources of performance decline during continuous multitasking», *Cortex* 71, pp. 49-57.

Alados, C. L. y J. Escos (1988), «Alarm calls and flight behaviour in Spanish ibex (Capra pyrencaica)», *Biology of Behavior* 13, pp. 11-21.

Alami, S.; C. von Rueden, E. Seabright *et al.* (2020), «Mother's social status is associated with child health in a horticulturalist population», *Proc. Biol. Sci.* 287, 20192783. <doi: 10.1098/rspb.2019.2783>

Alarashi, H.; M. Benz, J. Gresky *et al.* (2023), «Threads of memory: Reviving the ornament of a dead child at the Neolithic village of Ba'ja (Jordan)», *PLoS ONE* 18, e0288075. <doi.org/10.1371/journal.pone.0288075>.

Alatorre, Antonio y Martha Lilia Tenorio (1998), *Serafina y Sor Juana (con tres apéndices)*, El Colegio de México, México.

Albaigès, José María (1997), *Un siglo de citas*, Planeta, Barcelona.

Alemán, A.; R. S. Kahn y J. P. Selten (2003), «Sex differences in the risk of schizophrenia: evidence from meta-analysis», *Arch Gen Psychiatry* 60, pp. 565-571.

Alemán, Mateo (2013), *Guzmán de Alfarache*, Galaxia Gutenberg, Barcelona.

Alexander, B. K.; R. B. Coambs y P. F. Hadaway (1978), «The effect of housing and gender on morphine self-administration in rats», *Psychopharmacology* 58, pp. 175-179.

Alighieri, Dante (2014), *Divina comedia*, Cátedra, Madrid. Edición de Giorgio Petrocchi y Luis Martínez de Merlo.

Alonso, J.; G. Vilagut, I. Alayo *et al.*, Mindcovid Working Group (2022), «Mental impact of COVID-19 among Spanish healthcare workers. A large longitudinal survey», *Epidemiol. Psychiatr. Sci.* 31, e28. <doi: 10.1017/S2045796022000130>

Amabile, T. M.; C. N. Hadley y S. J. Kramer (2002), «Creativity under the gun», *Harv. Bus. Rev.* 80, pp. 52-61.

Amir, O.; I. Biederman, Z. Wang y X. Xu (2013), «Ha Ha! Versus Aha! A Direct Comparison of Humor to Nonhumorous Insight for Determining the Neural Correlates of Mirth», *Cerebral Cortex* 62, pp. 35-43.

An, Seung-ho y Kenneth J. Meier (2020), «Gender and the Effectiveness of Leadership Training: Results From a Field Experiment», *Review of Public Personnel Administration* 41, pp. 747-770.

Anders Ericsson, Karl; Ralf Krampe y Clemens Tesch-Roemer (1993), «The Role of Deliberate Practice in the Acquisition of Expert Performance», *Psychological Review* 100, pp. 363-406.

Andersen, Hans Christian (2012), *Cuentos completos*, Cátedra, Madrid. Traducción de Enrique Bernárdez con ilustraciones de Pedersen y Frølich.

Anderson, A.; Sophia Chilczuk, Kaylie Nelson *et al.* (2023), «The Myth of Man the Hunter: Women's contribution to the hunt across ethnographic contexts», *PLoS ONE* 18: e0287101. <doi .org/10.1371/journal. pone.0287101>

Anderson, Eric (2009), «"At least with cheating there is an attempt at monogamy": cheating and monogamism among undergraduate heterosexual men», *Journal of Social and Personal Relationships* 27, pp. 851-872.

Andeweg, Rudy B. y Steef B. Van Den Berg (2003), «Linking Birth Order to Political Leadership: The Impact of Parents or Sibling Interaction?», *Political Psychology* 24, pp. 605-623.

Apolodoro (1985), *Biblioteca*, Gredos, Madrid. Traducción de Margarita Rodríguez de Sepúlveda.

Apuleyo, Lucio (2003), *Apología o Discurso sobre la magia en defensa propia*, Universidad Nacional Autónoma de México, México D. F. Edición de Roberto Heredia Correa.

Aquino, Tomás de (2010), «Tratado de los ángeles», en *Summa theologiae II*, Biblioteca de Autores Cristianos, Madrid. Varios traductores.

—, «Tratado sobre la caridad» (2010), en *Summa theologiae VII*, Biblioteca de Autores Cristianos, Madrid.

Aragonès, E.; I. D. Cura-González, L. Hernández-Rivas *et al.*, Mindcovid-19 Research Group (2022), «Psychological impact of the COVID-19 pandemic on primary care workers: a cross-sectional study», *Br. J. Gen. Pract.* 72, pp. e501-e510. <doi: 10.3399/BJGP.2021.0691>

Arbaiza Vilallonga, Mercedes (1997), «Causas sociales de la mortalidad durante la industrialización vizcaína (1877-1930)», *Asclepio* 49, pp. 245-283.

Arendt, Hannah (2018), *Sobre la violencia*, Alianza, Madrid. Traducción de Carmen Criado.

Arias, Daniel; Shekhar Saxena y Stephane Verguet (2022), «Quantifying the global burden of mental disorders and their

economic value», *eClinicalMedicine* 54, 101675. <doi.org/10.1016/j. eclinm.2022.101675>
Aristóteles (2014), *Ética a Nicómaco*, Alianza, Madrid. Traducción de José Luis Calvo Martínez.
—, *Política* (1988), Gredos, Madrid. Traducción de Manuela García Valdés.
—, *Retórica* (2022), Gredos, Madrid. Traducción de Quintín Racionero.
Arkes, Hal R. y Peter Ayton (1999), «The sunk cost and Concorde effects: Are humans less rational than lower animals?», *Psychological Bulletin* 125, pp. 591-600.
Arriaza, Bernardo (2003), *Cultura chinchorro: las momias artificiales más antiguas del mundo*, Editorial Universitaria de Chile, Santiago de Chile.
Asch, S. E. (1958), «Studies of independence and conformity: A minority of one against a unanimous majority», *Psychological Monographs* 70, pp. 1-70.
Asher-Greve, Julia M. y Joan G. Westenholz (2013), *On Divine Powers, Roles, Relationships and Gender in Mesopotamian Textual and Visual Sources*, Peeters Publishers, Lovaina.
Bacab Pérez, A. I. y A. Canto (2020), «La abeja melipona en la cultura maya», *Desde el Herbario* 12, pp. 154-158.
Báez-Jorge, Félix (1990), «Las seductoras macabras (Imágenes numinosas de la sexualidad femenina en Mesoamérica)», *La Palabra y el Hombre* 73, pp. 5-28.
— (2000), «Kauymáli y las vaginas dentadas (Aproximación a la mitología huichol desde la perspectiva de un héroe civilizatorio)», en *El héroe entre el mito y la historia*, Centro de Estudios Mexicanos y Centroamericanos, México.
— (2010), «Mitología y simbolismo de la vagina dentada», *Arqueología Mexicana* 104, pp. 51-47.
Baird, B.; J. Smallwood, M. D. Mrazek *et al.* (2012), «Inspired by distraction: mind wandering facilitates creative incubation», *Psychol. Sci.* 23, pp. 1117-1122.
Barbier, Patrick (1996), *The World of Castrati*, Souvenir, Londres.
Barbot de Villeneuve, Gabrielle-Suzanne (2022), *La bella y la bestia*, Folioscopio, Barcelona. Traducción de Carlos Omar Cámara y Miguel Ángel Frontán, ilustraciones de MinaMila.
Barnett, Kristine (2016), *La chispa: un relato materno sobre educa-*

ción, genialidad y autismo, Aguilar, Madrid. Traducción de M.ª Jesús Asensio Tudela.

Barrett, D. (2017), «Dreams and creative problem-solving», *Ann. N. Y. Acad. Sci.* 1406, pp. 64-67.

Barton, Cynthia H. (1996), *Transcendental Wife: The Life of Abigail May Alcott,* University Press of America, Lanham.

Bascandziev, I. y P. L. Harris (2014), «In beauty we trust: Children prefer information from more attractive informants», *British Journal of Developmental Psychology* 32, pp. 94-99.

Bateson, Gregory (1935), «Culture Contact and Schismogenesis», *Man.* 35, pp. 178-183.

—(1936), *Naven: A Survey of the Problems Suggested by a Composite Picture of the Culture of a New Guinea Tribe Drawn from Three Points of View,* Cambridge University Press, Cambridge.

Batson, C. Daniel; Pamela J. Cochran, Marshall F. Biederman *et al.* (1978), «Failure to help when in a hurry: Callousness or conflict?», *Personality and Social Psychology Bulletin* 4, pp. 97-101.

Bauman, Zygmunt (2022), *Tiempos líquidos,* Tusquets, Barcelona. Traducción de Carmen Corral Santos.

Beauvoir, Simone de (2017), *El segundo sexo,* Cátedra, Madrid. Traducción de Alicia Martorell.

Beecher Stowe, Harriet (1865), *Household Papers and Stories,* Ticknor and Fields, Boston.

Behrenfeld, Michael J. (2014), «Climate-mediated dance of the plankton», *Nature Climate Change* 4, pp. 880-887.

Bell, R.; L. Mieth y A. Buchner (2017), «Emotional Memory: No Source Memory Without Old-new Recognition», *Emotion* 17, pp. 120-130.

Bellucci, G.; J. A. Camilleri, V. Iyengar *et al.* (2020), «The emerging neuroscience of social punishment: Meta-analytic evidence», *Neurosci. Biobehav. Rev.* 113, pp. 426-439.

Bender, Emily M.; Timnit Gebru, Angelina McMillan-Major y Shmargaret Shmitchell (2021), «On the Dangers of Stochastic Parrots: Can Language Models Be Too Big?», *FAccT '21: Proceedings of the 2021 ACM Conference on Fairness, Accountability, and Transparency,* pp. 610-623.

Benziger, Katherine (1994), *The BTSA User Manual: A Guide to the Development, Validation, and Use of the Benziger Thinking Styles Assessment,* KBA, LLC, Illionois.

Berlant, Lauren (2020), *El optimismo cruel*, Caja Negra Editora, Buenos Aires. Traducción de Hugo Salas.

Berns, G. S.; J. Chappelow, C. F. Zink *et al.* (2005), «Neurobiological correlates of social conformity and independence during mental rotation», *Biol Psychiatry* 58, pp. 245-253.

Bernstein, Albert J. (2012), *Vampiros emocionales: cómo reconocer y tratar con personas que manipulan nuestros sentimientos*, Edaf, Madrid. Traducción de Elías Sarhan.

Bevan, Clifford J. (1961), «Marianne Mozart, Sister of a Genius», *The Musical Times* 102, pp. 487-488.

Bevins, R. A. y J. Besheer (2005), «Novelty reward as a measure of anhedonia», *Neurosci. Biobehav. Rev.* 29, pp. 707-714.

Beyer, D. K. E.; L. Horn, N. Klinker y N. Freund (2021), «Risky decision-making following prefrontal D1 receptor manipulation», *Transl. Neurosci.* 12, pp. 432-443.

Bhalotra, Sonia e Irma Clots-Figueras (2014), «Health and the Political Agency of Women», *American Economic Journal: Economic Policy* 6, pp. 164-197.

Bhamidipati, T.; M. Kumar, S. S. Verma *et al.* (2022), «Epigenetic basis of diabetic vasculopathy», *Front Endocrinol (Lausanne)* 13, 989844. <doi: 10.3389/fendo.2022.989844>

Binder, P. E.; V. I. Woodfin y A. Hjeltnes (2023), «Perfection is a sad and lonely place: A study of existential vulnerability in the life stories of persons struggling with perfectionism», *Int J Qual Stud Health Well-being* 18, 2219513. <doi: 10.1080/17482631.2023.2219513>

Birnbaum, G. E.; K. Zholtack y S. Ayal (2022), «Is Infidelity Contagious? Online Exposure to Norms of Adultery and Its Effect on Expressions of Desire for Current and Alternative Partners», *Arch. Sex. Behav.* 51, pp. 3919-3930.

Black, S. E.; P. J. Devereux, P. Lundborg y K. Majlesi (2017), «On the Origins of Risk-Taking in Financial Markets», *The Journal of Finance* 72, pp. 2229-2278.

Blanchard, D. C.; G. Williams, E. M. Lee y R. J. Blanchard (1981), «Taming of wild Rattus norvegicus by lesions of the mesencephalic central gray», *Physiological Psychology* 9, pp. 157-163.

Blanco, F.; I. Barberia y H. Matute (2015), «Individuals Who Believe in the Paranormal Expose Themselves to Biased Information and Develop More Causal Illusions than Nonbelievers in the Laboratory», *PLoS ONE* 10, e0131378. <doi: 10.1371/journal.pone.0131378>

Bloom, D. E.; E. T. Cafiero, E. Jané-Llopis *et al.* (2011), *The Global Economic Burden of Noncommunicable Diseases*, World Economic Forum, Ginebra.

Blum, K.; T. McLaughlin, A, Bowirrat *et al.* (2022), «Reward Deficiency Syndrome (RDS) Surprisingly Is Evolutionary and Found Everywhere: Is It "Blowin' in the Wind"?», *J. Pers. Med.* 12, 321. <doi: 10.3390/jpm12020321>

Böck, Barbara (2000), «Die babylonisch-assyrische Morphoskopie», en *Archiv für Orientforschung*, Beiheft 27, Institut für Orientalistik der Universität Wien, Viena.

Boétie, Étienne de la (2019), *Discurso de la servidumbre voluntaria*, Trotta, Barcelona. Traducción de Pedro Lomba.

Bolló, H.; D. R. Háger, M. Galvan y G. Orosz (2020), «The Role of Subjective and Objective Social Status in the Generation of Envy», *Front. Psychol.* 11. <doi: 10.3389/fpsyg.2020.513495>

Borel, Henri (2012), *Wu wei*, Obelisco, Rubí. Traducción de Julio Peradejordi.

Borland, J. M.; K. N. Grantham, L. M. Aiani *et al.* (2018), «Role of oxytocin in the ventral tegmental area in social reinforcement», *Psychoneuroendocrinology* 95, pp. 128-137.

Boroujerdi, F. G.; S. A. Kimiaee, S. A. A. Yazdi y M. Safa (2019), «Attachment style and history of childhood abuse in suicide attempters», *Psychiatry Res.* 271, pp. 1-7.

Botello Méndez, David y José María Rodríguez Albendea (2015), *Felipe el Hermoso: anatomía de un crimen*, Oberón, Madrid.

Boterberg, S. y P. Warreyn (2016), «Making sense of it all: The impact of sensory processing sensitivity on daily functioning of children», *Personality and Individual Differences* 92, pp. 80-86.

Bottin, S. M. B.; C. M. C. Bottino, C. G. Regina *et al.* (2015), «Cyberbullying and adolescent mental health: systematic review», *Cadernos de Saude Publica* 31, pp. 463-475.

Bourdieu, Pierre (2001), «El capital social. Apuntes provisionales», *Zona Abierta* 94-95, pp. 83-87.

Boyd, Julia (2013), *The Excellent Doctor Blackwell: The Life of the First Woman Physician*, Thistle Publishing, Londres.

Bozoyan, C. y C. Schmiedeberg (2022), «What is Infidelity? A Vignette Study on Norms and Attitudes toward Infidelity», *J. Sex. Res.* 80, pp. 1090-1099.

Bozzola, E.; G. Spina, R. Agostiniani *et al.* (2022), «The Use of Social Media in Children and Adolescents: Scoping Review on the Potential Risks», *Int J Environ Res Public Health* 19, 9960. <doi: 10.3390/ijerph19169960>

Braudel, Fernand (1967), *Capitalism and Material Life, 1400-1800*, Harper & Row, Cambridge.

Brecht, Bertolt (2012), *Vida de Galileo*, en *Vida de Galileo; Madre coraje y sus hijos*, Alianza, Madrid. Traducción de Miguel Sáenz.

Bremmer, Jan (1983), «Scapegoat Rituals in Ancient Greece», *Harvard Studies in Classical Philology* 87, pp. 299-320.

Bremner, J. D. y M. T. Wittbrodt (2020), «Stress, the brain, and trauma spectrum disorders», *Int. Rev. Neurobiol.* 152, pp. 1-22.

Bright, Sam (2023), *Bullingdon Club Britain: The Ransacking of a Nation*, Byline Books, Londres.

Brodt, S.; D. Pöhlchen, E. Täumer *et al.* (2018), «Incubation, not sleep, aids problem-solving», *Sleep J.* 41, pp. 1-11.

Brooke-Hitching, Edward (2002), *Atlas del cielo, del infierno y del más allá*, Blume, Barcelona. Traducción de Ana Belén Barrio Fernández.

Brown, P. A.; M. Slater y A. Lofters (2019), «Personality and burnout among primary care physicians: an international study», *Psychol. Res. Behav. Manag.* 12, pp. 169-177. <doi: 10.2147/PRBM.S195633>

Brown, Peter (2021), *El mundo de la Antigüedad tardía*, Taurus, Madrid. Traducción de Juan Antonio Piñero.

Burkert, Walter (2018), *Cultos mistéricos antiguos*, Trotta, Madrid. Traducción de María Tabuyo y Agustín López.

Buss, D. M. y D. P. Schmitt (2017), «Sexual strategies theory», en Shackelford, T. K. y V. A. Weekes-Shackelford (eds.), *Encyclopedia of Evolutionary Psychological Science*, Springer, Nueva York.

Bustos, David; Jackson Jakeway, Tommy M. Urban, *et al.* (2018), «Footprints preserve terminal Pleistocene hunt? Human-sloth interactions in North America», *Sci. Adv.* 4, eaar7621. <doi: 10.1126/sciadv.aar76>

Byrne, Sam; Dula Amarasiriwardena, Basel Bandak *et al.* (2010), «Were Chinchorros exposed to arsenic? Arsenic determination in Chinchorro mummies' hair by laser ablation inductively coupled plasma-mass spectrometry (LA-ICP-MS)», *Microchemical Journal* 9, pp. 28-35.

CABANAS, Edgar y Eva Illouz (2019), *Happycracia: cómo la ciencia y la industria de la felicidad controlan nuestras vidas*, Paidós, Barcelona.

CABEZA, R.; M. Becker y S. W. Davis (2020), «Are the hippocampus and its network necessary for creativity?», *Proc Natl Acad Sci USA* 117, pp. 13870-13872.

CANALS, J.; C. Hernández-Martínez, S. Cosi y N. Voltas (2012), «The epidemiology of obsessive-compulsive disorder in Spanish school children», *Journal of Anxiety Disorders* 26, pp. 746-752.

CANER, Daniel F. (1997), «The Practice and Prohibition of Self-Castration in Early Christianity», *Vigiliae Christianae* 51, pp. 396-415.

CAPRARIELLO, P. A.; A. J. Cuddy y S. T. Fiske (2009), «Social Structure Shapes Cultural Stereotypes and Emotions: A Causal Test of the Stereotype Content Model», *Group Processes & Intergroup Relations* 12, pp. 147-155. <doi: 10.1177/1368430208101053>

CARSON, Clayborne; Susan Carson, Adrienne Clay *et al.* (eds.) (2000), *The Papers of Martin Luther King, Jr. Volume IV: Symbol of the Movement, January 1957-December 1958*, University of California Press, Berkeley.

CARTER, N. L. y J. Mark Weber (2010), «Not Pollyannas: Higher Generalized Trust Predicts Lie Detection Ability», *Social Psychological and Personality Science* 1, pp. 274-279.

CARUSO, E. M.; N. Epley y M. H. Bazerman (2006), «The consequences of considering other's contribution in groups», *Proceedings* 1, pp. A1-A6. <doi.org/10.5465/ambpp.2006.22897234>

CASTILLO MARTOS, Manuel (2006), *Bartolomé de Medina y el siglo XVI*, Editorial Universidad de Cantabria, Santander.

CASTILLO, R. J. (2003), «Trance, functional psychosis, and culture», *Psychiatry* 66, pp. 9-21.

Catecismo de la Iglesia Católica (2005), PPC Editorial, Boadilla del Monte.

CAVANNA, F.; S. Muller, L. A. de la Fuente *et al.* (2022), «Microdosing with psilocybin mushrooms: a double-blind placebo-controlled study», *Transl Psychiatry* 12, 307. <doi: 10.1038/s41398-022-02039-0>

CELEC, P.; D. Ostatnikova, Z. Putz y M. Kudela (2002), «The circalunar cycle of salivary testosterone and the visual-spatial performance», *Bratisl Lek Listy* 103, pp. 59-69.

CERMAK, T. L. (1986), «Diagnostic criteria or codependency», *Journal of Psychoactive Drugs* 18, pp. 15-20.

— (1991), «The relationship between codependence and narcissism», en Rivinus, T. M. (ed.), *Children of Chemically Dependent Parents: Multiperspectives from the Cutting Edge*, Brunner Mazel, Nueva York.

CHAE, J.; K. Kim, Y. Kim *et al.* (2022), «Ingroup favoritism overrides fairness when resources are limited», *Sci. Rep.* 12, 4560. <doi: 10.1038/s41598-022-08460-1>

CHAE, Y.; H. J. Park e I. S. Lee (2022), «Pain modalities in the body and brain: Current knowledge and future perspectives», *Neuroscience & Biobehavioral Reviews* 139, 104744. <doi: 10.1016/j.neubiorev.2022.104744>.

CHAM, S.; H. J. Koslik y B. A. Golomb (2016), «Mood, Personality, and Behavior Changes During Treatment with Statins: A Case Series», *Drug Saf. Case Rep.* 3, p. 1. <https://doi.org/10.1007/s40800-015-0024-2>

CHAMBERLIN, E. R. (1976), *Los malos papas*, Círculo de Lectores, Barcelona. Traducción de Justo G. Beramendi.

CHEN, H.; Z. Zeng y J. Ma (2020), «The source of punishment matters: Third-party punishment restrains observers from selfish behaviors better than does second-party punishment by shaping norm perceptions», *PLoS ONE* 15, e0229510. <doi: 10.1371/journal.pone.0229510>

CHEN, S. X.; B. C. Lam, W. C. Wu *et al.* (2016), «Do people's world views matter? The why and how», *J. Pers. Soc. Psychol.* 110, pp. 743-765.

CHERRY, Frances E. (1995), *The "Stubborn Particulars" of Social Psychology: Essays on the Research Process*, Routledge, Londres.

CHESTER, D. S.; D. R. Lynam, R. Milich y C. N. DeWall (2018), «Neural mechanisms of the rejection-aggression link», *Soc. Cogn. Affect. Neurosci.* 13, pp. 501-512.

CHEVAL, B.; R. Radel, J. L. Neva, *et al.* (2018), «Behavioral and Neural Evidence of the Rewarding Value of Exercise Behaviors: A Systematic Review», *Sports Med* 48, pp. 1389-1404.

CHEVAL, B.; Z. Csajbók, T. Formánek T, *et al.* (2021), «Association between physical-activity trajectories and cognitive decline in adults 50 years of age or older», *Epidemiol. Psychiatr. Sci.* 30, e79. <doi: 10.1017/S2045796021000688>

CHRISTIE, Agatha (1998), *Asesinato en la calle Hickory*, Molino, Barcelona. Traducción de C. Peraire del Molino.

—, *Autobiografía* (2019), Espasa, Madrid. Traducción de S. A. Diorki.

CICERÓN (2016), *Los deberes*, Gredos, Madrid. Traducción de Ignacio J. García Pinilla.

CIERI, R. L.; S. E. Churchill, R, G. Franciscus *et al.* (2014), «Craniofacial feminization, social tolerance, and the origins of behavioral modernity», *Curr. Anthropol.* 55, pp. 419-443.

CIPOLLA, Carlo Maria (1991), *Allegro ma non troppo*, Crítica, Barcelona. Traducción de María Pons.

—, *Historia económica de la Europa preindustrial* (1981), Alianza, Madrid. Traducción de Esther Benítez y Joaquín Arango.

CIROTTEAU, Thomas; Jennifer Kerner y Éric Pincas (2022), *Lady Sapiens: la mujer en tiempos de la prehistoria*, La Esfera de los Libros, Madrid. Traducción de Paz Pruneda.

CLANCE, Pauline R. y Suzanne A. Imes (1978), «The Impostor Phenomenon in High Achieving Women: Dynamics and Therapeutic Intervention», *Psychotherapy: Theory, Research & Practice* 15, pp. 241-247.

CLAYTON, J. A. (2016), «Sex influences in neurological disorders: case studies and perspectives», *Dialogues Clin. Neurosci.* 18, pp. 357-360.

CLOTTES, Jean y David Lewis-Williams (2010), *Los chamanes de la prehistoria*, Ariel, Madrid. Traducción de Javier López Cachero.

COBLIN, W. South (1993), «Erh ya», en Loewe, Michael (ed.), *Early Chinese Texts: A Bibliographical Guide*, University of California, Berkeley.

COCHRAN, S. D.; J. Drescher, E. Kismodi *et al.* (2014), «Proposed declassification of disease categories related to sexual orientation in ICD-11: Rationale and evidence from the Working Group on Sexual Disorders and Sexual Health», *Bull. World Health Organ.* 92, pp. 672-679.

COHN, Norman (2010), *El mito de la conspiración judía mundial: los Protocolos de los Sabios de Sion*, Alianza, Madrid. Traducción de Fernando Santos Fontela.

Collodi, Carlo (2011), *Las aventuras de Pinocho*, Siruela, Madrid. Prólogo y traducción de Antonio Colinas.

Conard, Nicholas J. y Maria Malina (2015), «Eine mögliche Frauenfigurine vom Hohle Fels und Neues zur Höhlennutzung im Mittel- und Jungpaläolithikum», *Archäologische Ausgrabungen in Baden-Württemberg*, pp. 54-59.

Coogan, Michael D. y Mark S. Smith (2012), *Stories from Ancient Canaan*, Westminster John Knox Press, Louisville.

Cook, G. I.; R. L. Marsh y J. L. Hicks (2003), «Halo and devil effects demonstrate valenced-based influences on source-monitoring decisions», *Conscious Cogn.* 12, pp. 257-278.

Cortijo, Dani (2010), *Històries de la Història de Barcelona*, L'Arca, Barcelona.

Costa, L. G.; T. B. Cole, K. Dao *et al.* (2020), «Effects of air pollution on the nervous system and its possible role in neurodevelopmental and neurodegenerative disorders», *Pharmacol Ther* 210, 107523. <doi: 10.1016/j.pharmthera.2020.107523>

Credé, M.; M. C. Tynan y P. D. Harms (2017), «Much ado about grit: A meta-analytic synthesis of the grit literature», *J. Pers. Soc. Psychol.* 113, pp. 492-511.

Cressey, Donald (1969), *Theft of the Nation: The Structure and Operations of Organized Crime in America*, Harper and Row, Nueva York.

Crockett, M. J. (2017), «Moral outrage in the digital age», *Nature Human Behaviour* 1, pp. 769-771.

Croddy, Eric A.; James J. Wirtz y Jeffrey Arthur Larsen (2004), *Weapons of Mass Destruction: An Encyclopedia of Worldwide Policy, Technology, and History I: Chemical and Biological Weapons*, Greenwood, Westport.

Crump, C.; K. Sundquist, M. A. Winkleby y J. Sundquist (2013), «Comorbidities and mortality in bipolar disorder: a Swedish national cohort study», *JAMA Psychiatry* 70, pp. 931-939.

Crump, C.; M. A. Winkleby, K. Sundquist y J. Sundquist (2013), «Comorbidities and mortality in persons with schizophrenia: a Swedish national cohort study», *Am J Psychiatry* 170, pp. 324-333.

Crusius, J. y J. Lange (2017), «How do people respond to threatened social status? Moderators of benign versus malicious envy», en Smith, Richard H. (ed.) *et al.*, *Envy at Work and in*

Organizations: Research, Theory, and Applications, Oxford University Press, Oxford.

Cruz, Sor Juana Inés de la (1992), *Poesía lírica*, Cátedra, Madrid. Edición de José González Boixo.

Da Cunha-Bang, S.; P. M. Fisher, L. V. Hjordt *et al.* (2017), «Violent offenders respond to provocations with high amygdala and striatal reactivity», *Soc. Cogn. Affect. Neurosci.* 12, pp. 802-810.

Dallapiccola, Anna (2002), *Dictionary of Hindu Lore and Legend*, Thames and Hudson, Londres.

Dam, N. T. van; M. K. van Vugt, D. R. Vago *et al.* (2018), «Mind the Hype: A Critical Evaluation and Prescriptive Agenda for Research on Mindfulness and Meditation», *Perspect. Psychol. Sci.* 13, pp. 36-61.

Damme, C. van; E. Deschrijver, E. Van Geert y V. Hoorens (2017), «When Praising Yourself Insults Others: Self-Superiority Claims Provoke Aggression», *Pers. Soc. Psychol. Bull.* 43, pp. 1008-1019.

Danziger, S.; J. Levav y L. Avnaim-Pessoa (2011), «Extraneous factors in judicial decisions», *PNAS Proceedings of the National Academy of Sciences of the United States of America* 108, pp. 6889-6892.

Darwin, C. (1877), «A biographical sketch of an infant», *Mind.* 2, pp. 285-294.

Day, John (2000), *Yahweh and the Gods and Goddesses of Canaan*, Sheffield Academic Press, Sheffield.

Dear, G. E.; C. M. Roberts y L. Lange (2004), «Defining codependency: An analysis of published definitions», *Advances in Psychology Research* 34, pp. 63-79.

Déjacque, Joseph (2023), *¡Abajo los jefes!: escritos libertarios (1857-1861)*, Pepitas de Calabaza, Logroño. Traducción de Diego Luis Sanromán.

Dennett, Daniel (1995), *La conciencia explicada: una teoría interdisciplinar*, Paidós, Barcelona. Traducción de Sergio Balari Ravera.

Desveaux, L.; K. Wu, G. Rouleau *et al.* (2023), «Building Compassionate Experience Through Compassionate Action: Qualitative Behavioral Analysis», *JMIR Form. Res.* 7, e43981. <doi: 10.2196/43981>

DeThorne, Laura (2020), «Revealing the Double Empathy Pro-

blem: It's not that autistic people lack empathy. Rather, their different neurotypes and experiences may make it harder for nonautisic people to understand them-and vice versa», *ASHA Leader* 25, pp. 58-65.
DEUTSCH, E. O. (1990), *Mozart: A Documentary Biography,* Simon and Schuster, Londres.
DIAS, Patrícia (2014), «From "infoxication" to "infosaturation": a theoretical overview of the cognitive and social effects of digital immersion», *Ambitos: Revista Internacional de Comunicación* 24, pp. 31-40.
DÍAZ MIRANDA, Elena (2017), «Las tentaciones de la carne», *Relatos e Historias en México* 105.
DICKSON, Paul (1980), *The Official Explanations,* Delacorte Press, Nueva York.
DIEKHOF, E. K.; S. Wittmer y L. Reimers (2014), «Does competition really bring out the worst? Testosterone, social distance and inter-male competition shape parochial altruism in human males», *PLoS ONE* 9, e98977. <doi: 10.1371/journal.pone.0098977>
DIÓGENES DE SINOPE (2012), *Frases y anécdotas de Diógenes el Cínico,* Editorial Mundo Eólico, Bogotá. Traducción y adaptación de David Donatti.
DOWLING, Colette (1993), *El complejo de Cenicienta,* Debolsillo, Barcelona. Traducción de Antoni Pigrau.
DOYLE, N. (2020), «Neurodiversity at work: a biopsychosocial model and the impact on working adults», *Br. Med. Bull.* 135, pp. 108-125.
DRAGIOTI, E.; D. Tsartsalis, M. Mentis *et al.* (2022), «Impact of the COVID-19 pandemic on the mental health of hospital staff: An umbrella review of 44 meta-analyses», *Int. J. Nurs. Stud.* 131, 104272. <doi: 10.1016/j.ijnurstu.2022.104272>
DU, W.; Z. Li, Y. Xu y C. Chen (2023), «The Effect of Parental Autonomy Support on Grit: The Mediating Role of Basic Psychological Needs and the Moderating Role of Achievement Motivation», *Psychol. Res. Behav. Manag.* 16, pp. 939-948.
DURGIN, Frank H. (2002), «The Tinkerbell Effect: Motion Perception and Illusion», *Journal of Consciousness Studies* 9, pp. 1-14.
DVASH, J.; G. Gilam, A. Ben-Ze'ev *et al.* (2010), «The envious

brain: the neural basis of social comparison», *Hum Brain Ma* 31, pp. 1741-1750.
DYNELEY Prince, J. (1904), «The Code of Hammurabi», *The American Journal of Theology* 8, pp. 601-609.
EAGLY, Alice H.; Mary C. Johannesen-Schmidt y M. V. van Engen (2003), «Transformational, transactional, and laissez-faire leadership styles: a meta-analysis comparing women and men», *Psychological Bulletin* 129, pp. 569-591.
ECO, Umberto (2012), *Construir al enemigo*, Lumen, Barcelona. Traducción de Helena Lozano Miralles.
— (1983), *El nombre de la rosa*, Lumen, Barcelona. Traducción de Ricardo Pochtar.
EHRENREICH, Barbara y Deirdre English (1981), *Brujas, parteras y enfermeras: una historia de las sanadoras*, La Sal, Barcelona. Traducción de Metcalfe & Davenport.
EINSTEIN, Albert (1934), «On the Method of Theoretical Physics», *Philosophy of Science* 1, pp. 163-169.
EISENBERGER, N. I. (2012), «The pain of social disconnection: examining the shared neural underpinnings of physical and social pain», *Nature Reviews Neuroscience* 13, pp. 421-434.
EISLER, Riane (2021), *El cáliz y la espada*, Capitán Swing, Madrid. Traducción de Noelia González Barrancos.
ELIADE, Mircea (2013), *El chamanismo y las técnicas arcaicas de éxtasis*, Fondo de Cultura Económica, Ciudad de México. Traducción de Ernestina de Champourcín.
ELIOT, Lise; Adnan Ahmed, Hiba Khan y Julie Patel (2021), «Dump the "dimorphism": Comprehensive synthesis of human brain studies reveals few male-female differences beyond size», *Neuroscience & Biobehavioral Reviews* 125, pp. 667-697.
ELLISON, David; Cindy E. Morris, Bruno Locatelli *et al.* (2017), «Trees, forests and water: Cool insights for a hot world», *Global Environmental Change* 43, pp. 51-61.
ELWORTHY, Frederick Thomas (2003), *The Evil Eye: The Classic Account of an Ancient Superstition*, Dover Publications Inc., Mineola.
ENRÍQUEZ, Carmen (2012), *Carmen Polo, señora de El Pardo*, La Esfera de los Libros, Madrid.
EPICARMO DE SIRACUSA (1996), *Testimonios y fragmentos*, Servicio

de Publicaciones de la Universidad de Oviedo, Oviedo. Edición de Lucía Rodríguez-Noriega.
EPLEY, N.; E. M. Caruso y M. H. Bazerman (2006), «When perspective taking increases taking: Reactive egoism in social interaction», *Journal of Personality and Social Psychology* 91, pp. 872-889.
EPSTEIN, Joseph (2005), *Envidia: los siete pecados capitales*, Paidós, Barcelona.
EPSTEIN, M. y J. Lieff (1981), «Psychiatric complications of meditation practice», *Journal of Transpersonal Psychology* 13, pp. 137-148.
EPSTEIN, Mark (2007), *Psychotherapy without the Self: A Buddhist Perspective*, Yale University Press, New Haven.
ERDOES, Richard (1984), *American Indian Myths and Legends*, Pantheon Books, Nueva York.
ERIKSON, Erik H. (2009), *Infancia y sociedad*, Horme-Paidós, Buenos Aires. Traducción de Noemí Rosenblatt.
ESCRIVÀ, Andreu (2023), *Contra la sostenibilidad*, Arpa, Barcelona.
ESOPO (2015), *Fábulas*, Alianza, Madrid. Traducción de Gonzalo López Casildo.
ESQUILO (1987), *Orestíada*, Bosch, Barcelona. Traducción de José Alsina Clota.
EVANS, A. D. y K. Lee (2013), «Emergence of lying in very young children», *Dev. Psychol.* 49, pp. 1958-1963.
FALES, M. R.; K. A. Gildersleeve y M. G. Haselton (2014), «Exposure to perceived male rivals raises men's testosterone on fertile relative to nonfertile days of their partner's ovulatory cycle», *Horm. Behav.* 65, pp. 454-460.
FANON, Frantz (1999), *Los condenados de la tierra*, Txalaparta, Tafalla.
FELDMAN BARRETT, Lisa (2020), *Siete lecciones y media sobre el cerebro*, Paidós, Barcelona. Traducción de Francisco J. Ramos.
FELDMAN, G.; H. Lian, M. Kosinski y D. Stillwell (2017), «Frankly, we do give a damn: The relationship between profanity and honesty», *Social Psychological and Personality Science* 8, pp. 816-826.
FELMER, Rehbein; Lucio Martínez Pol, Gloria Rose Fisher *et al.* (2009), «Los estilos epistémicos y tipos de personalidad como factores asociados a la elección de carrera», *Rev. Ped. Caracas* 86, pp. 115-134.

FERGUSON, M. A.; F. L. W. V. J. Schaper, A. Cohen *et al.* (2022), «A Neural Circuit for Spirituality and Religiosity Derived From Patients With Brain Lesions», *Biol Psychiatry* 91, pp. 380-388.

FERNÁNDEZ VÁZQUEZ, A. y R. Mañá Ares (2016), «El legado islámico en los cuidados psiquiátricos. El Maristán de Granada», *Cultura de los Cuidados* 45. <http://dx.doi. org/10.14198/cuid.2016.45.06>

FERNÁNDEZ-RODRIGUES, V.; Y. Sánchez-Carro, L. N. Lagunas *et al.* (2022), «Risk factors for suicidal behaviour in late-life depression: A systematic review», *World J Psychiatry* 12, pp. 187-203.

FERRY, Georgina (2019), *Dorothy Crowfoot Hodgkin: Patterns, Proteins and Peace: A Life in Science*, Bloomsbury Reader, Londres.

FESTINGER, L. y J. M Carlsmith (1959), «Cognitive consequences of forced compliance», *The Journal of Abnormal and Social Psychology* 58, pp. 203-210.

FESTINI, S. B., y B. A. Katz (2021), «A Frontal Account of False Alarms», *J. Cogn. Neurosci.* 33, pp. 1657-1678.

FLETT, G. L.; M. Stainton, P. L. Hewitt, *et al.* (2012), «Procrastination Automatic Thoughts as a Personality Construct: An Analysis of the Procrastinatory Cognitions Inventory», *J Rat-Emo Cognitive-Behav Ther* 30, pp. 223-236.

FLOSS, Harald (2006), «Phalliformer Retuscheur aus dem Gravettien des Hohle Fels, Baden-Württemberg (Deutschland)», en Uelsberg, Gabriele y Stefan Lötters (eds.), *Roots: Wurzeln der Menschheit*, Verlag Philipp Von Zabern, Darmstadt.

FLYNN, J. R. (1984), «The mean IQ of Americans: Massive gains 1932 to 1978», *Psychol. Bull.* 95, pp. 29-51.

FOCÍLIDES DE MILETO (2018), *Sentencias*, Abada, Madrid. Traducción de Francisco de Quevedo.

FOMBONNE, E. (2009), «Epidemiology of pervasive developmental disorders», *Pediatric Research* 65, pp. 591-598.

FOOT, Philippa (1967), «The problem of abortion and the doctrine of the double effect», *Oxford Review* 5, pp. 5-15.

FORCELLINO, Antonio (2018), *Miguel Ángel: una vida inquieta*, Alianza, Madrid. Traducción de Pepa Linares.

FORTES, M. y E. Evans-Pritchard (eds.) (1940), *African Political Systems and the Nuer*, Oxford University Press, Oxford.

FRANKL, Viktor (2015), *El hombre en busca de sentido*, Herder, Barcelona. Traducción de Comité de Traducción al Español.

Freud, Sigmund y Josef Breuer (1883), *Ueber den psychischen Mechanismus hysterischer Phänomene*, Urban & Schwarzenberg, Viena.

Freud, Sigmund (2012), *Tres ensayos sobre teoría sexual y otros escritos*, Alianza, Madrid. Traducción de Ramón Rey Ardid y Luis López-Ballesteros de Torres.

Freudenberger, H. J. (1974), «Staff burnout», *Journal of Social Issues* 30, pp. 159-165.

Fromondus, Libertus (1649), *Philosophia Christiana de Anima*, Lovaina.

Fu, X.; E. Teboul, G. L. Weiss *et al.* (2022), «Gq neuromodulation of BLA parvalbumin interneurons induces burst firing and mediates fear-associated network and behavioral state transition in mice», *Nat. Commun.* 13, 1290. <doi: 10.1038/s41467-022-28928-y>

Furuya, S.; O. Chimed-Ochir, K. Takahashi *et al.* (2018), «Global Asbestos Disaster», *Int J Environ Res Public Health* 15, 1000. <doi: 10.3390/ijerph15051000>

Gage, Matilda Joslyn (1883), «Woman as an Inventor», *The North American Review* 136, pp. 478-489.

Galaburda, A. M. y M. Habib (1987), «Cerebral dominance: biological associations and pathology», *Discuss Neurosci* 4, pp. 9-51.

Galilei, Galileo (2011), *Diálogo sobre los dos máximos sistemas del mundo ptolemaico y copernicano*, Alianza, Madrid. Traducción de Antonio Beltrán.

Gallo, Carmine (2011), *Los secretos de Steve Jobs: ideas innovadoras que cambiaron el mundo*, Norma, Bogotá. Traducción de Affán Buitrago.

Gardner, Howard (1983), *Inteligencias múltiples*, Paidós Ibérica, Barcelona. Traducción de M.ª Teresa Melero y Asensio Fe.

Garner, K. G., y P. E. Dux (2023), «Knowledge generalization and the costs of multitasking», *Nat. Rev. Neurosci.* 24, pp. 98-112.

Garza, Mercedes de la (2012), *Sueño y éxtasis: visión chamánica de los nahuas y los mayas*, Universidad Nacional Autónoma de México / Fondo de Cultura Económica, México.

Gelernter, J.; H. Kranzler, E. Coccaro *et al.* (1997), «D4 dopamine-receptor (DRD4) alleles and novelty seeking in substance-dependent, personality-disorder, and control subjects», *Am. J. Hum. Genet.* 61, pp. 1144-1152.

Genyue, Fu y K. Lee (2007), «Social grooming in the kindergarten: the emergence of flattery behavior», *Dev. Sci.* 10, pp. 255-265.

Ghalioungui, Paul (1987), *The Ebers Papyrus: A New English Translation, Commentaries and Glossaries*, Academy of Scientific Research and Technology, El Cairo.

Giedd, J. N.; J. Blumenthal, N. O. Jeffries *et al.* (1999), «Brain development during childhood and adolescence: a longitudinal MRI study», *Nature Neuroscience* 2, pp. 861-863.

Girard, René (2023), *La violencia y lo sagrado*, Anagrama, Barcelona. Traducción de Joaquín Jordá.

Gladwell, Malcolm (2013), *Fueras de serie (Outliers): por qué unas personas tienen éxito y otras no*, Taurus, Barcelona. Traducción de Pedro Cifuentes.

Goel, S.; F. Angeli, N. Dhirar *et al.* (2018), «What motivates medical students to select medical studies: a systematic literature review», *BMC Med. Educ.* 18, 16. <doi: 10.1186/s12909-018-1123-4>

Gogh, Vincent van (2012), *Cartas a Theo*, Alianza, Madrid. Traducción de Francisco de Oraá.

Goleman, Daniel (1996), *Inteligencia emocional*, Kairós, Barcelona. Traducción de David González Raga y Fernando Mora Zahonero.

Golomb, B. A.; T. Kane y J. E. Dimsdale (2004), «Severe irritability associated with statin cholesterol-lowering drugs», *QJM* 97, pp. 229-235.

González Torres, Yolotl (1995), «El sacrificio humano entre los mexicas», *Arqueología Mexicana* 15, pp. 4-11.

Gorchetchnikov, A. y S. Grossberg (2007), «Space, time and learning in the hippocampus: how fine spatial and temporal scales are expanded into population codes for behavioral control», *Neural Netw.* 20, pp. 182-193.

Gottlieb, Alma (1982), «Sex, Fertility and Menstruation among the Beng of the Ivory Coast: A Symbolic Analysis», *Journal of the International African Institute* 52, pp. 34-66.

Graeber, David (2018), *Trabajos de mierda: una teoría*, Ariel, Madrid. Traducción de Iván Barbeitos García.

Grandin, Temple (2006), *Pensar con imágenes: mi vida con el autismo*, Alba, Barcelona. Traducción de Isabel Ferrer.

Graves, Robert y Raphael Patai (2000), *Los mitos hebreos*, Alianza, Madrid. Traducción de Javier Sánchez García-Gutiérrez.

Graves, Robert (2012), *Los mitos griegos*, Ariel, Madrid. Traducción de Lucía Graves.

Green, Monica H. (2006), «Getting to the Source: The Case of Jacoba Felicie and the Impact», *Medieval Feminist Forum* 42, pp. 49-62.

— (2000), *Women's Healthcare in the Medieval West: Texts and Contexts*, Ashgate, Farnham.

Greene, Graham (1961), *Un caso acabado*, Albenda, Buenos Aires. Traducción de Enrique Pezzoni.

Gregg, A. P. y N. Mahadevan (2014), «Intellectual arrogance and intellectual humility: An evolutionary-epistemological account», *Journal of Psychology and Theology* 42, pp. 7-18.

Groddeck, Georg (1981), *El libro del ello: cartas psicoanalíticas a una amiga*, Taurus, Madrid. Traducción de Vicente Rodríguez Carro.

Guerra-Doce, E.; C. Rihuete-Herrada, R. Micó *et al.* (2023), «Direct evidence of the use of multiple drugs in Bronze Age Menorca (Western Mediterranean) from human hair analysis», *Sci. Rep.* 13, 4782. <doi.org/10.1038/s41598-023-31064-2>

Guerrero Perales, María Dolores (2016), «Dar y mantener vida en las representaciones figurativas femeninas de Valdivia (Ecuador). Un análisis crítico», *Revista de Estudios de las Mujeres* 4, pp. 116-129.

Guzmán, R. A.; M. T. Barbato, D. Sznycer y L. Cosmides (2022), «A moral trade-off system produces intuitive judgments that are rational and coherent and strike a balance between conflicting moral values», *Proc Natl Acad Sci USA* 18, e2214005119. <doi: 10.1073/pnas.2214005119>

Hadarics, M.; A. Kende y Z. P. Szabó (2021), «Relationship Between Income Inequality and the Palliative Function of Meritocracy Belief: The Micro- and the Macro-Levels Both Count», *Front. Psychol.* 12, 709080. <doi: 10.3389/fpsyg.2021.709080>

Hadi, R. y L. Block (2019), «Warm hearts and cool heads: Uncomfortable temperature influences reliance on affect in decision-making», *Journal of the Association for Consumer Research* 4, pp. 102-114.

Haghbin, M.; A. McCaffrey y T. A. Pychyl (2012), «The complexity of the relation between fear of failure and procrastination»,

Journal of Rational-Emotive & Cognitive-Behavior Therapy 30, pp. 249-263.
Halberstam, Jack (2018), *El arte queer del fracaso*, Egales, Barcelona-Madrid. Traducción de Javier Sáez.
Hamer, Dean (2006), *El gen de Dios*, La Esfera de los Libros, Madrid. Traducción de Rosa Cifuentes.
Hamilton, Cicely (1909), *Marriage as a Trade*, Moffat, Yard and Company, Nueva York.
Hamilton, W. D. (1964), «The general theory of social behaviour», *Journal of Theoretical Biology* 7, pp. 17-52.
Hamlin, J. K.; K. Wynn y P. Bloom (2010), «Three-month-olds show a negativity bias in their social evaluations», *Developmental Science* 13, pp. 923-929.
Hamlin, J. K.; N. Mahajan, Z. Liberman y K. Wynn (2013), «Not Like Me = Bad: Infants Prefer Those Who Harm Dissimilar Others», *Psychological Science* 24, pp. 589-594.
Hampson, E. y D. Kimura (1992), «Sex differences and hormonal influences on cognitive function in humans», en Becker, J. B.; S. M. Breedlove y D. Crews (eds.), *Behavioral Endocrinology*, MIT Press, Massachusetts.
Han, Byung-Chul (2021), *Psicopolítica*, Herder, Barcelona. Traducción de Alfredo Bergés.
Harris, L. y S. T. Fiske (2006), «Dehumanizing the Lowest of the Low: Neuroimaging Responses to Extreme Outgroups», *Psychological Science* 17, pp. 847-853.
Harris, Thomas (2017), *El silencio de los corderos*, Debolsillo, Barcelona. Traducción de Montserrat Conill Marfa.
Hartston, William (2020), *Sloths: A Celebration of the World's Most Misunderstood Mammal*, Atlantic Books, Londres.
Hashimoto, H.; K. Maeda y K. Matsumura (2022), «Fickle Judgments in Moral Dilemmas: Time Pressure and Utilitarian Judgments in an Interdependent Culture», *Front. Psychol.* 13, 795732. <doi: 10.3389/fpsyg.2022.795732>
Hatfield, E.; L. Bensman, P. D. Thornton y R. L. Rapson (2014), «New Perspectives on Emotional Contagion: A Review of Classic and Recent Research on Facial Mimicry and Contagion», *Interpersona: An International Journal on Personal Relationships* 8, pp. 159-179.
Havlicek, J.; R. Dvorakova, L. Bartos y J. Flegr (2006), «Non-ad-

vertized does not mean concealed: Body odour changes across the human menstrual cycle», *Ethology* 112, pp. 81-90.

Hegel, Georg Wilhelm Friedrich (2022), *Fenomenología del espíritu,* Tecnos, Madrid. Traducción de Fundación Xavier Zubiri.

Helliwell, J. F.; R. Layard, J. D. Sachs *et al.* (eds.) (2022), *World Happiness Report 2022,* Sustainable Development Solutions Network, Nueva York.

Heng, Y. T.; C. M. Barnes y K. C. Yam (2023), «Cannabis use does not increase actual creativity but biases evaluations of creativity», *J. Appl. Psychol.* 108, pp. 635-646.

Hermosilla Canessa, Antonio (2014), «Práctica espiritual en el Osho International Meditation Resort: ¿crecimiento o hedonismo espiritual?», Universitat de Barcelona, Barcelona. <https://diposit.ub.edu/dspace/handle/2445/64723>

Hernando, Almudena (2018), *La fantasía de la individualidad: sobre la construcción sociohistórica del sujeto moderno,* Traficantes de Sueños, Madrid.

Heródoto (2006), *Historia,* Cátedra, Madrid. Traducción de Manuel Balasch.

Herrmann, B.; C. Thoni y S. Gachter (2008), «Antisocial punishment across societies», *Science* 319, pp. 1362-1367.

Hesíodo (2013), *Teogonía / Trabajos y días / Escudo / Certamen,* Alianza, Madrid. Traducción de Adelaida Martín Sánchez y María Ángeles Martín Sánchez.

Hickman Jr., R. L.; G. A. Pignatiello y S. Tahir (2018), «Evaluation of the decisional fatigue scale among surrogate decision makers of the critically ill», *Western Journal of Nursing Research* 40, pp. 191-208.

Hipona, Agustín de (1999), *La ciudad de Dios,* Folio, Barcelona. Traducción de José Cayetano Díaz de Beyral.

— (2021), *Obras completas de San Agustín, X: Sermones (2.º): 51-116,* Biblioteca de Autores Cristianos, Madrid. Traducción de Pío de Luis, Lope Cilleruelo, Moisés M.ª Campelo y Carlos Morán.

— (2006), *Obras completas V: escritos apologéticos (2.º): la Trinidad,* Biblioteca de Autores Cristianos, Madrid. Versión, introducción y notas de Luis Arias.

Hippel, W. von; R. Ronay, E. Baker *et al.* (2016), «Quick Thinkers

Are Smooth Talkers: Mental Speed Facilitates Charisma», *Psychological Science* 27, pp. 119-122.
Hirai, Motoko (2004), «El silencio como medio de expresión en la comunicación y su influencia en la enseñanza», en David, Vicente (coord.), *Japón: arte, cultura y agua*, Almazán Tomás, Universidad de Zaragoza, Prensas Universitarias de Zaragoza, Zaragoza.
Hirsch, Patricia; Iring Koch y Julia Karbach (2019), «Putting a stereotype to the test: The case of gender differences in multitasking costs in task-switching and dual-task situations», *PLoS ONE* 14, e0220150. <doi: 10.1371/journal.pone.0220150>
Hitchcock, Alfred (1963), *Los pájaros*, Universal Pictures.
Hobbes, Thomas (2000), *De Cive*, Alianza, Madrid. traducción de Carlos Mellizo.
Hochschild, Adam (2017), *El fantasma del rey Leopoldo*, Malpaso, Madrid. Traducción de José Luis Gil Aristu.
Hodges, Andrew (2015), *Alan Turing: The Enigma*, Princeton University Press, Princeton.
Holland, J. G. y B. F. Skinner (1961), *The Analysis of Behavior*, McGraw-Hill, Nueva York.
Hollings, Christopher, Ursula Martin y Adrian Rice (2019), *Ada Lovelace: la formación de una científica informática*, Publicacions de la Universitat de València, Valencia.
Homero (1908), *Ilíada*, Montaner y Simón Editores, Barcelona. Traducción de Luis Segalá y Estalella.
Horney, Karen (1926), «The Flight from Womanhood: The Masculinity-Complex in Women, as Viewed by Men and by Women», *International Journal of Psychoanalysis* 7, pp. 324-339.
— (1977), *Psicología femenina*, Alianza, Madrid. Traducción de María Luisa Balseiro.
Howard-Jones, Paul A. (2014), «Neuroscience and education: myths and messages», *Nat Rev Neurosci* 15, pp. 817-824.
Howard, Ron (2001), *Una mente maravillosa*, Universal Pictures, DreamWorks Pictures, Imagine Entertainment, Estados Unidos.
Huarte de San Juan, Juan (1991), *Examen de ingenios para las ciencias*, Espasa-Calpe, Madrid.
Hubbard, Ruth (1990), *The Politics of Women's Biology*, Rutgers University Press, New Brunswick.

Huertas Zarco, María (2021), *Nueve nombres*, Temporal, Barcelona.
Huk, T. y S. Ludwigs (2009), «Combining cognitive and affective support in order to promote learning», *Learning and Instruction* 19, pp. 495-505.
Humphrey, Nicholas (1992), *A History of the Mind*, Chatto & Windus Publishers, Nueva York.
Hunt, S.; J. Simpson, L. Letwin y B. MacLeod (2023), «Is online learning during the COVID-19 pandemic associated with increased burnout in medical learners?: A medical school's experience», *PLoS ONE* 18, e0285402. <doi: 10.1371/journal.pone.0285402>
Husain, Aliza N.; David A. Matsa y Amalia R. Miller (2018, 6 de noviembre), «Do Male Workers Prefer Male Leaders? An Analysis of Principals' Effects on Teacher Retention», *SSRN Electronic Journal*. <https://ssrn.com/abstract=3259638>
Hutten, N. R. P. W.; L. Steenbergen, L. S. Colzato *et al.* (2019), «Cocaine enhances figural, but impairs verbal "flexible" divergent thinking», *Eur. Neuropsychopharmacol.* 29, pp. 813-824.
Irigaray, Luce (2007), *Espéculo de la otra mujer*, Akal, Tres Cantos. Traducción de Raúl Sánchez Cedillo.
Irigaray, Luce (1992), *Yo, tú, nosotras*, Cátedra, Madrid. Traducción de Pepa Linares.
Isaacson, Walter (2018), *Leonardo da Vinci: la biografía*, Debate, Madrid. Traducción de Jordi Ainaud i Escudero.
— (2011), *Steve Jobs*, Debate, Barcelona. Traducción de David González-Iglesias.
Issawi, Charles Philip (1973), *Issawi's Laws of Social Motion*, Hawthorn Books, Inc., Nueva York.
Iyengar, S. S. y M. R. Lepper (2000), «When choice is demotivating», *Journal of Personality and Social Psychology* 79, pp. 995-1006.
Iyer, R. N.; D. Favela, G. Zhang y D. E. Olson (2021), «The iboga enigma: the chemistry and neuropharmacology of iboga alkaloids and related analogs», *Nat. Prod. Rep.* 38, pp. 307-329.
Izuma, K.; D. N. Saito y N. Sadato (2008), «Processing of social and monetary rewards in the human striatum», *Neuron.* 58, pp. 284-294.
Izuma, K.; D. N. Saito y N. Sadato (2010), «Processing of the in-

centive for social approval in the ventral striatum during charitable donation», *J. Cogn. Neurosci.* 22, pp. 621-631.

JACK, A. I.; R. E. Boyatzis, M. S. Khawaja *et al.* (2013), «Visioning in the brain: an fMRI study of inspirational coaching and mentoring», *Soc. Neurosci.* 8, pp. 369-384.

JACKSON, Shirley (2017), *Siempre hemos vivido en el castillo*, Minúscula, Barcelona. Traducción de Paula Kuffer Dinerstein.

JACOBS, S.; W. Thomas y S. Lang. (1997), *Two-spirit People: Native American Gender Identity, Sexuality, and Spirituality*, University of Illinois Press, Urbana.

JAKUBOWSKA, J.; A. Filip y M. Białecka-Pikul (2021), «The coin that is most current is flattery? Stability and discontinuity of false praise-telling from 5 to 7 years of life», *Journal of Experimental Child Psychology* 207, pp. 105-128. <https://doi.org/10.1016/j.jecp.2021.105128>

JANKOWSKI, K. F. y H. Takahashi (2014), «Cognitive neuroscience of social emotions and implications for psychopathology: examining embarrassment, guilt, envy, and schadenfreude», *Psychiatry Clin. Neurosci.* 68, pp. 319-336.

JARABO, Sylvia (2021), *Es la hora de las directivas: por qué las mujeres no ascienden en la pirámide corporativa y qué hacer para conseguirlo*, Promising Women, Madrid.

JARKE-NEUERT, J. y J. Lohse (2022), «I'm in a hurry, I don't want to know! Strategic ignorance under time pressure», *J. Exp. Psychol. Gen.* 151, pp. 2833-2845.

JENNER, Edward (1788), «Observations on the Natural History of the Cuckoo. In a Letter to John Hunter, Esq. F. R. S.», *Philosophical Transactions of the Royal Society of London* 78, pp. 219-237.

JING, Shennong Bencao (2017), *The Divine Farmer's Classic of Materia Medica*, Happy Goat Productions, Washington. Edición de Sabine Wilms.

JOHANSSON, F.; A. Rozental, K. Edlund *et al.* (2023), «Associations Between Procrastination and Subsequent Health Outcomes Among University Students in Sweden», *JAMA Netw Open* 6, e2249346. <doi: 10.1001/jamanetworkopen.2022.49346>

JORDAN, C.; S. Vitoratou, Y. Siew y T. Chalder (2020), «Cognitive behavioural responses to envy: development of a new measure», *Behav. Cogn. Psychother.* 48, pp. 408-418.

Josefo, Flavio (2015), *Autobiografía: sobre la antigüedad de los judíos*, Alianza, Madrid. Traducción de María Victoria Spottorno.

Jung, Carl Gustav (2013), *Tipos psicológicos*, en *Obras completas*, vol. 6, Trotta, Madrid.

Kahneman, Daniel y Amos Tversky (1972), «Subjective Probability: A Judgment of Representativeness», *Cognitive Psychology* 3, pp. 430-454.

Kahneman, Daniel (2013), *Pensar rápido, pensar despacio*, Debolsillo, Barcelona. Traducción de Joaquín Chamorro Mielke.

Kahneman, Daniel; Olivier Sibony y Cass R. Sunstein (2022), *Ruido*, Debate, Barcelona. Traducción de Joaquín Chamorro Mielke.

Kamiya, Mieko (1966), *Ikigai ni tsuite*, Misuzu-Shobo, Tokio.

Kandler, C. (2021), «A meta-analytic review of nature and nurture in religiousness across the lifespan», *Curr. Opin. Psychol.* 40, pp. 106-113.

Kang, E. (2022), «Easily accessible but easily forgettable: How ease of access to information online affects cognitive miserliness», *J. Exp. Psychol. Appl.* 29, pp. 620-630.

Kaaronen, R. O., Mikael A. Manninen y Jussi T. Eronen (2023), «Body-based units of measure in cultural evolution», *Science* 380, pp. 948-954.

Keaveney, A.; E. Peters y B. Way (2020), «Effects of acetaminophen on risk taking», *Social Cognitive and Affective Neuroscience* 15, pp. 725-732.

Keltner, Dacher (2016), *The Power Paradox: How We Gain and Lose Influence*, Penguin Press, Nueva York.

Kennair, L. E. O.; T. V. Grøntvedt y M. Bendixen (2021), «The Function of Casual Sex Action and Inaction Regret: A Longitudinal Investigation», *Evol. Psychol.* 19, 1474704921998333. <doi: 10.1177/1474704921998333>

Kiley, Dan (1987), *El síndrome de Peter Pan: los hombres que nunca crecieron*, Javier Vergara Editor, Madrid. Traducción de R. Alcorta.

King, A. J.; A. M. Wilson, S. D. Wilshin *et al.* (2012), «Selfish-herd behaviour of sheep under threat», *Curr. Biol.* 22, R561-2. <doi: 10.1016/j.cub.2012.05.008>

King, S. E. y M. K. Skinner (2020), «Epigenetic Transgenerational Inheritance of Obesity Susceptibility», *Trends Endocrinol. Metab.* 31, pp. 478-494.

KIRKPATRICK, H.; T. Wasfie, A. Laykova *et al.* (2022), «Emotional Intelligence, Burnout, and Wellbeing Among Residents as a Result of the COVID-19 Pandemic», *Am. Surg.* 88, pp. 1856-1860.

KLAFKA, M. y U. Liszkowski (2021), «The Emergence of Lying for Reputational Concerns in 5-Year-Olds», *Front. Psychol.* 12, 700695. <doi: 10.3389/fpsyg.2021.700695>

KLEIN, Melanie (1928), «Early Stages of the Oedipus conflict», *Int. J. Psycho-anal.* 9.

KNIPPENBERG, B. van (2005), «Leader self-sacrifice and leadership effectiveness: The moderating role of leader prototypicality», *The Journal of Applied Psychology* 90, pp. 25-37.

KOENIG, H. G. (2009), «Research on religion, spirituality, and mental health: a review», *Can J Psychiatry* 54, pp. 283-291.

KOFMAN, Sarah (1982), *El enigma de la mujer: ¿con Freud o contra Freud?*, Gedisa, Barcelona. Traducción de Estela Ocampo.

KOLB, Peter, Christine Gockel y Lioba Werth (2012), «The Effects of Temperature on Service Employees' Customer Orientation: An Experimental Approach», *Ergonomics* 55, pp. 621-635.

KÖNIG, H.; H.-H. König, J. Gallinat *et al.* (2023), «Excess costs of mental disorders by level of severity», *Soc. Psychiatry Psychiatr. Epidemiol.* 58, pp. 973-985.

KONJEDI, S. y R. Maleeh (2020), «Sleep and mindfulness meditation as they relate to false memory», *Psychol. Res.* 4, pp. 1084-1111.

KONSTAN, David y N. Keith Rutter (2003), *Envy, Spite and Jealousy: The Rivalrous Emotions in Ancient Greece*, Edinburgh University Press, Edimburgo.

KOONING, Willem de (1988), *Collected Writings*, Hanuman Books, Nueva York.

KRAMER, Heinrich y Jacob Sprenger (2004), *Martillo de las brujas: para golpear a las brujas con poderosa maza (Malleus Maleficarum)*, Maxtor, Valladolid. Traducción de Miguel Jiménez Monteserín.

KRAMER, Samuel Noah (1985), *La historia comienza en Sumer*, Orbis, Barcelona. Traducción de Jaime Elías Cornet y Jorge Brava Riera.

KRISTENSEN, P. y T. Bjerkedal (2007), «Explaining the relation between birth order and intelligence», *Science* 316, 1717. <doi: 10.1126/science.1141493>

KRUGER, J. y D. Dunning (1999), «Unskilled and Unaware of It: How Difficulties in Recognizing One's Own Incompetence Lead to Inflated Self-Assessments», *Journal of Personality and Social Psychology* 77, pp. 1121-1134.

KUKULU, K.; S. Sarvan, L. Muslu y S. G. Yirmibesoglu (2010), «Dietary habits, economic status, academic performance and body mass index in school children: a comparative study», *J Child Health Care* 14, pp. 355-366.

LACAUX, C.; C. Izabelle, G. Santantonio *et al.* (2019), «Increased creative thinking in narcolepsy», *Brain* 142, pp. 1988-1999.

LAFARGUE, Paul (2016), *El derecho a la pereza*, Virus, Barcelona. Traducción de Meritxell Martínez.

LAGERLÖF, Selma (2006), *El maravilloso viaje de Nils Holgersson*, Akal, Tres Cantos. Traducción de C. Talavera y V. Clavel.

LAÍN ENTRALGO, Pedro (1998), *Historia de la medicina*, Elsevier Masson, Barcelona.

LANGLEY, C.; S. Armand, Q. Luo *et al.* (2023), «Chronic escitalopram in healthy volunteers has specific effects on reinforcement sensitivity: a double-blind, placebo-controlled semi-randomised study», *Neuropsychopharmacol.* 48, pp. 664-670.

LAO-TSE, Tao Te Ching (2006), *Los libros del Tao*, Trotta, Madrid. Traducción bilingüe del chino por Iñaki Preciado Idoeta.

LAPP, W. M.; R. L. Collins y C. V. Izzo (1994), «On the enhancement of creativity by alcohol: pharmacology or expectation?», *Am. J. Psychol.* 107, pp. 173-206.

LARA PEINADO, Federico (2011), *Textos para la historia del Próximo Oriente antiguo*, Cátedra, Madrid.

LE PETIT, Marine, F. Eustache, J. Perrier *et al.* (2022), «Functional connectivity of the medial prefrontal cortex related to mindreading abilities», *Cereb. Cortex Commun.* 3, tgac032. <doi: 10.1093/texcom/tgac032>

LEDOUX, Joseph (1999), *El cerebro emocional*, Ariel, Madrid. Traducción de Marisa Abdala.

LEE, Harper (2021), *Matar a un ruiseñor*, HarperCollins, Madrid. Traducción de Belmonte Traductores.

LEE, K. (2013), «Little Liars: Development of Verbal Deception in Children», *Child. Dev. Perspect.* 7, pp. 91-96.

LEECE, P.; M. Bhandari, S. Sprague *et al.* (2006), «Does flattery work? A comparison of 2 different cover letters for an international survey of orthopedic surgeons», *Can. J. Surg.* 49, pp. 90-95.

Leeners, B.; T. H. C. Krüger, K. Geraedts *et al.* (2021), «Cognitive function in association with high estradiol levels resulting from fertility treatment», *Horm. Behav.* 130, 104951. <doi: 10.1016/j.yhbeh.2021.104951>

Leeners, B.; T. H. C. Krüger, K. Geraedts *et al.* (2017), «Lack of Associations between Female Hormone Levels and Visuospatial Working Memory, Divided Attention and Cognitive Bias across Two Consecutive Menstrual Cycles», *Front. Behav. Neurosci.* 11, 120. <doi: 10.3389/fnbeh.2017.00120>

Lenin (2012), *El Estado y la revolución*, Alianza, Madrid. Traducción de Editorial Novosti.

Lentz, D. L.; T. L. Hamilton y N. P. Dunning *et al.* (2020), «Molecular genetic and geochemical assays reveal severe contamination of drinking water reservoirs at the ancient Maya city of Tikal», *Sci Rep* 10, 10316. <https://doi.org/10.1038/s41598-020-67044-z>

Lenzi, Alan (2008), «The Uruk List of Kings and Sages and Late Mesopotamian Scholarship», *Journal of Ancient Near Eastern Religions* 8, pp. 137-169.

Levin, K. K.; A. Gornish y L. Quigley (2022), «Mindfulness and Depersonalization: a Nuanced Relationship», *Mindfulness* 13, pp. 1479-1489.

Lewicki, R. J.; B. Polin y R. B. Lount (2016), «An Exploration of the Structure of Effective Apologies», *Negotiation and Conflict Management Research* 9, pp. 177-196.

Lewis, James P. (2004), *Las claves de la gestión de proyectos*, Ediciones Gestión 2000, Barcelona. Traducción de Betty Trabal.

Lewis-Williams, J. D. (1987), «A Dream of Eland: An Unexplored Component of San Shamanism and Rock Art», *World Archaeology* 19, pp. 165-177.

Leyman, Heinz (1990), «Mobbing and Psychological Terror at Workplaces», *Violence and Victims* 5, pp. 119-126.

Li, G.; Y. Xu, Y. Jiang *et al.* (2020), «Mental Fatigue Has Great Impact on the Fractal Dimension of Brain Functional Network», *Neural Plast.* 8825547. <doi: 10.1155/2020/8825547>

Li, H.; P. Namburi, J. M. Olson, M. Borio *et al.* (2022), «Neurotensin orchestrates valence assignment in the amygdala», *Nature* 608, pp. 586-592.

Li, W.; Nan Wang, Richard D. Arvey *et al.* (2015), «A mixed blessing? Dual mediating mechanisms in the relationship between dopamine transporter gene DAT1 and leadership role occupancy», *The Leadership Quarterly* 26, pp. 671-686.

Li, X.; H. Sun, Y. Zhu *et al.* (2022), «Dysregulation of prefrontal parvalbumin interneurons leads to adult aggression induced by social isolation stress during adolescence», *Front. Mol. Neurosci.* 15, 1010152. <doi: 10.3389/fnmol.2022.1010152>

Li, Z.; J. Ge, M. Yang *et al.* (2020), «Vicarious traumatization in the general public, members, and non-members of medical teams aiding in COVID-19 control», *Brain Behav. Immun.* 88, pp. 916-919.

Liao, Q.; J. Yang, S. Ge *et al.* (2023), «Novel insights into histone lysine methyltransferases in cancer therapy: From epigenetic regulation to selective drugs», *J. Pharm. Anal.* 13, pp. 127-141.

Limbana, T.; F. Khan, N. Eskander *et al.* (2020), «The Association of Bullying and Suicidality: Does it Affect the Pediatric Population?», *Cureus.* 12, e9691. <doi: 10.7759/cureus.9691>

Limburg, K.; U. Watson, M. S. Hagger y S. J. Egan (2017), «The Relationship Between Perfectionism and Psychopathology: A Meta-Analysis», *J. Clin. Psychol.* 73, pp. 1301-1326.

Lispector, Clarice (2007), *Aprendiendo a vivir y otras crónicas,* Siruela, Madrid. Traducción de Elena Losada.

Lomazzo, Giovanni Paolo (1584), *Trattato dell'arte de la pittura di Gio. Paolo Lomazzo milanese pittore. Diuiso in sette libri. Ne' quali si contiene tutta la theorica, & la prattica d'essa pittura,* Paolo Gottardo Pontio, Milán.

Londeiro Seijos, César; Jonathan Alberto Santana Cabrera, Antonio Jaramillo Arango *et al.* (2018), «Breve historia del spondylus en el Pacífico Suramericano: un símbolo que retorna al presente», *Interciencia* 43, pp. 871-877.

Loudon, Irvine (2000), «Maternal mortality in the past and its relevance to developing countries today», *The American Journal of Clinical Nutrition* 72, pp. 241S-246S.

Lu, H.; X. Li, Y. Wang *et al.* (2023), «Hippocampus links perceived social support with self-esteem», *Soc. Neurosci.* 3, pp. 132-141.

Lu, H.; X. Li, Y. Wang *et al.* (2018), «The hippocampus underlies the association between self-esteem and physical health», *Sci. Rep.* 8, 17141. <doi: 10.1038/s41598-018-34793-x>

Lustig, Robert (2017), *The Hacking of the American Mind: The Science Behind the Corporate Takeover of Our Bodies and Brains,* Avery, Nueva York.

Ma, A.; K. Savani, F. Liu *et al.* (2013), «The Mutual Constitution of Culture and Psyche: The Bidirectional Relationship Between Individuals' Perceived Control and Cultural Tightness–Looseness», *Journal of Personality and Social Psychology* 124, pp. 901-916.

Ma, X. y E. Zhang (2021), «The influence of social power on neural responses to emotional conflict», *PeerJ.* 9, e11267. <doi: 10.7717/peerj.11267>

Macnamara, B. N.; D. Z. Hambrick y F. L. Oswald (2014), «Deliberate Practice and Performance in Music, Games, Sports, Education, and Professions: A Meta-Analysis», *Psychological Science* 25, pp. 1608-1618.

Mahr, J. B.; P. van Bergen, J. Sutton *et al.* (2023), «Mnemicity: A Cognitive Gadget?», *Perspect. Psychol. Sci.* 18, pp. 1160-1177.

Mandelbaum, Eric (2019), «Troubles with Bayesianism: An introduction to the psychological immune system», *Mind & Language* 34, pp. 141-157.

Mangold, C. A.; B. Wronowski, M. Du *et al.* (2017), «Sexually divergent induction of microglial-associated neuroinflammation with hippocampal aging», *J Neuroinflammation* 14, 141. <doi .org/10.1186/s12974-017-0920-8>

Mann, Horace (1907), «Pope Benedict IX», en *The Catholic Encyclopedia, Vol. 2,* Robert Appleton Company, Nueva York. <http://www.newadvent.org/cathen/02429a.htm>

Manning, Kenneth R. (1983), *Black Apollo of Science: The Life of Ernest Everett Just,* Oxford University Press, Nueva York.

Marañón, Gregorio (1966), *Vocación y ética y otros ensayos,* Espasa-Calpe (Colección Austral), Madrid.

Martin, S. R.; M. A. Fortier, T. W. Heyming *et al.* (2022), «Perfectionism as a predictor of physician burnout», *BMC Health Serv. Res.* 22, 1425. <doi: 10.1186/s12913-022-08785-7>

Marx, Karl (2010), *Crítica de la filosofía del Estado de Hegel,* Editorial Biblioteca Nueva, Madrid.

Maslach, C. y S. E. Jackson (1981), «The measurement of experienced burnout», *Journal of Organizational Behavior* 2, pp. 99-113.

Matei, D.; D. Trofin, D. A. Iordan *et al.* (2023), «The Endocannabinoid System and Physical Exercise», *International Journal of Molecular Sciences* 24, 1989. <doi: 10.3390/ijms24031989>

Matos Moctezuma, Eduardo (2014), *La muerte entre los mexicas*, Tusquets, Barcelona.

Mattes, A.; M. Mück y J. Stahl (2023), «Perfectionism-related variations in error processing in a task with increased response selection complexity», *Personal. Neurosci.* 5, e12. <doi: 10.1017/pen.2022.3>

May Alcott, Louisa (2019), *Mujercitas*, Lumen, Barcelona. Traducción de Gloria Méndez.

Mayer, F. P.; M. Niello, D. Cintulova *et al.* (2023), «Serotonin-releasing agents with reduced off-target effects», *Mol Psychiatry* 28, pp. 722-732.

Máynez Guaderrama, A. I.; J. Cavazos Arroyo y G. Reyes Flores (2017), «Efecto de la violación del contrato psicológico y el agotamiento emocional sobre el cinismo del empleado», *Estudios Gerenciales* 143, pp. 124-131.

McElduff, Siobhán (2021), *UnRoman Romans*, OpenUBC, Vancouver. <https://pressbooks.bccampus.ca/unromantest/>

McGoey, Linsey (2019), *The Unknowers: How Strategic Ignorance Rules the World*, Zed Books, Londres.

McPhetres, J. y M. Zuckerman (2018), «Religiosity predicts negative attitudes towards science and lower levels of science literacy», *PLoS ONE* 13, e0207125. <doi: 10.1371/journal.pone.0207125>

Mead, Margaret (2013), *Masculino y femenino*, Minerva, Madrid. Traducción de Rosalía Pereda.

Mellaart, James (1967), *Catal Huyuk: A Neolithic Town in Anatolia*, McGraw-Hill, Nueva York.

Menandro (1999), *Proverbios griegos. Sentencias*, Gredos, Madrid. Traducción de Rosa M.ª Mariño Sánchez-Elvira y Fernando García Romero.

Menon, Madhavi (2018), *Infinite Variety: A History of Desire in India*, Speaking Tiger, Nueva Delhi.

Merian, Maria Sibylla (2016), *Metamorphosis Insectorum*, Lannoo, Tielt.

Migeot, J.; E. Hesse, S. Fittipaldi *et al.* (2023), «Allostatic-interoceptive anticipation of social rejection», *Neuroimage* 276, 120200. <doi: 10.1016/j.neuroimage.2023.120200>

Miguélez Domínguez, Lorenzo; Sabino Alonso Morán y Marcelino Cabreros de Anta (1980), *Código de Derecho Canónico (1917) y legislación complementaria*, Biblioteca de Autores Cristianos, Madrid.

mil y una noches, Las. Según el manuscrito más antiguo conocido (1998), Destino, Barcelona. Traducción de Dolors Cina Pinós y Margarita Castells Criballés.

Milinski, M. (2022), «Extortion. A voracious prosocial strategy», *Curr. Opin. Psychol.* 44, pp. 196-201.

Millegan, Kris (2004), *Fleshing Out Skull & Bones: Investigations into America's Most Powerful Secret Society*, Trine Day, Walterville.

Miller, D. T. y M. Ross (1975), «Self-serving biases in the attribution of causality: Fact or fiction?», *Psychological Bulletin* 82, pp. 213-225.

Milyavsky, M.; A. W. Kruglanski, M. Chernikova y N. Schori-Eyal (2017), «Evidence for arrogance: On the relative importance of expertise, outcome, and manner», *PloS ONE* 12, e0180420. <doi: 10.1371/journal.pone.0180420>

Minorsky, P. V. (2021), «American racism and the lost legacy of Sir Jagadis Chandra Bose, the father of plant neurobiology», *Plant. Signal. Behav.* 16. <doi: 10.1080/15592324.2020.1818030>

Mischkowski, D.; J. Crocker y B. M. Way (2019), «A Social Analgesic? Acetaminophen (Paracetamol) Reduces Positive Empathy», *Front. Psychol.* 10, 538. <doi: 10.3389/fpsyg.2019.00538>

— (2016), «From painkiller to empathy killer: acetaminophen (paracetamol) reduces empathy for pain», *Soc. Cogn. Affect. Neurosci.* 11, pp. 1345-1353.

Mitología clásica china (2004), Trotta, Madrid. Traducción de Gabriel García-Noblejas Sánchez-Cendal.

Mizock, Lauren y Erika Carr (2021), «History of the Mistreatment of Women with Serious Mental Illness», en *Women with Serious Mental Illness: Gender-Sensitive and Recovery-Oriented Care*, Oxford University Press, Nueva York.

Modi, H. N.; H. Singh, A. Darzi y D. R. Leff (2020), «Multitasking and Time Pressure in the Operating Room: Impact on Surgeons' Brain Function», *Ann. Surg.* 272, pp. 648-657.

Molden, Daniel C. (2014), «Understanding Priming Effects in Social Psychology: What is "Social Priming" and How does it Occur?», *Social Cognition* 32, Supplement, pp. 1-11.

Molière (1966), *Obras completas*, Aguilar, Madrid. Traducción de Julio Gómez de la Serna.

Moll, J.; J. H. Weingartner, P. Bado *et al.* (2014), «Voluntary Enhancement of Neural Signatures of Affiliative Emotion Using fMRI Neurofeedback», *Plos One* 9, e97343. <https://doi.org/10.1371/journal.pone.0097343>

Monsalve, Sergio (2003), «John Nash y la teoría de juegos», *Lecturas Matemáticas* 24, pp. 137-149.

Montagu, Ivor (1980, verano de), «Working with Hitchcock», *Sight & Sound* 49, 3, pp. 189-193.

Montero Alía, J. J.; A. Casanova Uclés, G. Seda Gombau *et al.* (2021), «Observatori de la medicina familiar i comunitària al Maresme (OMFaM): Impacte de la pandèmia COVID-19 sobre el burnout professional», *But At Prim Cat* 39. <www.butlleti.cat/ca/Vol39/iss3/3>

Montesquieu (2021), *La separación de poderes*, Página Indómita, Barcelona. Traducción de Carlos Fernández Muñoz.

Moran, Neil (2002), «Byzantine castrati», *Plainsong & Medieval Music* 11, pp. 99-112.

Moreira-Almeida, A.; F. L. Neto y H. G. Koenig (2006), «Religiousness and mental health: a review», *Braz J Psychiatry* 28, pp. 242-250.

Morris, K.; F. Bühlmann, N. Sommet y L. Vandecasteele (2022), «The paradox of local inequality: Meritocratic beliefs in unequal localities», *Br. J. Sociol.* 73, pp. 421-460.

Nagam, Vishruth M. (2023), «Internet use, users, and cognition: on the cognitive relationships between Internet-based technology and Internet users», *BMC Psychol.* 11, 82. <doi: 10.1186/s40359-023-01041-5>

Nakahara, H.; S. Furuya, T. Masuko *et al.* (2011), «Performing music can induce greater modulation of emotion-related psychophysiological responses than listening to music», *Int. J. Psychophysiol.* 81, pp. 152-158.

Natal, Gerald y Barbara Saltzman (2022), «Decisions, decisions, decisions: decision fatigue in academic librarianship», *The Journal of Academic Librarianship* 48, 102476. <doi.org/10.1016/j.acalib.2021.102476>

Nath Pal, Amar (1996), «The Sacred Cow in India: A Reappraisal», *Indian Anthropologist* 26, pp. 53-62.

Neuvonen, E.; M. Rusanen, A. Solomon *et al.* (2014), «Late-life cynical distrust, risk of incident dementia, and mortality in a population-based cohort», *Neurology* 82, pp. 2205-2212.

Neve, J. de, E.; S. Mikhaylov, C. T. Dawes *et al.* (2013), «Born to Lead? A Twin Design and Genetic Association Study of Leadership Role Occupancy», *The Leadership Quarterly* 24, pp. 45-60.

Neville, F. G.; D. Novelli, J. Drury y S. D. Reicher (2022), «Shared social identity transforms social relations in imaginary crowds», *Group Processes & Intergroup Relations* 25, pp. 158-173.

Nichols, A. D.; M. Lang, C. Kavanagh *et al.* (2020), «Replicating and extending the effects of auditory religious cues on dishonest behavior», *PLoS ONE* 13, e0237007. <doi: 10.1371/journal.pone.0237007>

Nielsen, Jared A.; Brandon A. Zielinski, Michael Ferguson *et al.* (2013), «An Evaluation of the Left-Brain vs. Right-Brain Hypothesis with Resting State Functional Connectivity Magnetic Resonance Imaging», *PLoS ONE* 8, e71275. <doi.org/10.1371/journal.pone.0071275>

Nietzsche, Friedrich (2015), *El ocaso de los ídolos: cómo se filosofa a martillazos*, Tusquets, Barcelona. Traducción de Roberto Echavarren.

Nietzsche, Friedrich (2001), *La gaya ciencia*, Akal, Tres Cantos. Traducción de Charo Greco y Ger Grootal.

Nisbett, Richard E.; Joshua Aronson, Clancy Blair *et al.* (2012), «Intelligence: New findings and theoretical developments», *American Psychologist* 67, pp. 130-159.

Noelle-Neumann, Elisabeth (1995), *La espiral del silencio. Opinión pública: nuestra piel social*, Paidós Ibérica, Barcelona. Traducción de Francisco Javier Ruiz Calderón.

Müller, Norbert (2012), «Das olympische Motto 'citius, altius, fortius' und sein Autor Henri Didon», *Spec.* 25, pp. 183-198.

Novás Calvo, Lino (1933), *Pedro Blanco, el negrero*, Espasa-Calpe, Madrid.

Nuwás, Abu (2010), *Cantar al vino*, Cátedra, Madrid. Edición bilingüe de Jaume Ferrer Carmona y Anna Gil Bardají.

Oakley, Barbara; Ariel Knafo, Guruprasad Madhavan y David Sloan Wilson (2011), *Pathological Altruism*, Oxford University Press, Oxford.

Oates, David; Joan Oates y Helen McDonald (2001), *Excavations*

at Tell Brak: Vol. 2: Nagar in the Third Millennium BC, McDonald Institute, Cambridge.
OISEN, R. P. (1971), «Can project management be defined?», *Project Management Quarterly* 2, pp. 12-14.
OLIVIER, J. L.; C. McCall, Y. Dunham y H. Over (2022), «Procedural (in)justice in children: Children choose procedures that favor their ingroup», *J. Exp. Child. Psychol.* 215, 105313. <doi:10.1016/j.jecp.2021.105313>
OLWEUS, Dan (1998), *Conductas de acoso y amenaza entre escolares*, Morata, Madrid.
ORBEN, A.; L. Tomova y S. J. Blakemore (2020), «The effects of social deprivation on adolescent development and mental health», *The Lancet Child & Adolescent Health* 4, pp. 634-640.
ORIHUELA GALLARDO, María del Carmen (2015), *El simbolismo agrícola en la narrativa maya* (Tesis de doctorado en Estudios Mesoamericanos, Universidad Nacional Autónoma de México), Repositorio Institucional – Universidad Nacional Autónoma de México, México, D. F.
ORTEGA Y GASSET, José (1939), *El hombre y la gente*, Espasa-Calpe, Madrid.
— (1946), *La Gioconda*, en *Obras Completas*, tomo I (1902-1916), Revista de Occidente, Madrid.
— (1946), *Meditación del Escorial*, en *Obras Completas*, tomo II (1916-1934), Revista de Occidente, Madrid.
— (2004), *Meditación del trabajo y otros ensayos*, Alianza, Madrid.
ORWELL, George (2013), *1984*, Debolsillo, Barcelona. Traducción de Miguel Temprano García.
OSTATNÍKOVÁ, D.; Z. Putz, P. Matejka y M. Országh (1995), «The variation of the level of salivary testosterone in men and women during a year», *Prakt Gynek* 2, pp. 45-48.
OSTROM, Elinor (2011), *El gobierno de los bienes comunes*, Fondo de Cultura Económica, México D. F. Traducción de Corina de Iturbide Calvo y Adriana Sandoval.
OVIDIO (2006), *Amores. Arte de amar*, Cátedra, Madrid.
— (1995), *Metamorfosis*, Cátedra, Madrid. Traducción de Consuelo Álvarez y Rosa María Iglesias.
OWEN, Richard (1839), *The Zoology of the Voyage of H.M.S. Beagle [vol. 1 of 5]: Fossil Mammalia*, Smith, Elder & Co, Londres.
PACIOLI, Luca (2011), *De las cuentas y las escrituras. Título noveno,*

Tratado XI de su Summa de Arithmetica, Geometria, Proportioni et Proportionalita, Asociación Española de Contabilidad y Administración de Empresas (AECA), Madrid. Traducción de Esteban Hernández Esteve.

PAN, Y. C.; Y. C. Chiu y Y. H. Lin (2020), «Systematic review and meta-analysis of epidemiology of internet addiction», *Neurosci. Biobehav. Rev.* 118, pp. 612-622.

PARSONS, Frank (1909), *Choosing a Vocation*, Houghton Mifflin Company, Boston.

PATHAK, E. B.; J. M. Menard, R. B. García *et al.* (2022), «Joint Effects of Socioeconomic Position, Race/Ethnicity, and Gender on COVID-19 Mortality among Working-Age Adults in the United States», *Int. J. Environ. Res. Public Health* 19, 5479. <doi.org/10.3390/ijerph19095479>

PATIN, A.; D. Scheele, D. y R. Hurlemann (2018), «Oxytocin and Interpersonal Relationships», *Current Topics in Behavioral Neurosciences* 35, pp. 389-420.

PAUL, E. S.; S. Sher, M. Tamietto *et al.* (2020), «Towards a comparative science of emotion: Affect and consciousness in humans and animals», *Neuroscience and Biobehavioral Reviews* 108, pp. 749-770.

PENN, Arthur (1967), *Bonnie & Clyde*, Warner Bros, Estados Unidos.

PERCEVAL, José María (1993), «Un crimen sin cadáver: el Santo Niño de la Guardia», *Historia 16* 202, pp. 44-58.

PEREIRA-PEDRO, A. S.; E. Bruner, P. Gunz y S. Neubauer (2020), «A morphometric comparison of the parietal lobe in modern humans and Neanderthals», *J. Hum. Evol.* 142, 102770. <doi: 10.1016/j.jhevol.2020.102770>

PÉREZ GALDÓS, Benito (1984), *Fortunata y Jacinta*, Cátedra, Madrid.

PERNOUD, Régine (2012), *Hildegard de Bingen*, Paidós, Barcelona. Traducción de Alejandra González Bonilla.

PETERS, Tom (1999), *The Brand You 50: Or: Fifty Ways to Transform Yourself from an "Employee" into a Brand That Shouts Distinction, Commitment, and Passion!*, Knopf, Nueva York.

PFEIFFER, Henrich X. (2007), *La capilla Sixtina: iconografía de una obra maestra*, Lunwerg, Barcelona. Traducción de Giovanni Cantieri y Dolores Huguet.

PIGEON-GAGNÉ, E.; T. Vigu, K. Kadio *et al.* (2022), «Explanatory models of psychotic-like experiences in rural Burkina Faso: A qualitative study among indigents and their community», *SSM – Mental Health* 2, 100166. <doi.org/10.1016/j.ssmmh.2022.100166>

PINSON, A.; L. Xing, T. Namba *et al.* (2022), «Human TKTL1 implies greater neurogenesis in frontal neocortex of modern humans than Neanderthals», *Science* 377, eabl6422. <doi: 10.1126/science.abl6422>

PIQUERAS, José Antonio (2021), *Negreros: españoles en el tráfico y en los capitales esclavistas*, Catarata, Madrid.

PLASSMANN, Thomas Bernard (1907), «Barnabas of Terni», en Herbermann, Charles (ed.), *Catholic Encyclopedia Vol. 2*, Robert Appleton Company, Nueva York.

PLAUTO (2014), *Anfitrión / La comedia de los asnos / La comedia de la olla*, Austral, Barcelona. Traducción de Gregorio Hinojo.

PLUTARCO (2011), *Demóstenes-Cicerón. Vidas paralelas*, Gredos, Madrid. Traducción de Carlos Alcalde Martín.

— (1992), *Obras morales y de costumbres I*, Gredos, Madrid. Traducción de Concepción Morales Otal y José García López.

— (2016), *Sobre el inconveniente de tener muchos amigos*, Planeta, Barcelona. Edición de Gonzalo Tomé y traducción de Marcos Brull García.

POEBEL, Arno (1909), *Babylonian Legal and Business Documents: From the Time of the First Dyinasty of Babylon, Chiefly from Nippur*, MacCalla & Co. Inc. Printers, Filadelfia.

POLIAKOV, Leon (1968), *Los banqueros judíos y la Santa Sede*, Paidós, Buenos Aires. Traducción de Néstor Mínguez.

PONIATOWSKA, Elena (2011), *Leonora*, Seix Barral, Barcelona.

POP, L. M.; M. Iorga y R. Iurcov (2022), «Body-Esteem, Self-Esteem and Loneliness among Social Media Young Users», *Int J Environ Res Public Health* 19, 5064. <doi: 10.3390/ijerph19095064>

POPE, Mark y Maria Sveinsdottir (2005), «Frank, we hardly knew ye: the very personal side of Frank Parsons», *Journal of Counseling and Development* 83, pp. 105-115.

Popol Vuh (2017), Alianza, Madrid. Edición de Cristina Vidal y Miguel Rivera.

POPPER, Karl (1983), *Conjeturas y refutaciones*, Paidós, Barcelona.

POWER, R. A.; S. Steinberg, G. Bjornsdottir *et al.* (2015), «Polygenic risk scores for schizophrenia and bipolar disorder predict creativity», *Nat. Neurosci.* 18, pp. 953-355.

Powney, Cecil (1925), *History of the London Pitt Club 1793-1925*, Harrison, Londres.

Price, Neil (2022), *Vikingos: la historia definitiva de los pueblos del norte*, Ático de los Libros, Barcelona. Traducción de Joan Eloi Roca.

Profita, J. y T. G. Bidder (1998), «Perfect pitch», *American Journal of Medical Genetics* 29, pp. 763-771.

Progovac, L. y A. Benítez-Burraco (2019), «From Physical Aggression to Verbal Behavior: Language Evolution and Self-Domestication Feedback Loop», *Front. Psychol.* 10, 2807. <doi: 10.3389/fpsyg.2019.02807>

Progovac, L. y J. L. Locke (2009), «The urge to merge: ritual insult and the evolution of syntax», *Biolinguistics* 3, pp. 337-354.

Protzko, John y Jonathan W. Schooler (2019), «Kids these days: Why the youth of today seem lacking», *Sci. Adv.* 16, eaav5916. <doi: 10.1126/sciadv.aav5916>

Proust, Marcel (2016), *En busca del tiempo perdido 1: Por el camino de Swann*, Alianza, Madrid. Traducción de Pedro Salinas.

— (2016), *En busca del tiempo perdido 2: A la sombra de las muchachas en flor*, Alianza Madrid. Traducción de Pedro Salinas.

Przybylski, Andrew K.; Kou Murayama, Cody R. DeHaan y Valerie Gladwell (2013), «Motivational, emotional, and behavioral correlates of fear of missing out», *Computers in Human Behavior* 29, pp. 1841-1848.

Puzo, Mario (2019), *El padrino*, Ediciones B, Barcelona. Traducción de Ángel Arnau.

Qiang, Yang; Lin Yanqing, Li Hongxiu y Huo Jiale (2022), «Disentangling the impact of temperature on consumers' attitudes toward nostalgic advertising», *International Journal of Consumer Studies* 47, pp. 136-154.

Qiu, Y. y P. Ye (2023), «The influence of family socio-economic status on learning engagement of college students majoring in preschool education: The mediating role of parental autonomy support and the moderating effect of psychological capital», *Front. Psychol.* 13, 1081608. <doi: 10.3389/fpsyg.2022.1081608>

Quilty-Dunn, J. (2020), «Rationalization is irrational and self-serving, but useful», *Behav. Brain Sci.* 43, e42. <doi: 10.1017/S0140525X19002218>.

RAIHANI, N. J. y S. Smith (2015), «Competitive Helping in Online Giving», *Current Biology* 25, pp. 1183-1186.

RAIHANI, Nichola (2021), *The Social Instinct: What Nature Can Teach Us About Working Together*, Penguin Random House UK, Londres.

RAMACHANDRAN, V. S. y B. Jalal (2017), «The Evolutionary Psychology of Envy and Jealousy», *Front. Psychol.* 8, 1619. <doi: 10.3389/fpsyg.2017.01619>

RAMÓN Y CAJAL, Santiago (1954), *La psicología de los artistas*, Espasa-Calpe (Colección Austral), Madrid.

RAY, E. y C. Heyes (2011), «Imitation in Infancy: the Wealth of the Stimulus», *Developmental Science* 14, pp. 92-105.

REAL ACADEMIA ESPAÑOLA (2014), *Diccionario de la lengua española*, Espasa, Madrid.

RELLO, Luz (2018), *Superar la dislexia: una experiencia personal a través de la investigación*, Paidós, Barcelona.

REN, M.; Z. Tang, X. Wu *et al.* (2019), «The origins of cannabis smoking: chemical residue evidence from the first millennium BCE in the Pamirs», *Science Advances* 5, eaaw1391. <doi: 10.1126/sciadv.aaw1391>

RICH, Adrienne (2019), *Nacemos de mujer: la maternidad como experiencia e institución*, Traficantes de Sueños, Madrid. Traducción de Ana Becciu.

RICHARD, Y.; N. Tazi, D. Frydecka *et al.* (2022), «A systematic review of neural, cognitive, and clinical studies of anger and aggression», *Curr Psychol* 8, pp. 1-13.

RICHINS, M. T.; M. Barreto, A. Karl y N. Lawrence (2019), «Empathic responses are reduced to competitive but not non-competitive outgroups», *Soc. Neurosci.* 14, pp. 345-358.

RIELO CARBALLO, Isaac (ed.) (1980), *Cancioneiro da Terra Cha (Pol), Cuadernos del Seminario de Estudios Cerámicos de Sargadelos* 35, Ediciós do Castro, A Coruña.

RIZZOLATTI, G.; L. Fadiga, V. Gallese y L. Fogassi (1996), «Premotor cortex and the recognition of motor actions», *Cognitive Brain Research* 3, pp. 131-141.

ROBERTSON, O.; S. J. Robinson y R. Stephens (2017), «Swearing as a response to pain: A cross-cultural comparison of

British and Japanese participants», *Scand. J. Pain.* 17, pp. 267-272.

Robjant, K.; S. Schmitt, A. Chibashimba *et al.* (2020), «Trauma, Aggression, and Post Conflict Perpetration of Community Violence in Female Former Child Soldiers—A Study in Eastern DR Congo», *Front. Psychiatry* 11, 533357. <doi: 10.3389/fpsyt.2020.533357>

Rochberg, Francesca (2004), *The Heavenly Writing: Divination, Horoscopy, and Astronomy in Mesopotamian Culture*, Cambridge University Press, Cambridge.

Rodríguez Carrillo, Dunaashii y María José Retana Betancourt (2023), *Del Biguidibela a la Xabentún: breve recopilación de leyendas mayas, zapotecas y nahuas sobre la flora y fauna*, Instituto Nacional de los Pueblos Indígenas (INPI), México D. F.

Rodríguez-Hidalgo, A.; J. I. Morales, A. Cebrià *et al.* (2019), «The Châtelperronian Neanderthals of Cova Foradada (Calafell, Spain) used imperial eagle phalanges for symbolic purposes», *Sciences Advances* 5, eaax1984. <doi: 10.1126/sciadv.aax1984>

Romero Jaramillo, Dolcey (2006), «El problema de la esclavitud en la Ilustración, la Revolución Francesa, las Cortes de Cadiz y su recepcion por los ilustrados neogranadinos», *Huellas. Revista de la Universidad del Norte* 78-79, pp. 12-22.

Rosnay, Joel de (2019), *Epigenética: la ciencia que cambiará tu vida*, Ariel, Madrid. Traducción de Jorge Paredes.

Rothi, M. H. y E, L. Greer (2023), «From correlation to causation: The new frontier of transgenerational epigenetic inheritance», *Bioessays* 45, e2200118. <doi: 10.1002/bies.202200118>

Royo-García, P.; C. Laorden Gutiérrez, M. Giménez-Hernández y C. Serrano-García (2020), «¿Existe el *bullying* en la universidad? Aproximación a esta realidad con una muestra española de estudiantes de grado», *Edetania. Estudios y Propuestas Socioeducativos* 57, pp. 85-109.

Rubio Rivera, Rebeca (1993), «Collegium dendrophorum: corporación profesional y cofradía metróaca», *Gerión* 11, pp. 175-184.

Rubio, Carlos (2012), *Los mitos de Japón: entre la historia y la leyenda*, Alianza, Madrid.

Ruskin, John (1913), *Los pintores modernos: el paisaje*, Prometeo, Valencia. Traducción de Carmen de Burgos.

RÜTGEN, M.; C. Pletti, M. Tik *et al.* (2019), «Antidepressant treatment, not depression, leads to reductions in behavioral and neural responses to pain empathy», *Transl Psychiatry* 9, 164. <doi.org/10.1038/s41398-019-0496-4>

RÜTGEN, M.; D. M. Pfabigan, M. Tik *et al.* (2021), «Detached empathic experience of others' pain in remitted states of depression – An fMRI study», *Neuroimage Clin.* 31, 102699. <doi: 10.1016/j.nicl.2021.102699>

RYOOKAN, Daigu (2006), *Los 99 jaikus,* Hiperión, Madrid. Traducción de Teresa Herrero.

SAHA, J. C.; A. K. Dikshit, M. Bandyopadhyay y K. C. Saha (1999), «A Review of Arsenic Poisoning and its Effects on Human Health», *Critical Reviews in Environmental Science and Technology* 29, pp. 281-313.

SALCEDO FLORES, Antonio (2009), «El derecho maya prehispánico, un acercamiento a su fundamentación socio-política», *Alegatos* 71, pp. 155-178.

SÁNCHEZ ROMERO, Marga (2022), *Prehistorias de mujeres,* Destino, Barcelona.

SANDEL, Michael J. (2020), *La tiranía del mérito: ¿qué ha sido del bien común?,* Debate, Madrid. Traducción de Albino Santos Mosquera.

SATIR, Virginia (2005), *Nuevas relaciones humanas en el núcleo familiar,* PAX México, México D. F. Traducción de José Ignacio Rodríguez y Martínez.

SAYERS, Dorothy (1969), «The Other Six Deadly Sins», en *Christian Letters to a Post-Christian World,* Eerdmans, Grand Rapids.

SCHELLHAS, Paul (1904), *Representation of Deities of the Maya Manuscripts, Papers of the Peabody Museum of American Archaeology and Ethnology Vol IV,* N.º 1, Harvard University, Cambridge.

SCHILHAB, T.; Balling, G. y A. Kuzmičová (2018), «Decreasing materiality from print to screen reading», *First Monday* 10, 7. <https://doi.org/10.5210/fm.v23i10.9435>

SCHIRNER, M.; G. Deco y P. Ritter (2023), «Learning how network structure shapes decision-making for bio-inspired computing», *Nat. Commun.* 14, pp. 29-63. <https://doi.org/10.1038/s41467-023-38626-y>

SCHJOEDT, U.; H. Stødkilde-Jørgensen, A. W. Geertz y A. Roepstorff (2009), «Highly religious participants recruit areas of social cognition in personal prayer», *Soc. Cogn. Affect. Neurosci.* 4, pp. 199-207.

SCHMIDBAUER, Wolfgang (1977), *Die hilflosen Helfer. Über die seelische Problematik der helfenden Berufe*, Rowohlt, Hamburgo.

SCHULTE, E. M.; N. M. Avena y A. N. Gearhardt (2015), «Which foods may be addictive? The roles of processing, fat content, and glycemic load», *PLoS ONE* 10, e0117959. <doi: 10.1371/journal.pone.0117959>

SCOTT, Sophie Kerttu (2020), *Understanding Cognitive Neuroscience: A Guide to Theory and Method*, Sage Publications Ltd, Londres.

SELIGMAN, M. E. P. y S. F. Maier (1967), «Failure to escape traumatic shock», *Journal of Experimental Psychology* 74, pp. 1-9.

SÉNECA (2022), *Cartas a Lucilio*, Ariel, Barcelona. Traducción de Jaime Bofill y Ferro.

— (2014), *Sobre la tranquilidad del alma*, en *Sobre la firmeza del sabio / Sobre el ocio / Sobre la tranquilidad del alma / Sobre la brevedad de la vida*, Alianza, Madrid. Traducción de Fernando Navarro Antolín.

SENZAKI, S.; J. M. Cowell, Y. Shimizu y D. Calma-Birling (2022), «Emotion or Evaluation: Cultural Differences in the Parental Socialization of Moral Judgement», *Front. Hum. Neurosci.* 16, 867308. <doi: 10.3389/fnhum.2022.867308>

SEÑOR GONZÁLEZ, Luis (1999), *Diccionario de citas*, Espasa Calpe, Madrid.

SHAKESPEARE, William (1993), *El mercader de Venecia*, Publicaciones del Centro Dramático Nacional, Madrid. Traducción de Vicente Molina Foix.

SHAMAY-TSOORY, S. G. (2011), «The neural bases for empathy», *Neuroscientist* 17, pp. 18-24.

SHAMAY-TSOORY, S. G.; M. Fischer, J. Dvash *et al.* (2009), «Intranasal administration of oxytocin increases envy and schadenfreude (gloating)», *Biol. Psychiatry* 66, pp. 864-870.

SHELLEY, Mary (2022), *Frankenstein o el moderno Prometeo*, Libros del Zorro Rojo, Barcelona. Traducción de María Engracia Pujols.

SHERIF, Muzafer (1956), «Experiments in group conflict», *Scientific American* 195, pp. 54-59.

SHIBATA, Yoshio (2012), «Governing Employees: A Foucauldian

Analysis of Deaths from Overwork in Japan», *Global Asia Journal*, occasional paper 12, pp. 1-86.

SHIH, Chuan-kang (2010), *Quest for Harmony: The Moso Traditions of Sexual Union and Family Life*, Stanford University Press, Stanford.

SHIN, L. M.; P. S. Shin, S. Heckers *et al.* (2004), «Hippocampal function in posttraumatic stress disorder», *Hippocampus* 14, pp. 292-300.

SHUFANG, Wu (2013), *Perspectives on the Zhouli*, LAP Lambert Academic Publishing, Sunnyvale.

SHUKLA, S. (2023), «High media multitasking habit influences self-referential emotional memory», *Cogn. Process.* 24, pp. 71-81.

SHUTE, J. V.; J. W. Pellegrino, L. Hubert y R. W. Reynolds (1983), «The relationship between androgen levels and human spatial abilities», *Bull. Psychonom. Soc* 21, pp. 465-468.

SIEP, N.; F. Tonnaer, V. van de Ven *et al.* (2019), «Anger provocation increases limbic and decreases medial prefrontal cortex connectivity with the left amygdala in reactive aggressive violent offenders», *Brain Imaging Behav.* 13, pp. 1311-1323.

SILANI, Giorgia; Claus Lamm, Christian C. Ruff y Tania Singer (2013), «Right Supramarginal Gyrus Is Crucial to Overcome Emotional Egocentricity Bias in Social Judgements», *The Journal of Neuroscience* 33, pp. 15466-15476. <doi: 10.1523/JNEUROSCI.1488-13.2013>

SIMAN TOV-NACHLIELI, I.; L. Har-Vardi y S. Moran (2020), «When negotiators with honest reputations are less (and more) likely to be deceived», *Organizational Behavior and Human Decision Processes* 157, pp. 68-84.

SIMONTON, D. K. (2014); «Creative performance, expertise acquisition, individual differences, and developmental antecedents: An integrative research agenda», *Intelligence* 45, pp. 66-73.

SINGER, Judy (2017), *NeuroDiversity: The Birth of an Idea*, Judy Singer, Lexington.

SINGER, Margaret Thaler (2003), *Cults in Our Midst: The Continuing Fight Against Their Hidden Menace*, Jossey-Bass Ltd., Nueva York.

SIROIS, F. y T. Pychyl (2013), «Procrastination and the Priority of Short-Term Mood Regulation: Consequences for Future Self», *Social and Personality Psychology Compass* 7, pp. 115-127.

SLATER, M. J.; P. Coffee, J. B. Barker *et al.* (2019), «Shared social identity content is the basis for leaders' mobilization of followers», *Psychology of Sport and Exercise* 43, pp. 271-278.
SLOTERDIJK, Peter, (2019), *Crítica de la razón cínica,* Siruela, Madrid. Traducción de Miguel Ángel Vega Cernuda.
SLOTTEN, Ross A. (2004), *The Heretic in Darwin's Court: The Life of Alfred Russel Wallace,* Columbia University Press, Nueva York.
SMITH, Adam (2019), *La riqueza de las naciones,* Malpaso, Barcelona. Traducción de Carlos Rodríguez Braun.
— (1997), *La teoría de los sentimientos morales,* Alianza, Madrid. Traducción de Carlos Rodríguez Braun.
SMITH, I. (2015), «Psychostimulants and Artistic, Musical, and Literary Creativity», *Int. Rev. Neurobiol.* 120, pp. 301-326.
SMITH, J. E.; S. Gavrilets, M. B. Mulder *et al.* (2016), «Leadership in Mammalian Societies: Emergence, Distribution, Power, and Payoff», *Trends Ecol. Evol.* 31, pp. 54-66.
SNELL, Tee Loftin (1974), *The Wild Shores: America's Beginnings,* National Geographic Society, Washington D. C.
SOBIECKI, J. F. (2012), «Psychoactive ubulawu spiritual medicines and healing dynamics in the initiation process of Southern Bantu diviners», *J. Psychoactive Drugs* 44, pp. 216-223.
SÓFOCLES (2019), *Antígona,* Cátedra, Madrid. Traducción de José Vara Donado.
SOLER, M.; J. J. Soler, J. G. Martínez y A. P. Moller (1995), «Magpie Host Manipulation by Great Spotted Cuckoos: Evidence for an Avian Mafia?», *Evolution* 49, pp. 770-775.
SOMÉ, Malidoma Patrice (1999), *The Healing Wisdom of Africa: Finding Life Purpose Through Nature, Ritual, and Community,* Penguin Putnam, Nueva York.
SONG, Z.; W. D. Li, X. Jin *et al.* (2022), «Genetics, leadership position, and well-being: An investigation with a large-scale GWAS», *Proc. Natl. Acad. Sci. USA* 119, e2114271119. <doi: 10.1073/pnas.2114271119>
SONTAG, Susan (2007), *Estilos radicales,* Debolsillo, Barcelona. Traducción de Eduardo Goligorsky.
SORIA, M.; M. Guerra, I. Giménez y J. Fernando Escanero (2006), «La decisión de estudiar medicina: características», *Educ. Méd.* 9, pp. 91-97.
SOUSA SANTOS, Boaventura de (2006), *Renovar la teoría crítica y*

reinventar la emancipación social (encuentros en Buenos Aires), CLACSO, Buenos Aires.

Sparrow, Betsy, Jenny Liu y Daniel M. Wegner (2011), «Google Effects on Memory: Cognitive Consequences of Having Information at Our Fingertips», *Science Magazine* 333, pp. 776-778.

Spatzier, A. y F. Bertemes (2018), «The ring sanctuary of Pömmelte, Germany: A monumental, multi-layered metaphor of the late third millennium BC», *Antiquity* 92, pp. 655-673.

Spyrou, M. A.; L. Musralina, G. A. Gnecchi Ruscone *et al.* (2022), «The source of the Black Death in fourteenth-century central Eurasia», *Nature* 606, pp. 718-724.

Stacey, Judith (2011), *Unhitched: Love, Marriage, and Family Values from West Hollywood to Western China*, NYU Press, Nueva York.

Stavrova, O. y D. Ehlebracht (2019), «The Cynical Genius Illusion: Exploring and Debunking Lay Beliefs About Cynicism and Competence», *Pers. Soc. Psychol. Bull.* 45, pp. 254-269.

Sten, Sabine *et al.* (2000), «Barumkvinnan. Nya forskningsrön», *Fornvännen* 95, pp. 73-87.

Stephens, R. y C. Umland (2011), «Swearing as a response to pain-effect of daily swearing frequency», *J. Pain* 12, pp. 1274-1281.

Stone, Merlin (2021), *Cuando Dios era mujer*, Kairós, Barcelona. Traducción de Antonio Francisco Rodríguez Esteban.

Struiksma, Marijn E. *et al.* (2022), «Do People Get Used to Insulting Language?», *Front. Commun.* 7, 910023. <https://doi.org/10.3389/fcomm.2022.910023>

Suárez Martel, M. J. y J. D. Martín Santana (2019), «Influencia del perfil sociodemográfico del profesor universitario sobre la inteligencia emocional y el *burnout*», *Educación XX1: Revista de la Facultad de Educación* 2, pp. 93-117.

Sudo, M. (2021), «Blurred boundaries between us and them: Do young children affiliate with outgroup members with shared preferences?», *J. Exp. Child. Psychol.* 208, 105150. <doi: 10.1016/j.jecp.2021.105150>

Suetonio (2010), *Vida de Tiberio*, Gredos, Madrid. Traducción de Rosa María Agudo Cubas.

— (2010), *Vida del divino Augusto*, Gredos, Madrid. Traducción de Rosa María Agudo Cubas.

SUGIYAMA, S. y R. Cabrera Castro (2007), «The Moon Pyramid Project and the Teotihuacan State Polity», *Anc. Mesoamerica* 18, pp. 109-125.

SUN, L.; T. Liu, J. Liu *et al.* (2022), «Physical exercise and mitochondrial function: New therapeutic interventions for psychiatric and neurodegenerative disorders», *Front. Neurol.* 13, 929781. <doi: 10.3389/fneur.2022.929781>

SUN, Y.; Y. Wu, S. Fan *et al.* (2023), «Comparison of mental health symptoms before and during the COVID-19 pandemic: evidence from a systematic review and meta-analysis of 134 cohorts», *BMJ* 380, e074224. <doi: 10.1136/bmj-2022-074224>

SUN, Z.; J. Shao, L. Liu *et al.* (2018), «The first Neolithic urban center on China's north Loess Plateau: The rise and fall of Shimao», *Archaeological Research in Asia* 14, pp. 33-45.

SWEDO, S. E.; J. L. Rapoport, H. L. Leonard *et al.* (1989), «Obsessive-compulsive disorder in children and adolescents», *Archives of General Psychiatry* 46, pp. 335-341.

SYNDICUS, Eduard (1962), *Early Christian Art*, Burns & Oates, Londres.

Taha, P. H. y S. Slewa-Younan (2020), «Measures of depression, generalized anxiety, and posttraumatic stress disorders amongst Yazidi female survivors of ISIS slavery and violence», *Int. J. Ment. Health Syst.* 14, 80. <doi: 10.1186/s13033-020-00412-4>

TAVRIS, Carol y Elliot Aronson (2020), *Mistakes Were Made (but Not by Me): Why We Justify Foolish Beliefs, Bad Decisions and Hurtful Acts*, Pinter & Martin Ltd., Londres.

TAWNEY, R. H. (1958), *Business and Politics under James I: Lionel Cranfield as Merchant and Minister*, Cambridge University Press, Cambridge.

TERENCIO (2021), *Heautontimorumenos (El atormentado)*, en *Comedias completas*, Gredos, Madrid. Traducción de Gonzalo Fontana Elboj.

THANARAJAH, S. E.; H. Backes, A. G. DiFeliceantonio *et al.* (2019), «Food Intake Recruits Orosensory and Post-ingestive Dopaminergic Circuits to Affect Eating Desire in Humans», *Cell Metab.* 29, pp. 695-706.

THIELE, J. A.; J. Faskowitz, O. Sporns y K. Hilger (2022), «Multitask brain network reconfiguration is inversely associated with human intelligence», *Cerebral Cortex* 32, pp. 4172-4182.

Thomas, William I. y Dorothy Swaine Thomas (1928), *The Child in America*, Knopf, Nueva York.
Thompsen, M. L. (1992), «The evil eye in Mesopotamia», *Journal of Near Eastern Studies* 51, pp. 19-32.
Thorndike, Edward L. (1920), «A constant error in psychological ratings», *Journal of Applied Psychology* 4, pp. 25-29.
Thunberg, Greta (2019), *Cambiemos el mundo*, Lumen, Barcelona. Traducción de Aurora Echevarría.
Thurnwald, Richard (1937), *Lehrbuch der Voelkerkunde*, Ferdinand Enke, Stuttgart.
Tiedemann, Dietrich (1897), *Beobachtungen über die Entwicklung der Seelenfähigkeiten bei Kindern*, Oskar Bonde, Altemburgo.
Tiedemann, Friedrich (1837), *Das Hirn Des Negers Mit Dem Des Europäers Und Orang-Outangs Verglichen: Mit sechs Tafeln*, Karl Winter, Heidelberg.
Tolkien, J. R. R. (2016), *El señor de los anillos*, Minotauro, Barcelona. Traducción de Luis Domènech y Matilde Horne.
Tolstói, Lev (2011), *¿Cuánta tierra necesita un hombre?*, Nórdica, Madrid. Traducción de Víctor Gallego.
Toner, K.; M. R. Leary, M. W. Asher y K. P. Jongman-Sereno (2013), «Feeling superior is a bipartisan issue: Extremity (not direction) of political views predicts perceived belief superiority», *Psychological Science* 24, pp. 2454-2462.
Torné, Gonzalo (2022), *La cancelación y sus enemigos*, Barcelona, Anagrama.
Trenholm, Virginia Cole y Maurine Carley (1973), *The Shoshonis: Sentinels of the Rockies*, University of Oklahoma Press, Norman.
Trent, K. y G. D. Spitze (2011), «Growing up without siblings and adult sociability behaviors», *J. Fam. Issues* 32, pp. 1178-1204.
Tricarichi, C. y D. S. Jalajas (2019), «The Effect of Birth Order on Personality and Leadership», *Journal of Organizational Psychology* 19, p. 1. <doi.org/10.33423/jop.v19i1.1094>
Trinkaus, E. (2018), «An abundance of developmental anomalies and abnormalities in Pleistocene people», *Proceedings of the National Academy of Sciences* 115, pp. 11941-11946.
Tufford, A. R.; C. Diou, D. A. Lucassen *et al.* (2022), «Toward Systems Models for Obesity Prevention: A Big Role for Big Data», *Curr. Dev. Nutr.* 6, nzac123. <doi: 10.1093/cdn/nzac123>
Turck, R.; Andrea Zeeb-Lanz, R. M. Arbogast *et al.* (2016), «Hu-

man Sacrifices as “Crisis Management”? The Case of the Early Neolithic Site of Herxheim, Palatinate, Germany», en Murray, Carrie Ann, *Diversity of Sacrifice: Form and Function of Sacrificial Practices in the Ancient World and Beyond*, SUNY Press, Nueva York.

TVERSKY, Amos y Daniel Kahneman (1973), «Availability: A heuristic for judging frequency and probability», *Cognitive Psychology* 5, pp. 207-232.

TWENGE, J. M.; R. F. Baumeister, D. M. Tice y T. S. Stucke (2001), «If you can't join them, beat them: effects of social exclusion on aggressive behavior», *Journal of Personality and Social Psychology* 81, pp. 1058-1069.

TYNG; C. M.; H. U. Amin, M. N. M. Saad y A. S. Malik (2017), «The Influences of Emotion on Learning and Memory», *Front. Psychol.* 24, 1454. <doi: 10.3389/fpsyg.2017.01454>

U. S. CIVIL SERVICE COMMISSION, Bureau of Training (1968), *Instructional Systems and Technology: An Introduction to the Field and Its Use in Federal Training*, U. S. Army, Fort Monroe.

UMBRAL, Francisco (1975), *Mortal y rosa*, Destino, Barcelona.

UNCAPHER, M. R.; M. K. Thieu y A. D. Wagner (2016), «Media multitasking and memory: Differences in working memory and long-term memory», *Psychon. Bull. Rev.* 23, pp. 483-490.

URBAN, E. *et al.* (2019), «Misremembering Pain: A Memory Blindness Approach to Adding a Better End», *Memory & Cognition* 47, pp. 954-967.

VARA, E. (2014), «Dieta tecnològica adaptada per a infants: recomanacions per a un consum racional i segur de pantalles», *Infància: educar de 0 a 6 anys* 196, pp. 35-39.

VARIOS AUTORES (1969), *Papeles íntimos de Clara y Roberto Schumann*, Horizontes, Valencia. Traducción de F. Izquierdo.

VARIOS AUTORES (1996), *Zhuang Zi, Maestro Chuang Tsé*, Kairós, Barcelona. Traducción de Iñaki Preciado.

VARTANIAN, O.; S. A. Saint, N. Herz y P. Suedfeld (2020), «The Creative Brain Under Stress: Considerations for Performance in Extreme Environments», *Front. Psychol.* 11, 585969. <doi: 10.3389/fpsyg.2020.585969>

VAUGHN, D. A.; R. R. Savjani, M. S. Cohen y D. M. Eagleman (2018), «Empathic Neural Responses Predict Group Allegiance», *Frontiers in Human Neuroscience* 12, 302. <doi: 10.3389/fnhum.2018.00302>

Vela, Corsino (2022), *La sociedad implosiva*, Traficantes de Sueños, Madrid.

Vern Bengtson, L. y Frank J. Whittington (2014), «From Ageism to the Longevity Revolution: Robert Butler, Pioneer», *The Gerontologist* 54, pp. 1064-1069.

Verneert, F.; L. Nijs y T. de Baets (2021), «A Space for Collaborative Creativity. How Collective Improvising Shapes "a Sense of Belonging"», *Front. Psychol.* 12, 648770 <doi: 10.3389/fpsyg.2021.648770>

Verrier, Elwin (1943), «The Vagina Dentata Legend», *British Journal of Medical Psychology* 19, pp. 439-453.

Vidal, C. M.; C. S. Lane, A. Asrat, *et al.* (2022), «Age of the oldest known *Homo sapiens* from eastern Africa», *Nature* 601, pp. 579-583.

Vijayakumar, N.; Z. Op de Macks, E. A. Shirtcliff y J. H. Pfeifer (2018), «Puberty and the human brain: Insights into adolescent development», *Neurosci. Biobehav. Rev.* 92, pp. 417-436.

Virgilio (2004), *Bucólicas y Geórgicas*, Fondo Editorial de la Universidad Católica Sedes Sapientiae, Lima. Traducción de Julio Picasso Muñoz.

Vohs, K. D.; R. F. Baumeister, B. J. Schmeichel *et al.* (2008), «Making choices impairs subsequent self-control: A limited resource account of decision making, self-regulation, and active initiative», *Journal of Personality and Social Psychology* 94, pp. 883-898.

Vries, R. E. de; B. E. Hilbig, I. Zettler *et al.* (2018), «Honest People Tend to Use Less-Not More-Profanity: Comment on Feldman *et al.* (2017) Study 1», *Soc. Psychol. Personal. Sci.* 9, pp. 516-520.

Vyāsa (2020), *El Mahâbhârata*, Verbum, Arganda del Rey. Traducción de Manjula Balakrishnan.

Waal, Frans B. M. de (1997), «The Chimpanzee's service economy: Food for grooming», *Evolution and Human Behavior* 18, pp. 375-386.

Wagensberg, Jorge (2012), «El derecho de toda respuesta a cambiar de pregunta», monográfico *El gen festivo: fundamentos científicos de las festividades humanas*, *Mètode* 75, p. 124.

Wald, Abraham (1943), *A Method of Estimating Plane Vulnerability Based on Damage of Survivors*, Statistical Research Group of Columbia University, Nueva York.

Walker, Alicia M. (2020), *Chasing Masculinity: Men, Validation, and Infidelity*, Palgrave Macmillan, Suiza.
— (2017), *The Secret Life of the Cheating Wife: Power, Pragmatism, and Pleasure in Women's Infidelity*, Lexington Books, Lanham.
Watson, J. D. y F. H. Crick (1953), «Molecular structure of nucleic acids; a structure for deoxyribose nucleic acid», *Nature* 171, pp. 737-738.
Weber, S. R. y K. I. Pargament (2014), «The role of religion and spirituality in mental health», *Curr. Opin. Psychiatry* 27, pp. 358-363.
Weil, Simone (2023), *La Ilíada, o el poema de la fuerza*, Trotta, Madrid. Traducción de María Tabuyo, Carlos Ortega y Agustín López Tobajas.
Wells, Michael B., Lieny Jeon y Olov Aronson (2023), «Bidirectional associations between paternal postpartum depression symptoms and coparenting: A cross-lagged panel model of fathers of infants and toddlers», *Journal of Affective Disorders* 324, pp. 440-448.
Welwood, John (1999), «Realization and embodiment: Psychological work in the service of spiritual development», *International Journal of Transpersonal Studies* 18, pp. 169-186.
West, S. A.; A. S. Griffin y A. Gardner (2007), «Evolutionary explanations for cooperation», *Curr. Biol.* 17, pp. R661-R672. <doi: 10.1016/j.cub.2007.06.004>
Westmacott, Mary (1994), *La rosa de sangre*, Grijalbo, Barcelona. Traducción de Mariano Tudela.
Wetherell, M. A.; S. H. Lau y R. A. Maxion (2023), «The effect of socially evaluated multitasking stress on typing rhythms», *Psychophysiology*, e14293. <doi: 10.1111/psyp.14293>
Wilhelm, K.; K. Roy, P. Mitchell *et al.* (2002), «Gender differences in depression risk and coping factors in a clinical sample», *Acta Psychiatr. Scand.* 106, pp. 45-53.
Wilkinson, Endymion (2012), *Chinese History: A New Manual*, Harvard University Asia Center for the Harvard-Yenching Institute, Cambridge.
Williams Shanks, Trina R. (2007), «The Impacts of Household Wealth on Child Development», *Journal of Poverty* 2, pp. 93-116.
Wilson, David S. y Edward O. Wilson (2007), «Rethinking the Theoretical Foundation of Sociobiology», *Quarterly Review of Biology* 82, pp. 327-348.
Wittig, R. M.; C. Crockford, T. Deschner *et al.* (2014), «Food

sharing is linked to urinary oxytocin levels and bonding in related and unrelated wild chimpanzees», *Proc. Biol. Sci.* 281, 20133096. <doi: 10.1098/rspb.2013.3096>

WOLLSTONECRAFT, Mary (2019), *Vindicación de los derechos de la mujer*, Montena, Madrid. Traducción de Marta Lois González.

WOOLF, Virginia (2022), *Un cuarto propio*, Akal, Tres Cantos. Traducción de Itziar Hernández Rodilla.

WRANGHAM, Richard (2019), *En llamas: cómo la cocina nos hizo humanos*, Capitán Swing, Madrid. Traducción de Pablo Hermida.

WRIGHT, Sewall (1922), «Coefficients of inbreeding and relationship», *American Naturalist* 56, pp. 330-338.

WU, C. C.; M. D. Sacchet y B. Knutson (2012), «Toward an affective neuroscience account of financial risk taking», *Front. Neurosci.* 6, p. 159. <doi: 10.3389/fnins.2012.00159>

XIONG, X.; S. Y. Zhang, J. Zhang *et al.* (2023), «Exploring the Relationship between Perfectionism and Pain in Patients with Temporomandibular Disorders: A Cross-Sectional Study», *Int. J. Clin. Pract.* 2023, 2857115. <doi: 10.1155/2023/2857115>

XU, X.; Y. Zhang, Z. Pan *et al.* (2022), «Genome-wide DNA methylation of Munro's microabscess reveals the epigenetic regulation in the pathogenesis of psoriasis», *Front. Immunol.* 13, 1057839. <doi: 10.3389/fimmu.2022.1057839>

YAPLE, Z. A. y R. Yu (2020), «Upward and downward comparisons across monetary and status domains», *Human Brain Mapping* 41, pp. 4662-4675.

YAWORSKY, P. M.; S. T. Hussain y F. Riede (2023), «Climate-driven habitat shifts of high-ranked prey species structure Late Upper Paleolithic hunting», *Sci. Rep.* 13, p. 4238. <doi: 10.1038/s41598-023-31085-x>

YAZDI, H.; G. D. Heyman y D. Barner (2020), «Children are sensitive to reputation when giving to both ingroup and outgroup members», *J. Exp. Child. Psychol.* 194, p. 104814. <doi: 10.1016/j.jecp.2020.104814>

YERKES, R. M. y J. D. Dodson (1908), «The Relation of Strength of Stimulus to Rapidity of Habit Formation», *Journal of Comparative Neurology & Psychology* 18, pp. 459-482.

YINING, Yu y Wang Lei (2021), «Need to warm up! Ambient coldness increases vice inclinations», *Journal of Sensory Studies* 36, e12686. <doi.org/10.1111/joss.12686>

Yoshie, Akiko *et al.* (2013), «Gendered Interpretations of Female Rule: The Case of Himiko, Ruler of Yamatai», *US-Japan Women's Journal* 44, pp. 3-23.

Young, Jeffrey S. (1988), *The Journey is the Reward*, Lynx Books, Nueva York.

Zafra, Remedios (2022), *El bucle invisible*, Oviedo, Ediciones Nobel.

— (2017), *El entusiasmo*, Anagrama, Barcelona.

— (2021), *Frágiles: cartas sobre la ansiedad y la esperanza en la nueva cultura*, Anagrama, Barcelona.

Zald, D. H.; R. L. Cowan, P. Riccardi *et al.* (2008), «Midbrain dopamine receptor availability is inversely associated with novelty-seeking traits in humans», *The Journal of Neuroscience* 28, pp. 14372-14378.

Zalocusky, K.; C. Ramakrishnan, T. Lerner *et al.* (2016), «Nucleus *accumbens* D2R cells signal prior outcomes and control risky decision-making», *Nature* 531, pp. 642-646.

Zambrano, María (2020), *El hombre y lo divino*, Alianza, Madrid.

— (2019), *La tumba de Antígona*, Alianza, Madrid.

— (2019), *Persona y democracia*, Alianza, Madrid.

Zant, A. B. van; J. A. Kennedy y L. J. Kray (2023), «Does hoodwinking others pay? The psychological and relational consequences of undetected negotiator deception», *Journal of Personality and Social Psychology* 124, pp. 1001-1024.

Zeng, T. C.; A. J. Aw y M. W. Feldman (2018), «Cultural hitchhiking and competition between patrilineal kin groups explain the post-Neolithic Y-chromosome bottleneck», *Nat. Commun.* 9, pp. 20-77. <doi: 10.1038/s41467-018-04375-6>

Zeuske, Michael (2018), *Esclavitud: una historia de la humanidad*, Katakrak, Pamplona. Traducción de Gema Facal Lozano.

Zhang, L.; Y. Jin, L. Xia *et al.* (2022), «The Effects of Social Distance and Asymmetric Reward and Punishment on Individual Cooperative Behavior in Dilemma Situations», *Front. Psychol.* 13, 816168. <doi: 10.3389/fpsyg.2022.816168>

Zhang, Z.; H. Zhao, R. Liu y C. Qi (2021), «Victim Sensitivity and Proposal Size Modulate the Ingroup Favoritism During Fairness Norm Enforcement», *Front. Psychol.* 12, 738447. <doi: 10.3389/fpsyg.2021.738447>

Zimmer, Carl (2004), «Faith-Boosting Genes: A search for the genetic basis of spirituality», *Scientific American* 291, pp. 110-111.

Zuboff, Shoshana (2020), *La era del capitalismo de la vigilancia: la lucha por un futuro humano frente a las nuevas fronteras del poder*, Paidós, Barcelona. Traducción de Albino Santos.

Zugman, A.; L. M. Alliende, V. Medel *et al.* (2023), «Country-level gender inequality is associated with structural differences in the brains of women and men», *Proc. Natl. Acad. Sci. USA* 120, e2218782120. <doi: 10.1073/pnas.2218782120>.

Zuo, Y.; B. Chen y Y. Zhao (2018), «The Destructive Effect of Ingroup Competition on Ingroup Favoritism», *Front. Psychol.* 9, 2207. <doi: 10.3389/fpsyg.2018.02207>

Zwirner, E. y N. J. Raihani (2020), «Neighbourhood wealth, not urbanicity, predicts prosociality towards strangers», *Proc. Biol. Sci.* 287, 20201359. <doi: 10.1098/rspb.2020.1359>